「新しいアイヌ学」のすすめ

知里幸恵の夢をもとめて

小野有五

藤原書店

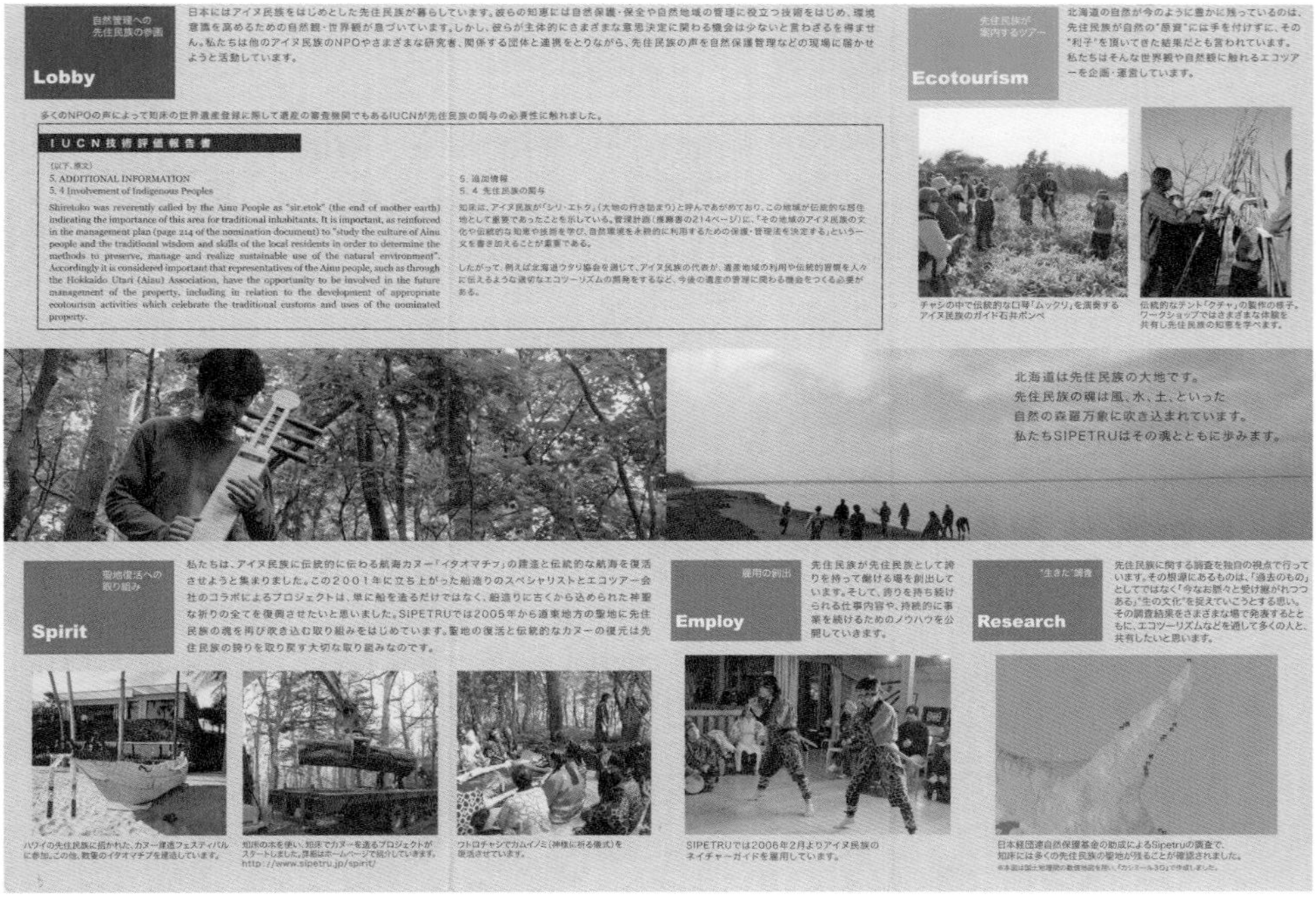

口絵1 「シレトコ先住民族エコツーリズム研究会」のリーフレット（第3章参照）

口絵2 「先住民族サミット」のための冊子（左）と報告集（右）（第4章参照）

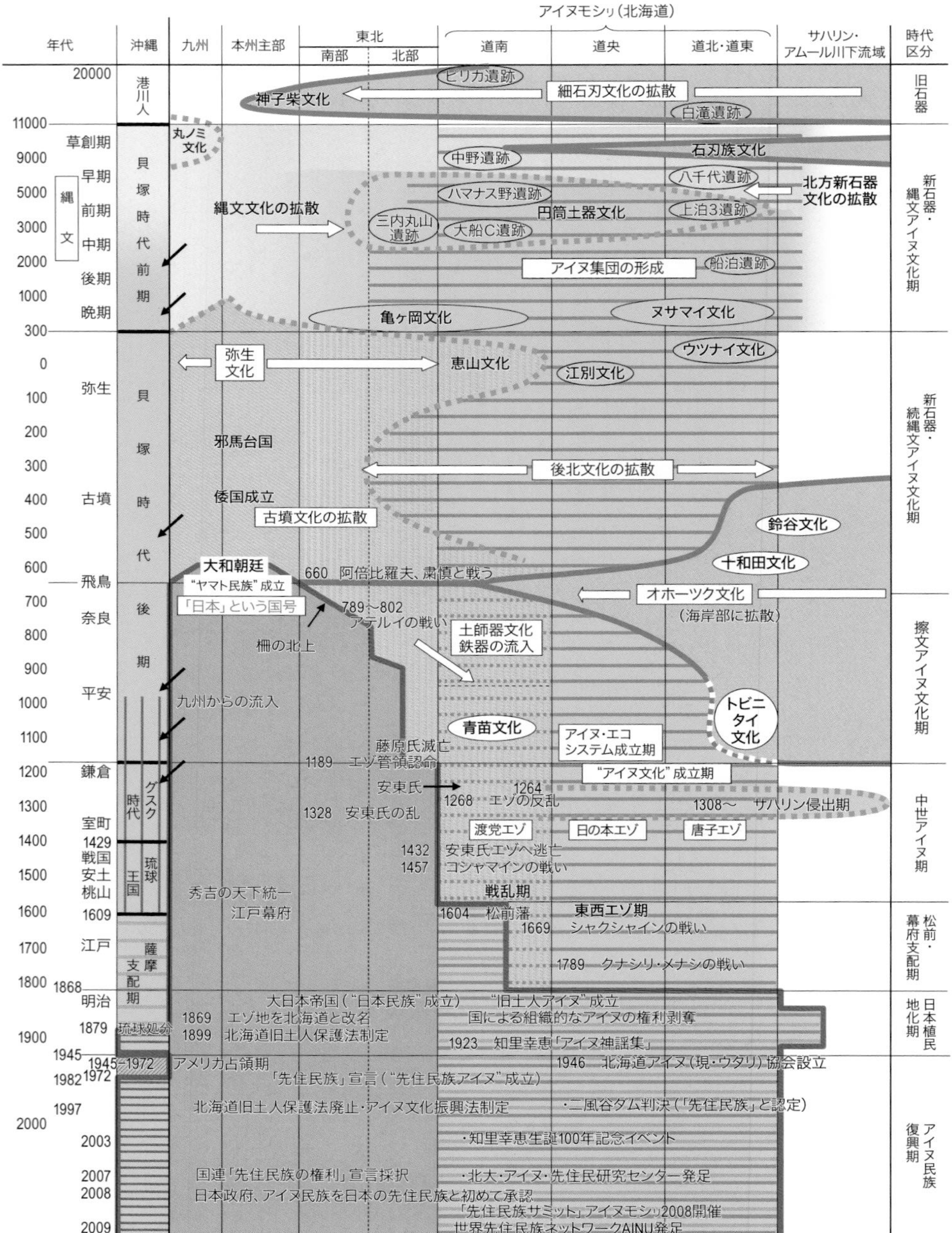

口絵3　最終氷期から現在までの日本列島とその周辺の歴史・文化年表（小野、2013による）

北海道では、シベリアからの旧石器人（薄緑）が北方系縄文文化（黄色に緑の横線）をつくり、南方系縄文（黄色）、弥生（サーモンピンク）、オホーツク（薄緑）、和人（ピンク）文化を受容し、重層化させつつ、一貫して「アイヌ語」を使う人間集団（アイヌ）であったことを示す（第5章、p. 278-280 参照）。

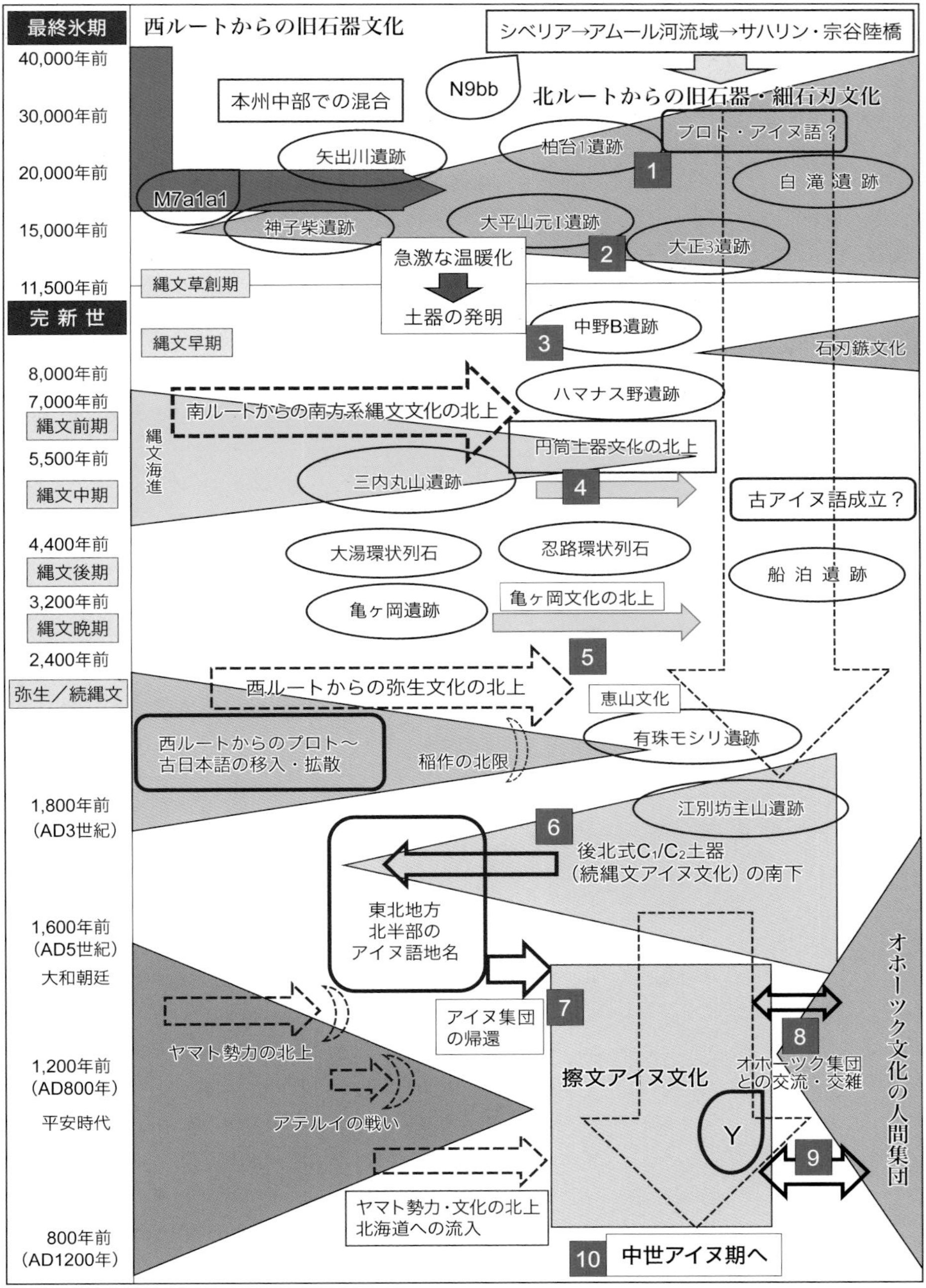

口絵４　最終氷期から中世アイヌ期までの北海道における人間集団の発展と変容

1 ～ 10 ：主要な出来事（第5章、 p. 281-284 参照）

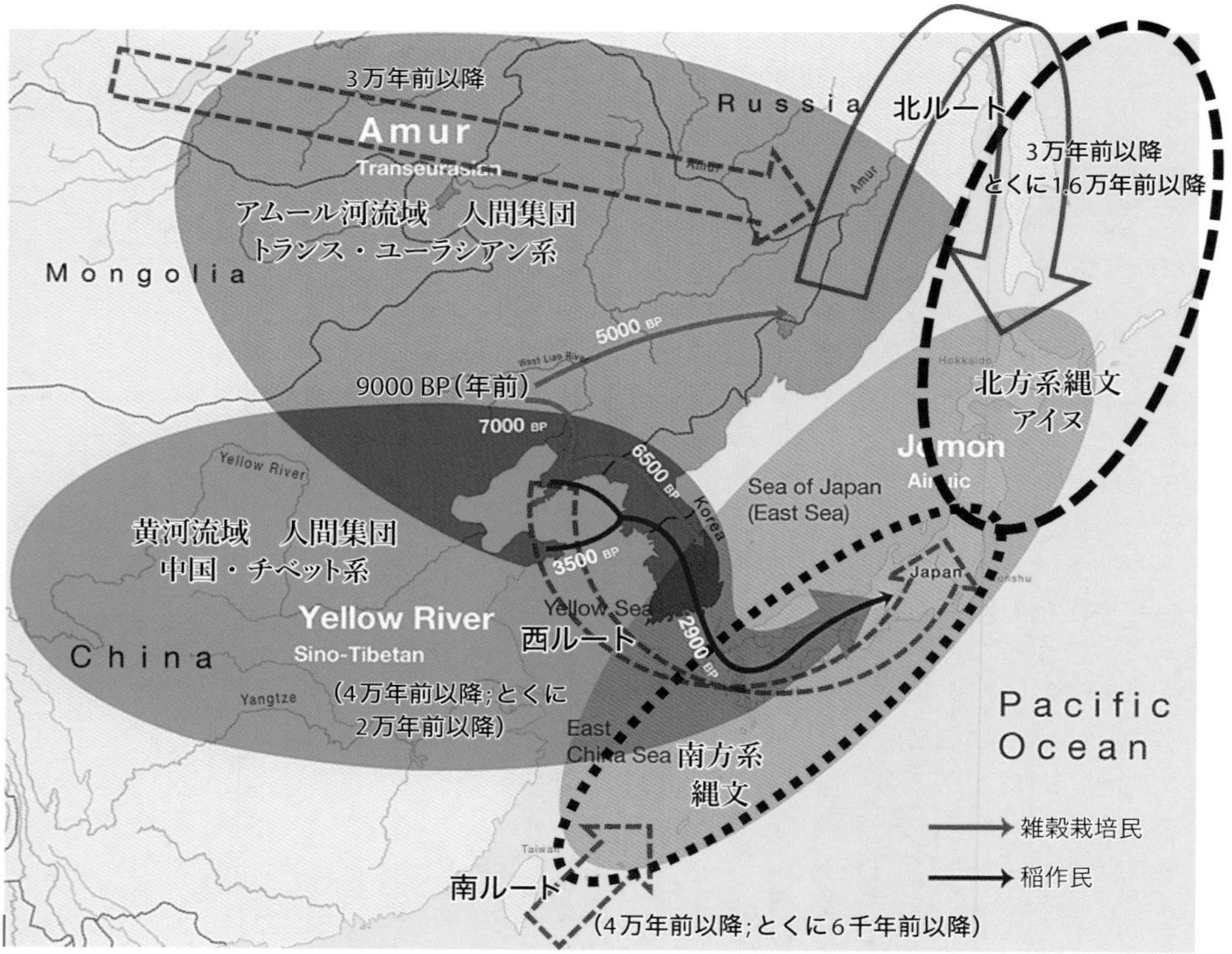

口絵5　日本列島における二つの「縄文」語圏

雑穀栽培民と稲作民の移動にともなうトランス・ユーラシアン言語の分化と拡散図（Robbeets ほか、2021）に、筆者の考えを加筆

Robbeets ほか（2021）の図は、日本列島には、北海道から琉球諸島まで、薄青色で示された「Jomon ainuic」言語だけが分布し、そこに、2900 年前、山東半島・遼東半島周辺で生まれた日本語の祖語（プロト日本語）が、稲作民によってもたらされたという解釈を示す。

筆者の考えを、破線や、幅の広い矢印でその上に加筆した。すなわち、北海道は、アムール河流域から北ルートで最終氷期に北海道に入った細石刃文化をもつ人間集団の言語が発展・変容した「北方系縄文」（プロト・アイヌ語、古アイヌ語）圏であり、それは 3 ～ 5 世紀には東北地方北半部にまで及んだ。以南の地域は、最終氷期、西ルートや南ルートで日本列島に入った人間集団（南方系縄文）の言語圏であり、それらは Robbeets ほか（2021）の主張どおり、2900 年前、西ルートで持ち込まれたプロト日本語に駆逐されてしまった。しかし、「北方系縄文」語（プロト・アイヌ語、古アイヌ語）は隣接言語の影響を受けつつも、「アイヌ語」として現在まで続いているという考えである（口絵 4、および第 5 章；第 5 節 p. 323-326 参照）。

「新しいアイヌ学」のすすめ　目次

はじめに　9

第1章　アイヌ語地名の平等な併記をもとめる

1　素人として声を上げたとき　19
2　旭川市での取組み　25
3　アイヌ語地名の政治学　37

第2章　知里幸恵を日本中に伝える

1　幸恵さんが降りてきたとき　49
2　妹の力　55
3　記念館の建設に向かって　59
4　幸恵さんの生誕百年　64
5　「銀のしずく記念館」の完成まで　82
6　幸恵さんの夢を語り継ぐ　90

第3章　シレトコ世界自然遺産にアイヌが関与する

1　シレトコ世界自然遺産問題とアイヌ民族　111
（1）政府からの無視　111　（2）シレトコで起きたこと　113　（3）アイヌ民族排除の論理　120　（4）支配の構造と研究者＝運動者の役割　122　（5）行政と対峙するには？　125
2　シレトコ・アイヌエコツアーをつくる　129

（1）マオリエコツアーに学ぶ　131　（2）「シレトコ先住民族エコツーリズム研究会（シペル）」の設立　139　（3）モデル・エコツアーの実施　141　（4）「観光」か「文化発信」か？　147　（5）シレトコ・アイヌエコツアーのその後　154
3　サッポロ・アイヌエコツアーをつくる　157
（1）「アイヌ納骨堂」　158　（2）「古河講堂」　163　（3）北大遺跡保存庭園　172
（4）対雁　180　（5）坊主山チャシにある江別市営墓地　187　（6）おわりに――道内各地に拡がるアイヌエコツアー　190

第4章　「先住民族サミット」でアイヌから世界に発信する
1　二〇〇七年のできごと　197
（1）北大アイヌ・先住民研究センターの発足　198　（2）G8への市民の対応・「先住民族サミット」と組織化　200　（3）「ニサッタ クス（明日のために）」「ウコ チャランケ アンロー（話し合おう！）」　204
2　「先住民族サミット」アイヌモシリ2008の開催　207
（1）苦難のスタート　207　（2）記者発表から開催前夜まで　212　（3）二風谷での「先住民族サミット」（第一ステージ）　215　（4）二風谷でのフィールドワーク　232　（5）札幌での「先住民族サミット」（第二・第三ステージ）　238
3　WIN－AINUの設立と崩壊　247

第5章　アイヌの歴史を取りもどす
1　考古学者・歴史学者のつくる「歴史」　261
（1）北大遺跡保存庭園での疑問　261　（2）東北地方のアイヌ語地名と後北式土

器の分布の一致　266　（3）『アイヌ史を問いなおす』　272　（4）「新しいアイヌ史」の年表　277

2　最終氷期における日本列島への人間集団の移動（約三万年前〜一万五〇〇〇年前頃）　284

（1）三つの移動ルート　286　（2）マンモスの来た道　291　（3）細石刃文化をもった人間集団（口絵4の1）　294　（4）最終氷期から完新世への気候の激変と人間集団の対応（口絵4の2）　300

3　「縄文時代」――「続縄文時代」における「北海道の人間集団」の変容と発展（一万五〇〇〇年前頃〜一四〇〇年前頃）　302

（1）「縄文時代」早期の「北海道の人間集団」（口絵4の3）　303　（2）「縄文時代」前期〜中期の「北海道の人間集団」（口絵4の4）　304　（3）「縄文時代」後期〜晩期の「北海道の人間集団」（口絵4の5）　306　（4）「続縄文時代」の「北海道の人間集団」（東北への南下〜北海道への帰還まで）（口絵4の6〜7）（二四〇〇年前頃から一四〇〇年前［西暦七世紀頃］まで）　309

4　分子生物学が明らかにした「北海道縄文人」と「アイヌの人たち」　313

（1）北海道と関東の「縄文人」の違い　313　（2）「アイヌの人たち」のDNAの変化　318

5　言語学・考古学・分子生物学を総合した見方　323

6　「縄文文化」「アイヌ文化」の精神性・霊性の探究　330

おわりに　「新しいアイヌ学」のすすめ……………………335

アイヌ力　337　アイヌの人たちの語り（ナラティヴ）　343　アイヌの人たちの声が対等に発信される社会をめざして　350　歴史修正主義に抗して　356　謝辞　361

引用文献　364

[附]資料

資料1　知里幸恵　東京での一二九日（小野有五編）　382
資料2　立命館大学国際平和ミュージアムでの特別展フライヤー（下は裏面）　400
資料3　ル・クレジオさん講演会のフライヤー　401
資料4　ル・クレジオさん講演会での配布資料に載せた文章　402
資料5　ルーヴルでの結城幸司さんほかのパフォーマンスの解説資料（Ono, 2011）　405
資料6　「シレトコ先住民族エコツーリズム研究会」の設立の趣旨　406
資料7　十勝アイヌ共有財産の歴史　408
資料8　アイヌ民族史跡保存会が北大遺跡保存庭園に立てた看板に書かれていた「古代アイヌ竪穴住居跡地盛衰史」　411
資料9　テッサさんを迎えてのアイヌエコツアーの資料集の表紙　413
資料10　「先住民族サミット　アイヌモシㇼ2008」プログラム冊子から　414
資料11　基調講演　ヴィクトリア・タウリ・コープス　423
資料12　「先住民族サミット」開幕を報道する『北海道新聞』の記事（二〇〇八年七月二日朝刊）　433
資料13　「先住民族サミット」アイヌモシㇼ2008二風谷宣言　434
「先住民族サミット」アイヌモシㇼ2008から日本政府への提言

「新しいアイヌ学」のすすめ

知里幸恵の夢をもとめて

はじめに

二〇二二年は、『アイヌ神謡集』を書き、アイヌであることの誇りと、その語りの文化を伝えてくれた知《ち》里幸恵《りゆきえ》さんが、一九歳で天に召されて百年目にあたります。アイヌ語やアイヌ文化の専門家でもないひとりの人間が、彼女の残してくれた語りを通じて、明治以降、アイヌの人たちが置かれたすさまじい状況を初めて知り、彼女が夢見た平等な社会の実現をめざして、素人ながら活動するようになって、二五年が過ぎました。

東京で生まれ育ち、東京の大学で地質学を学びましたが、学校教育のなかでは、アイヌ語やアイヌ文化について学んだ記憶がほとんどありません。大学一年生の夏休みに、夕張芦別の炭鉱で地質調査する先輩にくっついて、初めて北海道に来ました。毎日、炭鉱夫の人たちと同じトロッコに乗って坑口まで行き、そこで下ろしてもらって沢に入り、やぶ蚊やダニに刺されながら一カ月、岩を叩きながら過ごしたのです。でも、アイヌの人には出会えませんでした。大学院では五年間、十勝平野と日高山脈に通い、十勝では、原付のバイクであらゆる道を走って火山灰などの調査をしましたが、そこでも、アイヌの人に出会うことはありませんでした。それから何年もたち、縁あって北海道大学に就職し、一九八六年から札幌に住むようになって、偶然、書店で手に取ったのが、一九〇三年生まれの知里幸恵さんの遺稿集です。

今を生きるアイヌの人と初めて会い、お話しできたのは、一九九八年になってからのことでした。その前年、それまで百年近くもあった「北海道旧土人保護法」という差別的な法律が廃止になり、新しい法律のもとで、どんな施策を取るべきか、という道庁からの公募に、「アイヌ語地名を平等に併記してください」という要望をしたことがきっかけでした。本書の**第1章**には、そのことを書きました。この時にお会いした、アイヌの長老（エカシ）のひとりとも言うべき小川隆吉さんとは、それから長くおつきあいすることになりました。

遺稿集を読んで感動させられた幸恵さんのお墓参りをしたいと思い、彼女のふるさと登別に行った時、出会えたのが、幸恵さんの姪御さんにあたる横山（知里）むつみさんです。一九九九年のことでした。幸恵さんの生地に住んでいた彼女が、幸恵さんの記念館をそこに建てたいと考えるようになったことから、その夢を実現しようと、約一〇年間、建設のための募金活動をしました。その過程で、また多くのアイヌの方々と知り合うことにもなりました。**第2章**には、そのことを書きました。

第3章に書いたのは、二〇〇五年、シレトコ（知床）世界自然遺産の問題から始まった活動のことです。「シレトコ」は「大地の先端」、つまりは「岬」というアイヌ語地名です。シレトコ半島の地名は、すべてアイヌ語地名といってもいいくらいですし、そこにはまた、アイヌの人たちに関連する遺跡もたくさんありました。しかし日本政府は、アイヌの人たちとはいちども協議することなく、ユネスコに世界自然遺産登録の申請をしていたのです。これは、国際的には大きな問題でした。偶然そのことを知って、アイヌの人たちにそれを伝え、一緒になって、「知床世界自然遺産」の管理にアイヌの人たちも関われるよう、運動したのです。

そうしたなかで、アイヌが主体となって、自然や文化をガイドする「アイヌエコツアー」をシレトコでやろう、ということになりました。それを発展させ、札幌でも、アイヌがガイドする「サッポロ・アイヌエコツアー」をつくりました。前述した小川隆吉さんの協力を得ましたが、それによって、先住民族の語りとは何か、歴史とは何か、ということを考えるようになりました。

一九九七年から二〇二二年までの二五年間は、国連による「先住民族の権利宣言」や、「アイヌを日本の先住民族とする」決議の採択がなされるなど、アイヌの人たちにとっても重要な変化があった時期です。二〇〇七年九月には、国連で、世界中の先住民族の権利を、各国政府が認め尊重することを求めた「先住民族の権利宣言」が採択されました。日本政府もそれに賛成票を投じ、そして翌年六月には、アイヌを「日本の先住民族」と認めたのです。明治になった途端に次々と奪われていった権利が、ようやくこれで回復されると考えたアイヌの人たちも多かったのではないでしょうか。それで、日本政府に対して、国連の「権利宣言」の速やかな実施を訴えよう、という機運が盛り上がっていました。アイヌの人たちだけではありません。世界中の先住民族が、それぞれの政府に「権利宣言」の実施を求めていたのです。二〇〇八年七月には、北海道で「G８サミット（主要国首脳会議）」が開催されることになりました。アイヌの大地（アイヌモシリ）で初めて開催される大きな国際会議です。世界をリードする主要国の首脳に対して、また議長国である日本政府に向けて、アイヌが主体となって世界の先住民族からの声を「G８」の首脳に伝えよう、という「先住民族サミット」のアイデアが浮かびました。**第4章**は、その発端から成功までの経緯を、ドキュメント的に書いたものです。

第5章では、アイヌの歴史について、これまでの考古学者による時代区分を批判し、アイヌの人たちの側から見た、新しい時代区分の名称を提唱しました。考古学者は、一二世紀頃から江戸幕府が終わるまでの時期だけを「アイヌ時代」とか「アイヌ文化期」と呼び、北海道の長い歴史において、「アイヌ」はその時期にしかいなかったかのような呼び方を続けているからです。これこそ、学問の名を借りた差別ではないでしょうか。

北海道と呼ばれるこの島に、最初に人類がやってきたのは、最終氷期の約三万年前です。それ以後、なんどか、この島には北や南から人々がやってきましたが、そこに住む人間集団が全く入れ替わってしまうようなことは起きませんでした。アイヌ語もまた、時代とともに変化したはずですが、アイヌ語地名を残したような「古アイヌ語」を使った人間集団は、少なくとも「続縄文文化期」と呼ばれる時期には、すでに北海道に住んでいたことが明らかになりました。そうであるなら、その始源は、さらに古い時期になると考えるべきではないでしょうか。私の本来の専門である氷河期からの気候・環境変化の研究や、近年の分子生物学の進歩による古人骨のDNA分析などの助けを借りながら、新たな目で、アイヌの歴史を見直してみました。

これら五つの章に述べたことをまとめて、最後に、この本のタイトルにした『新しいアイヌ学』のすすめ」を書きました。アイヌの人たちについて語るときには、当然のことですが、私たちとは何か？という問いをつきつけられます。普通は、「日本人」という表現が使われますが、あらためて「日本人とは何か？」と言われると、答えるのはなかなか難しいからです。「日本国籍をもっている人」が「日本人」なのでしょうか？そう考えがちですが、昨年（二〇二一年）、ノーベル物理学賞をとられた真鍋淑郎さんは、日本に生まれ育った方でも、国籍はアメリカ合衆国ですから、そういう意味からすれば「アメリカ人」なのです。テニスで活躍する大坂なおみさんも、お母さんは日本の方でも、お父さんはハイチ系アメリカ人、育ったのはアメリカで、日本語もたどたどしいのですから、日本国籍をもっていても「アメリカ人」といえるかもしれません。日本語が自由に使える人、日本語を母語とする人が「日本人」という定義も、実際にはあてはまらない人がいるのです。ノーベル文学賞をとったカズオ・イシグロさんは、ご両親とも日本人、長崎で生まれ育った方ですから、そういう意味では「純粋の日本人」かもしれませんが、今は英語だけで小説を書き、イギリスで活躍されている「イギリス人」です。一方では、日本語ができない「日本人」も、ますます増えていくことでしょう。

「民族」という言葉も、厄介です。あなたは何民族ですか？と聞かれて、すぐに答えられる人はあまりいないでしょう。しかし、「先住民族」である「アイヌ民族」が同じ日本にいる、ということは、「ではアイヌでない人たちは何民族なの？」と聞かれているのです。

「民族」という言葉は、そのように、自分とは違う人間集団がいることで、初めて認識されるものであることがわかります。それは一種の相互概念なのです。私たちが「アイヌ」と呼ぶとき、「アイヌ」の人たちは、私たちを「和人」とかアイヌ語では「シサム（隣人）」と呼びます。ちょっと悪口でいうときは「シサム」が「シャモ」になります。

「先住民族」という概念もまた、「その土地に後から入ってきた人たちによって、もともとの言語や文化を奪われた人たち」という意味ですから、相互概念といえるでしょう。アイヌの人たちは、アイヌ語地名が証明しているように、北海道や、東北地方の北部に「先住」していたことは確かですが、それだけで「先住民族」なのではありません。その人たちの言語であるアイヌ語やアイヌの伝統的な文化、慣習、権利が、明治政府によって一方的に奪われたから「先住民族」なのです。和人側の植民地主義や同化政策というものによってアイヌの人たちは、「先住民族」にされたのであり、「先住民族」になったのだ、と言っていいかもしれません。

「アイヌ学」という言葉も、そのような歴史のなかで、和人が、自分たちとは違う「アイヌ」を珍しいモノと考え、それについていろいろな面から研究してきた、その学問の総称と言えるでしょう。人間とは違う動物を研究するのは「動物学」、生きモノすべてを研究するのは「生物学」です。「物（モノ）」という名前がついているように、研究者は、研究する対象を、あくまでモノとして扱います。人間を研究する「人類学」

では、人間そのものを、モノとして扱うことになります。学問にはそのような非情な側面もあります。しかし、生きているアイヌの人たちを、ただ、自分の研究材料として利用するだけ利用して、論文や本を書いたら、あとはポイと捨て去るようなことは、許されることではありません。死んだ人に対しても、葬られたアイヌの人の骨を掘り出して研究し、ご遺体とともに納められたさまざまな副葬品を、持ち去って研究したうえで私物化するなどということは、そもそも倫理に反しています。しかし、これまで「アイヌ学」と呼ばれてきた学問は、そのような、和人側の理不尽な行為の上に、あるいは意識するとしないとにかかわらず、和人とアイヌとの明らかな上下関係をもとに成立してきたともいえるのです。

そういう学問は、もう終わりにしたいと思います。それに代わって、「新しいアイヌ学」を始めたい、と思うのです。それは「アイヌが主体となって、アイヌを対象として、アイヌのためにする学問」です。では、アイヌでない和人や、その他の「外人」は、もう「アイヌ」を研究できないのでしょうか？　そうではないでしょう。アイヌ以外の人たちにも、その人たちが蓄積してきた経験や知識があります。それらのすべてを、アイヌの人たちが、自らアイヌのために研究するときに提供し、それを手伝えばいいのだと思います。私はそれを「協働」という言葉で呼んでみました。

たとえば、**第5章**で私が提案したのは、「アイヌから見たアイヌの歴史」であり、「アイヌから見た日本の歴史」です。しかし、そこにも、無意識のうちに、和人である私の考え方が入っているかもしれません。それをアイヌの人たちが検討して、自分たちにとって本当に納得のいく歴史にしていく作業が必要になるでしょう。また、**第1章**から**第4章**まで、すべて、私は「アイヌのために」とか「アイヌの人たちとともに」やったこととして語りましたが、それをアイヌの人たちの側から見たら、やはり、ここはおかしい、本当はこうするべきだ、ということが出てくるに違いありません。アイヌの人たちもまた、一人ひとり違うのですから、それぞれがそのような検討を行って、考えをお互いにぶつけあい、アイヌにとってよりよいものをつくっていくこと、それが「新しいアイヌ学」だと思います。

アイヌ語で「アイヌ」とは「人間」のことです。アイヌの人たちがよく言うように、「アイヌ ネノ アン アイヌ」(人間らしい人間)となることは、単にアイヌの人たちだけの理想ではありません。「和人」も「外人」も、すべての人間にとっての、それは目標といえるでしょう。

そのために私に何ができるか、と考えたとき、これまで、少なからぬ数のアイヌの人たちとやってきた活動を書き残しておくことが、私にできるすべてではないか、と思いました。二五年という時間は、私の人生のほぼ三分の一に当たります。もちろん、私は自分の専門分野の研究も続けていましたから、こうした活動だけをやっていたわけではありません。しかし、それだけの時間を使ったことは確かです。最初から、私は「アイヌを研究の対象にはしない」と宣言して、アイヌの人たちに関わってきました。私はただ「アイヌの権利回復を速やかに実現するにはどうしたらいいか」ということだけを「研究する」という立場を二五年間、貫いてきたのです。そこでやったことを、ひとりの和人として語りたい、と思いました。

アイヌの人たちには、知里幸恵さんをはじめとして、自らを語ってきた長い歴史があるのに、和人のほうは、「アイヌ学」という「学問」の蔭に身を隠して、自らを語ってこなかったからです。ここにも、著しい不公平があります。アイヌの人たちは、和人との関わりのなかで、差別を受けながらも、さまざまに自らを語ってきたのに、和人は、アイヌとの関わりのなかで自分を語ることなく、研究対象にした「アイヌ」だけを書いてきたのです。それを繰り返すことはもうやめよう、と思いました。そういう意味で、この本は、アイヌの人たちと関わってきた小野有五という一和人の語り(ナラティヴ)だとも言えるでしょう。

二〇一三年には、地理学の研究者であり、また環境問題での運動者という立場から、それまでにやってきた活動をまとめて『たたかう地理学』という本を書きました。地理学者としての私の研究や活動からすると、アイヌの人たちとの関わりはごく一部に過ぎません。それで、その本では、アイヌの人たちとの活動については一章しかあてることができず、ごく表面をなぞるようなことしか書けませんでした。本書で初めて、アイヌの人たちとの関わりをくわしく書いたことになります。

これまでに本や論文で発表したことも、できるだけわかりやすく書き直しました。文献はなるべく丁寧に引用しましたが、「研究書」「専門書」にはしなかったつもりです。記述がやや細部にわたる部分は、とばして読んで下さってもいいように、活字を小さくして表現しました。また**第4章**では、二〇〇八年の「先住民族サミット」で、アイヌの人たちと一緒に作った冊子から、何人かの方々のメッセージや、「日本政府への提言」、「G8サミットへの宣言文」などを再録させていただきました。

縁あってふれあうことができたさまざまなアイヌの人たち、そのおひとりおひとりに感じた「アイヌ力《ぢから》」、それが結集されたときに、大きなパワーとなって、「先住民族サミット」は成し遂げられたと思います。「新しいアイヌ学」は、そのような「アイヌ力《ぢから》」を、さらに強めるものになってほしいと思います。

アイヌも、アイヌでない者も、その力を信じ、お互いが心を開いて語り合いたい。アイヌにとっても、そうでない者にとっても、よりよい、平等な社会をつくっていきたい。

それは知里幸恵さんが、一九歳で天に召されるまで、つねに彼女の同胞（ウタリ）のために祈っていたことだからです。

第1章

アイヌ語地名の平等な併記をもとめる

（章扉）旭川市で最初に立てられたアイヌ語地名を平等に併記した地名表示板

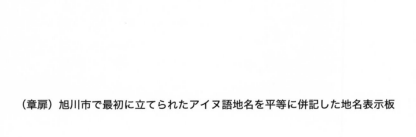

1　素人として声を上げたとき

「アイヌの人々の民族としての誇りが尊重される社会の実現を図り、あわせて我が国の多様な文化の発展に寄与すること。」

一九九七年、できたばかりの新しい法律がそのようにはっきりと書いているのに、社会は変わったように見えなかった。ほんとうに「アイヌの人々の民族としての誇りが尊重される社会」を実現するには、どうしたらいいのだろう？　考えてみても、私は当時、アイヌの人をまだ一人も知らず、話したこともなく、アイヌ文化もアイヌ語も知らない人間、要するに、「アイヌ」に関してはまったくの素人であった。そういう社会を実現するための具体的な施策が、一般から公募されていると新聞で知っても、そんな人間になにが言えるだろうと思った。

そのとき、二〇代の頃、毎夏のように日高や十勝に通っていた時に何度も目にし、また口にもしていた多くのアイヌ語地名が、後になって、本来の地名から和人の地名に変えられているのを見たときの衝撃が、よみがえった。

最も悲しかったのは、日高山脈の北部から十勝平野に流れていく「ピパイロ川」が、いつのまにか、「美《び》生川《せいがわ》」と呼ばれるようになってしまっていたことである。一九七〇年代には、すでに「美生川」という漢字も使われていたが、当時はまだ、それを「ピパイロ川」と読ませていたように思う。それが、「美生」という漢字にひきずられて、「びせい川」が正式の読みに変えられていたのである。長く調査していた「トッタベツ川」には、当時から「戸蔦別川」という漢字が当てられていた。しかし、当時はまだ、「トッタベツ」と、跳ねる音で読んでいた。それが、本来のアイヌ語の発音を否定するように、「とつたべつがわ」と、ことさら「つ」を大きく発音するように変えられてしまったのである。

それは単に、個人的な美意識の問題であり、大げさに言い立てるようなことではないのかもしれない。また、何より、アイヌの人たち自身が、別にそんなことは問題ではないと思っているのだったら、ことさら問題にすべきことではないのかもしれない。だが、アイヌ語地名とは、アイヌ語をもとにつけられた地名である。それを尊重することは、アイヌ語そのものを尊重することにつながるのではないだろうか。民族の定義はいろいろあるだろうが、言葉は、民族にとって重要なものである。日本語を奪われたら日本人は存在しないであろう。

アイヌ民族は、その本来の言語を奪われてしまった。その母語であるアイヌ語を復興すること、それ自体が、「アイヌの人々の民族としての誇りが尊重される社会の実現」には必要になるはずだ。そのような社会の実現には、当然、アイヌでない人々も、ある程度は、アイヌ語を知ることになるだろう。言語を学ぶのは難しいが、地名というのは、大人でも子どもでも、誰もが日常的に使うものである。それを手がかりにすれば、誰でも、アイヌ語に近づくことができるのではないだろうか。

そのように考え、北海道に対して、アイヌ語地名が残っている場所は、できるだけ漢字化を避け、アイヌ語地名のカタカナ書きにすべきこと、また、あるいは、漢字になった地名を使いたい時は、少なくとも、カタカナ書きアイヌ語地名を、平等に併記してほしい、という提案をおこなった。一九九八年三月、もう公募の締め切りギリギリの時だったと記憶している。

提案はしたものの、こうした主張を社会に知らせるためには、運動が必要だ。地名を載せるのは地図だから、私は、地図のエッセイストとして活躍されていた堀淳一さんに相談した。もともとは北大の物理学の教

写真１　「アイヌ語地名の平等な併記」をもとめる第１回目の集会
左より、筆者、小川隆吉さん、堀淳一さん、藤門弘さん（1998.4.18）

授だったのに、四〇代でスパッとやめて、趣味だった地図の世界に生きるようになった方である。堀さんは、「およそ『運動』と名の付くものは嫌いで、いつも逃げてきたが、こればっかりは……」と言われ、一緒に行動して下さることになった。堀さんは、まず四月三日の『北海道新聞』夕刊に、「アイヌ語地名を復権させよう」というエッセイを書いて下さった。『北海道新聞』も、これを受けて、「大地を呼ぼう　アイヌ語で」「文化振興法　尊重し　地名の併記を」という大きな記事を載せてくれた。これらの記事で、「アイヌ語地名を平等に併記しよう！」という集会を四月一八日に開くことが新聞に大きく載ると、一気に、さまざまな反応があった。いちばん驚いたのは、小川隆吉さんという、アイヌのエカシ（長老）のような方が、いい提案だ、大賛成だ、と言って、当日、会場にも来て下さったことである。**写真１**は、そのときのスナップだ。とにかく、アイヌの人たちと直接的に会ったこともないのに、いきなり、そのような方が来て、話をして下さったことに私は感動した。

小川さんは、アイヌが迫害されてきた歴史を訥々と語ったが、地名については、「チノミシㇼ」を例に話された。アイヌ語では、「チ」（我ら）「ノミ」（祀る）「シㇼ」（山）で、アイヌの人たちが、崇拝してきた山や大岩を指す大事な地名だという。しかし、そこに当てられてしまったのは「乳呑尻」というような漢字であった。これほど無礼なことはない、と小川さんは憤っていた。日高山脈の最高峰も「ポロ（大きな、あるいは親）シリ（山）」であるが、これにも「幌尻」の漢字が当てられている。「シリ」は、「尻」と書かれてしまうことが多いのだった。今度できた法律が「アイヌ文化を尊重する」というのなら、まずそういうところからあらためていってくださいと小川さんは言われた。

アイヌ語は、日本語と違って、子音で終わる言葉が多い。「チノミシリ」は、アルファベットで書くと、「Ci nomi sir」となって、最後は「r」で終わっている。それを片仮名で書くときは、「リ」ではなく、小文字の「ㇼ」にするのである。泉やその周囲の泉池を表す「Mem」も、「m」で終わるから、カタカナで書くときは「ㇺ」と小文字にしなければならない。本書では、現在、普通に使われる「アコㇿ（我々の）イタㇰ（言葉）」と呼ばれるアイヌ語の表記法（たとえば田村、一九九六を参照）になるべく従うよう心がけたが、引用文などでは、元の表記のままにしたところもある。

会場には一五〇人近くが集まり、小川さんの話を熱心に聞き入っていた。そうだ、そうだとうなずく人も多かった。**第3章**で述べるように、先住民族マオリの運動が活発なニュージーランド（マオリはアオテアロアと呼ぶ。以下ではこちらを先に表記する）では、マオリ語による地名の平等な併記も進んでいた。当時、私はまだそこに行ったことがなかったので、現地を知っている藤門弘さんにも来ていただき、その事例を紹介していただいた。堀さんは、やはり、ゲール語と英語の平等な地名併記がなされているアイルランドの例を話して下さった。しかしそうした講演のあと、では、今後、北海道でどうやって運動を進めていくか、という討論になると、大きな問題がもちあがった。

堀さんも私も、ごく身近なアイヌ語地名が、漢字化され、さらに、読みが漢字にひきずられて変わってしまった例として、「月寒」を挙げて説明したのだが、それが混乱のもとであった。私たちは、アイヌ語の「ツキサップ」に「月寒」という漢字が当てられ、初めの頃は、「月寒」と漢字で書いても「ツキサップ」とみんなが読んでいたものが、だんだん漢字にひきずられて、「つきさむ」と読むようになってしまったのだと考えていた。それで、これからは、もとの「ツキサップ」もちゃんと書くべきだと述べたのだが、アイヌ語地名を調べている人たちからは、いや、もとのアイヌ語地名は不明で、いちばん可能性の高いのは「チキサニ」である。「ツキサップ」は、それを和人が勝手に変えたもので、本来のアイヌ語地名ではない、と反論されたのだった。「チキサニ」は、「チ（我ら）キサ（こする）ニ（木）」。材質が固いので、こすって火を起こすのに使ったというハルニレ（の幹）を指すアイヌ語である。そのあたりにハルニレが多かったからそのような地名がついたのだろうか。

もともと、地名は地理学の研究対象でもあるが、私は地形の専門家で、地名の専門家ではなかった。まして、アイヌ語は全く知らず、したがってアイヌ語地名については、全く素人であった。それでも、本来アイヌの人たちの言葉でつけられた地名は、この法律ができた以上、尊重すべきであると思って、そのような提案をしたに過ぎない。だから、そのような指摘は、むしろありがたいことであった。しかし地名の研究者からは、アイヌ語地名は、江戸時代に、松浦武四郎などがアイヌから聞き取って残したものがほとんどである、聞き取り時の間違いもあり、調べた人によって異なっていることも多い、だから、本来のアイヌ語地名を併記すると言っても、不可能ではないか、という意見も出た。それは当然のことかもしれない。だが、本来のアイヌ語地名がわからなくても、可能な限り、それに近づいていくことはできるだろう。少なくとも、それに意味の全く違った漢字を当て、音や意味を変えてしまうのではなく、アイヌの人たちから聞き取って記録

写真２　北海道開発局による差別的な地名看板

された古い地名を、できるかぎり尊重することに、意味があるのではないだろうか。

白熱した討論の場で、あらためて覚悟したのは、私はあくまでも素人として考え、素人として行動しよう、ということであった。そうとしかできないのだから仕方がないが、専門家の意見は最大限に活用しながらも、アイヌ民族の文化や権利を、和人の文化や権利と平等なものにしたい、この日本で、アイヌの人々と平等な社会を実現したいという、まことに素人的な発想だけはゆずらず、私はそれで押し通していくしかないと覚悟したのである。結局のところ、それから二五年、この本でふれるすべての運動において、それが私の一貫した立場となった。アイヌ民族、アイヌ語、アイヌ文化、どれをとっても私は素人であり、まして、その研究者ではない。だから、間違いもするだろう。それは専門家に正してもらえばいいことだ。しかし私自身は、決してアイヌの人たちを研究対象にはしない。私は、どうやったら平等な社会が実現できるか、どうしたらアイヌ民族の権利回復を速やかに行うことができるか、ということを研究するだけだ。そのような姿勢を、そのとき決めた。結局、その姿勢を全く変えることなく、この二五年間、そのままやってきたのである。

この運動の結果、北海道は具体的な施策のなかに「アイヌ語地名の尊重・普及」を入れ、一九九九年九月に「アイヌ語地名普及会議」という委員会を設立、そこで、アイヌ語地名のリストアップを行い、その表示にあたっては、アイヌ語地名を併記する方針を打ち出した。しかし残念ながら、委員会の予算や人員はきわめて限られたものであり、そこでわずか一年半という短期間にまとめられたアイヌ語地名リスト（北海道環境生活部、二〇〇二）は、きわめて不十分なものであった。さらに、北海道は、この委員会の答申を受けてアイヌ語地名の併記に向けた手引き書を作成したが、そこでは、私たちが主張した「平等な併記」という原則は無視されてしまった。結局、それまでと同じように、漢字で書かれた「日本語地名」を大きく表示したうえで、アイヌ語地名は下に小さくしか書かれないという、不平等な併記が推奨されてしまったのである。道に要望書を提出した『アイヌ語地名を大切に！』市民ネットワーク」というにわかづくりの組織は、私が代表、藤村久和さん、堀淳一さん、小川隆吉さんが世話人であった。世話人のひとりだった藤村さんが道の設立した委員会のメンバーにもなられたので、もうこれで、私たちの要請はそのまま受け入れられるものと気を許してしまったのが、間違いであったのかもしれない。行政とは、もっとしたたかなものである、ということを、素人の私はまだ理解できていなかった。北海道の河川を管理する北海道開発局も河川の地名表示板をつくっているが、開発局も、北海道とほぼ同じように「日本語地名」を大きく書き、アイヌ語地名は下に小さくしか表記しないという差別的な表示を続けている（写真2）。

2　旭川市での取組み

アイヌ語地名への関心を高めることには成功したものの、北海道や開発局には「平等な併記」という肝心の主張を受け入れてもらえず、落胆していたなかで、唯一、声を聞いてくれたのが旭川市だった。上川盆地は、石狩川の上流にあり、一つの別世界をつくっている。歴史的にも、そこは「上川アイヌ」と呼ばれてきた人たちの暮らした世界であり、旭川の周辺は、札幌周辺の石狩地方や、十勝地方とはまた違った伝統をもつ地域なのだった。**第2章**で述べる知里幸恵さんの伯母、金成《かんなり》マツさんが、アイヌへのキリスト教伝道のために派遣されたのも旭川である。幸恵さんは、七歳から、東京に行って亡くなる年まで、丸一三年間を旭川の近文《ちかぶみ》コタン（アイヌの人たちの集落）で過ごしたのだ。そこにはまた、大きな活躍をした上川アイヌの長老、川村カ子《ネ》トの故郷でもあり、近文にはその記念館も建てられている。そのような伝統のある旭川では、アイヌの人たちの行政への働きかけも強く、二〇〇〇年五月、市は、新しい法律に対応する「旭川市におけるアイヌ文化振興計画」策定のための委員会を立ち上げたのだった。委員として参加を要請された私は、なんと座長を務めることになってしまった。「アイヌ」に関しては素人に等しい私のような人間を、旭川市はよくぞ委員にしてくれたものだと思う。選ばれた委員の方々も、そのような者を座長に選んだときには心配もあったのではないだろうか。こちらも不安だったが、選ばれた以上は最善を尽くすしかない。私は基本計画の一つとして、市内の「アイヌ語地名」の平等な併記を提案した。さいわい、その提案が多くの委員の賛同を得て、委員会のなかに、「旭川市のアイヌ語地名の平等な併記」に向けた懇談会（正式には「旭川市アイヌ語地名表記推進懇談会」）がつくられた。

懇談会のメンバーは、アイヌ語専門家の魚井由吉さんのほか、旭川在住のアイヌ語地名研究家で、『アイヌ語地名と伝説の岩――カムイコタンからチュプペッまで』（由良、一九九〇）を書かれた由良勇さんと、高橋基さん、北見にお住まいで、『アイヌ語地名Ⅰ　網走川』（伊藤、一九九七）を書かれていた伊藤せいちさんが参加され、前述した「川村カ子ト記念館」館長の川村兼一（川村シンリッエオリパックアイヌ兼一）さん、アイヌ口承文芸の伝承者の杉村フサさんが加わって下さった。

二〇〇一年七月二七日に開かれた第一回の懇談会では、互選の結果、私が座長を務めることになってしまった。それで私は、「平等な併記」をする看板をつくるため、市内の「アイヌ語地名」を選び、次回までに各自が提示することを要請した。第二回の懇談会では、集まった地名から、三〇の地名をリストアップし、優先度の高いものから「アイヌ語地名表示板」を立てていくことになった。そこで最も大きな問題となったのは「何が確実なアイヌ語地名か?」ということであった。この点に関しては、高橋さんが出して下さった五つの条件が、参考になった。それは、その地名が歴史的・資料的に確認できること、位置がおよそでも特定できること、アイヌ語法に合致したものであること、意味・由来が説明できること、古老などから伝承されたもので旭川市のアイヌ語地名と妥当と考えられるものであること、の五つであった。ここでいう資料とは、松浦武四郎や、永田方正、知里真志保などの残した資料、陸地測量部の明治三〇年『北海道仮製五万分の一図』、『旭川市史』『新・旭川市史』のなかで「アイヌ語地名」に関わる部分、山田秀三さんの著作などである。

委員全員がこの提案に賛同したが、もちろん、実際に一つの「アイヌ語地名」を選び、その「地名表示板」をつくるとなると、多くの問題が出てくるのであった。「アイヌ語地名」のように、遠い過去につくられ、また古い記録も、アイヌ自身によって文字に書かれたこともないような地名、しかも同化政策によって大きく変えられてしまった地名について、その本来の「アイヌ語地名」を正確に復元することはきわめて困難である。同じ地名でも、聞き取った和人によって表記が異なれば、もともとの地名がどのように発音されていたかを正確に知ることもできない。時代とともに地名が変わっていく場合もあるだろう。また後述するように、そもそも「アイヌ語地名」は、それが本来どこを指していたかを、厳密には特定できないことのほうが多いと言うべきかもしれない。

そのような困難があるなかで、一つの「アイヌ語地名」を正しく選定し、その正しい意味や由来を示すというのは、多くの場合、不可能に近かった。しかし、私は、この懇談会では、そのような厳密性にこだわるのではなく、もちろんできる限りの議論を尽くすとしても、現時点でこれが本来の「アイヌ語地名」に最も近いであろうと推測される地名を選定することにとどめたい、という基本方針を述べた。今、最も重要なことは、これまで不当に扱われてきた「アイヌ語地名」を、まず同じ大きさで併記することによって、その正統性、平等性を旭川市民に示すことなのだ。それをした上で、さらに研究を続け、より正しい本来の「アイヌ語地名」が明らかになれば、漸次、表示を書き換えていけばいい。とにかく、まずは平等に併記することから始めよう、というのが、私からの提案であった。

さいわい、委員の皆さんはこの提案を受け入れて下さり、まずは、最も優先度が高かった「近文」と「忠別川」から、検討を始めたのだった。こうして、初めて、「アイヌ語地名」を平等に併記した「チカプニ近文」の「地名表示板」ができたのは二年後の二〇〇三年である。本章の**扉写真**にそれを載せた。

アイヌ語では、「Cikap」（チカプ）は鳥、「un」は「いる」という意味の他動詞、最後の「i」は「～のところ」を表す接尾辞である。それぞれを離して読むと、「チカプ」「ウン」「イ」だが、くっつけて発音すると、フランス語のようにリエゾン（連音）して、「チカプニ」となるのである。またヘボン式ローマ字や、それを使っていた知里幸恵さんなどは「チ」を「Ｃｈｉ」と書くが、アイヌ語の現在の正字法（AKOR ITAK アコロ イタク）では、このように書くきまりになっている。

市の予算が足りず、二本の支柱を立てて地名表示板を作るお金がなくなってしまったため、この地名表示板は、「近文小学校」の校門脇のフェンスに簡易的にビスで留めるということになってしまった。しかし、かえってそのほうが、登校してくる小学生の子どもたちが毎日、目にできるので、よかったのではないかと思っている。**第2章**で述べるように、二〇〇三年は、チカプニに住んだ知里幸恵さんの生誕百年であった。それを記念するかのように、彼女が求めた「アイヌと和人との平等な社会」への第一歩とも言える地名表示板が、彼女とゆかりの深い場所に立てられたということに、不思議な縁を感じたのである。

太平洋域の先住民族たちは、三年ごとに「教育のための世界先住民族会議（World Indigenous Peoples' Conference for Education: WIPCE：略称ウィプシー）」を開催している。そのことを知って、二〇〇五年、アオテアロア（ニュージーランド）で開催された第七回のウィプシーにひとりで参加した私は、「アイヌ語地名の平等な併記」の取組みについて発表した。この会議は、原則として先住民族しか参加・発表できないので、懇談会のメンバーである川村兼一さんの代理のようなかたちで発表させてもらった。今でも忘れられないのは、「北海道でも、五年かかって、まだ二つだけど、アイヌ語地名を『日本語地名』と平等に併記させた看板をつくらせた」と、「チカプニ　近文」の「地名表示板」の写真をパワーポイントに映した時、しばらく拍手が鳴りやまなかったことである（小野、二〇〇六a）。一方、北海道や開発局のつくっている「日本語地名」だけを大きく表示する看板の写真をパワーポイントにして見せると、それは典型的な「制度的差別」だと言われた。別に、きちんと明文化された「制度」があるわけではないが、マジョリティ側は、無意識のうちに、「日本語地名を大きく書くのが当たり前」という「制度」をつくりあげているのである。だから、「アイヌ語地名」と「日本語地名」を同じ大きさで表示しようという私たちの主張は、先住民族として当然の主張であり、もっと進めるべきと評価されたのだった（小野、二〇〇八b）。

旭川市でのアイヌ語地名の平等な併記をめざす「アイヌ語地名表示板」の作成は、その後も続いている。以前は旭川市教育委員会が直接この事業の事務局も担当してくれていた。途中からは旭川市博物館に事務局が移り、もともと少なかった予算も大幅に減らされて、それまでは年二回だった懇談会の開催も年一回になっ

写真３　ハルシナイ　春志内の地名表示板

てしまったが、それでも、一年に二基の看板を作成することができたのは、旭川市と懇談会のメンバーの努力の賜物といえる。旭川市教育委員会のウエッブサイトで、「アイヌ語地名表示板」と検索すれば、二〇二一年までに立てられた看板三八基、すべての画像と説明を簡単に見ることができる。

写真3は、その一つ、「ハルシナイ　春志内」の地名表示板だ。「ハル（食料）・ウシ（多い）・ナイ（沢）」の「ハル」と「ウシ」がリエゾン（連音）して、「ハルシ」となっている。「ハル」は（自然から恵まれた）食料の意味だが、この場合は主に山菜だろう。春には一斉に芽をふくプクサキナ（二輪草）や、マカヨ（フキノトウ）、キトピロ（行者ニンニク）など、アイヌの人たちが大切な食べものとし、また干して保存もしたさまざまな山菜が豊かにとれる沢、という意味であろう。和人が当てた「春志内」という漢字も、決して全く悪いものではない。アイヌ語本来の意味が消されてしまっているのはもちろん問題だが、山菜を「春の志」としたところには、和人の文化を感じる。アイヌ語地名にもどせという運動ではなく、平等な併記を、と主張したのは、和人なりのそうした文化も、残すことに意味があると思ったからである。もちろん将来は、アイヌの人たちがどうしたいかを決めることだ。

一方、**写真4**の「ウシシペッ　牛朱別川」では、アイヌ語では「（鹿の）蹄《ひづめ》（ウシシ）」の川（ペッ）という意味だったものが、漢字では、「牛」や「朱」になってしまった。当て字の悪さが出てしまった例と言えよう。「アイヌ語地名表示板」では、アイヌ語を先に、「日本語地名」を後にしながら、どちらも平等に書き、下にはアイヌ語地名の意味を短くまとめるというスタイルで統一している。北海道や開発局が立てている「日本語地名」を大きく書く地名表示板との違いは明らかであろう。

二〇〇七年九月、国連は、「先住民族の権利宣言」を採択した。日本も賛成票を投じたが、その後、この宣言に即した政策を国内は実施しようとしていない。その第一三条の第一項は、次のようなものである。

「先住民族は、彼・彼女らの歴史・言語・口承伝統・哲学・表記方法および文学を再活性化し、使用し、発展させ、そして未来の世代に伝達する権利を有し、ならびに彼・彼女ら独自の共同体名・地名、そして人名を選択し、かつ保持する権利を有する。」

（市民外交センター、二〇〇八）

写真４　現在の牛朱別川の河畔広場に立てられた「ウシㇱ ペッ」の地名表示板

アイヌ語地名を併記することとは、アイヌ語地名を保持することであっても、それだけを一方的に選択することではない。将来、どのようにすべきかは、アイヌ自身が決める権利をもっていると、この条文は明確に述べている。私たちにできることは、将来に向けてその材料を最大限に提供することでしかない。そして、現時点においては、できるだけ平等性を保つために、まず同じ大きさで書く、という表示を試みているのである。

山田伸一さんの研究（山田（伸）、二〇〇五）が詳しく示してくれたように、幕府や開拓使は、アイヌ語地名を無理やり漢字化し、しかも内地の地名がそうであるのにあわせて、できるだけ二文字で表せるよう、本来のアイヌ語地名を改ざんした。これは明白な植民地化政策であり、その同化政策の見えない圧力は、ピパイロ川から美生川への変化のように、今もなお続いているのである。

日本では、中国や韓国の文化を至上のものとして受け入れた大和朝廷以来、二字（または三字）の漢字で示される地名だけが正統性をもった地名であるとされてきた。「かな」はあくまでも「仮名」であり、漢字こそが真の文字、すなわち「真字」とよばれる。その真字で書かれた地名だけが、正統な地名とされたのである。たとえば、七三三年に編纂された『出雲国風土記』をひもとけば、そこにはおびただしい地名解が書かれている。そのほとんどは、もともとあった出雲の地名を、神話を媒介としてこじつけ（故事付け）的に説明しているように思われる。本来の地名を、そのようにして無理やり漢字化したのであろう。日本の歴史においては、「国」が征服者として新たに国土を整備しようとするとき、それまでに存在していた先住民（族）の地名を徹底的に漢字化したこと、しかもできるだけ二字の漢字化にこだわったことが、すでに上古からの伝統であった。だからこそ、本来はアイヌの立場に立ち、アイヌ語地名を守る役割を果たすべき松浦武四郎も、開拓使から蝦夷地の道名、国名、郡名などの制定を依頼された時には、この上古からの慣習にしたがった進言を行っているのである（松浦、一八六九）。

懇談会の発足時、どのアイヌ語地名から優先的に表示すべきかを議論したが、当然のことながら、「旭川」は最も重要な地名であった。しかし、「旭川」の地名の由来については諸説があって簡単ではなく、先送りにされた。それで、まずは知里幸恵さんも住んでいた「近文」と、「忠別川」を最初のアイヌ語地名表示板に選んだのだが、実は「忠別川」のアイヌ語地名も、諸説があって困難なのであった。実際には、この川の名前がもとになって「旭川」の地名ができたとも言えるのである。

懇談会では、「チゥ（ciw）・ペッ」（波・川）、「チュプ（cup）・ペッ」（太陽・川）、「チュク（cuk）・ペッ」（秋・川）の三つの説が出された。どの説にもそれなりの根拠があり、しかしどれも決定的ではない。大きな議論になったため、説明文には三つとも書くことにしたが、地名表示板としては、どれか一つを大きく書かざるを得ない。最終的には、かつては「チゥ・リキン・ペッ」（波たつ川）と言ったと、アイヌの古老から聞いた魚井由吉さん（当時・旭川市博物館）の意見に従ったのだった。

しかしその後、高橋基さんが詳しい研究をまとめられると（高橋、二〇〇一、二〇〇二、二〇〇三）、どうも「チュク（cuk）・ペッ」（秋・川）が、最も古い形のようだという結論になった。それで、二〇一七年八月に開かれた懇談会（第一八回旭川市アイヌ語地名表記推進懇談会）では、その数年前から委員に加わっていただいたアイヌ語の専門家、太田満（太田カムシオッカイ満）さん（**写真5**）の協力も得て、検討が行われた。高橋さんは毎回、議論のために古地図や文献のコピー資料を用意されたが、この日の資料は、A3版で五頁にもわたるものであった。それによると、そもそも「旭川」の地名のもとになった「忠別川」のアイヌ語地名としては、永田方正（一八九一）の『北海道蝦夷語地名解』に載せられた「チュプ　ペッ」と、知里真志保（一九六〇）の『旭川市史　第四巻』の「チウベッ」（波・川）の二説のほか、松浦武四郎（一八五九）が『東西蝦夷山川地理取調図』に

写真5　太田満さん（左）と川村兼一さん（右）
アイヌ語地名を生かした旭川でのエコツアーで、嵐山のコタンに復元されたチセでユカラを謡う太田さん（2002.7.14）。このエコツアーの内容は、『カムイミンタラ』2002年9月号 No. 112「山岳エコツーリズムフェスティバル」特集号でも紹介した。

書き込んだ「チクベツ」、さらには、林顕三（一九〇二）『北海誌料』の中の「チユクベツ」や「チユックベツ」がある。「チユクベツ」は、近藤重蔵や、間宮林蔵、松浦武四郎の資料にも見られるという（これらの地名表記は原典のままである）。

「ペッ」「ベッ」は、「ナイ」と並んで川を意味するアイヌ語だ。古文書では、現在のように子音で終わる言葉でも語尾を小文字にしないことが多い。いずれにしても、アイヌ語ではpの音とbの音を区別しないので、地名によって「ペッ」になったり「ベッ」になったりする。

このように、現時点で入手できるすべての資料をチェックしたうえで、高橋さんは、アイヌ語地名の研究を集大成した山田秀三さんが『アイヌ語地名を歩く』（山田、一九八六）で述べたように、もとは「チュクベッ」（秋・川）だったものが、最後の音（ク）が、破裂音ではなく、喉を閉じたまま終わるつまった音であるために、「チュプペッ」と誤って聞き取られたのではないか、と結論された。秋には、足の踏み場もないほど鮭が遡上してきたことから、この地名ができたというのである。松浦武四郎の地図で、忠別川と石狩川の合流点が「チクヘツ・プト」（チクヘツの口）と書かれていることも、この考えを補強するものといえよう。また前述した永田方正の本でも、羽幌町の築別川、浦幌町の直別川はいずれも「チュクベッ」（秋・川）となっており、栗山町の築別川も、「チュクベッ」（槐川・エンジュから取った毒を流して鮭を獲った）である。これらも、秋に鮭が大量に遡上し、アイヌがそれを捕獲していたことから、この地名ができたと山田秀三さんは考えられたのだった。

忠別川は扇状地河川であり、旭川の市街地周辺は扇端部に当たるため、湧水が多い。湧水は、泉となってまわりに池をつくり、その泉池は、アイヌ語では「メム」と呼ばれた。ポン・メム(小さな泉池)、ポロ・メム(大きな泉池)などメム地名も多い。扇状地で伏流した地下水は、扇端部で湧き上がるが、川底でも、つねに地下水が湧いている(小野・五十嵐、一九九一、図一―二)。したがって、冬でもその部分は凍らず、川底の砂礫の間に産み落とされた鮭の卵は厳冬期でも凍結を免れ、また湧水から酸素の供給を受けられる。このため扇端部の川底は鮭の最も重要な産卵場所であり、そこを求めて鮭たちは、はるばる石狩川の河口からここまで遡上してきたのである。それを捕獲するために、アイヌの人たちはその周辺に住みつき、それが上川アイヌの根拠地となったのであった。当時、旭川博物館におられた考古学者の瀬川拓郎さん(現・札幌大学)の研究によれば、忠別川、美瑛川、石狩川などの複合扇状地からなる上川盆地は、北海道で最も重要な鮭の産卵場所の一つだったのである(瀬川、二〇〇五)。そこにアイヌの人たちが集中し、またおびただしいアイヌ語地名を残したのも、当然のことと言えよう。

一方、知里真志保さんの「チウベッ(ここではウは大文字になっている)」(波・川)は、本当に忠別川のアイヌ語地名ではないのだろうか? 高橋さんの調査によれば、知里真志保さんは、『旭川市史 第四巻』の「上川郡アイヌ語地名解」の執筆のためにたびたび旭川を訪れ、アイヌの古老たちから聞き取りを行ったという。門野ネンクアイヌ、荒井源次郎、石山アツムヤシクといった、当時の上川アイヌを代表するような長老《エカシ》たちから聞き取りをしているのである。その結果、忠別川のアイヌ語地名を「チウベッ」としたのだから、これらの長老は、そこで真志保さんにそのように伝えたのであろうか。この点はまだ解明されていない。しかし、真志保さんは、それ以前、高倉新一郎、更科源蔵、河野広道との共著で『北海道駅名の起源』(高倉・知里・更科・河野、一九五〇)を書いたときにも「チウベッ」説をとっていることから見ると、以前からこの説であったことがわかる。これに対して、山田さんや高橋さんが「チウベッ」(波・川)説を否定したのは、このアイヌ語地名が古い地図には載っておらず、また載っている地図は、不正確な地名表記が多くて信用できない、という判断によるのである。

　旭川の空の玄関である空港には、「旭川」のこのような命名の由来を説明した地名表示板を立ててもらった。一方、近年、旭川駅が新しくされて、忠別川沿いにはサイクリング・ロードも整備されたが、そこに立てられた北海道開発局の地名看板（前掲**写真2**）は、相変わらず「日本語地名」を大きく書いたものであった。私たちは、旭川市にお願いして、駅前にできたテラスに新しい解釈の看板を立ててもらった。新しい看板の表記は、この日の検討結果をふまえて、**写真6**のようになった。

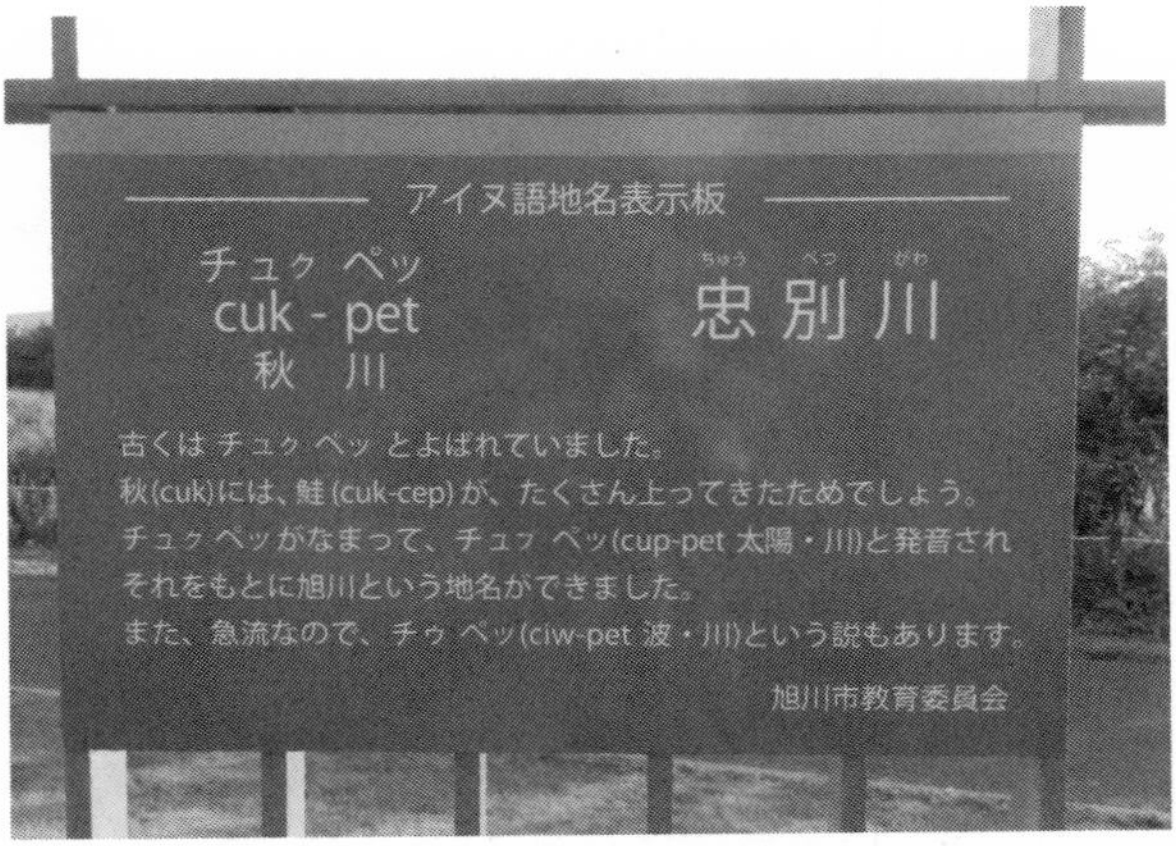
アイヌ語地名表示板
チュㇰ ペッ
cuk - pet
秋 川
忠《ちゅう》別《べつ》川《がわ》
古くは チュㇰ ペッ とよばれていました。
秋(cuk)には、鮭(cuk-cep)が、たくさん上ってきたためでしょう。
チュㇰ ペッがなまって、チュㇷ゚ ペッ(cup-pet 太陽・川)と発音され
それをもとに旭川という地名ができました。
また、急流なので、チウ ペッ(ciw-pet 波・川)という説もあります。
旭川市教育委員会

写真6　旭川駅裏のテラスに立てたアイヌ語地名を平等に併記した新しい「忠別川」の看板（2020.9.28）

　このように、アイヌ語地名を平等に併記する看板をつくるためには、研究の進展に応じて看板を書き換えることも覚悟のうえで、やらなければならない。

　だが、果たして、「正しいアイヌ語地名」というものがあるのだろうか？　と考えることも重要であろう。結局のところ、どんなに時代をさかのぼっても、古地図や新井白石の蝦夷地誌などに記録として残された北海道のアイヌ語地名は、せいぜい一七世紀後半〜一八世紀前半のものである（佐々木、一九八八）。それも、聞き取りによるものであり、聞き違いは、避けられない。それでも、アイヌ語地名を平等に併記するのは、そうすることによって、ようやく、アイヌの人たちとの平等性が、地名という表現の場においては実現できる

と考えるからである。もちろんそれは、平等な社会をつくるための第一歩に過ぎない。

二〇二〇年には、旭川市のアイヌ語地名の懇談会でお世話になった川村兼一さんが亡くなり、また川村さんを追うかのように、まだお若かった太田満さんも旅立たれてしまった。お二人とも、アイヌ語でお名前を名乗ることをされていた。川村さんの「シンリッ・エオリパック・アイヌ」は、「先祖を・敬う・人」を意味し、太田さんの「カムシ・オッカイ（太った・男）」は、体格がよかった満さんのユーモアでもあった。すぐれたアイヌ語の話者でもあった太田さんが川村さんの監修のもとにつくられた『旭川アイヌ語辞典』（太田（満）、二〇〇五）は、もっと多くの人に読まれるべき本である。上川アイヌの言葉を残すとともに、旭川市でのアイヌ語地名の平等な併記に向けて、大きな働きをして下さったお二人のことを、いつも思い出さずにはいられない。

3　アイヌ語地名の政治学

「地名」とは、明確に政治的な意味をもってつけられている。ある土地に名前を与える、ということは、土地を支配する、ということにつながっているのだ。たとえば、誰も住んでいなかった南極大陸の探検が始まると、それぞれの探検者や科学者は無人の大地に自分の国の言葉で「地名」を与える。科学者が常住するような基地ができると、その周辺地域は、あたかも自国の領土のようになり、その基地を有する国の言葉で、多くの「地名」がつけられていく。もちろん南極大陸の場合は、「南極条約」によって、領土化は禁止されているが、英語やフランス語、日本語、スペイン語と、さまざまな言語でつけられた「地名」は、暗黙のうちに、「ここは俺たちの国の縄張りだ」と領有権を主張する「武器」ともなっているのである。そのような意味で、「地名」は、土地を支配するためのきわめて有効な「道具」であるともいえよう。だからこそ大和朝廷は、それまでにあった地名を二字または三字の漢字地名に変えることによって、その土地が朝廷の支配になったことを示したのである。アイヌの住んでいた「蝦夷地」を「無主の地」であるとして、一方的に日本の領土に組み入れた明治政府は、これにならって、アイヌ語地名を「日本化」するために、もともとのアイヌ語地名がもっていた意味を無視して漢字化し、または、発音を日本語化したうえでカタカナ表記するといった、「地名の同化政策」を強力に推し進めた。「無主の地」に、アイヌ語の地名があっては都合が悪いからである。

私が提案したのは、そのような「地名の同化政策」をまずやめることから、平等な社会の実現への第一歩を踏み出そうということだった。逆に言えば、開拓者が「蝦夷地」にやってきたとき、そこにはすでにアイヌ語の地名があった。これは動かしがたい事実である、それこそが、アイヌ民族の「先住性」を証明する何よりの証拠といえよう。だからこそ、為政者は、きわめて計画的に、そのような地名を消し去ろうと、今も動いているのである。

初めて「アイヌ語地名の平等な併記」を提案した一九九八年の翌年、『ことばと社会』という雑誌が創刊された。「多言語社会研究」を標榜した雑誌である。第一号は五月に出たが、いきなり編集部の方から連絡が来て、数日で書いてくれるならまだ載せられます、と言われ、大急ぎで小論（小野、一九九九）を書いたことを思い出す。この創刊号は、まさに「地名の政治言語学」特集であった。巻頭言には、優れた言語学者であった柴田武さんが、「日本語とアイヌ語のある国」というエッセイ（柴田、一九九九）を寄せられ、その最後に、「アイヌ語地名を片仮名で書こうという運動が盛んになりつつあるが、どの文字を選ぶかは当のアイヌ人が決めるべきである。和人による押しつけは、かつての地名抹殺や当て漢字と変わらないふるまいになる」と書かれているのが、その後の運動を進める上で大きな教訓となった。柴田さんの文章は、必ずしも、私たちの運動に言及したものではなかったようであるが、まさに、決めるのはアイヌであり、和人ではない、のである。私たちにできることは、あくまで、こういうやり方はどうですか、と提案し、実例を示すことでしかない。

同じ創刊号には、ましこひでのりさんの『地名の政治言語学』のための文献案内」という広い視野でアイヌ語地名にも関わる文献を網羅、批評した論考（ましこ、一九九九）もあり、参考になった。また「多言語社会ニッポン」という連載（大野、一九九九）では、大野徹人さんという若い研究者が「アイヌ語」を担当されており、初めてその存在を知ることもできた。

そのようななかで、私にとっての「アイヌ語地名の政治学」は深められていったが、私に、「アイヌ語地名」についての新たな見方を教えてくれたのは、児島恭子さんの「アイヌ語地名の政治学」と題された論考（児島、二〇〇七）だった。平凡社の月報に掲載されたときは気づかず、その後、ネットに載せられたものを読ませていただいたに過ぎないが、そもそもアイヌは、「アイヌ語地名」など名づけなかったのではないか、という児島さんの視点は新鮮で、目を洗われる思いがした。児島さんの論考は、次のような文章で始められている。

「現在、アイヌ民族の権利回復やアイヌ文化の認知を推進する運動のなかでアイヌ語地名が語られている。地名からアイヌの生活や文化を学ぶということも先住民族としてのアイヌの存在を意識して行われている。アイヌ語地名は二〇〇一年に『次の世代へ引き継ぎたい北海道民全体の宝物として選ばれる北海道遺産』に指定された。最近私はそのような『アイヌ語地名』という言葉に矛盾を感じるようになっている。アイヌの生活や文化と、『地名』というものの成り立ちを合わせて考えると、アイヌ語の『地名』は地名なのだろうかという疑問が出てくる。アイヌ語地名は、アイヌ文化の、それほど素朴な表れなのだろうか。アイヌ世界のなかで、地名とは過去において何だったのか、そして地名をめぐってどのような歴史上の経験をしてきたのか。以下、『アイヌ語地名』というカッコをつけた表記は、現在のいわゆる、というニュアンスである。」

（引用に当たって、もとは「　」でくくられていた言葉を『　』に変えた。以下の引用でも同様）

児島さんの論考を読み、私なりに整理すると、児島さんがここで言われているのは、そもそもアイヌは、生活の中で、特定の場所を呼ぶとき、そこを何らかの名前で呼んだであろうが、それはいわば、その構成員の中での符牒のようなものに過ぎず、要するに仲間同士の間で通じていればよかっただけで、特定の地点に、客観的に与えられた「地名」ではなかったのではないか、というすぐれた問題提起であろう。

児島さんも例にあげておられるが、たとえば、「洞爺湖」という地名は、明らかに和人がつけたものであるが、それに対応する本来のアイヌ語の地名は存在しない。アイヌの人たちは、現在の「洞爺湖」をただ「トー（湖）」と呼び、その岸を「ヤ（岸）」と呼んだに過ぎない。「洞爺湖」の岸辺に、アイヌの村落（コタン）があって、単に「湖の岸のコタン」と呼んでいたに過ぎないのかもしれない。また、児島さんがあげられた「チノミシリ」も、あるコタンの構成員がともに祈りを捧げた場所がそう呼ばれたに過ぎず、その対象となった山や大岩に「チノミシリ」という「地名」をアイヌの人たちがつけたわけではない。

これは以前から、たとえば山の名前についても言われていたことである。近代的な登山が始まると、日高山脈の高峰などが次々に登られていったが、初期の登山をガイドしたアイヌに山の名前を訊いても、多くの場合、名前はないと言うので、登山者たちは、その頂に向かう河川の名をとって、とりあえず山の名前にしたのだった。たとえばピパイロ岳は、本章の最初にふれたピパイロ川の源頭にあるから、そう名付けられたに過ぎない。

ピパイロの元になったアイヌ語も確定できていないようであるが、もしそれが「ピパ（川真珠貝）オロ（いる）ペッ（川）」のようなものであったとしたら、それは、誰が、どこに対して付けた呼称だったのであろうか。児島さんの考えに従えば、やはり、その川の近くに住んだアイヌの人たちが、そこにいけば、川真珠貝がよくとれる処を、ただそう呼んだのであろう。山田秀三さんも、「アイヌ語地名」と、現在の我々が「地名」として扱うものとの違いをよく強調されていた。我々は、「洞爺湖」「ピパイロ川」と言えば、地図に表された「洞爺湖」という湖全体、山頂から十勝平野に向かって流れ下る「ピパイロ川」全体として認識してしまう。しかし、それに対応するとされる「アイヌ語地名」の「トーヤ」や「ピパイロ」は、本来それとは全く異なっているのである。「トーヤ」とは、現在の「洞爺湖」の岸のどこか（おそらく北岸）一部を指したに過ぎず、「ピパイロ」に至っては、現在の「ピパイロ川」のどこを指すかすらわかっていない。

知里真志保さんも『分類アイヌ語辞典　植物編』（知里、一九七六）で、アイヌは個々の植物を、分類学で考えるように一体のものとしては考えず、アイヌが利用する部分に名前をつけたことを強調された。例えば、アイヌが重要な食料とした「オオウバユリ」について言えば、通常、私たちは、「オオウバユリ」＝アイヌ語の「トゥレプ」と考えるが、それは正しくないのである。アイヌ語の「turep トゥレプ」とは、アイヌが土から掘りだして食料とした鱗茎だけを指す言葉だ。私たちが、きれいだねと愛でる花には、アイヌ語がない。一方、花をつける花茎は「purput プッププッ」と呼ばれ、早春、まだほとんどの植物が芽吹いていないときに、早くも大きく林床に広がる葉には「anrakor アンラコル」という名前がつけられているのである。

それはまた、先住民族にはある程度、共通したことなのかもしれない。北極圏に住むイヌイット（エスキモー）の言葉には、降り方に応じてさまざまな雪を区別する呼称があるが、「雪」という全体を指す普通名詞はないという。これらは、地名のことではないが、個々の「モノ」に着目し、全体を一般化するような名称をもとうとしなかったのが、先住民族の特徴であるのかもしれない。「ピパ（ビバ）ウシ」も、「美馬牛」という、本来のアイヌ語の意味とは全く無関係な漢字を当てられてしまった。「アイヌ語地名」の「ピパ（ビバ）（川真珠貝）ウシ（たくさんある）イ（処）」も、アイヌにとっては、いちばんピパ（ビバ）がとれた場所を指す呼称であって、その川全体や、その地域全体を指す「地名」ではなかったと思われる。その意味で、児島さんが、

『アイヌ語地名』のアイヌ語は動詞を多用しているという特徴があるが、それは『アイヌ語地名』が最初から地名のための名詞であったわけではないことを示しているのではないだろうか。この時点ではアイヌの地名は言葉として生きており、創造力をもっていたということができる。しかし同時に、現在私たちが知る『アイヌ語地名』が成立した。『地名』が北海道の地名として記録されて日本語を唯一の国語とする政府の行政の道具となった時点で、日本国内の地名であっても日本語とは異質な『アイヌ語地名』という地位を与えられた。地形を表す名称は、アイヌの生活に必要な狩猟のための山歩きや移動の目標点や交通路の目安として使用されたはずであるが、記録されることによって固定化した時点で、地名としても成立した。それは言葉の形としての『アイヌ語地名』であって、アイヌの地名ではない、という言い方はひねくれているだろうか。」

と書かれるとき、いいえ、決して、ひねくれてはいません、と私も言いたい。しかし、では、児島さんの言われる、もともとの「アイヌの地名」とは何であったかという問題は残る。児島さんが、その例としてあげておられる「目標点」や「目安」といったもの、それは言い換えれば「場所」であろう。主体によって意味づけされた、空間のなかの特異点。『トポフィリア』（トゥアン、一九七四）を書いたイーフー・トゥアンなら、そこにアイヌと自然（外界）との接点を見るだろう。それは「場所」であって、「地名」ではない。もしそれを地図化するとすれば、それは堀淳一さんが『一本道とネットワーク』（堀、一九九七）で述べたような「位

相地図（トポロジカル・マップ）」になるだろう。児島さんが引用しているウガンダのウシ牧畜民ドドスが七八〇〇平方キロの詳細な地図を描けるという地図も、そのようなものであろう。あるいは、オギュスタン・ベルクさんが、『風土学序説』（ベルク、二〇〇〇）で「トポス」と対比させてみせた「コーラ」。そこに、アイヌという人々の生きた、生きられた世界が開けているはずである。児島さんが言うように、「言葉として生きており、創造力をもっていた」世界が――。

政府によって、領土化するための道具として、アイヌの人たちの意識していた本来の「場所」、あるいは、存在がある場所、存在が生まれてくる場所としての「コーラ」が、単に、のっぺらぼうな「空間」の中の座標として、「アイヌ語地名」として定着させられてしまったとしても、その「コトバ」の中から、アイヌ民族本来の「場所」や「コーラ」を聴き取ることは不可能ではないだろう、と私は考える。だからこそ、たとえ「アイヌ語地名」が為政者によって変形させられてしまったものであったとしても、それらを、漢字化され、同化させられた地名に対峙させる意味は決して小さくないと思うのである。

最近、米家志乃布《こめいえ》さんは、地名ではなく、地図そのものの表象によって、「蝦夷地」が和人化、領土化されたことを古地図の詳しい検討から明らかにされた（米家、二〇二二）。そこでは、ハーレイの論文「地図と知識、そして権力」（ハーレイ、一九八八）がたびたび引用されている。ハーレイは、地元のネイティヴ・アメリカンたちがイギリス人による植民地化の先兵としての地図作製に協力したことで、結果的に自分たちの土地を奪われる皮肉な結果となったことを明らかにした。作製されたのは、言うまでもなく、縮尺と方位がきちんと定まった地図、堀淳一さんの言う「規矩地図」である。ネイティヴ・アメリカンの地名、「場所」や「コーラ」はすべて、「地名」化され、獲得された空間を埋める単なる座標と化したのだ。

「蝦夷地」では、同様の役割を果たしたのが松浦武四郎であるといえよう。松浦の最も重要な仕事である「東西蝦夷山川地理取調図」には、全部で九八〇〇もの「アイヌ語地名」が記録されている。彼のこのような努力がなければ、「アイヌ語地名」を平等に併記しようとしても、そもそも「アイヌ語地名」が残らなかったのだから、彼の功績は大きい。

もちろん、松浦武四郎は、二面性をもった人である。インフォーマント（言語や文化についての情報提供者）であり、彼の困難な調査を助けたアイヌの人たちに心から寄り添う武四郎と、ここに述べたような意味で、結果的に蝦夷地の植民地化を推進してしまった武四郎がいる。どちらを重視するかは、人によって異なるであろう。しかし、生前は出版を禁じられ、彼の死後、二四年たってようやく公表されるようになった『近世蝦夷人物誌』（松浦、一八六〇）は、彼が知り合ったさまざまなアイヌの人々の記録として、アイヌ語地名の記録に劣らず、画期的なものである。とりわけ、三篇からなるその著作の最後、「参篇　巻の下」の最後に彼が書いた文章は、先住民族アイヌを否定しようとするすべての人がまず読むべき箇所であろう。もちろん**第3章**でもその一部にふれるような、明治以降の植民地化の歴史と真実を知ることは重要だ。だが、それに先立って、すべては江戸期から始まっているのである。

彼の最後の抵抗は、アイヌの地であることを示す「蝦夷地」という地名を廃止し、新たな地名をつけようとする明治政府に対し、「北加伊道」という名称を提案したことであった。「加伊」とは、武四郎が天塩アイヌのエカシ（長老）から聞いた「アイヌのくに」の自称であった。武四郎は、「北の加伊（アイヌ）の道（くに）」といった意味をそこにこめたのだ（松浦、一八六九）。しかし、それを採用した明治政府は、ほどなく、武四郎の隠された意図に気づく。政府は、「アイヌ」を含意する「加伊」の文字を「海」と書き換えることで、そこからアイヌという意味を消し去り、たんに「東海道」「南海道」と同じものにすり替えたのである。まことに見事な植民地政策と言わねばならない。明治政府がまったくアイヌの人々を顧みず、一方的に植民地化を進めることに反発し、武四郎は開拓使に次ぐ二番目の地位を返上し、「北加伊道」から去る。以後、隠棲して、二度と、その地に足を踏み入れることをしなかった（小野、二〇一八）。

児島さんの所論で気になる唯一の点は、それが、「アイヌ語地名」は本来のアイヌの地名ではないのだから、そんなものを大事にする必要はない、というアピールにもなり得る点である。一部の者たちが「アイヌ語地名」の「平等な併記をもとめる」運動をしているようだが、結局、その「アイヌ語地名」なるものも、為政者が植民地化を進める上で生まれてきたものに過ぎず、本来の「アイヌの地名」ではないのだから、そんなものを併記しても意味はない、いやむしろ、それは植民地化を肯定することにもなるのではないか。そのように考えさせる力を、児島さんの論考はもっている。多くの研究者は、それを読めば、だから「アイヌ語地名」の併記など意味はない、だからそういう「運動」には協力する必要もない。自分は自分の「アイヌ研究」をすることがベストなのだ、と思ってしまうかもしれない。それはまた多くの「研究者」が、今の日本で、真っ先に考えるべきはアイヌ民族の権利回復であることから自分を切り離し、自らの「研究」に没頭することを許容する。私が「素人であることに徹しよう」とするのは、そのためである。

もちろん、児島さんが最後に書かれているように、

「アイヌの人々の文化が地名という側面で、居住する地理的世界観のなかにおいて変容していくのも、政治的なことだといえるのではないだろうか。そこで、現在のアイヌと『アイヌ語地名』はどのようにかかわる現実があり、どうあるべきなのかという問題が浮上する。」

のである。最後に決定権をもっているのは、アイヌの人たち自身なのだ。柴田武さんも、前述のエッセイでそのことを強調されている。だがそのためにも、「アイヌ語地名」を、まず平等に併記することから始めるべきだと思うのである。

第2章

知里幸恵を日本中に伝える

（章扉）2000 年 9 月 16 〜 18 日に開かれた「知里幸恵の世界・展」のチラシ

1　幸恵さんが降りてきたとき

幸恵さんとの出会いは、札幌に移住して間もないころのことだった。駅前通りの書店で、何気なく見つけたのが『知里幸恵　遺稿　銀のしずく』（知里、一九八四）という本だった。草風館という、アイヌ関係の書籍を多く出している出版社の本だったが、そのときはまだそんなことも知らない。変わった装丁で、ケースが函ではなく、薄い本を上下からただくるむような体裁になっていた。本を抜き出して開いてみると、写真なども入った年譜の次に、

『アイヌ神謡集』序

とあり、三頁にわたって、幸恵さんが書いた序文が載せられていた。書店でそれを立ち読みしながら、その文章の力に圧倒されていた。旧仮名づかい、ですます体で書かれた、優しく、それでいて、なんとも言えない激しい力が、言葉の一つ一つから飛び散ってくるような、散文でありながらすでに詩であるような序文。一気に取り込まれて、すぐに本を買い、帰宅してページを開いた。

『アイヌ神謡集』そのものは、序文だけで、そこには載せられていない。後に続くのは、一九歳で亡くなった幸恵さんがご両親などに宛てて書いた手紙と、亡くなる年、一九二二（大正一一）年に、寄寓していた東京の金田一京助さんの家で書き続けた日記であった。そのどれもが、序文とはまたちがったかたちで心を打った。このような人がいたのを、四〇歳近くになるまでまったく知らなかったこと、さらには、その人がアイヌであることさえ知らなかったことが、悔しかった。この人のことをもっと知りたい、この人が悲しみ嘆いている彼女の同胞、アイヌの人たちのことをもっと知らなければ、と思った。しかし、数日後に、その序文

の入った『アイヌ神謡集』（知里、一九二二）を手にして開いた私には、その人が短い生涯をかけて伝えようとしてくれた「カムイユカラ」は、まだ心に響いてこなかった。アイヌ語というものをまったく理解できないということもあったであろう。対訳として、幸恵さんが書いてくれていた日本語の訳にも、彼女の序文や手紙や日記に書いた文章ほどには、心を打たれなかった。それでも、その二冊の本を、私は本棚のいちばんよいところに置いて、開かずとも、その背中を日々、眺めていた。

第1章に書いた一九九八年の出来事があって、初めてアイヌの小川隆吉さんとも会い、地名を通じてではあっても、初めてアイヌ語というものに触れはじめたとき、この本を再び開くことが多くなった。その翌年、あれはもう夏に近いころだったろうか。何気なく、また遺稿集を取り出して、読むともなしにページをめくっていた。それまでも、幾度も目を通していた幸恵さんの年譜のところを見ると、「一九〇三（明治三六）年、六月八日、幸恵誕生」という記述が目に入ってきた。その瞬間、何かが私の中で起きた。ああ、あと五年したら、幸恵さんの生誕百年が来るのだ、生誕百年になっても、果たして、どれだけの日本人がそれを覚えて、幸恵さんのことを知るだろうか、いや、さすがに生誕百年には、きっと多少は注目されて、何か記念の行事などが行われるかもしれない、だが、その後はどうだろうか、またこれまで通り幸恵さんはどこかに忘れられて、生誕二百年にならないと、また注目されないのではないか、そこまで考えが流れていったとき、突然、そんなことはいやだ、絶対にそんなふうにはさせない、という思いが、電流のように走った。

それは、後から考えると、幸恵さんが降りてきた、降ってきたとしか言いようのない体験だったと思う。どうしたらいいだろうか、まだ五年あるではないか、オリンピックだって四年後を目指して準備するのだから、五年あれば、なんとかできるのではないか、せめて北海道だけでも、いや、日本中で生誕百年を祝い、それを機に多くの人々が幸恵さんを知る、幸恵さんを通じてアイヌを知る、アイヌに対する負の歴史を知り、幸恵さんが望んだような「本当に平等な社会」の実現に向けて歩む第一歩にする年にしたい、そして、生誕百年が過ぎても、生誕百一年も、生誕百二年も、年を追うごとに、幸恵さんへの、また幸恵さんを通じてのアイヌへの関心と、平等に向けての努力がますます積み重ねられていくようにしたい、そのためにはどうしたらいいか。そう思ったとき、真っ先に考えたのは、まず幸恵さんのお墓参りから始めよう、ということだった。だが、いったい幸恵さんのお墓はどこにあるのか、それすらも、私にはわからなかった。

当時の私は、専門である氷河地形などの研究に加えて、北海道の河川環境の保護に関する研究も始め、市民運動としてそれを進めようとして、「北海道の森と川を語る会」という市民団体をつくり、活動していた（小野、二〇一三a）。そこで知り合ったのが、登別で「ヨシキリの会」という、やはり川や周辺の森の保護をする団体を立ち上げた伴野夫妻である。鳥好きの俊夫さんは、ちょうどその前年『ピリカチカッポ』という、登別周辺の野鳥をわかりやすく解説した図鑑をつくられていた。それぞれの野鳥には、きちんとアイヌ語名が併記されている。「ピリカチカッポ」というのは、「美しい鳥」というアイヌ語であり、幸恵さんの『アイヌ神謡集』の最初のカムイユカラである「梟《フクロウ》の神の自ら歌った謡」のなかに出てくる言葉である。奥さまの美江《みえ》さんのほうは、もう四〇年以上も前、まだお若かったときに『アイヌ神謡集』に出会い、なかでもこのフクロウのカムイユカラがいちばん好きだったので、そこから取った言葉を、旦那さまのつくった本のタイトルに選ばれたのだという。美江さんは、そういうこともあって、幸恵さんの姪である横山（知里）むつみさんのところに、その本を謹呈しに行かれていたのだった。むつみさんが長年の東京での生活をやめ、故郷の登別にもどって来られたという新聞記事を読んだことがきっかけであった。

そのような事情を知らなかった私は、幸恵さんのお墓は登別にあるはずだと思ったので、美江さんに電話で訊いてみた。すでにむつみさんと出会っていた美江さんは、早速、むつみさんに問い合わせて、彼女が管

写真１　初めての墓参

十字架は金成マツさんの記念碑、その右が幸恵さんの墓石。その前が横山むつみ夫妻。むつみさんの前に上武やす子さん（北海道ウタリ協会登別支部長・当時）、その右に筆者、伴野美江さん、俊夫さん（右端）（1999.9.18）

理されていたお墓の場所も聞いて下さった。

「先生、わかりましたよ！」

という電話で、幸恵さんのお墓は、登別市の市営墓地にあり、駅からも歩いて行ける距離にあることを知った。幸恵さんの命日は、九月一八日とわかっている。もう夏になっていたが、まだ間に合う、命日にお墓参りに行こう！と、私は急いで「北海道の森と川を語る会」の会員に呼びかけた。ふだんは月にいちど、札幌周辺の川を見に行くことにしていたのだが、このちょっと異質な呼びかけにも、反応してくれた会員が何人かいて、九月一八日に、揃ってＪＲで登別まで出かけた。

　登別の駅から街はずれの墓地まで、歩くと三〇分近くかかる距離である、だが、もともと自然の中を歩くのは慣れた人たちだから、文句は出ない。途中には、幸恵さんの弟で真の「アイヌ学」をつくった知里真志《まし》保《ほ》さんの立派な記念碑もあり、登別のもとになったヌプㇽ（濁った・霊力のある）ペッ（川）というアイヌ語地名をもつ川を渡る。温泉から流れてくるので、川の水は白っぽく濁り、これがヌプㇽ、という意味なのだ、と初めて納得する。川のそばの小学校は、幸恵さんや真志保さんが学んだ小学校だ。そこからは町の南側にある小高い段丘の上まで、坂道を登っていく。九月とはいえ、この日は、まだ陽ざしが強く、汗ばむようだった。登り切って、平らな段丘面に出ると、もうそこが市営墓地の入り口であった。伴野さんのおかげで、横山むつみさんがご夫婦で待っておられ、案内して下さった。**写真1**は、そのとき、お墓の前で撮ったものである。

本ですでに知っていたはずなのに、墓地で初めて、幸恵さんの伯母にあたる金成マツさんの十字架のお墓（記念碑）が目の前に迫ってきたときには衝撃を受けた。このマツさんがいたからこそ幸恵さんがいるのだ、とも言える。もちろん、幸恵さんの母、マツさんの妹であるナミさんも、クリスチャンである。二人とも、アイヌに伝道した聖公会の宣教師ジョン・バチェラーから洗礼を受け、教育を受けた。幸恵さんはいわばクリスチャン・ホームで育ち、幼児洗礼も受けているのである。だが、そういう知識と、目の前に突然、現れた大きな石造りの十字架とは、まったく違っていた。私も、ロシア正教のニコライ大司教が東京に建てたニコライ堂で、幼児洗礼を受けた人間である。たとえ教派は違っても、幼児洗礼を受けたという点では、またその後も、聖公会ではないが、長くプロテスタントでいたことは、幸恵さんと変わることがない。その幸恵さんを、旭川の伝道所に引き取り、ともに日曜日は讃美歌を歌い、礼拝をして、アイヌの同胞に伝道を続けたマツさんが、いきなり、十字架となって現れたのだった。同じクリスチャンとして、このように苦労したアイヌの人たちにこれまで全く無関心であったことの恥ずかしさ、能天気さが、私を打ちのめしていた。右隣にある幸恵さんの墓石は、普通の長方形の墓石であり、「知里幸恵之墓」と、だけ記されている。東京で亡くなった幸恵さんは、金田一京助が、苦しい家計の中から費用を出して雑司ヶ谷墓地に建てたお墓に葬られたが、藤本英夫さんによる幸恵さんの評伝（藤本、一九七三、一九九一、二〇〇二）に詳しく書かれているように、戦後、登別に改葬され、今のお墓がつくられたのだった。

札幌からの会員も含めると、この日、お墓参りしたのは一九人だった。それぞれがさまざまにお墓のまわりで語り合う声がするなかで、ひとり幸恵さんの墓前に初めて手を合わせ、十字を切った。墓地のある段丘は、アイヌ語では、「リ（高い）フル（丘）カ（上）」というのである。その遮るもののない丘の上を、晩夏の風が、太平洋から気持ちよく渡って吹き抜けていた。もう、こうして出会ったからには、あなたのことを忘れません、あなたを日本中の人たちに知ってもらうために、あなたが願った、平等な社会を実現するために、これからはなんでもやります、天国から応援してください、としばし目を閉じて祈った。後ろの森のほうで、かすかに鳥の鳴く声がした。それを、幸恵さんからの応答でもあったかのように感じた。

むつみさんが、我が家は駅に戻る道の途中ですからお寄り下さい、と誘って下さり、一同は、登別川のほとりにあるむつみさんの家で、冷たい麦茶をいただき、汗をふいた。むつみさんは、「幸恵のものはこんなにあるのですよ」と押し入れを開け、段ボール箱を取り出すと、中から、幸恵さんの写真や手紙のいくつかを見せて下さった。最初に読んだ『遺稿集』に載っている幸恵さん直筆の手紙が、次々に出てくるのである。私は驚いてしまった。札幌から来た人たちや地元の方々が一足先に帰ったあと、美江さんと私だけが残って、むつみさんと少し話した。私は、あと五年したら、幸恵さんの生誕百年が来ること、それまでに、少しずつでも、何かやって幸恵さんのことを少しでも多くの人に知らせ、生誕百年には、それを日本中が祝うようにしたいものだ、という私の勝手な夢をお話しした。幸恵さんの貴重な遺品が、むつみさんのもとでそんなにも大事に保管されてきているのなら、それらを展示して、多くの方に見ていただくのもいいのではないでしょうか、とにかく、今年も入れたら、あと五年あります、一年に何か一つでもイベントなどをやっていったらどうでしょうか、ちょっと、考えてみてください、そう言って私は辞去したが、私が帰った後も、むつみさんと美江さんは、いろいろ話し合ったらしい。そしてむつみさんが、私の提案を受け入れる気持ちになられたのだった。

ここでも、私は、素人のままであった。むつみさんにも初めてお会いしただけで、個人的なことは何も知らないし、また知ろうともしなかった。あくまで、どうするかを決めるのはむつみさんであり、私はその手助けはできても、自分から進んで何かできるとは思っていなかった。後で聞くと、むつみさんはだいぶ悩んだらしい。彼女は登別を出て、東京で何年も暮らし、とくに若い世代のアイヌと和人が交流しながら、共に、権利回復をめざして活動する「ペウレ・ウタリ（若いアイヌ）の会」などに参加していたが、彼女の言葉を借りると、「ちょっと、そういう運動に疲れて」、故郷に戻り、自然のなかで静かに暮らしたいと思って、帰ってきたのだという。しかも、帰ってきてまだ、それほどたっていなかったのだった。そのような新しい活動を始めることには、だいぶ抵抗があったと言われた。

しかし、故郷に戻ってみると、幸恵さんの弟の真志保さんについては、「知里真志保を語る会」という団体もできており、その活動のおかげで記念碑なども建てられ、多くの市民が真志保さんのことは知っていた。一方で幸恵さんは、七歳の時、伯母のマツさんを助けるために旭川に移住し、その後、東京に出てそのまま亡くなってしまったため、登別ではほとんど知られていないことに気づかされ、ショックを受けたのだった。幸恵さんの遺品の数々は、すべて幸恵さんの母ナミさんから、幸恵さんのすぐ下の弟、むつみさんの父の高《たか》央《なか》さんに譲られ、それをむつみさんが、これまで大事に保管してこられたのだった。

2　妹《いも》の力

登別は、太平洋岸に沿って東西に細長い町である。むつみさんの家のあるところは東端の登別本町で、温泉もここから山に入ったところにある。だが、市役所は西に離れた幌別にあり、登別市は、さらにその西にある

鵡別までを含んでいる。その鵡別の、サテイというちょっとしたデパートのようなところの展示スペースで、

「知里幸恵の世界・展」

という、幸恵さんの初めての回顧展を開くことが決まったのは、翌年（二〇〇〇）のことだった。幸恵さんの命日に合わせ、九月一六〜一八日の三日間の開催となった。本章の**扉の写真**は、そのチラシである。むつみさんを助けて、美江さんだけでなく、登別や室蘭に住む女性たちが直前まで準備をし、展示が始まってからも受付や対応に追われた。みな、このような大規模な展示を主催するのは初めてという人たちばかりだったから、いかに大変だったかがわかる。それをほとんどすべてやってくれたのが女性たちであった。

こうしたものをやっても、せいぜい、市内の人が立ち寄るくらいで、どれだけ人が来るだろうと、むつみさんたちは思っていたらしい。しかしフタを開けてみると、予想をはるかに超えて多くの人が見に来てくれた。岩波書店のPR誌である『図書』の九月号に、ギリギリだったが幸恵さんのことを書き、この展示についても紹介した（小野、二〇〇〇）ことで、道外からはるばる見に来た人もいた。中日《なかび》の一七日には講演会が開かれ、知里真志保さんの奥さまで、ユカラの研究者でもある萩中美枝さんも、幸恵さんの「カムイユカラ」の意義についてお話し下さった。知里家の人々について調べておられた地元の富樫利一さんも講演された。私は基調講演を頼まれたが、まだ幸恵さんについては、ほとんど知らない。それで、アイヌ語地名の併記をめざす運動についてしゃべり、アイヌ語地名を大切にすることの重要性から、幸恵さんが、ただ口伝えに伝えられてきた「カムイユカラ」を日本語に訳し、私たちにもアイヌ語、アイヌ文化のすばらしさを知らせてくれたことの意義を話した。今となっては、そのように幸恵さんに詳しい方々をさしおいて、よくもまあ基調講演などやったものだと思うが、ここでも私は、ごく普通の日本人が、ようやく幸恵さんの存在を知り、やっとアイヌ語やアイヌ民族のおかれた状況に目を向けられるようになったばかりの人間という立場を貫いたの

だった。

しかし、その素人としての「世間知らず」、「アイヌ知らず」の弱点が露呈したのは、講演が終わったあとのシンポジウムに於いてであった。今後、どのように運動を進めていくか、ということが議論されたなかで、私は、私自身がそうであったように、何も知らない日本人に、アイヌのことを知ってもらい、奪われたままになっている権利を回復していくように日本の社会を変えていくには、幸恵さんの力が絶対に必要だ、と述べた。アイヌ語地名を併記する運動を進めてきたなかで、アイヌ語地名について最も教わったのは、「とくに地名研究者のために」という副題のある知里真志保さんの『アイヌ語入門』（知里、一九五六ａ）や『地名アイヌ語小辞典』（知里、一九五六ｂ）、を通してである。そこからさらに導かれて、別巻も含めると全六冊にもなる『知里真志保著作集』（知里、一九七三―七六）もあちこちを拾い読みするようになっていたが、一般向けに書かれた『アイヌ語入門』の内容には驚かされていた。たんなる入門書ではなく、これまでアイヌ語地名を研究してきた和人の研究者や、バチェラーなど外国人の研究者に対する激烈な批判の書にもなっていたからである。真志保さんの書き方は独特で、全く歯に衣を着せないものであった。錚々たる研究者の説が完膚なきまでに否定されるだけでなく、「だからシロートはこわーい」などと揶揄され、その研究者自身も攻撃され、否定されているのである。それは、日本政府の同化政策を担った東京帝国大学で学び、アイヌを単に研究対象としか見ない和人の研究者に伍して、初めてのアイヌ出身の研究者として、ただひとり闘わざるを得なかった真志保さんの魂が書かせた本ともいえる。

そのように読めば、真志保さんの投げつける罵詈雑言も理解できるのだったが、学術書ではない一般向けの本にもそのようなことを書く真志保さんには、恐れを抱いた。いかに偉大な学者であり、最高の知識人であったとしても、そのような強面《こわもて》の男性を前面に押し出して運動すれば、頭から反発され、多くの人からは拒否されてしまうのではないか、と私は危惧していた。もちろん、真志保さんが、日本社会のなかでこれまで正当に評価されてきたとは言い難い。今後、もっと真志保さんのことも知らしめなければならないし、なにより真志保さんの研究成果を、もっと生かしていかなければならない。真志保さんはアイヌとして初めて北海道大学教授になった人である。だが、その後、アイヌで北海道大学の教授になった人はいない。第二、第三の真志保さんが北海道大学に生まれてくるように、大学進学率だけみても和人とは大きな格差があるアイヌの人たちの現状を、打ち破っていかなければならない。だがそのためには、まず、何も知らない、知ろうともしない一般の日本人たちに、アイヌからの声を伝えていかなければならない。

「大人だけでなく、子どもにも、誰にでも、アイヌからの声を伝えていくには、真志保さんではダメなんです、どんなに辛い気持ち、激しい批判をもっていても、それを優しい言葉で伝えられる幸恵さんのような人でなければダメなんです。」

そう発言した途端、会場がシーンと静まりかえってしまった。私は言葉を継いだ、

「柳田國男さんに『妹《いも》の力』という本があります。上に立っていろいろ活躍するのは男性であっても、ほんとうにそれを支え、社会を変える力をもっているのは、実は女性のほうなのです。真志保さんは、学問の世界では最高の人ですが、学問とは無縁の人に対しても、誰にも分け隔てなく、アイヌのすばらしさを伝えていけるのは幸恵さんなのです。」

しかし、会場の凍り付いたような雰囲気は変わらなかった。一段落すると、真っ先に萩中美枝さんが、言った。

「真志保は偉大な人です、真志保のことを貶めるような発言は許せません。」

その一言で、ようやく素人の私は、気づかされたのだった。真志保夫人であった萩中さんは当然のことと

して、この会場に来ている登別のアイヌの方々の多くは、実は、「知里真志保を語る会」の会員でもあるのだった。その人たちにとっても、私の言い方は、真志保の功績を讃えて地元で活動してきた人たちには、到底許せないものに聞こえてしまったのである。いえ、決してそういう意味で言ったのではありませんと説明しても、いったん傷ついてしまった人の心は、容易に変えられるものではない。素人の私はまだその時点では知らなかったが、このことの背後には、もっと深い根があったのだった。真志保さんの言葉どおり、「だからシロートはこわーい」と思わせられたのである。

3　記念館の建設に向かって

そのような失敗はあったが、「知里幸恵の世界・展」は大成功で、三日間で延べ八百人もの来場者があった。とくに、全国から、人が来たこと、また来場者名簿をあとから見ると、池澤夏樹さんがこっそり来て下さっていたこともわかって、むつみさんたちを驚かせた。池澤さんは、後に『静かな大地』（池澤、二〇〇三）としてまとまる小説を『朝日新聞』に連載中だった。それで、二風谷に萱野茂さんを訪ねて、当時、住まわれていた沖縄と北海道を何度も往復されていたらしい。『図書』の記事を見て、その途中に立ち寄られたとのことだったが、これが、その後も続く池澤さんとのご縁にもなった。

むつみさんからは、「世界・展」への参加者の熱気あふれる感想を同封した次のような手紙をいただいた。

「……アンケート集計ご送付申し上げます。先生のおっしゃる通り、幸恵への関心が高いことが、今回の展示やシンポジウムを通して知ることができました。何十年も幸恵への思いを抱えていた人が今回多く集まってくれたことに感動しました。この何ともいえぬ余韻が世界展以降、続いています。消えないうちに、来年何をするかを決めてゆきたいと思います。……」

そのような「余韻」のなかで、幸恵さんの記念館を建てたい、という思いが、「世界・展」に参加した方々のなかで急速に高まっていったようであった。しかし、私は、記念館を建てることには反対であった。こうして回顧展を開くだけでも、大変な思いをしてやっているのである。資金もなければ人材もいない。そんななかで、いくら土地はあるからといって、そう簡単に記念館が建てられるわけではない。生誕百年まで、毎年、少しずつ規模を拡大しながらこういう幸恵さんの回顧展を各地でやり、幸恵さんのことを全国に広めていくのが、今いるメンバーでは精一杯ではないか、と私は考えていた。

だが、いったん動き出した人の心は止まらない。私も、むつみさんが大事にしてこられた幸恵さんの遺品が、すべて押し入れの段ボール箱に入っていたことは気がかりだった。このままでは、湿気などでどんどん劣化してしまう。なんとか空調の入ったところで管理しなければ、という思いは同じであった。しかし、資金はゼロである。いったい、どうしたらいいのか――。

まず、知り合いの建築屋さんに相談してみた。幸恵さんの遺品といっても、大部分はノートや手紙、写真である。展示するとしても、それほど広いスペースがいるとは思えない。二階建ての個人住宅をやや大きめにした程度にしたら、三千万くらいでなんとかできるのではないか。そんな見積りを聞き、それなら三千万円を目標に、全国から募金を集めたらどうだろうか、と考えてみた。国や行政から助成を受けるのではなく、また大企業などから大口の募金を得るのでもなく、一人ひとり、百円でも千円でも出して、そのお金で記念館を建てる。その過程で幸恵さんを知ってもらい、アイヌの辛い歴史や現状を、一人でも多くの人に知ってもらえたら、そのほうが、意味があるのではないか、募金はただ手段であって、それが目的ではない。結果としてもしそれだけのお金が集まれば、なんとか、記念館というかたちになるだろう。そのように考え、提案したのは、もう二〇〇〇年の暮れに近かった。

シンポジウムでの雰囲気も考慮して、真志保さんも併せた記念館に、という案も出たが、伝えるメッセージはできる限りシンプルなほうがいいと思った。もちろん記念館の中で、真志保さんに関する展示があってもいいし、当然そういう展示もすることになるだろう。だが記念館自体は、幸恵さんに焦点を絞ったものにすべきではないかと思った。あらゆる意味で、「妹《いも》の力」をアピールするような、優しさと、決してめげることのない強さをもって、アイヌの夢を語る幸恵さんを伝える記念館にしたほうが、よりよく理解されると考えたのである。


一方で私は、北海道大学（以下、北大と略す）に籍を置いていた。北大のアイヌに対する態度には不満をもち、ことあるごとに当局を批判していた。北大は、まず知里真志保さんを記念する講座、あるいは教授職などを準備すべきだと思った。そして大学の中でのアイヌ語やアイヌ文化、アイヌの権利回復に関わる講義などを充実させるだけでなく、アイヌの子弟を優先的に入学、教育するような仕組み作りを検討すべきであると考え、その実現に向けて、北大総長に働きかけることを始めていた。知里真志保さんを顕彰する仕事は、市民がつくる記念館のようなことだけですむことではない。北大全体でなすべき大きな事業だと考えていたのだ。

ちょうど、二〇〇一年から総長になられた中村睦男さんは、アイヌについての造詣も深く、私のような一教授の話を聞いて下さった。中村さんとは、北大キャンパスのハルニレの伐採問題などでやりあったこともあったが（小野、二〇〇三a）、この件に関しては、実は近い将来あなたが望んでいるような方向に行けるかもしれない、と言って下さった。私は、その時には是非とも、知里真志保の名前を冠した講座をつくってほしい、真志保さんを継ぐ、アイヌ出身の研究者を採用してほしい、また、幸恵さんの生誕百年の六年後、二〇〇九年は真志保さんの生誕百年になるので、北大は、ぜひそれを記念した行事などをやってほしいとお願いしたのだった。その後、二〇〇七年に設立された北大アイヌ・先住民研究センターは、必ずしも私が望んだようなかたちにはならなかったが、真志保さんの生誕百年には、大学で大きなシンポジウムも開催され、それを記念する有意義な本（北大北方研究教育センター（編）、二〇一〇／小坂、二〇一五）も出版された。登別での発言から一〇年もかかってしまったが、真志保さんへの私の尊敬と思いを、ようやくそのようなかたちで実現できたのだった。

そんな矢先、二〇〇一年の春ごろであったが、一通の手紙をもらった。登別に住む人が送って下さったもので、「こんなことがアイヌの人たちのなかでは出回っていますよ」と書かれ、そこにはA4二枚の文書が同封されていた。文書には、まず「アイヌ文化振興法」への批判がつづられていた。

「この法律は、アイヌの権利回復をさしおいて、ただ文化振興だけですまそうとする。それも本当のアイヌ文化ではなく、官製の『アイヌ文化』だけを称揚しようとするものだ。」

「政府は、アイヌ振興法でアイヌ民族を丸めこめると考えているかのように、予算の増額をはかり、いかにも対策をとっているかのようなポーズをしている。」

それは、私の抱いていた批判と全く共通するものである。しかし、そうした主張のあいだに、次のような文章も入っていたのだった。

「その上、文化人面《づら》したシャモ達が、『アイヌ文化のすばらしさ』を語り利用しようとしている。地名がアイヌ語で残ろうが、記念館が出来ようがアイヌが不在であれば、アイヌ民族のふがいなさを宣伝し、市民たちにアイヌ民族への劣等意識を植え付ける意味しか持たない、まさに犯罪的行為である。」

「知里真志保が、徹底的に批判し、結城庄司が行動し、一時影をひそめていた『アイヌ研究者達によるアイヌ不在のアイヌ研究』が、またぞろ出始めようとしている。H大学O教授たちによる運動は、まさにアイヌ不在の典型であろう。」

「彼らが、『アイヌのため』と称し語りながら、どれほどアイヌの差別の実態をつかみ、その解決にどれほどの行動をとっているのか？　相変わらず、『アイヌのため』と語りながら自分の功名と偽善心を満足させるために、アイヌを利用しているだけである。」

「シサムとは良き隣人であるべきであり、アイヌの前に立ってアイヌの代弁をする必要は無いのである。アイヌ自らが、自らの言葉で語るまで待つべきであるのだ。アイヌ民族が語れないから、代弁すると言うのは、アイヌの自立を阻む犯罪的行為であるのだ。こうした行動が、自分たちの身近から起こらないように自制しなければならない。」

それを読んで、深い衝撃を受けた。そのようにしか、アイヌの人たちは、受け取ってくれないのか、と悔しい思いだった。名指しの非難ではないが、H大学O教授で、地名のことが出てくれれば、私を指していることは明らかである。しかし、しきりに強調されている「アイヌ不在の運動」という言葉が気にかかった。地名の併記運動では、アイヌの長老《エカシ》でもある小川隆吉さんとともに行動していたし、今回のことは、幸恵さんの姪であるむつみさんが中心の運動であった。私は、その支援をしているに過ぎない。だが、この文書を書いた人から見れば、それはただ、私が特定のアイヌを選び、いいようにあやつっているに過ぎないと見えてしまうのであろう。

文書を送って下さった市民の方は、弁明し、理解を求めたほうがいいのでは、と忠告して下さったが、私は、そうする元気もなかった。そもそも無署名の文書である。またいくら説明しても、そのように思い込んでいる人を説得できるとは思えなかった。だとしたら、それはそれで認めなければならない。私にできることは、その人の思いが全くの誤解であったことを、今後の私自身の行動で示していくことでしかない。この文書を書いた方の誤解の一つは、私を、これまでただアイヌを利用してきた「アイヌ研究者達」と同一視していることであった。私は、そうではなく、「私はアイヌを研究の対象にはしません」、「私はアイヌについては全くの素人です」と講演でも強調したつもりだったが、その人から見れば、それは単なる言い逃れに見えたのであろう。

これまで、地元で一生懸命に真志保さんの功績を広め、真志保さんを通じてアイヌへの理解を求めてきた人たちからすれば、いきなり故郷に戻ってきたむつみさんが、和人の「研究者」と組み、しかも、池澤さんなど高名な文化人の協力も得て記念館を建てようなどと言い出していること自体が、面白くなかったのかもしれない。むつみさんにも、あるいはそのあたりの配慮が足りなかったのかもしれない。同じアイヌでも、地元で長く暮らし、そこで地道に運動してきたアイヌの人たちと、長く東京で運動し、いきなり帰ってきたむつみさんとの間には、目に見えない大きなズレがあったとも言えよう。以前からアイヌの人たちの事情をよく知っていれば、そのような問題に早くから気付けたかもしれないが、ここでも、私は全くの素人であった。そのように言われたからといって、私がアイヌ同士の仲裁に入るようなことになれば、一層、おかしなことになるであろう。アイヌのことはアイヌに任せ、自分はあくまで、何も知らない一和人として行動するしかないと、覚悟を新たにしたのだった。

4　幸恵さんの生誕百年

いよいよ二〇〇三年になった。すでにそれまでの運動によって、その前年の八月には、北海道立文学館での特別企画展「大自然に抱擁されて…～知里幸恵『アイヌ神謡集』の世界へ～」が実現していた。当時、文学館におられた青柳文吉さんの努力によって、展示のためのわかりやすい沢山のパネルが制作された。このことも、記念館建設への大きな支えとなった。文学館は、特別展示がすめば、パネルは保管する場所もないし、記念館ができるなら、そこで使っても構わないと言って下さったからである。建物さえ造れば、これらのパネルを使ってすぐに展示もできると、懸念していた課題が解決できたのは大きかった。

生誕百年の記念行事は、徳島、金沢、東京と三カ所を巡回する全国展がその中心であった。もちろん、登別で開催してきた「幸恵フォーラム」は、最大の規模で実施する。それ以外にも、さまざまな場所で、記念の講演会などが入った。前年に発足させた「記念館建設募金」のためには、謝礼やカンパを得られる講演会は重要な財源の一つであり、お呼びがかかればどこへでも出かけていって、建設資金を稼いでくるということが続いた。徳島には行けなかったが、金沢の展示には、登別での最初の展示から手伝って下さった室蘭の岡田達恵さんと、むつみさんの三人で行った。展示の費用はアイヌ文化振興財団が出してくれても、受付やその他の準備はすべて自分たちだけでしなければならない。大学での仕事の合間を縫ってのトンボ返りのような作業で大変だったが、とにかく徳島と金沢での展示も成功し、いよいよ一一月、東京での最も大きな展示を迎えることになった。場所は駒場の「日本近代文学館」である。マツさんや、その母親、幸恵さんの祖母にあたるモナシノウクが、語り伝えてきたさまざまな物語を、幸恵さんは、アイヌとして初めて文字にし、さらに日本語に翻訳したのだった。その幸恵さんの生涯や仕事が、「日本近代文学館」という場で展示されるということも、大きな意義があるように感じた。

東京での展示では、文学館側とも協議して、毎週末に講演会などのイベントを入れることにしていた。**写真2**は、一〇月二五日、「記念館建設募金」のために最も働いて下さった加藤幸子さんと津島佑子さんが、

写真２　東京での生誕百年　巡回展
後列右から、加藤幸子さん、一人おいて、津島佑子さん、中川裕さん、著者。前列左、むつみさんの娘の木原仁美さん、右は、茅野裕城子さん（2003.10.25）

一緒に参加して下さった時のものだ。千葉大学の中川裕《ひろし》さんは、ユカラなどアイヌ語研究の第一人者であり、前列にいる仁美《ひとみ》さん（むつみさんの娘）の先生でもあった。こうした豪華なゲストをお迎えしての講演会は大盛況で、展示への来場者数を増やすのに役立った。

　展示とともに考えたのは、生誕百年を記念する本を出すことだった。だが、本を出すといっても、出版社が見つからない。紆余曲折ののち、ようやく（財団法人）北海道文学館が編者となり、東京書籍が発売元、発行者は私たちのつくった刊行委員会、その住所はむつみさんが主宰する「知里森舎《ちりしんしゃ》」というややこしいかたちで、なんとか出版にこぎつけた（《財》北海道文学館（編）、二〇〇三）。池澤さん、加藤さんといった現役の作家に原稿料ゼロで書いていただき、本の売り上げはすべて記念館建設募金にまわすという、これも記念館をつくるための必死の作戦であった。刊行委員会は、神谷忠孝さん（当時、（財）北海道文学館理事長）を中心に何度も会議を重ねたが、文学館事業課長（当時）だった平原一良さんが、実質的な編集作業をすべてやって下さった。

　本のあとがきで、平原さんは出版までの経緯をまとめて下さっている（平原、二〇〇三）。それを読むと、もう二〇年前の日々のことが鮮やかによみがえってくる。初めて集まったのが前年（二〇〇二）の暮れだったこと、そこには山口昌男さんも来られて、会議のあと、初めていろいろお話ししたことも思い出される。当時、札幌大学の学長だった山口さんは卓抜した文化人類学者であったが、何より、その博識と行動力を駆使して世界を相手に発言し続けた本当の意味の文化人であった。早くから幸恵さんに注目され、記念館建設の発起人にまでなって下さっていた。書くことはできないが対談なら、ということで、そうさせていただくことになった。アイヌのことはほとんど書かれてこなかった山口さんのアイヌ観、幸恵さんに対する思いをなんとか引きだそうと努めてみたが、どこまでそれができたか。

生誕百年記念出版ということもあり、二〇〇三年の九月に出来上がった『知里幸恵「アイヌ神謡集」への道』は四刷を重ね、記念館への募金にも大きく貢献したが、いわば自主出版のようなものだったために、その後は流通にのらなくなり、一般の書店から姿を消してしまった。それで、弟子屈コタンに住む詩人、戸塚美波子さんがこの本のために書いて下さった詩（戸塚、二〇〇三）を以下に再録したい。

いのち紡いで

戸塚　美波子

〈弾ける〉
たましい
彩づく

花たち

飛び交う
小さき
命の群れ

ひらひら
ひらひら
ひら　ひらり

緑の原に
遊ぶ　風
風は　唄う
朗々と
唄の響きに
波打つ
草原

〈かつて〉
大地は
緑に覆われ
地上は
命と命の
せめぎあい
獲物を　追い
襲われて
自然の脅威に
身をゆだね
厳寒の
白い世界に
戯れる

銀の　星
金の　月

おれんじ色の
朝の陽

血の色した
落日の陽

すべてを

語らずに
居られない

〈伝えし
　　ものたち〉
霞にけむるほどの
歳月を重ね

語り
唄い
踊り
戦い
生きた

〈神の想いは　深い〉
〈神は　ときに脅威〉
〈神は守れなかった〉
異なる　もの
現われし
異なる　心
異なる　力

異なる　ひと
押し付けられた
〝沈黙〟
語れぬ　ひと

〈漂う〉
た　ま　し　い

母なる言葉
たぐり寄せ

尽きない
涙は
輝く霧となり
降り注ぐ

さらさら
さらさら
さら　さらり

わたしの想いは
おばあさまの
おばさまの
懐に包まれて

母なる言葉を
紡ぎだす

大地の鼓動
躍動する命
森羅万象

紡ぎ
織る
銀の　ことだま
金の　ことだま
光りを放つ

きらきら
きらきら
きら　きらり

戸塚美波子さんは、幸恵さんを引き継ぐ詩人として、幸恵さんへの愛をうたっている。美波子さんとは、生誕百年の記念フォーラムでお会いしたきり、長く会えずにいたが、ジョンとヨーコのファンであることがわかり、毎年、ジョンの命日に札幌で主催している「ジョン・レノン追悼コンサート」にもわざわざ来られるようになって、手紙のやりとりなどをさせていただくようになった。ふしぎなご縁を感じる。

そのヨーコさんは、幸恵さんのことをまったく知らなかったが、『アイヌ神謡集』をプレゼントし、説明すると、すぐに幸恵さんのコトバに心をゆさぶられ、

「銀のしずく　降る降るまわりに　金のしずく　降る降るまわりに
あなたを通して知った　すばらしいアイヌ文化　決してわすれません」

と色紙に書いて下さった。生誕百年記念の本では、その言葉を帯に使わせていただいた。

生誕百年記念の本では、また、幸恵さんの東京での最後の日々を、彼女の日記と手紙から、可能な限り復元した。**資料1「知里幸恵　東京での一二九日」**（小野、二〇〇三b）がそれである。たとえば宮沢賢治については、堀尾青史さんによって、賢治の生きた人生が一日ごとに可能な限り復元されている（堀尾（編）、一九九一）。東京で幸恵さんが過ごした最後の一二九日だけでも、復元してみたいと思ったのである。その過程で見えてきたのは、幸恵さんが東京で熱心に教会を求めて歩いた事実だった。同書に書いた「生きる意味――知里幸恵とキリスト教――」（小野、二〇〇三a）では、幸恵さんが東京に行った理由を私なりに分析した。普通には、金田一京助の招きに応じての上京であったと言われている。確かに金田一の招待がなければ、それは実現しなかった。しかし、幸恵さんの中には、逆にそれを利用して、東京に行こうとする内的な動機がいくつもあったのではないか、というのが私の推察であった。

第一は、さまざまな教会を知りたい、伯母マツや母ナミ、そして自分自身が幼児洗礼を受けた聖公会だけではなく、他のキリスト教会に行き、他の牧師の説教も聞いてみたい、という願いである。そこには、マツの主宰する伝道所で日曜学校まで手伝い、マツのキリスト教と一体化せざるを得なかった幸恵さんの悩みがあったと思う。尊敬しつつも、あまりに近くなり過ぎた伯母マツから、少し離れたいという気持ちもあったであろう。第二は、結婚への準備が進んでいた村井曽太郎との間に少し距離を置き、結婚について自分なりに時間をかけて考えてみたいという思いであった。第三には、村井との結婚に賛成するマツと、反対する生母ナミとの間での葛藤から離れたいという気持ちがあったかもしれない。養母と生母、そのどちらをも大切に思う彼女は、身動きがとれない心的な状況にもあったのである。最後には、ひとりの若い女性として、とにかくいちど東京というものを見てみたい、という思いもあったであろう。

幸恵さんを、そのような多様性をもった若者として見直すことは、自分自身を見直すことでもあった。前述したように、私も、教派こそ違え幼児洗礼を受け、また幸恵さんと似たような家族環境に育っていたからである。さらには、幸恵さんも私も「優等生」であった。それは、そうでなくては、学校で生きていけないという事情の裏返しでもあった。幸恵さんのように、そうしなければマジョリティ（多数派）である和人社会に対抗できない、ということではなかったが、成績優秀者でなければ奨学金をもらえない経済的な事情があれば、学業を続けるためには、つねに「優等生」でなければならないのである。

経済的にははるかに恵まれていたにもかかわらず、多数派であるまわりの社会、学校から認められることを第一に生きたのは、有島武郎も同じであった。彼が、最終的にそのように「優等生」であることをやめ、自ら「ローファー（ならず者）」（高山、一九九三）として生き始めたのは、ニセコの有島農場を解放し、また波多野秋子との恋愛に走った人生の最後に近い数年間であった。幸恵さんもまた、「教育なんて何さ。教育って、そんなに大事なものか」と心の底では思っていたのである（藤本、一九九一、一二〇頁）。キリスト教と非・キリスト教、聖公会と他のプロテスタント、生母と養母、アイヌと非・アイヌ、耶蘇であるアイヌとそうでないアイヌ、農村と都会、農業と文筆業、「優等生」と「ローファー」、さまざまなものの境界に幸恵さんはいた。カトリックの信仰に近づきながら、ついに教会の中には入らず、「教会の敷居の上に立って」、生涯、キリスト教と、非キリスト教の二つの世界の境界に生きようとしたシモーヌ・ヴェイユ（ヴェイユ、一九五〇）とも共通するものを、幸恵さんには感じる。

有島はついに心中し、幸恵さんやヴェイユは、無理を続けたあげく、若くして死んだ。

「生きることはそのように命がけの行為である。それをおそれずに行う者だけが、誰のものでもない一回きりの人生を、もっとも大切に生きたといえるのであろう。幸恵が命がけで求めた、民族の平等、アイヌ文化の世界への伝達。私たちも、それぞれが幸恵のこころざしを引き継ぐ者でありたい。幸恵のように、たとえそれを見出すのは死ぬ直前であるかもしれなくても、ほんとうの自分自身を探す旅をしたい。

そのように決意する人びとにとって、幸恵はつねに新しい姿で、目の前に迫ってくる。」

小論の最後にはそのように書いた。それから二〇年たっても、私の思いは変わらない。

写真3　知里幸恵生誕百年記念の本のための山口昌男さんとの「対話」
北海道立文学館にて（手前、筆者。2003.3.18）

北海道立文学館の一室をお借りしての山口昌男さんとの「対話」（**写真3**）は三時間近くに及んだ。だが、あっという間に時間が過ぎて、終わってみるとまだまだ伺いたいことばかりが残った（山口・小野、二〇〇三）。

「アイヌのカムイユカラのほうが、日本の神話よりも普遍的といえるのではないか。ある種の伝播といったことを考えると、本当のグローバリズムというのは、アイヌのほうにあるのではないか」

という山口さんの指摘には、アイヌのなかに、広大なユーラシアを越えてヨーロッパとアジアを結び付ける要素を見出そうとする山口さんの感性が現れていた。そのような山口さんの見方をふまえて、「対話」のタイトルは、最後の方で私が口にした「コスモポリタンとしての幸恵」を入れたものになった。そこには、日本人とアイヌは相いれぬ「他者」であり、その「他者」のまなざしによって縛られた幸恵さん、という言説を超えようとする意図があった。ちょうどその前年、国文学者でありアイヌ学者でもある丸山隆司さんの大著、『〈アイヌ〉学の誕生　金田一と知里と』（丸山、二〇〇二）によって、「他者」を強調した言説が強く打ち出されていたからである。

丸山さんは、知里幸恵さんを持ち上げること、『アイヌ神謡集』の序文を称賛すること自体が、「他者」であるアイヌを日本の側に取り込み、日本人がアイヌに強いてきた同化政策を現在でも肯定しようとする政治的態度だと、激烈に批判されていた。金田一京助は、アイヌや幸恵さんを単に研究対象として扱っていたに過ぎないと一方的に断罪する丸山さんは、幸恵さんの最もすぐれた評伝を二度も書き直された藤本英夫さんについても、金田一のそういう側面を隠し、美化しているとして強く非難された。藤本さんですらそうなのだから、幸恵さんに注目してほしいために、また登別での「知里幸恵の世界・展」についても宣伝するために、その直前に岩波の『図書』に「知里幸恵の百年」と題して書いた私の文章などは、丸山さんにとっては格好の批判の対象であり、本のなかで徹底的に糾弾されていた（丸山、前掲書、二三五—二四〇頁）。

そもそも、私の運動は、アイヌの権利回復を求めるという意図の上にたち、日本人による同化政策を批判する、というところから始まっている。その一環として、アイヌ語地名の平等な併記を要請した。また、アイヌをよく知らず、また知ろうともしない日本人に、アイヌを平等に認識させるための入り口として、アイヌ力《ちから》の象徴的な存在としての幸恵さんを全国に知ってもらおう、という活動であった。あくまでもアイヌの権利回復と平等な社会の実現、という目的のための運動であったにもかかわらず、そうした目的には言及せず、ただ表面的に言説だけを操作する丸山さんの批判は、全く的外れなものでもあった。しかし、言説分析を職業とする丸山さんと論争しても、ただ反論されて終わるだけである。信念をもって書いた文章をこれほどひどく批判されたことはなかったので、反駁したいという気持ちはあったが、そもそも丸山さんの属する世界にいない私には、反論を書いて発表する場もなかった。生誕百年を迎え、そんなことをしている閑もないというのも現実であった。何を言われても我慢しなくては、と沈黙することにした。だが、心の中で思っていたのは、金田一を、研究のためにはアイヌを犠牲にして憚らない人間だと斬って捨てる丸山さんは、今を生きるアイヌの権利回復をいったいどのように考えておられるのか、ということであった。知里幸恵は金田一に操られ同化させられた哀れなアイヌに過ぎず、彼女を称賛すること自体、同化政策に加担することだと言うならば、彼女にそのようなことを強いた日本と日本人を糾弾し、奪われたアイヌの権利をどのように回復すべきかを提示することが研究者の責務であろう。そうしたことには関心を示さず、ただ言説分析に浸っているのは、研究の為の研究、自らの学問における欲望を満たすことだけに専念した（と丸山さんが批判する）金田一と同じことではないだろうか。私から見れば、研究者のそのような態度こそ、アイヌを貶めて来た日本の政策を、今も見えないかたちで支える政治的な行為なのだった。

山口さんとの「対話」では、そこまでふれなかったが、あまりに「他者」を強調することへの批判を述べた。それに対して山口さんは、

「アイヌだから、和人だから、自分とちがうから他者だ、という見方は簡単にしてほしくないね。他者という概念はそもそも僕が『文化と両義性』（山口、一九七五）で使った言葉です。」

と言われた。山口さんの「両義性」とは、中心に対する周縁、二つの世界にまたがるような「異人」において現れる。アイヌと和人の境界にいただけでなく、さまざまな「両義性」をもった「異人」として幸恵さんをとらえるべきだ、というのが山口さんの主張であった。もともと住んでいた故郷を追われ、本来の生活の

場であるコタン（村落）そのものが破壊されて、都会や見ず知らずの土地に行かざるを得なくなったアイヌの人々、母語であるアイヌ語より、日本語を学び使わなければ生活できない状況に追い込まれたアイヌの人々は、ディアスポラ（離散民族）であったとも言えよう。

ユダヤからのディアスポラであったマルコは、世界で初めてイエスの生涯を「福音」（よいしらせ）として書き記そうとしたとき、本来のヘブライ語や、イエスが話していたはずのアラム語ではなく、ディアスポラが生きていくために使わざるを得なかったギリシャ語で、それを書いたのである。それはもちろん、圧倒的に優位に立っていたギリシャ語の話者たちに、「イエスの福音」を伝えたいからでもあった。彼はギリシャ文化に同化したわけではない。ユダヤ人として生まれ、殺されたイエスの福音を、地中海世界に伝え、共有するための唯一の手段が、後に『新約聖書』と呼ばれることになる文書をギリシャ語で書くことではなかったか、と思う。ある意味では、それによって、「キリスト教会」という集団が生み出されたと言えるのかもしれない。

「一緒に何か新しい集団を作り出すことです」と山口さんが言われたことの意味は、そういうことでもあったろう。しかし、『アイヌ神謡集』そのものが、「金田一と幸恵の二重奏」の産物であり、それは金田一が、幸恵に日本語化、日本人的な見方を強いた結果であるとする丸山さんにとっては、そうした「協働」さえもが批判の対象だったかもしれない。丸山さんは、幸恵が序文をアイヌ語で書かなかったのは、彼女が同化させられた結果だとして批判する。しかし、そもそも、アイヌ語を読むことができず、それを学ぼうとすらしない日本人に向かって、アイヌの尊厳と誇りを訴えようとするなら日本語で書くしかないと思ったから、幸恵さんはそうしたに過ぎない。幸恵さんの同胞（ウタリ）もまた、同化政策によってアイヌ語を奪われた世代であった。アイヌでありながら、アイヌ語を理解できない同胞（ウタリ）に語りかけるにも、幸恵さんが使える言葉は日本語しかなかったのである。さらに言えば、序文のような文章を綴るための文体は、アイヌ語にはまだなかったと言うべきであろう。幸恵さんが、せめてあと数年、あるいは数十年生きることができたとしたら、彼女は必ずやそれをつくり、アイヌ語の新たな文学をつくりあげたにちがいない。

執筆者を決定し、原稿を依頼しても、なかなか原稿が集まらない焦燥の日々。執筆者の一部は、建設募金委員会の発起人と重なっていた。発起人は、池澤夏樹（発起人代表）のほか、秋田春蔵、秋辺得平、桶屋純一、加藤幸子、加藤多一、神谷忠孝、萱野茂、工藤正廣、栗林芳枝、計良《けいら》智子、サラ・ストロング、富盛菊枝、中川悦子、中川裕、野田紘子、花崎皋平《こうへい》、原子修、藤門弘、ロビン・フレッチャー、堀淳一、松谷みよ子、間見谷嘉昭、宮武紳一、山口昌男、山下敏明、横山孝雄、横山むつみ、それに私であった。いま、このように書き出して見ると、いちばん募金活動に貢献して下さった津島佑子さんのお名前がないことに驚く。なぜだろう、と思った瞬間、津島さんにお願いした時のことが思い出されてきた。

「なんでもやりますけど、そういうところに名前を出すのは嫌なのよ。」

そう言われたときの津島さんの澄んだ声まで一気によみがえってきて、彼女と記念館の建設をめぐって過ごしたさまざまな記憶が、私を過去に連れ去っていく。津島さんと相談し、この本には、彼女が監修した『アイヌ神謡集』のフランス語訳（Tsushima, 1996）の一部と、「フランスの学生たちとともに」という以前に書かれた一文（津島、一九九九）を入れることにしたのだった。そして、『アイヌ神謡集』の最初におかれた「梟の神の自ら歌った謡」の有名な冒頭部分、幸恵さんが「銀の滴　降る降るまはりに　金の滴／降る降るまはりに」と訳されたその冒頭の数十行を、津島さんたちのフランス語とともに、英語、ロシア語でも載せたいというのが私の案であった。英語は、すでにそのような翻訳を試みておられ、登別にも何度もお見えになっていたベイツ大学のサラ・ストロングさん（二〇〇三）にお願いした。ロシア語訳は、同じく発起人の一人であった北海道大学の工藤正廣さん（二〇〇三）が、ちょうどモスクワ大学から、北大に来ておられたタチヤーナ・オルリャンスカヤさんと協力してなしとげて下さった。こういう三つの訳が並んだだけでも、この本には価値があると思ったものだ。

5 「銀のしずく記念館」の完成まで

展示、講演会、フォーラム、本の出版と、「記念館建設募金」のために考えられることはすべてやった。二〇〇二年から始めた募金は、とくに生誕百年だった二〇〇三年はイベントも多く、マスメディアにも大きく取り上げられたので順調だった。二〇〇四年には、京都、立命館大学の国際平和ミュージアムで、「知里幸恵『アイヌ神謡集』の世界——銀のしずく降る降る（shirokanipe ranran）」特別展の開催もあり、関西圏でも募金を行うことができた。講演を聞かれたことがきっかけで、早くから幸恵さんに関心を持って下さった京都「たかつかさ幼稚園」の藤井修さんが、そのネットワークを通じて、いろいろと働きかけて下さったおかげである。面白いのは、幼稚園の住所が、坂田大将軍町なのである。それは蝦夷《えみし》を討った最初の征夷大将軍坂上田村麻呂に由来する町名であった。藤井さんは、直接的にではないにしても、幸恵さんやアイヌに対する圧迫の原点ともなった将軍の名を冠した町に住まわれながら、そうしたことにまったく思い至らなかったのを恥じて、幸恵さんを日本中に知ってもらおうという私たちの運動を支援して下さったのだった。そのご紹介で、生誕百年の記念出版のときから、幸恵さんに共鳴してすてきなイラストを描いて下さっていた京都の絵本作家、永田萌《もえ》さんの「フクロウの神　舞う」という作品をフライヤーにも使うことができた（**資料2**）。

運動をしていると辛いことも多いけれど、ときたま、永田さんのように思いがけない人からの温かいご支援や、メッセージをいただくことがある。思いもしない人との出会いがある。それが、運動を続けるうえでのかすかな、だが本当にうれしい支えであり、そのおかげでやってこられたような気もする。

立命館大学での特別展では、中本ムツ子さんも参加して下さった。中本さんは、幸恵さんの生誕百年を記念して、片山龍峯《たつみね》さんとの合作で、『「アイヌ神謡集」をうたう』（中本、二〇〇三）という画期的な本を出されていた。CDが三枚ついたこの本は、中本さんが、幸恵さんの書き残したカムイユカラを、さまざまに工夫をして、独自の節回しで謳われたものである。かつて、幸恵さんも、声に出して謳ったにちがいないカムイユカラの音の響き、繰り返されるサケヘ（リフレイン）の快い波動を、中本さんは、京都でも聴かせて下さった。だが、それから数年すると、順調に増えていった募金も勢いは衰え、だいたい二千万円くらいが集まったところで伸び悩むようになった。この時期が、募金活動でいちばん辛かったともいえる。

そうしたとき、津島佑子さんから思いがけない知らせがあった。佑子さんが『アイヌ神謡集』を仏訳するきっかけをつくったル・クレジオさんが、北海道に来られるというのである。その後、二〇〇八年にノーベル文学賞を受賞することになる二年前のことであった。来日の忙しい日程の合間に、ぜひ、アイヌの人たちと会い、幸恵さんの故郷にも行きたいというので、二日間でその旅をアレンジできないかという嬉しいお申し出だった。

二〇〇六年一月二五日、札幌での用事を終えられたお二人を乗せ、登別温泉に向かう途中、まず白老で、アイヌの人たちが建てた「アイヌ民族博物館」の前にあった「白老ミンタラ」に、大須賀るえ子さんを訪ねた。アイヌ民族工芸品などを扱う小さな売店がたくさん集まったショッピングセンターのような施設であった。「ウポポイ」（アイヌ民族共生象徴空間　国立アイヌ民族博物館）の建設によって、もとからあったこの博物館も、施設も今はない。もう五時をまわって、しんとした大須賀さんのお店の中で、幸恵さんの「カムイユカラ」をいくつか謡っていただいた。ル・クレジオさんは、初めて聞くアイヌ語のユカラの響きにじっと耳をすましておられた。

そこからは登別温泉に直行した。「滝乃家別館玉之湯」の須賀武郎さんのご厚意で立派な部屋に泊めていただいた。強行軍なので、まずはゆっくり温泉に浸かり、ワインでも飲んでくつろいでいただきたいと、フランス・ワインを用意していったが、ル・クレジオさんは、飲まないという。でも、ぜひ、とお勧めすると、ルージュは血の色だから、ブロンのほうなら、と言われたので、ブルゴーニュの白を開けた。カトリックのミサでは、イエス・キリストが私たちの罪のために十字架上で流された血を記念する赤ワインと、キリストの体を象徴するパンを、「キリストそのもの」としていただく。ル・クレジオさんは、そのような儀式を思い起こさせるものを拒否されたのかもしれない。そのときはお一人で来られたが、奥さまはアフリカの先住民族の出自をもつ方であり、またご自身も、フランスの先住民族ともいえるブルトン人の家系に生まれている。七〇年代後半からはメキシコに滞在し、ヨーロッパ人によるアメリカ先住民族の迫害の歴史を研究された。新大陸でのスペインやポルトガルによる侵略には、つねにキリスト教の布教が重なっていたから、それ以降のル・クレジオさんは、これらを通じて、キリスト教と一体化したヨーロッパ文明の側に立つことを拒否し、先住民族の側に立つことを文学によって追究されたように思う。その小さな現れが、このときのワインをめぐるやりとりであったのかもしれない。

津島さんがパリに一年間、日本文学と口承文芸を教えながら滞在されていたとき、その前にメキシコでの国際シンポジウムで知り合っていたル・クレジオさんと再会すると、彼が、ちょうど立ち上げようとしていた「オロール」（曙）という名の叢書の出版の相談を受けたのだった。世界各国の原初的な文学を一冊ごとに紹介するという意図をもった叢書で、ル・クレジオさんは、日本からは『古事記』がいいのではないか、と津島さんに言ったらしい。彼女は、即座に、いえ、ダメです、日本を代表するなら『アイヌ神謡集』よ、と答えたという。そうしたら、すでにメキシコのシンポジウムで、津島さんによって紹介されたアイヌの口承文芸を知っていたル・クレジオさんは、直ちに同意してくれたが、では、あなたに、それを翻訳してほしい、と言われ、結局、佑子さんは、「自分で言い出したことだから、結局、断れずに訳さざるを得なくなってしまったのよ」というわけだった。

写真４　ル・クレジオさんの登別訪問

雪を踏み分けての墓参（2006. 1. 27）
後列左端、ル・クレジオさん、その右は須賀武郎さん、その前に津島佑子さん、墓石の右に筆者、その右、横山むつみさん、手前、小沼史子さん。

翌朝は、まっさきに幸恵さんのお墓参りに行った。市営墓地は除雪もされていないので、雪をかきわけての墓参となった（**写真４**）。幸恵さんの墓石に手を合わせたあと、ル・クレジオさんは、幸恵さんの名前には「心」という字が入っているんですね、と言われた。さすがにこの人は違う、と思った。むつみさんの家では、彼と津島さんのいわば協働でできたフランス語訳の『アイヌ神謡集』に二人がサインをして、将来できる記念館のために、とプレゼントして下さった（**写真５**）。そのあと、二風谷《にぶたに》に行った。まず二風谷ダムを見ていただき、

写真5　フランス語訳「カムイユカラ」にサインして、むつみさんに手渡す津島さん、ル・クレジオさん（むつみさん宅で）

第3章でふれるように、その建設に反対した貝澤正さんの息子さんである耕一さんの話を聞いた。それから、今度はアシリ・レラ（山道康子）さんのお宅に行った。レラさんが、アイヌの若者を何人も育てていることを聞いていたからである。ル・クレジオさんは、今を生きているアイヌの人たちと会うことを望んでいた。大須賀るえ子さんも、むつみさんも、貝澤耕一さんも、それぞれの場で、アイヌであることを主張し、今を生きている。レラさんは、残念ながら二風谷の他のアイヌの人たちからはあまり受け入れられていないようであったが、彼女は彼女の信念をもって若者を育て、またアイヌでない人たちにも、アイヌ力《ちから》で影響を与えている女性のひとりであった。そのように立場は違っても、アイヌとして、奪われた権利を回復しようと地道に活動している人たちに、ル・クレジオさんには会ってほしかった。限られた時間のなかでは、札幌で結城幸司さんたちに会うのが精いっぱいだったが、それでも、三日間で、津島さんと一緒にこれだけの人と会い、ユカラを聞き、話ができたことは、彼には、うれしかったのではないだろうか。このときの体験が、三年後、そして五年後のイベントにつながっていったのだった。

三年後の二〇〇九年、前年にノーベル文学賞を受けたことで、ル・クレジオさんへの評価は大きく変わっていた。ル・クレジオさん本人はまったく変わっていないのに、ただノーベル賞を取ったというだけで、人の見る目は大きく変わる。それも変なことだが、そのことで北大でも講演できることになったのだから、うれしかった。構内のハルニレ伐採問題だけでなく、水俣病の問題を広く市民や学生に伝えようとする「水俣展」の開催をめぐっても北大の上層部とは対立することが多く、大学のなかでは、私が提案することはことごとく問題視される状況にあった。**第4章**でも述べるように、北大にできた「アイヌ・先住民研究センター」では、私は「危険人物」と見なされていたほどだったから、ル・クレジオさんがノーベル賞を取っていなければ、このセンターが主催して、私が司会役を務めるような講演会は、到底、実現できなかったにちがいない。

資料3は、このときに作ったフライヤー、**資料4**は、その講演会の資料として書いた短い文章である。**第3章**でふれるように、シレトコでアイヌエコツアーを一緒につくっていた結城幸司さんは、得意とする木版画の世界だけでなく、アイヌの魂を自らウチャシクマ（ウパシクマ）という昔語り（昔話）のスタイルで語ることを試み始めていた。彼の創った「オオカミのウチャシクマ」（結城（幸）、二〇〇九）は魅力的で、そのなかのオオカミの声は、アイヌの男性たちが集まりのときに腹の底から突き上げるような声で上げる、ウォホホホホ――という激しい叫びを聴くようであった。その新しい語りをル・クレジオさんに聴いてほしいと思い、結城さんにも参加していただいた。あとの出演者は津島さんと池澤さんだったから、まるで、幸恵記念館の建設を進めている者たちが企画するパフォーマンスのようなものであった。もちろん、主催はあくまで北大アイヌ・先住民研究センターなので、表立った募金活動はできない。しかし、会場の外でなら募金への協力を求めるチラシを配布できた。また津島さんも、トークのなかで幸恵記念館建設のことにふれて下さったから、効果は大きかった。

ル・クレジオさんは、このときはご家族で来ておられ、講演会の翌日は、登別に皆さんで行っていただく予定で、JRのチケットや温泉も手配していたのだった。ところが突然、ル・クレジオさんが、別件で東京に帰りたいと言い出し、急遽、新千歳空港にお送りすることになってしまった。幸恵記念館の建設を支援して下さっていた登別市長の小笠原春一さんには、すでに、ル・クレジオさんとの面談をお願いしていたので、困ってしまった。私や津島さんとしては、ル・クレジオさんが会うことで市長への感謝とを表し、また建設への今後のご協力もお願いするつもりだったので、失望は大きかった。しかし、どうしようもない。私は、とっさに一計を案じ、色紙とサインペンを買ってきて、ル・クレジオさんに一言、彼が書けるひらがなで、「よろしく」と大きく書いたうえに、サインしていただくことを考えた。空港で、出発便を待つ間にそれを書いていただき、ル・クレジオさんたちを見送ったあと、そのまま登別に行って市長さんに色紙を手渡したのだった。急なキャンセルで失礼したものの、この色紙には、市長さんも喜んで下さり、その後も記念館のために協力を惜しまれなかったのは、本当にありがたいことであった。

さまざまな人が働き、さまざまに募金を集めた。私も、親戚から友人まで、ほとんどすべての知人からことあるごとに募金してもらった。こうして二〇一〇年の三月には目標の三千万円まで、もう一息というところまで漕ぎつけたが、それでも最後、あと三百万円近くが足りなかった。九月一八日の完成を目指すためには、もう着工しなければならず、ギリギリの時期であった。切羽詰まって、ヨーコさんに頼み込み、一万ドルを送っていただいたり、池澤さんの尽力で、同様の醵金が振り込まれたり、私も最後の不足分を補填したりして、なんとか間に合わせることができた。みんな必死だったのである。小倉雅美さんという札幌の若い女性建築家が設計して下さり、その友人の仲舘誠治さん（エヌディースタジオ）と組み、限られた予算のなかで、幸恵さんにふさわしく、小さいけれども存在感のある、瀟洒な記念館に仕上げて下さった。むつみさんとは記念館の名称を考えた。もちろん「知里幸恵記念館」ということは決まっていたが、もっとやわらかい名称もあるといいね、ということで提案したのが「銀のしずく記念館」だった。エンブレムも付けたら、と提案すると、むつみさんが、それはいいと、早速、知里家ゆかりの紋様で、デザインを考えてくれた。

二〇一〇年五月八日、地鎮祭のカムイノミ（チセノミ）が行われ記念館の建設が始まった。危うい日程だったが、なんとか幸恵さんの命日に間に合って、予定通り九月一八日に記念館のオープンを迎えることができた。記念館の中では、魔除けのために四隅にヨモギの矢が射られ、記念館の外に設けられたヌサ場では、すべてのカムイに祈るカムイノミが行われた。お祝いには盛大な餅撒《ま》きが青空に舞った（**写真6**）。アイヌ、ノン・アイヌ、たくさんの方がお祝いにかけつけ、踊りや歌も披露されて、幸恵さんの記念館完成を祝った。やはり市民から募金を集めて、旭川、チカプニ（近文）に幸恵さんの文学碑を建てられた荒井和子さんも来て下さった。記念館の募金を始めるかどうか迷ったとき、真っ先に旭川まで伺い、募金をどう進めたらいいか、いろいろ相談にのって下さったのが荒井さんだったから、とみに弱ってこられた荒井さんがまだ歩けるうちに、完成した記念館をお見せできたことはうれしかった。和子さんのお父さまは、旭川で幸恵さんと同じ「旧土人学校」に通っていた荒井源次郎さんである。源次郎さんは政府と戦い、アイヌの権利回復に大きな力となった方だ（荒井（源）、一九八四、一九九〇）。それを引き継いだ和子さんも、長く学校で先生を

写真6　お祝いの餅撒き（2010.9.18）

写真7　幸恵さんの木像の前で
左より、荒井和子さん、砂澤代恵子さん、筆者、砂澤嘉代さん（2010.9.18）

務める傍ら、幸恵さんのために頑張って下さったのである（荒井（和）、一九九三、二〇一三）。幸恵さんの木像のそばで一緒に写真におさまったのは、やはり幸恵さんとも親しく、アイヌの女性の一生をみごとに語った『クスクッル オルシペ（私の一代の話）』（砂澤、一九八三）の語り手、砂澤クラさんの孫の代恵子さんと、その娘さんの嘉代さんであった（**写真7**）。代恵子さんは、伝統刺繍のすぐれた継承者であり、嘉代さんは、マレーシアのタン・ジョハンさん（**第4章**参照）と結婚され、当地の先住民族オラン・アスリを支援する活動をクアラルンプールでされている。そこにも、幸恵さん、砂澤クラさんからつながるアイヌの妹《いも》の力、「アイヌ力《ちから》」を、感じるのである。

6　幸恵さんの夢を語り継ぐ

すべては、幸恵さんが『アイヌ神謡集』の序文に書かれた文章
「**いつかは、二人三人でも強いものが出て来たら、進みゆく世と歩をならべる日も、やがては来ませう。**」
から始まっている。そのような人が、「二人でも三人でも」出て来るように、少しでも手を貸すことが、お

そらく私にできるすべてであり、それが素人としての私の限界だと思っている。むつみさんたちの夢が叶って幸恵さんの記念館ができたからといって、それが終わりではなかった。もちろん、かたちになった記念館を通じて社会に発信できることは多いが、幸恵さんの夢、コトバは、あらゆる手段を使って伝えていくべきなのである。記念館がつくられる、多くの人が募金に応じ、多くの人が希望して記念館が出来ていくというその過程そのものが、相乗効果となって、幸恵さんのことを伝えていく力になったのではないだろうか。

その一つが、平凡社（二〇〇四）の『別冊　太陽』による「先住民アイヌ民族」特集であり、また西成彦・崎山政毅（編）（二〇〇七）『異郷の死　知里幸恵、そのまわり』の出版でもあった。この本は、前述した二〇〇四年の立命館大学国際平和ミュージアムでの「知里幸恵『アイヌ神謡集』の世界――銀のしずく降る降る（shirokanipe ranran）」特別展に立命館大学側から実行委員会に参加下さった西成彦さんが中心になってまとめられたものである。このように、一つの展示がきっかけとなって、幸恵さんに対する新たな関心が生まれ、それまでにはなかった視点から、新しい光が幸恵さんに当てられるということは、喜びであった。この本には、前述した丸山さんも執筆者の一人として参加しておられる。たとえその所論には納得できなくても、このように、一冊でも多くの書物が幸恵さんについて書かれ、一人でも多くの人が、幸恵さんを通じて、彼女が生きざるを得なかった理不尽な差別と、それをつくり出した要因について考える機会を与えられることはうれしいことだった。

津島さんも、「越境の女性作家として」というエッセイ（津島、二〇〇七）を寄せられている。あとでお会いしたとき、津島さんは、他の方々のように論文にされず、エッセイにされたんですね、と言うと、わかるでしょ、とでも言うように、くすっと笑われた。それは、他の論者がすべて「知里幸恵」と書き、彼女を分析・解剖の対象として書いているのに対し、「幸恵さん」と書く津島さんは、そうではないからである。多くの研究者たちにとっては、幸恵さんの残したテクストだけが関心の対象であって、それを自らの理論で料理することが目的なのだ。その人たちにとっては、アイヌ語と日本語のバイリンガルであった幸恵さんは、そのような境界にあって、苦悩する書き手、話し手として分析するに最も適した「材料」でしかないともいえよう。幸恵さんが、その結果として苦しもうが死のうが、むしろ、そのことが、研究者たちからみれば、冷たい分析の対象なのである。丸山さんから見れば、それは幸恵さんが、金田一に「挑発・呪縛」された結果なのであり、金田一の罪であると同時に、幸恵さん自らが招いた当然の帰結であると、結論づけられるのかもしれない。だが、金田一による「挑発・呪縛」という言説こそ、丸山さんの解釈であって、それは、すでに幸恵さんを、自分の論理のなかで都合よく操作していることに他ならない。はたして、本当の幸恵さんは、金田一の思うがままに操られる女性だったのであろうか。

前述した小論（小野、二〇〇三ａ）は、そのことへの私なりの答えのつもりであった。幸恵さんは、アイヌ語と日本語の境界線に立っていただけではない。生母ナミと養母とも言える金成マツとの、さらには、もっとも強く彼女にアイヌ語を植え付けた祖母モナシノウクとの、境界線に彼女はいた。マツが生涯をかけて伝道しても、クリスチャンとなるアイヌはほんの一部であり、同胞のなかにおいてさえ、ののしられ、差別される「ヤソ」とそうではない大多数の同胞との境界線に彼女はいた。さらには、そのキリスト教においても、聖公会の宣教師バチェラーの圧倒的な影響の下にあった彼女は、それに飽き足らず、それ以外の教派や救世軍の活動との境界線に身をおいた。そこには、幼児洗礼を受けた者と、そうではなく、成人になって自らの意志で受洗した者との間の葛藤もあった。学校では優等生とならざるを得ない存在と、自らが感じ信じるままに、反抗し、叫び声を上げたいという、暴力的ともいえる自己との境界線に、彼女はいた。それは学校や、さらには金田一に象徴される日本社会と、アイヌ社会が鋭くせめぎあう境界線、フロントでもあった。そこに彼女は、自ら意図して、あるいは意図しなくても、立ち続けたのである。

金田一の影響はもちろん大きい。それを過小評価することはできないが、彼女にとっては、けっして金田一がすべて、であったのではない。さまざまな境界線の上に立って、どちらに所属することもなく、つねに危ういバランスをとりながら、彼女はその境界を生きようとしたのではないだろうか。そのような幸恵さんの生そのもの、また、なぜ彼女がそのような生を生きねばならなかったかということを、彼女を通じて知ってもらいたい。それが私の願いであり、津島さんにとっても、同じではなかったかと思う。

もちろん、津島さんは作家であり、最初に『アイヌ神謡集』に注目された方なのだから、幸恵さんの人生とは別に、そのテクストへの関心も深いはずだ。しかし、その関心の方向は、ほかの研究者たちの向かう分析や解剖とは明確に異なっている。津島さんがこだわったのは、あくまでも、幸恵さんが何とか伝えようとしたアイヌ語の声であり響きであった。本来は書き言葉と相いれない、「文学」が生まれる前の原初の語りであった。幸恵さんはそれを、語り謳う声とは相反する文字で、どのように伝えようと試みたのか。津島さんと、それについてゆっくり話すことはできなかったが、津島さんの晩年の著作、なかでも、最後の集大成となった『ジャッカ・ドフニ――海の記憶の物語』は、そのために書かれたとも言えよう。

『アイヌ神謡集』の左頁、すなわちアイヌ語で書かれた部分において、幸恵さんは、ユカラに本来、何度も繰り返されて謡われた繰り返し（サケヘ）をそのまま入れたら、書き言葉としては冗長になるから、と省略した。だが、そこに本来はサケヘがあった、ということを示すために、彼女は、アルファベット化したアイヌ語の、語と語の間隔を調整し、サケヘが入るべき位置には、間隔をほんの少しだけ広く空けるようにしたのだった。たとえば、『狐が自ら歌った謡「トワトワト」』の冒頭部分で見ると次のようになる。

Towa towa to

Shineanto ta　armoisam un　nunipeash kusu

sapash.

本来なら、「Shineanto ta」の次にも、サケへの「towa towa to」が入り、「armoisam un」の次にも「towatowa to」というサケへが入る、という意味で、幸恵さんは、その部分の間隔を、少しだけ広く空けたのだ。中川裕さんは、むつみさんが生誕百年の記念に復刻された「知里幸惠ノート」の解説のなかで、『アイヌ神謡集』を謡う」と題してそのことを説明されている（中川、二〇〇三）。

「カムイユカラ」の語りでは、そのように、常に、「トワトワト」という音が、繰り返され、音楽のように、響いていたのである。それを幸恵さんは、書かれた文字の間から、なんとか伝えたいと思ったのだ。そのような幸恵さんの苦労、工夫を、多くの研究者たちは無視してきたのではないだろうか。あるいは、生誕百年を機に、藤本英夫さんが、幸恵さんの二番目の評伝（藤本、一九九一）を全面的に書き直され（藤本、二〇〇二）、そこで、これまで未公表だった幸恵さんの「手控え」の内容が知られるようになると、それが新発見のテクストとして注目され、そこに書かれた断片こそ、幸恵さんの真の文学性がある、という主張もなされるようになった。もちろん、そのような「手控え」の中にも、幸恵さんの「書き言葉」におけるさまざまな試みが残されているのだから、それらが注目されたことは喜ばしいことである。しかし、「手控え」の中で行分けされた詩が出てくるから、それが彼女の創造しようとした「文学」の発露であり、

「『アイヌ神謡集』の場合、未来に繋がる現在時を生きるのはどこまでいっても日本語で、アイヌ語がつねに遠景へと追いやられる。（中略）その限りにおいて、右ページをはぐって裏返すたびに、左頁は歴史の力によって過去へと封印され、アイヌ語の音と響きはそこから消されるのである。」

（西、二〇〇七、六〇頁）

という西成彦さんの受け止め方は、津島さんや私とは違うものといえよう。そもそも、夥しいサケへのリフレインを繰り返しながら、切れ目なく歌われ、語られていったカムイユカラを、このように行分けにし、かつ、サケへが本来入っていた位置を、そのような語と語の間隔の微妙な違いで表現しようとした『アイヌ神謡集』における幸恵さんの試みこそ、彼女の到達した「文学」の、その時点での極致と言うべきではないだろうか。幸恵さんは、最後までアイヌ語の声や響きにこだわり続けていたのだ。津島さんは、おそらくそのような反論をしたかったのであろうが、テクスト論にはまり込んでいる研究者たちと議論することを好まれず、エッセイというかたちで逃げられた、それが、あのときの津島さんが、くすっと笑われたことの意味であったかと、今、あらためて思う。

二〇〇八年一〇月一五日には、NHKの人気番組『その時歴史が動いた』で「神々のうた 大地にふたたび――アイヌ少女・知里幸恵の闘い」が放映された。幸恵さんは東京に行ったときすでに一九歳だったのだから、それを「少女」と呼ぶのはちょっとどうかと思ったが、旭川で金田一と初めて会い、アイヌのユカラがすばらしいものであることを知らされたのは、一五歳の時だった。それまでアイヌであることで差別され続け、アイヌであることの自信も尊厳ももてなかった幸恵さんが、アイヌとしての誇りをもった瞬間である。そこから彼女の闘いが始まったとすれば、それはやはり、少女としての闘いであったともいえよう。ディレクターの方はむつみさんと何度もやりとりされ、むつみさんのインタヴューも番組のなかに収められた。私は、旭川の嵐山にある川村シンリッ・エオリパック・アイヌ兼一さんたちが復元したアイヌの人たちの「チセ」（家）で、進行役の松平定知アナウンサーと対談することになった。私が説明したのは、幸恵さんの生きた時代背景と、北海道の植民地化を進める日本政府の同化政策、それにアイヌのコトバで対抗しようとした幸恵さんの生き方についてであった。「北海道の植民地化」という言葉が番組のなかできちんと使われたのは、NHKでもこれが初めてではなかったかと思う。

二〇〇九年には、東京にある「ムカシ玩具（おもちゃ）」という面白い名の劇団の女優、二川舞香《ふたがわまいか》さんが、知里幸恵さんの一人芝居をやりたいと言ってきた。まず自分で書いたという脚本を見せてもらい、それをだいぶ直していただいて、ようやく、これなら演じられます、というところまで来たのはほぼ一年後のことだった。初演は東京だったようだが、札幌でもやり、そして幸恵さんの記念館ができた年には、登別の市民会館で、見事に演じて下さった。そればかりでなく、それまでの公演で稼いだお金を全部、記念館に寄付して下さったのには頭が下がった。

舞香さんは、登別でむつみさんが開催する「幸恵フォーラム」にも来られていたが、東京の人たちが登別のイベントに来るのは大変なので、東京で、新たに、幸恵さんの命日にイベントを開くことを考えて下さった。それが、二〇一〇年から開催されるようになった「シロカニペ祭」である。彼女は、幸恵さんの足跡をたどりながら、本郷森川町にあった金田一の旧居跡のすぐ隣にルーテル教会があるのを見出し、その牧師さんと話し合って、幸恵さんが亡くなった九月一八日の夜八時に合わせて、追悼の集いを開くことを企画したのだった。当初は舞香さん一人でやっておられたが、そのうち、世話人代表を依頼された。しかし、会場が本郷ということもあり、札幌にいる私よりは、近くに住まわれている津島さんに代表になっていただくことを提案した。もちろん、「シロカニペ祭」のためにも、津島さんのお名前があるほうがはるかに効果的だと思ったのである。津島さんは固辞されたが、なんとかお願いすると、あなたが世話人として一緒にやってくれるならと、引き受けて下さった。代表となられた二〇一二年の第三回の集いでは、お話もいただいた。コロナで中止になっているが、没後百年にはまた集まりたいねと、舞香さんと話している。とはいえ、その津島さんは、もう、いない。

津島さんと最後にお会いしたのが、二〇一四年の第五回「シロカニペ祭」だった。このときは、津島さんと私と、二人がそれぞれ話をした。会がすんで、本郷の地下鉄の駅まで歩きながら、マカオのキリシタン遺跡を茅野裕城子さんとめぐってきた話を津島さんはされた。ちょうどワインも飲めるようないいカフェが見つかって、そこに入り、話の続きをしたのだった。津島さんは、その旅が思った以上に楽しかったようで、『ジャッカ・ドフニ——海の記憶の物語』の構想がそこで大きく進んだようでもあった。『津島佑子の世界』の中の、与那覇恵子さんがまとめられた詳細な年譜（与那覇、二〇一七）を見ると、その年は『社会運動』九月号に「隠れキリシタンと原発」を書かれ、同じ雑誌の一一月号には「先住民アイヌの意味」を書かれている。「シロカニペ祭」の時の津島さんの気分がそのまま反映されているかのようであった。年譜では、「この年の暮れに癌の兆候があり、検査をすすめられる」とあるが、本郷の路上で、実はそういうことがあるの、と津島さんは言われ、ショックを受けたのだった。津島さんらしく、そんなこともあるけど私は平気よ、という軽い調子で話されたのだったが。翌年は検査入院のあと、治療に明け暮れ、『ジャッカ・ドフニ——海の記憶の物語』の『すばる』への連載も、一時、中断されたりしていた。だが私は詳しいことを知らないまま、きっとまた回復されて、お目にかかれるにちがいないと思いこんでいた。

娘さんの香以《かい》さんから、お電話で突然の訃報が来たのは二〇一六年二月一八日のことである。ちょうどその半年ほど前、やはり癌で妻を亡くしていた私には、まだ死というものがごく身近にあって、その葬送に使った自作のカトリック聖歌集などを持って、翌朝、東京に飛んだ。津島さんがカトリックであったことは、香以さんからの電話で初めて知った。香以さんも知っているという典礼聖歌「ガリラヤの風」を一緒に歌い、柩に、その聖歌集をお納めした。舞香さんにも知らせたいと思い、香以さんに相談して、来ていただいた。香以さんが、津島さんに、お好きだったというインドのすてきなサリーを着せたというので、それなら、アイヌのマタンプシ（額に巻く刺繍入りの布）も巻いて差し上げたらと言うと、どこかにしまってあったはずだと、香以さんは一生懸命に探されたが、見つからない。そこに舞香さんが来られて、マタンプシなら私も持っていると言われ、すぐに取ってきますと、いったん帰宅されて、あとで持ってきて下さった。そんなことが、今は夢のように思い出される。柩のなかの津島さんは、穏やかなお顔で、静かに眠っておられるようだった。

翌年のご命日には、香以さんの主宰で、朗読会「夢の歌――津島佑子を聴く」が開かれた。木内みどりさんや星野智幸さんなど、親しかったご友人たちによる津島さんの作品の朗読もあった。私も、呼んでいただいて参加したのだったが、朗読を聴いているうち、「津島佑子を聴く」というのであれば、津島さんは、「カムイユカラ」の声をみんなに聴かせたいと思われるにちがいない、という思いがこみ上げてきて、香以さんにお願いして、飛び入りのようなかたちで、幸恵さんの『アイヌ神謡集』の最初にある「梟の神の自ら歌った謡」の冒頭数行を、幸恵さんのアイヌ語、日本語訳と、津島さんたちの仏語訳（Tsushima, 1996）で、語らせていただいた。それは、津島さんのご縁でつながったル・クレジオさんとの、さらに忘れられない思い出のユカラでもあったからである。

二〇〇九年のル・クレジオさんの北海道大学での講演のあと、ル・クレジオさんは、実は、自分はルーヴル美術館で、先住民族の声を聴かせるイベントを企画しているので、実現したら結城幸司さんに来てもらいたいと言われた。しかし、その後は何の連絡もなく、もうその話は立ち消えになったかとあきらめていると、二年後に、急に、連絡が来たのだった。実際にルーヴルに行ったのは、二〇一一年一二月のことである。

ルーヴルの正面玄関を入ってすぐ左、大理石の大きな階段の踊り場に「サモトラケのニケ」が大きく翼を広げているその大階段の下で、結城さんが、「オオカミのウチャシクマ（昔話）」を語り（**写真8**および**裏表紙の写真**）、ル・クレジオさんと津島さんの経緯を説明しながら、「梟の神の自ら歌った謡」の冒頭、数行を、幸恵さんのアイヌ語、日本語訳と、津島さんの仏語訳で、語ったのだった（**資料5**）。その報告をお電話でしたときの、津島さんのうれしそうな声が今も耳の底に残っている。

ル・クレジオさんの試みは、西洋文化の華ともいうべきルーヴル美術館に、先住民族の声や熱帯の野鳥の鳴き声、現代音楽を響かせるという画期的な試みだった。閉館後、ひと気の無くなったルーヴルの巨大な空間にごく少数の観客だけが集まり、「サモトラケのニケ」や「ミロのヴィーナス」の彫像のすぐわきで、ルーヴルに収まる正規の「芸術」とはまだ認められていないような、アートの原点となる声と響きを聴いたとき、ルーヴルの空間そのものが、人々の感性がどのように変容するか。それをル・クレジオさんは、大きな試みとして企画されたのだと思う。津島さんが生涯をかけて追究されたのも、そのような人間の原初の声、それが紡ぐ物語りであり、そこに津島さんを導いたのが幸恵さんのカムイユカラなのだった。

写真8　ルーヴル美術館でのカムイユカㇻ口演
左より福本昌二さん、結城幸司さん、早坂賀道さん（2011. 12. 10）

だが、それをどのようにフランス語に訳したらいいのか。途方にくれながら、津島さんは、フランスにおける先住民族ブルトンの住むブルターニュにまず行こうと心に決め、その玄関口ともいうべきサン・ブリュー駅前にたたずんで、風に吹かれていた。その草のざわめきから、ルーヴルに響いたカムイユカラのコトバの波動までの二〇年の時の流れを、彼女は短いエッセイにして『東京新聞』に書いてくれていた（津島、二〇一二）。

だが、フランスで『アイヌ神謡集』の仏語訳に取り組もうとされた時、「気をつけないと」と、ある日本人に言われた、と津島さんは書いている（津島、一九九九）。たとえ善意でやったことでも、相手からは逆に厳しく批判されることがあるから「気をつけろ」と言われ、ひどく戸惑いながらも、「困難や面倒は避けたいから、ある場所にはちかづかない、という怠惰な安全第一主義」はとりたくない、と、津島さんは、アイヌの世界に近づいていく。それは、私もそうであったように、専門家なら当然、予め避ける危険を承知のうえで、危険を冒しつつ、アイヌとともに生きようとすることであったと思う。

私の場合は、前述したように、最初から、アイヌのことは何も知らない素人として関わろうと心に決めていたから、何があっても仕方ないと諦めるつもりでいたが、それでも、辛いことはたびたび起きた。書いたものが誰からも読まれる作家として生きられた津島さんに比べれば、まだ私のような者は、誹謗でも中傷でも個人的にひっそりと受け止めればいいだけ、ましであったとも言える。

最終的には、記念館についても、そのようなことが起きてしまった。記念館が完成して、いよいよその運営を考えていく段階になって、むつみさんや夫の横山孝雄さんとの間に齟齬が生まれてしまったのである。記念館は、「建設募金委員会」が募金を集め、むつみさんの主宰する「知里森舎」が幸恵さんの遺品を含む展示内容を整備しつつ、ＮＰＯ法人を取得し、その運営に備える方向で完成させることができた。まさに両者が両輪のように協働して記念館をつくったのである。それが完成した今、「建設募金委員会」はその役目を終えて解散し、今度は記念館を陰で支えるための役割を果たす、というのが私の考えであった。今後は「記念館友の会」と名称を変え、これまで募金して下さった全国の方々に「友の会」の会員になっていただき、年会費によってその運営を支えていく、そのためには、定期的に「友の会」の会報を発行し、「建設募金委員会」のメンバーだった方々にも寄稿していただく。サラ・ストロングさんはじめ、世界とつながったネットワークを生かして、海外にも幸恵さんを伝えていこう、というのが私の構想であった。記念館の運営はNPO法人「知里森舎」が行う。むつみさんは館長であり、「友の会」の会報も、記念館で出すのだから、その編集や執筆にも関わっていただかなければならない。

それまでむつみさんは、「知里森舎通信」という数頁の通信を、年に二回ほど出されていた。アイヌの季節感や、身辺のこと、むつみさんの思いなどが綴られ、それぞれに意味深い内容であったが、問題は、その発行がいつも遅れることであった。記念館ができて、館長としてその運営に全責任をもち、「友の会」の会報も出すことになれば、むつみさんがこれまでよりはるかに多忙になることは目に見えていた。むつみさんの負担を少しでも減らすためには、「知里森舎通信」と「友の会」の会報と一つのものとし、二種類の通信を出す手間を省くほうがよいであろう。「友の会」の会報の中に、「知里森舎通信」の頁を設け、そこにこれまで通りむつみさんが書く、というかたちでもいいのではないか。

そのように提案した途端、彼女の顔色が変わった。あなたは、私から「知里森舎通信」を取り上げるつもりか、とむつみさんは言われたのである。いやそうではなく、あなたの負担を少しでも減らすため、知里森舎の代表であると同時に記念館の館長にもなるあなたには、これからは二つを一つに考えて、やっていただいたほうがいいのではないかと説明しても、いったん、私の提案を悪意にとられたむつみさんには通じなかった。しばらく議論するうちに、夫である孝雄さんが、せっかく、むつみがこれまで出してきた通信を奪うようなことはやめてほしい、世の中にはそういう「悪シャモ」という人間もいる、と発言された。孝雄さんは、アイヌの出自ではない、私と同じ、「シャモ（和人）」である。その孝雄さんから、「悪シャモ」呼ばわりされる筋合いはない。それ以上の議論を諦め、すべてをご夫妻にゆだねて、記念館の運営から身を引くことにしたのはその時であった。

今になって考えると、そこにも、非常に深い根があることを感じるのである。そもそも、むつみさんと話しあって、幸恵さんのことを広く知らせていこうというきっかけをつくり、登別での「知里幸恵の世界・展」では、全面的に力を尽くして下さった伴野美江さんが、その後、三年もたたないうちに、もうやっていけないから、と一切の活動から離れてしまわれたことがあった。驚いて、どうしてですか、と訊いたが、美江さんは、何も答えて下さらなかった。あまりに心を傷つけられると、トラウマとなって、それについて語ることさえできなくなるというが、きっとそのような状況だったのであろう。

美江さんは現在、病気療養中で、今後またお会いできるかどうかもわからない、という状況のなかで、最近になってようやくお話しできたとき、ほとんど二〇年前のことになったその時のことを思い切って伺ってみると、美江さんは、次のように語って下さった。

「……あれは、むつみさんがどこからか助成金をとってこられて、登別の婦人センターで、幸恵さんのフォーラムをしたときのことでした。幸恵さんの研究者で、私とも親交があったサラ・ストロングさんもアメリカから来られ、数年ぶりに参加されていて、会が終わったあと、ぜひお逢いしたいと事前に連絡をいただいていたのです。当時、私は体の弱った母と同居していたので、むつみさんに、そのフォーラムのお手伝いはできないと前から伝えてありました。それで、フォーラムのすべての公の行事が終わるころを見計らって迎えに行くと、もうひと気のなくなった会場の外でサラさんが廊下にひとり立っておられたので、声をかけようと近づいたら、そこにむつみさんが来て、『なんで伴野さんがいるの？』と聞かれたのです。サラさんとの約束を正直にお話しすると、『私が招待したお客に、私に断りもなくなんで会うの？』とすごい剣幕でまくしたてられました。フォーラムもすべて終わってフリーになったサラさんと、しかも彼女のほうから会いたいと言ってきたサラさんと会って、なぜいけないの？と私は強く反論しました。しかし、むつみさんはさらに、小野先生も、終わったあと私に断りなく、私が呼んだ○○さんたちと一緒に別な処へ行ってしまった、人が呼んだお客を勝手に横取りする伴野さんは泥棒で、小野先生は大泥棒だ、と言うのです。次々に浴びせられる、侮辱に満ち、人を貶める言葉に、私は茫然としてしまいました。最初から、すべて手探りでこれまで一緒に活動してきた仲間なのに、そんなにも激怒することなのだろうか。昔も今も、アイヌに近づく和人は泥棒扱いなのか。私たちを、同じ目的を目指す対等な仲間とは思ってくれていなかったんだ。一人でも多くの人に幸恵さんを知ってもらいたいと、私利私欲なく、心血を注いで運動している小野先生はじめ、関わっている人たちの多くは和人じゃないか……。孝雄さんの関わり方も、私には理解できないことが多かったのです。フォーラムの準備をみんなで一生懸命にやっていると、たびたびむつみさん経由で、孝雄さんからクレームが入るのです。その都度、みんなで決めてやってきたことがひっくり返されました。それなら最初から、みんなと一緒にやってほしいとむつみさんに言うと、うちの人はみんなとは違うから、と拒否されてしまいました。むつみさんは、つねに夫を立てて、従うタイプの人でした。

孝雄さんは、いつもそういうふうで決して表には出てこようとしない、それでいて、結果が出てから、あれこれ蔭で批判するのです。小野先生のことを揶揄したり、他の人のことも批判したり……自分はなにもしないのに、まるで統括責任者であるような態度で、高いところから、人々を批判するのが私にはたまらなく厭でした……。喧嘩別れして以来、むつみさんと一緒している人たちとも、小野先生とさえ疎遠になってしまいました。記念館が完成しても、行く気持ちにもなれなかったのです。しかし、記念館ができて間もなく、むつみさんが病魔におかされていることを知り、手製のスープを持参して、初めて記念館を訪ねました。突然の私の訪問に、むつみさんは驚いた様子でしたが、中を案内してくれました。帰り際、むつみさんの目にはうっすらと涙が浮かんでいました。その後、病が悪化し、人づてにもう長くはないと聞かされ、決心して、お見舞に行きました。短い時間でしたが、むつみさんは、『伴野さん、すべては幸恵の墓参り、あそこから始まったんだよ』とつぶやかれました。別れ際、『もう、わだかまりはない』と、しっかりした口調で言われました。それが、最後となりました。」

ほんとうに二〇年近くもたってから、美江さんが初めて語ってくれた言葉を聞き、あのときむつみさんの顔色が変わったことも、孝雄さんが、そこまでむつみさんをかばったことも、ようやく理解できたのだった。結局のところ、むつみさんのなかにはずっと、そのような不信感が私に対してあったのであろう。それは、これまでのアイヌ民族と和人の歴史に根をもっているともいえる。なんといってもアイヌ民族は、和人との戦いでは常に勝利してきたのに、和睦と見せかけた祝宴の場で酒に酔わされ、シャクシャインのようなすぐれたリーダーたちも殺され、結果的に敗北してきたのである。和人がうまいことを言って近づいてくればくるほど、その裏には、アイヌを騙してその宝をわが物にしようという下心がある、と思われても仕方のないほど和人はアイヌを騙し、裏切ってきたのだった。研究者たちもそうである。金田一がその代表のように批判されているが、幸恵さんの家族のためにもかなりの手助けをし、また最後は、雑司ヶ谷墓地に土地を買って幸恵さんのお墓までつくった金田一を丸山さんがそこまで糾弾するなら、アイヌの墓を暴き、遺骨や副葬品まで奪っていった研究者、アイヌが大事にもっていた宝ものを、ちょっと調べるから貸してほしいと言ってそのまま返すこともなく、論文に書いて出世していった研究者たちをこそ、丸山さんは責めるべきであったであろう。

そのような歴史が厳然としてある中では、いわば常識を超えて、幸恵さんのためならなんでもやるなどと言っている私のような和人は、たとえ、私はアイヌを研究の対象はしない人間だ、と言っても、どこかうさんくさく、信用できない人間、親切にして、最後には全部を奪っていくような「悪シャモ」と見られても、仕方がなかったのかもしれない。だからこそ、津島さん自身も、「気をつけないと」と忠告されたのである。だが、津島さんも私も、結局、そう思われても構わない、自分はそのような人間ではない、と覚悟を決めてやってきた。もちろん人間である以上、自分ではそうではないと思いつつ、結果的には悪をなしてしまうこともあるのが、(神から見れば)憐れむべき人間の現実であったとしても。

美江さんも語っておられたが、むつみさんやみんなで相談して決めたことが、後から孝雄さんの一言で覆されることはよくあった。幸恵さんの墓参もそうだった。幸恵さんの命日の前後にフォーラムをするのだから、そのときにはお墓参りもしよう、ということで始めたのだが、アイヌは墓参りなどしないものだ、してはいけないんだ、という孝雄さんの一言で、中止になってしまった。確かに伝統的にはそうであろう。しかし、それは、いつかは朽ちる木の墓標を立てていた時代のこと、東京から故郷の登別に改葬されて、立派な墓石の立つ幸恵さんのお墓に、心をこめてなぜ参ってはいけないのか、私には納得のいかないことであった。

記念館から離れることを決めた時、せめて、建設のために募金して下さった方々には個人的にお礼状を書き、今後は「友の会」に入ってご支援を、とお願いするつもりであった。自分が運営に関われなくなってしまったことを詫びるとともに、一人でも「友の会」の会員を増やすことで、記念館に対する私の役割を終わらせるつもりであった。そのために、募金者の一覧表を下さいとお願いしていても、なかなかいただけなかった。だいぶ時間がたってから、ようやく送られてきた一覧表は、住所の番地部分がすべて削除されていた。支援者に変なことを書き送るのではないかと、そこまで私は疑われていたのであろう。

二〇一六年九月一六日、例年のように、「幸恵フォーラム」が登別(幌別)のホテルのホールで開催された。

むつみさんは、会場のすぐそばの施設に入院していながら、参加できなかった。ただフォーラムの当日まで生きていたい、という気力だけが、むつみさんを生かしてくれているようだった。フォーラムに行く前に、むつみさんとどうしても会いたかった。孝雄さんが外にいて、私には会わせようとしない。ぜひお話したいからと言うと、しぶしぶ同意されたが、孝雄さんも一緒に病室に入ろうとする。いや、今日は二人だけで会わせてください、とお願いした。孝雄さんが拒否しようとするので、私は少し声を荒げた。孝雄さんに対して、そのような物言いをしたのはそれが初めてだった。一九九九年、幸恵さんの墓参で初めてお会いしてから、さまざまな活動を横山夫妻とともにすることになったが、孝雄さんからは一度として、ありがとうもご苦労さんの言葉も聞いたことがなかった。幸恵さんの夢を実現させたくて、その姪であるむつみさんの活動を助けることが使命だと思っていたから、別に気にもしなかったが、孝雄さんにしてみれば、あいつはむつみのことだけを尊んで、自分は無視されていると、面白くなかったのであろう。私も、そういう意味では、もっと孝雄さんを立てるべきであったかもしれない。孝雄さんもアイヌであったら、そうしたであろう。しかし、自分と同じ和人なのだから、別に彼を持ち上げることはないと思い、むしろ軽視してしまったことが私の至らなさであった。

しかし、それでも、結果的には、すべて孝雄さんの思い通りにやってきたのである。むつみさんも、一一歳年下という年齢差のせいもあったのか、孝雄さんに逆らうことはなかなかできなかったようだった。むつみさんと今生のお別れをするときくらい、私は、好きにさせてほしかった。なおも押しとどめようとする孝雄さんを振り切るようにして、ひとりで病室に入り、ドアを閉めた。むつみさんと話すのは数年ぶりであった。やつれてはいたが、一七年前、初めて話をしたときから、幸恵さんもきっとこういう声だったのだろうと私に思わせたむつみさんの声は、いつもと変わりなく、澄んで涼やかだった。

「小野先生といつから食い違ってしまったのか、もうわからない」と彼女はポツリと言った。その一言だけで、もう十分だった。すべて、お互いにわかりあっていた。彼女がどうしても続けると言い張った「通信」は、ほどなく中断してしまった。危惧したとおり、記念館の館長としての多忙な仕事と両立させようと無理したことが、病をよんでしまったのかもしれない。彼女の希望を尊重しつつ、何とか一本化して負担を軽くするように、なぜあの時もっと丁寧に説得できなかったのか、ひたすらむつみさんの意向を尊重し、優先してきたことが、かえってまちがいだったのか。さまざまな思いに涙があふれた。むつみさんも涙ぐんでいた。だが、別れるときには、明るい顔にもどった。幸恵さんの夢は、むつみさんのおかげで叶ったね、と話した。これからフォーラムに行ってきますと言うと、よろしくね！と彼女は言って私を送り出してくれた。それが最後のお別れになった。

すべては、よい方に捉えるべきであろう。最初から関わって、さまざまに手助けして下さった方々、その多くが美江さんのように地元の女性たちだったが、彼女たちも、同じようにほとんど去っていってしまった。しかしその後も、記念館は、むつみさんと、むつみさんが育てたスタッフによって、しっかりと運営されてきたのだ。それはやはり、むつみさんのアイヌ力《ぢから》、妹《いも》の力であったと思う。

二〇一六年九月のむつみさんの死、それに引き続く孝雄さんの病と死を乗り越えて、地元の方々が記念館を運営して下さっているのは、本当にありがたく、またうれしいことである。記念館完成後も、変わらず支援して下さる登別市のお力添えも得て、記念館が、今後も、幸恵さんのふるさとと登別を象徴する存在になっていくことを願わずにはいられない。幸恵さんの夢を語り継ぐのは、彼女のメッセージを受け取った一人ひとりなのだ。

第3章

シレトコ世界自然遺産にアイヌが関与する

（章扉）シレトコ・アイヌエコツアーをしたチャシコッ・エトゥの崖から見下ろした海の風景

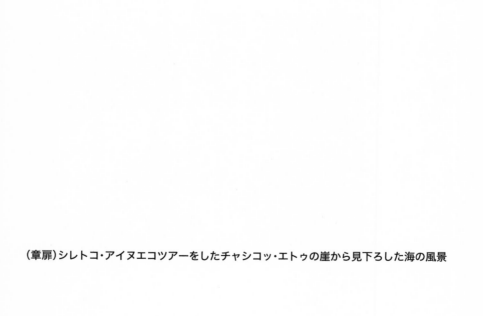

1　シレトコ世界自然遺産問題とアイヌ民族

(1) 政府からの無視

問題は、いつも突然にやってくる。知里幸恵記念館の募金活動に走り回っていた二〇〇四年一月三〇日、政府は、知床《シレトコ》を世界自然遺産地域の候補地に決定した。しかし、環境省が作成した管理計画書や、政府がユネスコに提出した推薦書には、アイヌ民族のことは全く書かれていなかったのである。わずかに「知床」という地名がアイヌ語に由来すると言及されていただけであった。たまたま二月に、文化庁の会議でこのことを知った私は、それを何人かのアイヌの友人たちに知らせた。しかしその時点では、北海道ウタリ協会(現在は北海道アイヌ協会。ウタリは、アイヌ語で同胞の意味。ただし協会名は、ウタリと大文字で書く)の中心的な人たちでさえ、シレトコ世界自然遺産の重要性をほとんど知らなかった。当時、北海道ウタリ協会(現・北海道アイヌ協会)の副理事長だった阿部ユポ(一司)さんからは、協会の札幌支部の集会で、この問題をみんなに伝えてほしいと言われた。講演したのは四月三〇日のことである。そのなかで、札幌支部のアイヌの人たちに何らかの行動を起こすべきであることを訴えた。

七月には、ユネスコから委託されているIUCN(国際自然保護連合)のデイヴィッド・シェパードさんが来日され、現地を視察することになっていた。世界各国に世界自然遺産地域はたくさんあるが、先住民族がいれば、必ず、先住民族がその選定や協議に関わり、将来の管理計画にも先住民族が関与するのが常識であった。日本政府は、当時まだアイヌを日本の先住民族とは認めていなかったが、シレトコという地名がアイヌ語に由来する以上、また、そもそも北海道はアイヌ民族の住む土地であったことは自明なのだから、それを無視した環境省や政府は、明らかに「世界遺産」というものを理解していなかったのである。その事実をシェパードさんに訴えることによって、シレトコ世界自然遺産の管理にアイヌの人たちも関与できるようにしたい、またそこから、アイヌ民族の重要な権利である鮭漁を世界自然遺産地域でまず認めさせ、権利回復を世界自然遺産地域から始めることで、将来の全道的な土地権回復のきっかけにしようというのが、私の考えであった。

シェパードさんに電子メールや手紙を送り、アイヌ民族がシレトコ世界自然遺産の選定の過程で不当に無視されてきたこと、遺産地域の管理計画にも入れられていないことをまず知らせるとともに、七月の来訪時にアイヌ民族との会見を要請することから始めた。一方、阿部さんは、五月にニューヨークで開催された国連の「先住民族問題に関する常設フォーラム」に出席し、「シレトコ世界自然遺産登録にかかわるアイヌ民族関与の欠如に関する声明」を発表した。日本国内では報道すらされなかったが、海外での反響は大きく、ＩＵＣＮは、これによって初めてシレトコ世界自然遺産地域における「アイヌ民族問題」の重要性を認識したのではないかと思う。アイヌの人たちは、これまでも、国や北海道の対応の悪さに対抗するために、国連を中心とする国際機関に差別や国内での問題を訴え、それなりの成果を上げてきた（たとえば、上村、二〇〇四）。ここでもグローバルな機関でのアピールが、日本というローカルな地域を動かしたと言えよう。

こうした活動により、七月二〇日、ウトロでの公式レセプションの会場において、北海道ウタリ協会理事長と、シェパードさんの会見が実現することになった。しかしこの過程で明らかになったのは、そもそもアイヌ民族の「代表」として、誰がシェパードさんに会うか、という問題であった。後述するように、現在のアイヌ社会では、誰がアイヌ民族を代表するか、という問題は未解決なままである。国や北海道は、アイヌ民族の最大の組織である北海道ウタリ協会を「代表」と考えていた。私も、それまでは、北海道ウタリ協会がすべてのアイヌの人たちを代表する組織だと思いこんでいた。しかし実際には、この協会の会員は当時でも四千人程度に過ぎず、協会に入っていないアイヌの人たちも多いという事実を初めて知った。協会のやり方に批判的な人も少なくなかったのである。しかし、シレトコ世界自然遺産の問題に関しては、協会に入っている人も、そうでない人も、阿部さんによる国連での声明を支持し、世界自然遺産へのアイヌの参画を求めているように思われた。それで、複数のアイヌの人たちがシェパードさんに面会できるようにと北海道に働きかけたが、北海道は動いてくれなかったのであった。

シェパードさんは、国連機関であるユネスコからの委託で、国際NGOであるIUCNを代表して調査に来る。シレトコ世界自然遺産へのアイヌ民族の参画を求める以上、相手には最大限の敬意を払い、正式に要請を行うのが外交上のルールであろう。アイヌの人たちにしてみれば、民族側の複数の「代表者」が正装してシェパードさんを出迎え、挨拶をしたうえで要請を行いたいという要望をもったのは当然のことである。しかし、環境省も北海道もそれを拒否し、レセプションの会場で、北海道ウタリ協会理事長ひとりが、しかも非公式にシェパードさんと話すことだけを許可したのだった。あくまでも非公式の会見にされてしまったのである。アイヌ民族を支援すべき北海道が、逆に、IUCNに対する情報の伝達や、シェパードさんとアイヌ民族との会見を積極的に支援しようとしない、むしろ妨害しているという状況を初めて目の当たりにして、大きなショックを受けた。

（2）シレトコで起きたこと

そのようななかで、七月二〇日、飛行機で網走に飛んだ。レンタカーを借り、ひとりでシェパードさんのレセプションが行われることになっていたウトロにあるホテルに向かった。私は正式に招待されているわけでもなく、また、公式に何かの組織を代表しているわけでもない。こういう時ほど不安なものはないが、ダメでもともと、という気持ちがいつもある。シェパードさんには、すでに何度もメールや手紙を送っていたので、その差出人が、札幌からはるばるお会いしに参りましたと言えば、彼もいやとは言わないであろうと思った。それが唯一の支えであった。

なんとかレセプション会場に入れてもらうと、アイヌ民族衣装をまとった北海道ウタリ協会理事長が来られていた。北海道ウタリ協会の事務局次長が立食パーティの合間にシェパードさんと引き会わせ、通訳も務めた。傍らで聞いていた限り、シェパードさんからの主要な質問は、「アイヌ民族はシレトコ世界自然遺産を歓迎するのか?」、「遺産地域には民族の聖地のようなものがあるか?」という二点であった。理事長は、最初の質問には「もちろん歓迎する」と述べ、第二の質問には「そのような聖地はない」と答えた。

私もその後、パーティのなかでシェパードさんと二人きりで話す機会をつくることができた。私の役割は、北海道ウタリ協会の理事、および上述したような関係者で作成した要請文書の英訳を手渡し、その意図を説明することだった。この要請文書は、北海道ウタリ協会からの正式な要請文書となるはずのものであった。しかし、北海道はそれをそのまま英訳せず、文書はきわめて簡略化されてしまったうえ、少なくともパーティの席上では手渡さなかったのである。

このように、北海道ウタリ協会からの要請行動がきわめて不十分なものとなったのは、北海道が、北海道ウタリ協会からの要請を積極的に支援しなかったためである。その理由は、すでにアイヌ民族ぬきでIUCNへの推薦書を提出していた環境省や、それを容認していた北海道が、新たにアイヌ民族が関わることで問題が複雑化することを恐れ、できるかぎりアイヌ民族の関与を抑えようとしたためであろう。事業の多くを国の補助金や交付金に依存している北海道は、つねに国の意向を気にしており、それを優先する傾向があるからである。

七月二〇日の非公式な「会見」は、このような北海道の動きをみた北海道ウタリ協会の苦渋の選択であったと言えるかもしれない。すでに「シレトコ世界自然遺産」参画への要請は、ほかならぬ協会の複数の理事からも出されていたから、協会としては、それを無視することもできず、また「イオル再生計画」など、協会が行政に求める事業を支障なく認めてもらうためには、北海道の立場も尊重せざるをえない。協会としては、ＩＵＣＮ側に最低限のメッセージを送ることで、双方の顔を立てたとも言えよう。

北海道は、一九九七年のアイヌ文化振興法を受け、アイヌ文化の再生に向けての具体策として、二〇〇五年に、「アイヌ文化振興等施策推進会議」において、「アイヌの伝統的生活空間の再生に関する基本構想」を策定、北海道ウタリ協会とその実現に向けて協議中であった。これは「イオル再生計画」と呼ばれていた。イオルというのは、アイヌ語では「イウォロ」というべきものであり、伝統的には、アイヌが狩りをするときの自分の持ち場、縄張り、といった意味である。深山、奥山、といった意味もある。この計画は、本来なら、アイヌの人たちが日常的に使っていた、村落《コタン》の背後に拡がる森や山をアイヌの人たちが利用できるようにしようとする意欲的なものだった。もちろん、いきなりすべての利用を認めるとまでいかず、たとえば、アイヌの伝統的な衣装であるアットゥシをつくるためのオヒョウ（ニレ）の樹皮を自由に採取できるようにするとか、あくまでも文化伝承のための利用、という制約がつけられていた。しかし、そのような利用権が認められれば、そこでは、後述するようなアイヌが主体となったエコツアーを自由に行うこともできよう。「アイヌの伝統的生活空間の再生」を目的としたこの計画は、当初は全道各地で進められることになっていた。「アイヌ語地名の平等な併記」事業との関わりで旭川市と関わりをもつようになったため、アイヌの専門家でないにもかかわらず、旭川市から依頼された私は、川村兼一さんや、**第2章**でふれた荒井和子さんにも参加していただいて「旭川イオル構想見直し等検討懇話会」という委員会の座長を務めていた。この計画は、旭川でもぜひ実現させたいものであった。全道では、他に札幌、新ひだか、白老、平取《びらとり》、十勝、釧路で検討がされていた。その早期実現は、北海道ウタリ協会にとっても最重要の課題だったはずである。北海道はそれをたくみに利用し、北海道ウタリ協会が「イオル再生計画」の早期実現を望むなら、「シレトコ世界自然遺産」への関与を求めるな、と牽制したのであろう。

「イオル再生計画」は、現在のところ、当初より大幅に後退したかたちでしか実施されていない。白老を「中核イオル」とし、さらには「ウポポイ」という大規模施設が建設されることになって、ほとんどの予算がそこに投入されたこともその一因であろう。また、旭川は、結果的にこの計画からはずされてしまった。私のような人間が検討懇話会の座長だったためとは思いたくないが、シレトコ世界自然遺産問題とほぼ同時に進行していたのだから、あるいはそういう影響があったのかもしれない。旭川では、そもそもアイヌの人たちのなかで対立があり、行政として、どちらの顔も立てないと施策が進められないという問題があった。「検討懇話会」でも、北海道ウタリ協会旭川支部と、川村兼一さんが主宰する旭川アイヌ協議会との間で、意見が分かれてしまうことが多かった。当時、ウタリ協会旭川支部長は川上哲《さとる》さんであった。私から見れば、哲さんも、兼一さんも、それぞれに実力もあり、個性的で魅力にあふれたアイヌであった。しかしそれぞれが組織を背負っているためであろうか、検討会を開いても、重要なところで二人の意見があわず、結論を一つにまとめられないという苦しみをつねに味わった。怒った哲さんが、俺はもう帰る！と席を立ってしまい、部屋を出て行こうとされたこともあった。その時、哲さんを部屋の外まで追いかけていき、必死に説得したのは、委員になったばかりの最も若い八谷《はちや》麻衣さんだった。主義主張は違っても、同じアイヌのために、ここで会をつぶすようなことはやめてほしい、旭川のアイヌが「イオル再生計画」に関われなくなってしまったら、私たち、若いアイヌは本当に困るんです、という彼女の言葉は、心に沁みた。おそらく哲さんもそうだったのであろう、なんとか、席に戻ってくれて、検討懇話会は継続することができた。しかし、結局のところ、ほとんどすべての点で意見は対立し、旭川市として強力な案を一本化して出せなかったことが、計画からはずされてしまった一つの要因ではなかったかとも思う。

そのような、アイヌのなかでの対立ともいえることから私が批判を受けた体験を**第2章**でも述べたが、実際にその深刻さを知ったのは、シレトコ世界自然遺産問題や、旭川での「イオル再生計画」に関わってのことであった。和人でも、そのような対立はつねにある。与党に反対するという点では一致しているはずの野党が、お互いに相手を批判し、まとまれずにいるのを見ても、こういう問題が一筋縄ではいかないことはよくわかる。だから、アイヌの人たちだけに、まとまってくれ、と言うことがいかに一方的な物言いであるかは十分にわかっているつもりだ。しかし、それでも、人の心は一つになるときがある、なることができる、と信じたい。

シェパードさんは、アイヌの人たちが基本的に世界自然遺産に反対しているのではなく、むしろ、世界自然遺産になることを歓迎していることを知って安心したようだった。また、世界自然遺産へのアイヌの人たちの関与という問題についても、ある程度、理解を示して下さったように感じた。翌年七月に予定されているユネスコでの会議まで、まだ一年ある。その間に、さらに多くのアイヌの人たちからの要請がなされれば、IUCNは、必ずそれを認めてくれるだろうという感触を得ることができた。

しかし、前述したような北海道ウタリ協会の対応に満足しないアイヌの人たちは、それぞれが主導するNPO団体（法人格ではない）を中心として独自の行動を始めた。「少数民族懇談会」、「エテケカンパの会」はIUCNに「シレトコ世界自然遺産」への参画を求める文書を送付し、さらに「ウハノッカの会」は、直接、スイスにあるIUCNの事務局を訪問して要請行動を行った。これらの要請行動は大きな成果を上げ、IUCN事務局から、「アイヌ民族の関与を考慮したい」という回答を得ることができたのである。

一方、**第1章**でもふれた小川隆吉さんは、北海道ウタリ協会理事長が「シレトコ世界自然遺産地域にはアイヌ民族にとっての聖地のようなものはない」と言明したことを聞いて不審に感じ、独自の調査を開始した。この調査の結果、北海道教育委員会がまとめていたシレトコでのチャシの発掘資料（埋蔵文化財包蔵地調査カード）の存在が明らかになり、遺産地域には、チャシの遺跡が相当数、存在していることが判明した。**口絵1**は、後述するように、私たちがその後、シレトコでアイヌによるエコツアーを始めるために作成したパンフレットの一部だが、右下に入れたシレトコ半島の地図には、隆吉さんの追究で明らかになったチャシが、黒い点で入れてある。シレトコの先端だけでなく、とくに東海岸には、びっしりとチャシが分布しているのがわかる。チャシは、土壕・土塁からなるアイヌ民族の遺跡であり、その機能は、戦闘用の砦や見張り場、あるいはカムイ（神）との交流の場、聖地などであったとされている（宇田川、二〇〇三）。そのカードは、北海道教育委員会が一九五〇年代から北海道内各地で行ってきたチャシの遺跡発掘結果を簡単にまとめたもので、一枚のカードごとに、遺跡の位置を示す地図と、遺跡の概要、文献などが記されていた。このような資料がありながら、環境省がＩＵＣＮに提出した推薦文書には、遺産地域におけるチャシの存在はまったく書かれていなかったのである。

こうしたことが明らかになってきた一方で、北海道ウタリ協会の理事の一部や北海道ウタリ協会札幌支部の会員の一部は、一〇月にシレトコの遺産地域に入り、「チノミシリ」（アイヌ民族が崇拝の対象とした聖なる山）と思われる小山の前で、アイヌ民族の伝統的な行事である「カムイノミ」をするという、やや過激なデモンストレーションを行うに至った。これにもまた、驚かされた。私は、ＩＵＣＮへのさまざまな要請行動については、すべてアイヌの当事者と話し合ったうえで支援したが、現地でのこのデモンストレーションについてはまったく聞かされておらず、まさに寝耳に水の出来事だった。計画を事前に聞かされていたら、反対し、それを押しとどめたであろう。それができなかったために、危惧したとおりのことが起きた。

ひとつは、一行が立ち入り許可の必要な地域に許可を得ずに入ったこと、現地でのカムイノミのあと、斜里町役場におしかけたことで行政側を困惑させ、話し合いを拒否する姿勢をとらせてしまったことである。もうひとつは、現在は北海道内の他地域に移住しているシレトコ世界自然遺産地域の旧住民により強い不快感が示されたことであった。札幌から「よそ者」が来て、カムイノミのような神聖な行事を自分たちの住んでいた地域で行ったことは許せない、というのである。この抗議はある意味で当然ともいえたが、問題だったのは、その異議申立てが、デモンストレーションを行ったアイヌの同胞に対して直接になされず、斜里町役場に対してなされたことであった。抗議した旧住民も、札幌から現地に立ち入ったアイヌの人たちも、どちらも北海道ウタリ協会の会員だったのだから、この件は本来、北海道ウタリ協会のなかで解決されるべき問題であったとも言える。それが行政側をも巻き込んでしまったことで、世界自然遺産の認定を第一に優先する行政側は、こういうゴタゴタが起きるなら、なおのことアイヌ民族は管理計画には入れられない、という姿勢を強めてしまったのであった。

このような問題は、いまだに解決できていない。アイヌ民族には、本来、徹底的に話し合って対立や問題を解決するという「チャランケ」という優れた伝統があるはずなのに、なかなかそれがなされないのが現実である。ひとつには、北海道ウタリ協会（現・北海道アイヌ協会）が、すべてのアイヌを代表する組織にはなりえていない、という状態があるからであろう。人間だから、主義主張が異なるのは当然であるが、それを対等にぶつけあえる「場」がないと、お互いの対話すら不可能になってしまうというのが、現在のアイヌ社会の大きな問題ではないだろうか。

（3）アイヌ民族排除の論理

アイヌ民族からの異議申立てに対する環境省の弁明は、「知床の世界自然遺産地域には、常住するアイヌ民族がいないので、考慮する必要はないと判断した」というものであった。これは、遺産地域の管理計画をつくる責任者の立場からすればもっともな判断ともいえる。しかし、ほとんどすべての地名がアイヌ語からなるシレトコに、なぜアイヌ民族が常住していないか、という理由をまったく考えていないという点において、環境省の態度は、根本的にアイヌ民族を無視したものであることをよく示している。

また、国がそのようにアイヌ民族の存在を無視するとき、その誤りを指摘して、国にアイヌ民族の存在を訴えるべきは北海道であり、アイヌ民族の権利や文化、福祉に直接、関わっているアイヌ施策推進室やアイヌ文化振興・研究推進機構であるはずであるが、これらの組織も国に対してアイヌ民族の参画を促す行動をとることはなかった。なによりも問題なのは、これらの組織が、先住民族にとって「世界遺産」がもつ意味を理解せず（あるいは理解していたかもしれないが）、それを当のアイヌ民族にまったく伝えなかったという点である。

もちろん、アイヌ民族の側にも問題がないわけではない。たとえ北海道からの情報提供がなかったとしても、逆にそのことを問題化して、北海道や国に問うこともできたはずである。しかし現実には、大部分のアイヌの人たちは、国や行政から出される情報をただ受けとるという受動的な立場に置かれていた。二〇〇四年の時点で、日本の社会におけるアイヌ民族の大学進学率や、一般的な経済水準は和人に比べてなお低く（アイヌ文化振興・研究推進機構、二〇〇三）、法律家・弁護士・研究者といった、権利を主張するうえで有利に働く職業や地位についているアイヌ民族の数は圧倒的に少なかった。先住民族と非・先住民族の、情報に対するアンテナの数や感度は、けっして対等ではないのである。

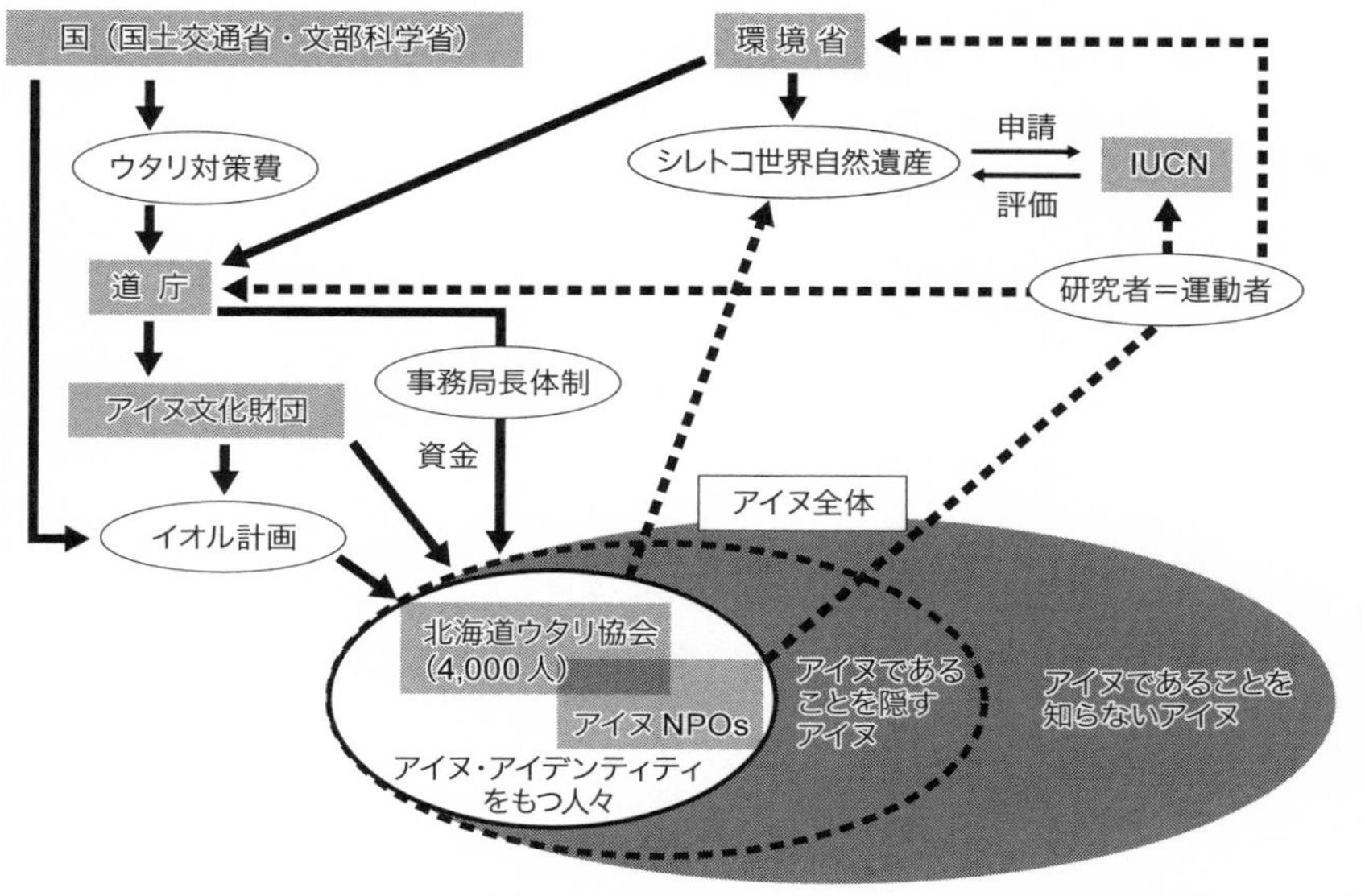

図１　和人が権力を独占する日本社会におけるアイヌ民族への支配構造と、研究者＝運動者の役割（小野、2006b による）

したがって、私が問題提起するまで、行政にとっても、当のアイヌ民族にとっても、「世界遺産」問題は、存在すらしていなかったと言える。必要なのは、「問題を問題として認識できる人間がまず動くべきではないか」という認識である。研究者こそ、そういう人間であろう。環境問題の多くは研究者によって「発見」されるのである。

とはいえ、私にとっても、それまでに知っているアイヌの人といえば、小川隆吉さんと、横山むつみさん、また幸恵さんに関わることで出会った何人かの方がいただけであった。まだ、アイヌの人たちを全体として考える機会がなかったのである。そんな状態だったから、アイヌの人たちを代表する（と当時は思っていた）北海道ウタリ協会についても、事務所がどこにあるかすら知らなかった。ここでも私は、全くの素人だったのである。「世界遺産」問題に関わるようになって初めて、その組織について、また、アイヌの人たちの全体について、勉強せざるを得なくなったのだった。

このときの体験から、二〇〇五年の時点で、アイヌの人たちが置かれていた状況を私なりに図にしてみたのが、**図1**である。もとの図は、この問題を「環境社会学研究」に論文（小野、二〇〇六b）として書いたときに載せたものだ。

（4）支配の構造と研究者＝運動者の役割

図1では、まずアイヌの社会を三つの楕円に分けて示した。北海道に居住するアイヌ民族人口は、一九九三年のセンサスでは、約二万四〇〇〇人とされていた。そのうち、北海道ウタリ協会の会員はほぼ約四千人に過ぎなかった。このほか、前述したようなアイヌ民族を代表とする小規模なＮＰＯ（法人格ではないのが普通である）の会員がいる。これらの小規模なＮＰＯの会員には、北海道ウタリ協会の会員である人と、北海道ウタリ協会には属さない人とがいる。それ以外は、アイヌ民族による組織には属さないアイヌの人たちである。

北海道ウタリ協会のセンサスに記録された約二万四〇〇〇人の人たちは、自らをアイヌであると考え、また自分の同胞《ウタリ》に対してもそれを認めた人たち、すなわち、（A）アイヌであるという明確なアイデンティティをもつ人たちであると言えよう。しかし、それ以外に、（B）アイヌであることを隠している人たち、（C）アイヌであることをまだ知らずにいる人たちがいる。また北海道ウタリ協会に属しているのは北海道在住のアイヌ民族だけであり、東京や本州の他地域にいる（A）の人たちは、センサスには含まれていない。（B）や（C）のような人たちの数は、（A）の人たちより実際にははるかに多いと思われる。アイヌであることを社会的に明らかにすると、さまざまな面で不利益や差別を受ける状況が、今も続いているからである。これら三つの集団からなるのが図の「アイヌ全体」である。

問題なのは、前述したようなアイヌ民族の社会が、和人を中心とする行政組織によって、完全に支配される体制になっていることだ。国や行政から、「アイヌ全体」に向かうその支配のベクトルを、太い矢印で示した。国は、アイヌ民族に対し、さまざまな事業費を出している。それを監督するのが北海道であり、北海道は、北海道庁の生活環境部にアイヌ施策推進グループを設け、さらに和人が北海道ウタリ協会の事務局長と事務局次長のポストを占めている。このような体制のもとで、国からのすべての情報と予算情報や予算(ウタリ対策費)は、北海道によってコントロールされたうえで、アイヌ民族に伝えられるのである。

一方、シレトコ世界自然遺産について言えば、その主務官庁は環境省であり、環境省は、北海道と密接な連携をもちつつIUCNとの交渉を行うが、アイヌ民族の社会とはまったく関係をもっていない。したがって、北海道が伝えない限り、シレトコ世界自然遺産に関わる詳しい情報は、北海道ウタリ協会には入らない仕組みになっているのである。

社会学の研究者だったなら、このような現実を明らかにしたうえで、そのような支配構造をもたらした要因や政治的・社会的な力関係をさらに深く研究したであろう。しかし、私はアイヌに関しては研究者ではなく、活動者・運動者に徹しようとしていたから、それ以上の分析はしなかった。緊急にすべきことは、シレトコ世界自然遺産問題から完全に切り離されてきたアイヌの人たちの声を、環境省や北海道、IUCNに届けることだったからである。**図1**に破線で示した矢印がそれであり、本来は研究者である人間が、活動者・運動者として果たす役割に相当する。

研究者は問題の外にいるのではなく、問題を解決すべく活動しているひとつのアクターとして問題の中に存在しているのだ。一方、研究者は、全体の構造をこのように俯瞰することができる。とすれば研究者は、同時に、外側からの視点をもっているとも言える。その視線は、鬼頭（一九九八）のいう「メタレベルのより普遍的な評価」に相当するとも言えよう。研究者は運動者として当事者であり続けながら、同時に何がイッシュー（問題）であるかを明らかにすることによって、いま何をすべきかを、問題に関わるすべてのアクターに対等に提起する役割を果たすことができるのである。

図1に示した研究者の矢印は、アイヌ民族の社会に向けられているだけでなく、支配的な立場にある環境省や北海道、ＩＵＣＮにも向けられている。研究者＝運動者のアクターにとって重要なのは、運動の二重の意味での対等性ではないだろうか。一番の目的は、日本社会のなかでアイヌ民族の社会全体が受けている不平等な位置づけをなくすことである。それは日本社会が抱えている不平等を正すことに他ならない。したがって、運動のベクトルは、必然的に日本社会それ自体に向けられることになる。それはまた、アイヌ民族から日本社会を見る視線を自らにも見出すことでもあろう。

もうひとつの対等性は、アイヌ社会のさまざまなセクターとの対等性である。前述したように、シレトコでは、旧住民と札幌から来たアイヌ民族とのあいだに対立が生じた。この旧住民は、訪ねてみると、もとはサハリンのアイヌ民族であった。アイヌ社会には、北海道アイヌとサハリン・アイヌとの文化的軋轢も存在していたのである。また、実際には、北海道のアイヌ社会のなかでも、釧路アイヌ、上川アイヌ、日高アイヌといったそれぞれの出自の違いにもとづく軋轢もみられる。さらに、札幌や東京など大都市に住むアイヌと地方在住のアイヌとのあいだには、文化やアイヌ民族としてのアイデンティティに関してさまざまな相違が生じている。これらは、アオテアロア（ニュージーランド）における都市マオリと地方在住のマオリとのあいだに生じてきている文化的・社会的軋轢（深山、二〇〇五）に近いものである。北海道ウタリ協会札幌支部の人たちが地元におしかけて引き起こした問題は、サハリン・アイヌと北海道アイヌという出自の違いとともに、都市と地方という生活の場の違いがもたらした軋轢であった可能性もあろう。

(5) 行政と対峙するには?

アイヌ民族を排除する行政側の視点として、「アイヌ民族が一つにまとまっていないこと」、したがって、「あるセクターと交渉をもつと必ず別のセクターから文句がつけられ、行政の平等性が確保できない」ので、「結局、最初からどことも話しをしないのが最善」という、行政のいわば「事なかれ主義」が根強いことが指摘できる。シレトコ世界自然遺産問題でも、アイヌ民族が一体となって「世界遺産」への関与を要求し、管理計画への具体的な参画のあり方をアイヌ民族の側から提案できれば、国や北海道との交渉はより円滑に行われたであろう。行政側は、はじめから門戸を閉ざしているわけではなく、アイヌ民族側がそもそも「交渉のルール」をつくりえないでいることが問題なのだ、というのが、行政側の「言い逃れ」とも見える主張である。

この主張には大きな問題がある。第一は、すでに指摘したように、シレトコ世界自然遺産問題においては、現在そこに住んでいるアイヌ民族がいないから、という理由で最初からアイヌが排除されたことである。そこには、アイヌを入れると面倒になる、という暗黙の了解や、自然遺産なのだからアイヌは無関係なはず、といった思い込みがあった可能性もあろう。

一九九七年、差別的な「北海道旧土人保護法」が廃止され、「アイヌ文化振興法」が制定された。しかしこの法律は、その制定にあたって北海道ウタリ協会が政府に求めたようなアイヌ民族の先住権には一切ふれておらず、たんにアイヌ文化の振興だけを強調している点で批判されている(阿部(ユ)、二〇〇四/苑原、一九九八)。アイヌは「文化」であって、「民族」ではなく、まして、「先住権」は認められていない。だから、いまシレトコに住民がいなければ、それを無視しても法律上はなんら問題がない、と行政側は考えたのである。

第二は、より根源的な問題である。すなわち、行政側は、「交渉や話し合い」は、双方の「代表」が行うものだ、という暗黙の前提に立っているのである。これは、代表制民主主義が政治や行政にとっては当然という西欧的発想を、先住民族にも押し付けていることとも言えよう。地縁・血縁をともにする人々が集まって地域ごとに社会集団をつくり、互いに他の集団を牽制し、時には戦いながら、全体的な統一者や「代表」をつくらずに生きてきたのがアイヌ社会だとすれば、かたちだけ西欧化した日本社会のシステムを唯一絶対的なものとして押し付けることには、根本的な検討が必要であろう。

もちろん、歴史的にアイヌ社会が、どのような「代表」をもっていたかについては、さらなる検討が必要である。アイヌには、他者によって書かれた歴史しかなく、自らの歴史や社会を自ら語る言説は口承文学化された『ユカラ』しかないので、それらをもとにした議論が必要である。伝統的なアイヌ社会では、これまで集団全体の「代表」は存在しなかったようにみえるが、そうではなかったのかもしれない。『元史』から知られる一二六四―一三〇八年の元との戦争では、一時はアイヌ側が優勢でアムール河下流域まで攻め入ったとされており、そのような他民族との戦いにおいて、民族の統一や「代表」の選出があった可能性がある(榎森、二〇〇三)。一方、一三〜一七世紀においては、アイヌ諸部族の首長の勢力がきわめて大きく、「乙名」とよばれる長が、各集落のなかから選出されていた。しかし、それらを連合させるような集団全体の統一者や「代表」はなく、したがってアイヌは、地域ごとに成立した社会集団として存続していたと考えられ、このことから、「アイヌ民族」

というひとつのまとまりをもった民族の存在そのものが否定されている（河野（本）、一九九六）。この考えには同意できない。たとえばマオリにおいても、伝統的には「マオリ」という統一された「民族」概念はなく、歴史的に存続してきたのは地域ごとのイウィ（ネイティヴ・アメリカンのトライブに相当する）や、血縁集団としてのハプー（準部族）だけであった。しかし彼らは、植民者（パケハ）側からの呼称に過ぎないことを知りつつ、自らを「マオリ」と呼び、「民族」のアイデンティティとしているからである。「統一」や「代表」を拒むエートスが先住民族に共通しているという考え方（中沢、二〇〇二）もさらに検討されるべきである。また一方では、和人による村落コミュニティー（コタン）の破壊、強制移住、病気、負債などの社会的要因がアイヌの政治的な組織化を阻んだ、という多原（二〇〇六）の見解も重要であろう。

図1に示したように、北海道ウタリ協会はアイヌ社会で最大の組織であっても、それはたんに会員数が最大というだけであり、その理事や理事長は、会員からは選挙で選ばれているものの、アイヌ民族全体から選ばれているわけではない。一般的に言えば、北海道ウタリ協会以外のアイヌ民族のＮＰＯができているのは、何らかの意味で、北海道ウタリ協会では満たされないものがあるからであろう。それらのなかには、北海道ウタリ協会と対峙する団体もある。こうした複数の「代表」が並立し、それらを統一しえない、あるいはしないでいる先住民族の社会と「代表」による交渉相手の一本化を求める行政との関係はどのように調整されるべきであろうか。

世界自然遺産など自然資源の管理への参画をめぐって、先住民族の「代表」性が大きな障害とされるのであれば、複数のアクターとの対等な交渉を求めるマオリの協同管理手法は、アイヌにとっても参考にすべきモデルになるかもしれない。マオリも、複数のイウィ（部族）やハプーに分かれ、それぞれが固有の文化的伝統をもっているから、誰がマオリを代表するのか、という問題はつねに存在する。一方、行政側は、その都合上、単一の「代表」による政府機関や地方自治体との交渉や管理体制への参画を求めてくる。自然保護地域の管理において、単一の代表性を否定し、複数のアクターによる対等な協議や管理を求める「協同管理(co-management)」という考え方(Taiepa et al., 1997)は、そういう意味でも今後のヒントになるであろう。それも、「新しいアイヌ学」の課題である。

二〇〇五年当時の(私から見た)このような状況を振り返ってみても、和人による権力の独占と、それによるアイヌへの支配という体制は、今も、全く変わっていないのではないかと思える。むしろ、当時よりその支配はさらに強化されているのではないだろうか。ただ、新しい変化と思えるのは、アイヌ社会全体の中で、「アイヌであることを隠すアイヌ」というグループに入っていた人たちのなかから、たとえば石原真衣さんのような、「サイレント・アイヌ」(石原、二〇二〇)として、発言する若い人が出てきたことである。これまで、沈黙してきたそのような人たちがさらに増えていくことは、アイヌ社会全体を強めることになるであろう。石原さんのような女性が、沈黙を破って声を出し始めたことにも「妹《いも》の力」としての「アイヌ力《ぢから》」を感じるのである。

もちろん「アイヌ力《ぢから》」は、女性のものだけではない。男性は、そのような「妹《いも》の力」によって、初めて動き出すのではないか、とも思える。和人からアイヌ社会へと、上からの圧力によって振り下ろされてくるベクトルを少しでも撥ね退け、アイヌの側から和人社会へと逆に突き刺さるように、「アイヌ力《ぢから》」を蓄積し、充満させ、大地に育まれたトゥレップの鱗茎が一気にまっすぐな花茎を天に向かって伸ばすように、その力を発揮する人がひとりでも増えてほしい。それが幸恵さんの夢であった。米寿を迎える年齢になりながら、宇梶静江さんが「アイヌ力《ぢから》」の会を立ち上げたことの意味も、そこにあると言えよう。

2　シレトコ・アイヌエコツアーをつくる

環境省は、「世界自然遺産地域には、常住するアイヌがいないから、考慮する必要はないと判断した」と弁明した。しかし世界中の「世界自然遺産地域」を見ても、そこに先住民族が必ずしも常住しているわけではない。先住民族から見れば、世界自然遺産地域になるような山岳や原生的な自然の残る地域は、もともと「聖地」だったり「神の住む場所」として認識されていたのである。さらにはシレトコのように、至る所にアイヌ語地名が残る地域は、かつてはアイヌの人たちが、漁や、狩猟のために利用していた場所であった。気候や地形条件の厳しい世界自然遺産地域には、アイヌの人たちでさえ、常住していたとは限らない。シレトコと似て、海岸まで山が迫り、ほとんど平野がなく、また冬は風雪で閉ざされる積丹半島が、「サク（夏）コタン（村）」というアイヌ語に由来するように、そこは、おそらく夏の短い間だけ、人々が来て、漁をする場所だったのではないだろうか。

そうであるなら、少なくとも、現在でも、アイヌの人たちが、シレトコの世界自然遺産地域で、夏の間だけでも何か活動していると示すことが、一層、その地域とアイヌの人たちの結びつきを明確にするうえで役立つだろう。それはまた、世界自然遺産地域の管理にアイヌの人たちが関与するうえでの重要な手がかりになるだろう。

そのように考えて、私は、シレトコで、アイヌの人たちとエコツアーを始めることにした。もちろん、本来なら、かつてのように、アイヌの人たちがシレトコの川で鮭を獲り、だからここは自分たちの大事な漁場なのだ、と主張することで、世界自然遺産地域の管理に関与できればいいのである。だが、法律によって、かつてのようなアイヌ民族による自由な鮭漁が禁止されている現在、いきなり、鮭漁をやれば、密漁として逮捕されてしまう。**第4章**で述べるように、その数年後、オホーツク紋別のアイヌ、畠山敏《さとし》さんによって、違法行為になることを承知のうえで、鮭を捕獲するという勇気ある行動がなされ、さらに二〇二〇年には、十勝、浦幌の差間正樹さんたちが、アイヌ本来のサケを獲る権利回復を求める訴訟を起こした（ラポロアイヌネイション・北大開文書研究会、二〇二一）。

しかし、二〇〇五年のシレトコで、それをやることは、かえってマイナスになると私断した。今はあくまで、現在の法のもとで出来る「エコツアー」をやる。だが、それが「先住民族エコツアー」である以上、アイヌ民族が本来やってきたことを再現できなければならない。だから、それを続けることで、将来に向けて、まず「世界自然遺産地域でのエコツアーにおける鮭漁」を認めさせ、それをだんだんに国立公園、道立公園などにも拡げていって、究極的には、どこでも、アイヌの鮭漁を認めさせる方向にもっていこう、と考えたのであった。

そのような目標を持ちながら、現時点では、法律で許される範囲の「エコツアー」を、アイヌがガイドする、そのなかで、アイヌの自然資源の利用や、文化を伝えていくというかたちを構想した。結城幸司さん、石井ポンペさんの二人が中心になり、すでにシレトコでネイチャー（自然）ツアーをやっていたNPO法人「SHINRA」の藤崎達也さんが現地でのコーディネーター役に、ウトロ（宇登呂）で、「酋長の家」という民宿とアイヌ工芸品の土産物屋さんを経営している梅澤さんご夫妻が現地のアイヌ代表、というかたちになった。アオテアロア（ニュージーランド）先住民族マオリのエコツアーを、アイヌエコツアーのモデルにしようと考えた私は、二〇〇四年の一一月、初めてアオテアロアに行き、マオリのエコツアーに参加して、「先住民族エコツアー」のやり方を学ぶことにした。

（1）マオリエコツアーに学ぶ

できる限りいろいろなマオリエコツアー（青柳、二〇〇八）に参加したが、いちばん参考になったのは、南島の観光地、カイコウラで、モーリス・マナワトゥーさんがやっているものだった。観光案内所には、彼がつくった「マオリツアー」の簡単なパンフレットがあった。横一〇センチ、縦二〇センチ程度のごく簡単な二つ折りのパンフレットだった。半日のツアーで、参加人数は九名まで、マオリの歴史や文化に触れられること、森の中を歩き、マオリの伝統的な植物利用について学べる、ということで、すぐに参加を申し込んだのだった。

写真１　「マオリツアー　カイコウラ」で使用しているバン

写真1に示すように、このツアーは、大きなバン一台に参加者を乗せて移動するスタイルになっている。看板に見えている「Pa（パ）」というのはマオリ語で砦のことで、ここで敵と戦ったという伝説から、ツアーは始まった。アイヌなら、さしずめ「チャシ」というところであろう。道端に生えている「フラックス」は、真麻蘭《マオラン》あるいは一般には「ニュージーランド麻」と呼ばれてきた常緑の植物である。長い板状の葉が、いくつも上に伸びている。

「中央の葉は出たばかりの子どもの葉、その両側がお父さんとお母さんの葉。つまり家族（ファーナウ）の葉。マオリがいちばん大切にするのがファーナウです。だから、この

写真２　マオリが籠を編むためなどに使ってきたフラックスの葉の説明

三つの葉は決して切りません。」

モーリスさんの説明は、成長の中心である中央の葉を切らないという合理的な植物利用と、マオリの精神文化の説明が見事にかみ合ったものだった。抜かれた葉を、めいめい裂いてみて、なるほど、ここから籠を編むための繊維がとれるのだということを納得する（写真2）。少し走ったあと車が停まったのは、モーリスさんの出自であるカーイ・タフ（ナイ・タフと呼ばれることもある）族のワーヒ・タプ（聖地）であった山がよく見える場所である。マオリの人たちが崇拝する山とは、アイヌにとっては、チ（我ら）ノミ（祀る）シリ（山）に相当する。ほとんどすべてのことが、先住民族には共通するのである。裁判によってその山を含む土地を政府から返還させた歴史を、モーリスさんは語った。大事なときにはこうするんだ、と言って、ホラ貝を吹いてみせてくれた。

一七六九年、キャプテン・クックが率いるイギリスの船が初めてアオテアロアにやってきて以来、大英帝国からは、移民者が次々にやってきて、農地や牧場を拓いていった。このため先住民族であるマオリとのあいだに土地紛争が生じ、それを解決するために、一八四〇年に、大英帝国と、マオリの代表との間で条約が結ばれた。北島にあるワイタンギという場所で結ばれたのでワイタンギ条約と呼ばれている。マオリ語はアイヌ語と同様、話し言葉だけで、書き言葉がなかったが、イギリスから来た宣教師たちは、マオリ語をアルファベットで書くことを試み、後には数人のマオリがイギリスに渡って、イギリス人に協力、マオリ語の文法や正書法を完成させたのだった。こうして、ワイタンギ条約は、英語版とマオリ語版の二つの条文が書かれることになった。アオテアロア各地から集まったイウィ（部族）の首長がサインしたのは、このマオリ語版の条約文であった。しかし、英語版とマオリ語版には大きな違いがあった。英語版では、マオリは主権を大英帝国の王権（クラウン）に譲ることが明記されていた、マオリの土地はすべて大英帝国のものであり、土地の取得や売買もイギリスの自由とされ、土地だけでなく、森林も、河川も、海域も、すべてイギリスのものとされると書かれていたのである。しかし、マオリ語版ではそれが隠され、すべて対等・平等であるとうたわれていたのだった。こうしてイギリスからの植民者が増えると、マオリとの紛争はますます激化し、ついに戦争にまでなった。圧倒的な銃火器をもつイギリス人によって、マオリは大敗、以後、徹底した植民地化が進められ、マオリへの迫害が続いたのだった。それに対するマオリの運動が本格化したのは一九七〇年代に入ってからである。ダーム・フィナ・クーパーという、長年、マオリの復権運動や女性運動に尽力してきたマオリの女性長老（マオリ語ではクイアと呼ばれる。アイヌならフチに相当するだろう）が率いて北島の北部で始まった「ランド・マーチ」（国土を縦断する大行進）は、一カ月かけて、北島を縦断、南端に近い首都のウエリントンに達し、それによって、アオテアロアにマオリの抵抗運動の力を示したのだった。マオリ社会でも、表に立つはつねに男性であるが、女性はその蔭で実は大きな力をもっている。まさに「妹《いも》の力」が、ここでも最大限に発揮されたといえるだろう。

こうした運動の高まりによって、ついに一九七五年、政府は、ワイタンギ審判所（ワイタンギ・トリビュナル）を設置する（内藤、一九九一）。ワイタンギ条約は完全な不平等条約であったが、それでも、マオリの伝統的な権利（先住民族権原）は保証していたから、マオリは、それをもとに次々と訴訟を起こしていたのである。当初は、いくら訴訟を起こしてもまともにとりあってもらえず、なかなか成果は得られなかったが、マオリの復権運動が力をもってくるに従って、次第にマオリが勝訴し、土地を返還させることに成功するようになったのだった。モーリスさんの所属するカーイ・タフ・イウィ(部族)は、南島では最大の勢力をもつイウィ(部族)であり、一九九一年にまとめられた「カーイ・タフ報告書」は、二三回にも及ぶ聴聞会を経て、公刊された最も長い報告書の一つであった(深山、二〇一二)。それにもとづいて一九九六年には政府との間で和解が成立し、カーイ・タフは、政府から三〇〇万ヘクタールの土地や自然資源に対する権利などを含む一億七〇〇〇万ニュージーランド・ドル相当の資産の移譲に成功したのである(深山、二〇一二)。モーリスさんが誇らしげに語るその物語の背景には、何十年にもわたる、政府との激しい闘い、多くのマオリによる権利回復運動の積み重ねがあったのだ。

アイヌの権利回復を認めようとしない人たちには、「マオリや、オーストラリアのアボリジニ、カナダやアメリカのいわゆるインディアンと呼ばれてきた人々は、白人の植民者たちが侵入するまで、まったく植民者たちとの接触はなかった。だから、彼らは真正な先住民族と言える。また、たとえ、極めて不平等なものだったとしても、マオリのように、植民者と条約を結んでいたから、それにもとづき、権利回復ができる。しかし、アイヌは、数百年間も和人と交流していたのだから先住民族とは言えず、また政府との間に条約すら結んでいなかったのだから、そもそも、権利回復などを言う根拠すらもたないのだ」という言説がある。しかし、たとえ交流や接触が古くからあったとしても、アイヌはアイヌとして発展してきたのであり、強制的に同化されたのは明治政府によってであった。また、アイヌはたとえ不平等な条約さえも結ぶことが許されず、一方的に、アイヌの住む「蝦夷地」は、「日本」のものとされてしまったのである。それは、マオリよりさらにひどいことであろう。モーリスさんの説明を聞きながら、いつか、アイヌの人たちが、故郷のチノミシリを前に、このような説明をする日が来てほしいものだと思った。一九七〇年代からだけでも、約三〇年の闘いが必要だったのである。それ以前、もっと迫害されていた時代からすれば、百年以上の闘いの末に、マオリはその権利を回復したのだ。当時は、それに比べるとアイヌの運動はまだまだ足りないと思えたが、それから一七年を過ぎた現在、状況はなお困難ながらも、確実に進んでいるとも言えよう。「妹《いも》の力」「アイヌ力《ぢから》」が、それをさらに進めてくれる力になってくれることを祈らずにはいられない。

マオリの復権運動の歴史を語るモーリスさんのツアーは、その後、一度、カイコウラの市内に戻る。どこへ行くのかと思っていると、モーリスさんたちのハプー（準部族）であるカーティ・クリの人たちのマラエ（儀礼・集会場）であった。先住民族ではない私たちはマラエの建物の中は入れないが、敷地の中までは入れてもらい、マラエを飾る木彫などの説明を受けた。マラエはマオリの精神文化の場所的な中心であるとも言える。アイヌは、それに相当するものはないが、アイヌにおいては、それぞれの家屋（チセ）が本来は、そのような意味をもっていたのであろう。

写真3　モーリスさん（中央）と奥さん（右）。ツアー中、自宅に招待

そこからほど遠くないところに、モーリスさんの自宅はあった。奥さんのヘザーさんはスコットランド出身の方だった（写真3）。二人はインドネシア、バリ島で、土地の文化や歴史、自然を伝えるエコツアーに参加して感銘を受け、それをカイコウラでつくろうとしたのだという。自宅に参加者を招くのは、紅茶にクッキーで参加者に一息入れてもらい、トイレもすます、という意味もあるが、もっと

重要なのは、普通のマオリが、現在どういう生活をしているかを見てもらうという目的のためだという。過去の遺跡である砦や、聖なる山や、そのあとに行く予定の原生的な森林、といった風景のなかだけでマオリを語っていると、マオリは今も、山の中で生活しているような誤解を参加者に与えてしまう可能性があるからだ。そうではなく、現代のマオリの多くは、白人と同じような家に住み、同じようにテレビを見、(もちろんマオリ語だけの放送局もあるが)、都会でごく普通の生活をしているのだ、ということを、さりげなく伝えることが、この自宅でのティー・ブレイクの意味なのだった。

そこからは、いよいよ、カイコウラの郊外の森林へのエコツアーになる。リザーブ(保全地域)の森林は、牧場の広がるアオテアロアで、そこだけ鬱蒼と樹木が繁っている。ここからは、モーリスさんの姪のジャスミンさんが案内役だった。彼女は、ちょうど高校を出たばかりだった。マオリの大学進学率や就職率は、白人に比べてぐっと低い。高校を出ても大学には行けず、就職口も見つからなかったジャスミンさんにモーリスさんが声をかけ、エコツアーの手伝いをするようになったのだという。

モーリスさんもそうだったが、マオリの自己紹介は、自分の名前を言うだけでは終わらない。私の山はテ・ラマロア、私の川はパカラエ川、と、自分の生まれ育った場所の山や川が、必ず、述べられる。さらには、マオリが、最初に、「ハワイキ」という太平洋の伝説上の島からカヌーをいく艘も連ねてこのアオテアロアにやって来た時の、自分の祖先が乗ったカヌーの名前も、自己紹介では必ず語られる。マオリはそのように、自然と一体化した人たちであり、また、祖先からの大きな家族(ファーナウ)の一員としてのアイデンティティをもっているのだ。祖先からのそのような系譜(ファカパパ)こそ、マオリが大事にしているものなのである。アイヌも、かつては、長大な家系図をエカシ(長老)が記憶し、それにもとづいて、若者の婚姻をチェックしていたという。マオリというのも、本来は、「タンガタ(人)マオリ(普通の)」という意味に過ぎなかった。

それぞれは、各々のイウィ（部族）やハプー（準部族）の誰々、というアイデンティティをもっていたのだ。これもアイヌと同様であろう。アイヌというのは、アイヌ語ではたんに「人」という意味に過ぎない。各自は、それぞれ、今日では、日高アイヌや上川アイヌと分類されるような、地域ごとに異なった部族の一員であった。「マオリ」も「アイヌ」も、そこに後からやってきた植民者が、そのような、本来の個別的なアイデンティティを無視して、一まとめにしておおざっぱに呼んだ名前に過ぎない。だから、本来、「マオリ」という一まとまった意識をもった先住民族は存在しなかった、前述したように、「アイヌ」という一まとまりの先住民族もない、という主張もある（河野（本）、一九九六）。だが、マオリは、そのような言説には意味がないと笑い飛ばす。それは白人だって、和人だって同じこと、もとは、みんな、地域ごとに分かれた部族や〇〇村、〇〇地域の集団の一員と思っていたのだ。和人でいえば、江戸時代まで、武士は薩摩藩だの津軽藩だのの一員に過ぎず、政府の人間は徳川幕府の者、天皇や公家は天皇家の者で、農民は、それぞれの藩に縛られながら、狭い〇〇村の一員として生きてきたのである。最初から自分が「日本人」などと思っていたわけではない。「日本人」とは、ある意味では、明治政府によって無理やりつくられた新しいアイデンティティなのだ。だから、自らのことは棚に上げて、マオリやアイヌだけが、新しく「つくられたアイデンティティ」だと批判するのは、あまりに勝手な独りよがりであろう。ジャスミンさんやモーリスさんの自己紹介は、そのまま、マオリの文化や、マオリと白人、アイヌと和人の関係を考えさせるものだった。

森に入ってからの彼女の説明は、なぜここにだけこんな森があるのか、というところから始まった。かつてはアオテアロア全域を覆っていた森、マオリがそのなかで生活していた森は、白人がどんどん牧場を拡げていくことで、次々に伐採され、ついには、ほとんどなくなってしまったのだった。マオリによる復権運動の高まりによって、アオテアロア本来の森林と生態系を取り戻そうという動きが強まり、少しずつこのよう

写真４　マオリ・ティーをふるまう

なリザーブも増えてきているのだという。だからここでは、森を語ることが、すなわちマオリの歴史を語ることでもあった。とくに、太い木はみんな伐採されてしまい、このような太い木は、本当に少ないのです、とジャスミンさんは説明する。それは、まさに北海道の森林にもそっくり当てはまることだ、ちがうのは、アオテアロアでは拡大したのが牧場であり、北海道では水田や畑だったという点に過ぎない。

個々の木を指しながら、ジャスミンさんは、マオリはほとんどすべての植物を資源として利用してきたことを説明する。カワカワという木の葉っぱは、皮膚炎などに効き、マオリはお茶としても常用していました、そう言って木やその葉を見せたあと、彼女はポットを取り出し、手際よく、参加者一人ひとりに、配った小さいカップに、そのカワカワ・ティーを注いでくれる（写真４）。森を歩いたあとに飲むマオリのお茶はおいしかった。これはいけるな、と思い、早速シレトコでのアイヌエコツアーでも応用しようと決めた。

森のツアーの最後には、ジャスミンさんに代わって、再びモーリスさんが登場、彼のギター伴奏で、一緒にマオリ語で歌う。これが今日のエコツアーのまとめ、とでもいうような位置づけだ。なんといっても言葉が大事。一時は、廃れかけ、このまましゃべる人がいなくなるのではないかと言われていたマオリ語を復活させることが、現在のマオリの最大の課題だとモーリスさんは説明する。

「マオリの言葉なしには、マオリの心は伝わらない。ほら、ギターは外国のもので、マオリの伝統的な楽器ではない。だがそんなことはどうでもいい、文化とはそういうものだ、常に新しいもの、外来のものを取り入れていくのが文化だ。マオリ語だって、変わっていく、だが、根本は変わらない、マオリの精神も、基本は変わらない。それを歌にするのだ、これは自分で作詞・作曲したもの、それを通じて、マオリが大切にしている、ファーナウ（家族）や、フェヌア（土地）、アロハ（愛）といった、コトバの意味を伝えたい。」

というのがモーリスさんの意図なのだった。

音楽は楽しい。たとえ、カタコトしか分からなくても、歌にすることで心は伝わる。それがこのエコツアーの締めくくりだった。半日といっても、正味四時間くらいのツアーである。参加費用は、一人、七五ニュージーランド・ドルだったから、六〇〇〇円くらいだ。九人揃えば、まとまった収入になる。もちろん、毎日、お客さんが来るわけではないだろうし、やはり観光シーズンの夏が中心で、そこで一年分を稼がねばならない。だが、何よりの強みは、家族経営という点だ。ジャスミンさんには給料を払うとしても、彼女もいわば家族の一員だ。資本といえば、一一人乗りのバンが一台あればできるのである。資本に乏しいアイヌの人たちでも、これなら充分にやっていけるではないか、そう考え、帰国するとすぐに、シレトコでの「アイヌエコツアー」をつくる準備を始めたのだった。

（2）「シレトコ先住民族エコツーリズム研究会（シペル）」の設立

二〇〇五年四月、釧路に集まって、「シレトコ先住民族エコツーリズム研究会」の設立のための会合を開いた。シレトコは、ウトロ（宇登呂）側だけではない、反対側のラウス（羅臼）側もある。梅澤征雄さんはウタリ協会の斜里支部長だったから、ラウス側を代表して、ウタリ協会羅臼支部長の大木たかしさんにも加わっていただくことにした。地元のお二人は、行政がつくった「エコツーリズム推進協議会」のメンバーであったので、私たち「シレトコ先住民族エコツーリズム研究会」は、その研究成果を、お二人を通じて「エコツーリズム推進協議会」に提言するための組織であると位置づけたのだった。会の副代表は、大木さんと、石井ポンペさん、結城幸司さんになった。私は、藤崎さんとともに事務局を担当した。**資料6**は、四月二五日付でまとめ、新聞社に記者会見して発表した設立の趣旨説明の文書である。英語名はShiretoko Indigenous Peoples' Eco-tourism Research Union、頭文字をとった略称、SIPETRUは、アイヌ語で、Si（主な）Pet（川）Ru（道）の語呂合わせである。これがアイヌの権利回復運動の主流になってほしい、との希望もこめられていた。

口絵1にカラーで縮小して示したのは、この勧告も含めて、私たちがつくった、SIPETRUのリーフレットの見開きページである。（1）アイヌエコツーリズムを通じての文化発信、（2）そのためのアイヌ自身による調査、（3）エコツアーを通じてのアイヌの若者の新しい職づくり、（4）アイヌ・スピリット（精神）の若者への伝達、そして、（5）政府や行政への働きかけ、ロビー活動、という私たちの活動目標をわかりやすく伝えるものであった。

シレトコでのこのような試みについては、二〇〇八年一一月にオーストラリアのメルボルンで開催された第八回の「教育のための世界先住民族会議（ウィプシー）」で、結城幸司さんや石井ポンペさんと一緒に発表した。

海外の先住民族とさまざまな交流ができるこの会議はすばらしく、二〇〇五年の「ウィプシー」にひとりで参加した時には、アイヌの人たちにも、ぜひそれを経験してほしいと思った。それで、次回は、必ずアイヌの人たちを連れてきます！　と参加者、主催者たちに宣言してしまった。お金のあてもないのに、さてどうしようかと思っていたが、メルボルン大会には、結城さん、ポンペさんだけでなく、萱野志朗さんや若い川上将史さんも参加することになり、なんとかその約束を果たすことができたのはうれしかった。

（3）モデル・エコツアーの実施

藤崎達也さんに、どこをツアーのコースにすればいいか、現地で検討してもらった。藤崎さんは、世界自然遺産地域でいきなりやるのは行政との調整も必要になり、大変なので、世界遺産の玄関口であるウトロのすぐそばにある「チャシコッ・エトゥ（岬）」というところでやったら、と提案してくれた。岬は、本章の**扉写真**に示したように、海側は絶壁になり、そこから海岸を見下ろせる高い台地になっている。その上に、チャシの跡（チャシコツ）があるのだ。前述したように、チャシは、アイヌの砦やカムイに祈る聖地だった所だが、そこにあった竪穴住居の跡は窪地（コッ）となって残るので、「チャシコッ」というアイヌ語地名になっているのである。道内の他の場所では、「茶志骨」などの漢字が当てられている場合もある。

実際の活動を始めたのは、七月一日からであった。モデル・エコツアーと称して、モニターとして参加してくれる人を募り、あとで、アンケートに答えてもらって、今後の参考にするというかたちをとった。当時、北海道大学大学院（環境科学院）修士過程で、私の指導のもとに、先住民族エコツアーの研究をしていた西原重雄さんと、許斐《このみ》慶子さんにも参加してもらい、いろいろ手伝ってもらった。また、登別で、知里幸恵記念館の建設募金運動にも協力してくれていたアイヌの小沼史子《おぬまのりこ》さんも、アイヌのやるエコツアーとはどんなものか勉強したい、ということで、参加してくれた。結城さん、ポンペさんのほか、結城さんの主宰する「ア

写真5　オンカミしてから森に入る

イヌ・アート・プロジェクト」の早坂賀道《よしみち》さんや、福本昌二さんほか、アイヌエコツアーに関心をもつアイヌの若者にも参加してもらうことができた。

エコツアーのガイドは、ポンペさんである。ツアーは、まず森に入る前に、森のカムイ、山のカムイに敬意を表し、ツアーの無事を祈る「オンカミ」から始まった（**写真5**）。「オンカミ」というのは、アイヌの人たちが祈って、感謝を表す時の仕草である。和人は神社などで両手を合わせるが、「オンカミ」は、写真のように、両手を上向きにして、上下に揺する。赤ん坊を両手で支えてあやすときのような感じである。これをすることで、参加者も、アイヌの人たちとできるだけ同じ気持ちになれるというわけだ。ポンペさんは、日高穂別の出身だが、実によく、森の植物のことを知っている。それぞれの木について、これは樹皮を使ったとか、葉っぱや実を煎じてお茶にしたとか、アイヌによる伝統的な植物利用を教えてくれる（**写真6**）。この写真で、説明を聞いているのが小沼史子さんだ。宇梶静江さんが、二〇二二年のいま提唱している「アイヌ学」とは、このような、アイヌの伝統的な知識の若者世代への伝承を目指したものかもしれない。だとしたら、私たちのシレトコ・アイヌエコツアーは、それを一七年も前に実践していたことになる。

写真7は、早坂賀道さんによるカムイイノミの様子だ。ツアーのなかで、カムイに祈りを捧げるカムイイノミ

を入れたのは、結城さんたちのアイデアであった。この日は、アイヌ・アート・プロジェクトではいつもギターを弾いている早坂さんが、アイヌ衣装を着て、カムイノミの祭司をやってくれた。手前で、それを学んでいるのは、札幌から来たアイヌの若者である。木の根元に、その日の朝、とってきたばかりの柳を削ってつくったイナウを捧げ、やはり、朝一番に汲んでポットに詰めてきた泉の水を、カムイに捧げる。このようにして、エコツアーのなかで文化伝承をしていくのが、アイヌエコツアーの目的の一つであった。マオリも

写真6　アイヌの利用した木を説明するポンペさん

写真7　カムイノミをする早坂賀道さん（中央）

そうだが、アイヌの若者の大学進学率も、就職率も、マジョリティである人々と比べると低い。若者はとくに、仕事に追われ、文化伝承どころではないというのが現実である。かつては、コタン（村落）の中で、日常的に伝承されていた伝統的な文化は、今や、特別に教えてもらう機会がなければ、若者世代には伝わっていかない。しかし、そのような機会は、滅多には得られないのである。それなら、エコツアーという仕事に携わるなかで、文化伝承ができないか、というのが、アイヌエコツアーの発想であった。

しかし、カムイノミに象徴されるような、本来はカムイに捧げる儀式を、ツアーで参加者に見せるというのは、神聖な儀式さえも「見世物」にしていると批判されないであろうか。これについても、みんなで議論を重ねた。重要なことは、それが「見られるため」、単に「見せるため」の行為か、「自らが発信する」行為かという点であろう。前述した「オンカミ」にしても、もし、ポンペさんが、単にそれを参加者に「見せる」ためにやっているとしたら、それは「見世物」になるかもしれないのである。しかし、ポンペさんはそのようなつもりで「オンカミ」をしているのではない。森や山に入る前には、当然する作法なのである。より日常的な作法としての「オンカミ」と、儀式としての「カムイノミ」を同一視することはできないかもしれないが、参加者を何人も引き連れて、チャシコッ・エトゥのような、人が滅多に入らない自然の中に来ているとき、とりわけ、今回のように、その第一回目という大切なイベントであれば、「カムイノミ」を捧げるというのは、アイヌとしては、自然な行為であろう。そのように、私たちは考えた。

次は、いよいよ、チャシコツの窪地に参加者を案内することになる（写真8）。アイヌの伝承では、アイヌはこのチャシに籠り、ウトロのオンコロ岩と呼ばれる岩山に陣取ったオホーツク人と戦ったのだという。ポンペさんの説明を聞いていると、マオリの砦の跡で、モーリスさんの説明を聞いているような気持ちになった。このチャシについては、まだ本格的な調査は行われていないようで、アイヌの伝承ではそうなっているが、その前には、ここはオホーツク人の遺跡でもあったようである。竪穴住居は、写真で見るように、かなり地面を掘り下げてつくられていた。寒いシレトコでは、深く掘り下げたほうが冬の寒さを凌ぐには都合がよかったのであろう。その後、北海道大学の加藤博文さん（現・北大アイヌ先住民研究センター長）のチームによって、チャシコツの丘の直下の海岸にある「チャシコツ下B遺跡」が発掘されると、そこは、オホーツク文化の終焉期の、「トビニタイ文化」期の遺跡であることが判明した。住居跡から熊の頭骨を祀った跡と思われるものも発見された。熊送りの文化はもともとアイヌの文化にはなく、オホーツク文化に起源をもつことが天野さんや増田さんたちの近年の研究で明らかになっている（天野、二〇〇三a／増田、二〇〇五）。アイヌの人たちの祖先とオホーツク人の関係を知るうえでも、チャシコツ周辺はきわめて興味深い場所だったのである。今後の発掘のため、私たちがツアーをした場所への立ち入りは現在、禁止されてしまったが、きちんとした発掘がなされ、その後、遺跡を利用できるようなかたちでエコツアーができるようになる日が早く来てほしいものである。

写真８　竪穴住居の跡の凹地

写真９は、ジャスミンさんに倣って、アイヌの伝統的なお茶を振舞っているところである。このとき使ったのは、アイヌ語で「セタ・エントウ」、和名は「ナギナタコウジュ」という草からつくったお茶だ。写真中央の女性（許斐さん）が持っ

写真９　アイヌ・ティーとセタ・エントウ

ているのがその葉を乾燥させた材料である。このお茶は、やはり好評だった。風邪にも効くそうで、アイヌの女性は、お粥にもかけてよく食べたという。

最後は、音楽で楽しんでもらおうと、ポンペさんがいろいろな楽器をもってきた。唇を使って鳴らす口琴のムックリや、五弦のトンコリは、もとはサハリン・アイヌの楽器だったという。ポンペさんは、台風で倒れた森の木を使って自作したトンコリを「ポンコリ」と名付けて持参してきた。また、イタドリ（アイヌ語ではクッタラ）の中空になった太い茎を利用した縦笛も、ヒグマよけに、ポンペさんが作ったものだ。太鼓は、もともとアイヌにはない楽器だが、シベリアのシャーマンや北米先住民族にとっては、最も重要な楽器である。そうした、アイヌとも関連する海外の先住民族との交流から、ポンペさんは、片手で叩ける簡単な太鼓を愛用している。このツアーでも、参加者はそんな楽器を、初めて手にして、好きなように使ったり、ムックリにも挑戦して、人によっては、なんとかビィヨーンビヨーンと音を出せるようになるのを楽しんでいた。この日は、「カムイノミ」に時間をとったので、アイヌ語で歌ったり、簡単なコトバで会話するところまではいかなかったが、それでも、「チャシコッ」のアイヌ語地名や、「セタ」がアイヌ語では「犬」を意味することから、いろいろな話が拡がって、これから、アイヌ語を勉強してみたいという参加者も出てきたのだった。最初のモデル・

エコツアーに成功した私たちは、その後も、いろいろな人に声をかけ、札幌から二泊三日のツアーを組んだりして、シレトコでのアイヌエコツアーのプログラムをほぼ完成させることができた。

（4）「観光」か「文化発信」か？

八〇年代には、「観光アイヌ」が大きな問題となった。糾弾されたのは、アイヌの人々が差別と感じる身体的な特徴を観光のキャッチフレーズにして、「真正なアイヌ部落」という表現で、アイヌを過去の存在、しかも「見る側」に都合よく表象する観光業界のあり方であった。この問題で中心的な役割を果たした計良智子さんや、そのお連れ合いの計良光範さん、哲学者の花崎皋平さんなどによる『新版 近代化の中のアイヌ差別の構造』（計良ほか、一九九八）には当時のことが詳しく述べられている。計良さんご夫妻とは、その後、知里幸恵さんの生誕百年の記念出版や「先住民族サミット」で初めてお話しするようになったが、花崎さんとはすでにおつきあいがあったので、その人たちが問題視したことを、繰り返すことはできないと思ったのである。

エコツアーのなかで「カムイノミ」をするなら、それはいい加減なものであってはならず、そうした意味では、「真正な」ものでなければならない。しかし、先住民族エコツアーにおいては、それは「見世物」ではなく、「自らの文化発信」であり、それを通じての「文化伝承」なのである。重要なのは、そこで「過去のアイヌを演じている」のではなく、「今を生きるアイヌが、そこに参加者をも巻き込んで、カムイノミをしている」ということだ。

アイヌエコツアーは、大手の観光業者ではなく、アイヌ自らが企画し、運営する新しい観光のかたちであり、そのもとになっている「エコツーリズム」という考え方は、これまでの「観光」という概念を壊して、新たに作り直そうとする主張でもある（小野、二〇一二b、c）。日本では、自然をガイドする「ネイチャーツアー」や、地域の伝統的な文化をガイドする「カルチャーツアー」、遺跡や文化遺産をガイドする「ヘリテッジツアー」などが、多くなされていた。二〇〇〇年には、これまで北海道でのネイチャーツアーを主導してきたNPO法人「ねおす」の高木晴光さんや、前述した藤崎達也さんなどと、「北海道のエコツーリズムを考える会」を設立し、単なる「ネイチャーツアー」を超えた、北海道らしい「エコツアー」を創出しようとしていた。出版できたのは、これまでやってきた「ネイチャーツアー」を集大成した『北海道ネイチャーツアーガイド』（「北海道のエコツーリズムを考える会」編、二〇〇〇）一冊だけだったが、翌年には、同会から、ガイドが使えるようなパンフレット『北海道におけるエコツーリズム実践のためのガイドライン（二〇〇一バージョン）』を発行することができた。Ａ４版四頁のものに過ぎないが、（Ａ）訪問者向け、（Ｂ）ツアーガイド向け、（Ｃ）宿泊施設向け、（Ｄ）エコツーリズムを推進する地域向け、と四つに分けて、それぞれのガイドラインを提案した。現在、もてはやされているＳＤＧｓを先取したような内容になっているが、「北海道らしいエコツーリズム」とは、という項目で、**第1章**で述べたアイヌ語地名の重要性はもちろん、**第5章**で扱うアイヌ民族の歴史や、アイヌの存在を無視した開拓の結果として今の北海道の「自然」があることなどの認識が重要であることを強調した。

観光とアイヌの問題については、すでに太田好信さんが、アイヌだけでなく、マイノリティ側が主体となって、自分たちの文化を操作し発信する生き方を「文化の客体化」（太田（好）、一九九三）として評価しておられた。ただ、文化人類学者ではない私は、そのような論文を読むところまではいかず、あとになって、東村岳史さんが書かれた本（東村、二〇〇六）を読んで、初めて、観光をめぐる、文化人類学や社会学の研究者の議論を知ったのだった。

一九四〇年代から一九六〇年代までのアイヌ民族と和人の関係史を、新聞報道をもとに丹念に分析された東村さんの著作からは学ぶことも多かったが、ここでも、私は、そのような分野の研究者ではなく、活動者・運動者に過ぎないので、こうした研究者の議論に入ることは控えたいと思う。東村さんが、将来、その本の続編として、一九九〇年代後半から二〇一〇年代までのアイヌ民族と和人の関係史を書いて下さるとしたら、本書は、いろいろな意味で、役立つであろう。初めに書いたように、私は、アイヌに関しては、最初から研究者であることを否定している。そのような人間が、このように考え、アイヌの人たちとこのように活動した、ということをきちんと記録に残すことは、無意味ではないだろう、と思うだけである。

一つだけ、東村さんの著書で重要な指摘だと思う点を挙げれば、次のような記述である。

「見る側である和人は一時的な楽しみのために『本来の文脈から切り離され、集められ』た『アイヌ』に関わる事物に接近し、気に入らなければ苦情を述べ、立ち去ることもできる。せいぜいがそのような関与の仕方である。なのに、なぜアイヌの側には一時的な関与では許されず、『誇り』や『ホンモノの文化』といった人格全体や民族性そのものの問題として言及されてしまうのか。こう考えると、観光に関わることが人格的なコミット抜きではすまされないという語りの構造こそがアイヌを拘束しているのではないか。」(前掲書、二二六―二二七頁)

私たちが、シレトコで、考え、やってみたことからすると、二つの点が気にかかる。一つは、ツアーに参加する和人側の態度を、自分の人格性や民族性と切り離されたものとして扱い、たんに「一時の楽しみ」のための軽いものである、と言い切ってしまっていいかという問題である。もちろん、ツアー客のなかには、アイヌを見たいから、という単なる好奇心から参加する者もいるであろう。しかし、先住民族エコツアーに参加するということは、自らが、問われることである、と考えている人もいる。珍しい自然、めったに見られない自然の中に立ち入り、それをいわば消費することで成り立っていた「ネイチャーツアー」の否定から、エコツーリズムは始まった。残念ながら、一般には、「エコツアー」と銘打ちながら、従来どおりのことをやっているツアーも少なくないが、それは本当の「エコツアー」ではない。「エコツアー」に参加する、ということは、参加者自身が、自らの生き方、自然との関係性を問われる体験なのである。「先住民族エコツアー」に参加する、ということは、参加者に対しても、そのような関与の仕方を、決して強制するものではないが、要請しているともいえよう。また、すでにそのような意識があったからこそ、参加している人もいるのである。

一方で、私たちが、「カムイノミ」をするなら、きちんとやらなくては、と考えたのは、「まがいもの」を見せることへの反発からであった。もちろん、これはそこにいたアイヌの人たちの価値観であって、それを一般化はできない。しかし、シレトコ・アイヌエコツアーは、前述したように、ツアーを通じて若者への文化伝承も行いたい、という明確な目的をもっていたから、儀式をやるなら、それは、ツアーのなかという条件の中で可能な限り、「真正な」ものでなければならなかった。そして、ここが重要であるが、アイヌの人たちも含め、みんな、そのことをもって、拘束されているとは思わなかったことである。

アイヌ先住民族エコツアーは、精神性や、カムイとの関係性といった霊的な側面なしにはあり得ないとすると、それはアイヌを、そのようなものと切り離せない存在であると規定し、拘束することになる。だから間違いである、という結論が導かれてしまいそうであるが、どうなのであろうか。実際には、いかに真剣に「カムイノミ」をしても、それは当のアイヌの人たちにとっては、「一時的な関与」に過ぎないかもしれないのである。すでに「オンカミ」のことで述べたように、それは、ポンペさんにとってごく自然な作法であり、「誇り」や「ホンモノの文化」という言説とは、ある意味では無縁なものであった。実際にそのような体験を重ねるなかで、東村さんが提起されたような問題は、解決されていくのではないだろうか、と思う。

「過去の先住民族」と「今を生きる先住民族」という対照を鮮やかに対比させて、参加者に強烈な印象を与えることに成功していたのも、マオリのエコツアーだった。前述したモーリスさんのツアーもそうだったが、もっと見事だったのは、北島の観光の中心地ロトルアにある「タマキ・ヴィレッジ・ツアー」である。大規模なマオリ文化テーマパークのような施設に行くツアーである。「タマキ・ヴィレッジ」の入り口で、観光客はまず過去のマオリの村を守っていた戦士の「歓迎」を受ける（**写真10**）。戦士は、村に外からやってきた人間を警戒し、威嚇するが、観光客が教えられたとおりの所作をすると、敵ではないと判断して歓迎してくれる。村は森の中にあって、過去のマオリの村が再現されている。そこでは過去のマオリたちの生活が再現され、歌や踊りも披露される。たっぷりこうしたツアーを楽しんだ観光客の中には、マオリが今もこうした生活を送っているのだと勘違いしてしまう人もいるだろう。だが、そのような誤解を一気に吹っ飛ばす仕掛けが、ツアーの最後には用意されている。併設されたレストランで観光客が伝統的なマオリ料理を味わったあと、いきなり、二人のきちんとネクタイをした男性が現れるのだ。彼らは、さあ、これが今を生きているマオリですよと、現在の政府への批判やマオリ自身が抱える問題などをジョークたっぷりに語り、みんなを笑わせながら、見事なハカを見せて終わるのである（**写真11**）。ロトルア市内のホテルに戻るまでの二〇分ほどの送迎バスのなかでも、ドライバーのマオリが、その延長で、現在を生きるマオリの直面する問題を、ギャク満載の語りで聞かせ、ツアー参加者は、爆笑しつつ、現在のマオリの現実を知る。「過去のマオリ」と「今を生きるマオリ」が見事に一体となったツアーになっているのだ。

写真10　タマキツアー入口

「タマキ・ヴィレッジ・ツアー」で見られるようなマオリのパワー、

マオリ力《ちから》が、政府との闘いを有利に進めてきた原動力であったとも言えよう。格差や差別は依然としてあり、マオリの暗い面も沢山あるが、それでも、人をリラックスさせるマオリの音楽や踊り、明るい語り、人々を元気づけるハカのパフォーマンスは、「マオリにとっていいことは、白人にとってもいいことだ」と白人にも思わせるだけの力をもっている。

ロトルア市役所を訪ねると、庁舎の上に飾られた市のエンブレム（紋章）が目に入った（写真12）。左には羊を飼う植民者、右にはマオリの姿が置かれ、下の台座に書かれた「tatou tatou」は、マオリ語で、「私たち私たち」という意味である。つまり、先住民族であるマオリと、植民者である白人たちが、まったく対等に、

写真 11　タマキツアーの最後のパフォーマンス

写真 12　ロトルア市のエンブレム

このロトルアをつくっている、というメッセージなのだ。北海道でも、そのように、アイヌと和人が完全に平等な立場で町づくりができる日が来るように、道民一人ひとりが心していきたいものだ。

アイヌエコツアーも、なんとか、そこまでいければ、と思うのである。以前、白老のアイヌの人たちがつくった「アイヌ民族博物館」では、タマキ・ヴィレッジほど大規模ではなかったが、それに似た「ポロ（大きな）ト（湖）・コタン」が隣接してつくられていた。その茅ぶきのチセの中では、アイヌの伝統的な歌や踊りを観光客に見せていたが、そこでは進行役の山丸郁夫さんが、今もアイヌがいつもこういう格好をして、山の中のチセに住んでいると思ったら大間違いですよ、と、英語や中国語もまじえて、「現代のアイヌ」を見事に語っていたのが印象的であった。「タマキ・ヴィレッジ・ツアー」ほど、徹底して過去と現在を対照した見せ方ではなかったが、そのようなパフォーマンスができる郁夫さんに、私は期待を寄せていた。だが、郁夫さんは、二〇一三年、わずか五七歳で急逝されてしまい、大きな衝撃を受けたのだった。

白老では、一九八四年に地元のアイヌの人たちの思いとアイデアを結集してつくられ、白老アイヌの人たちが主体的に運営してきた「アイヌ民族博物館」が閉館され、二〇二〇年、国営の「ウポポイ」がつくられた。もちろん、それは一方的に、強制されてなされたことではなく、地元との協議のうえで、地元も最終的には賛成したからこそ、そのようになったと聞いている。しかし、それまで館長であった白老アイヌの方が、そのまま「ウポポイ」の館長になられたわけではなかった。そうした一事をとっても、私には、この大きな変化が対等な関係性のもとでなされたとは思われないのである。後述するように、「ウポポイ」は、盗掘されたアイヌの遺骨の慰霊施設をもふくむ「アイヌ民族共生象徴空間」として設計されている。小川隆吉さんをはじめとして、それには同意しないアイヌの人たちが少なからずいることも事実である。もちろん、一方では、立派な施設ができたり、多くの、とくに若いアイヌの人たちに雇用が生まれ、文化発信がやりやすくなったというような良い面もたくさんあるだろう。だからこそ、**図1**に示したような、和人が支配し、すべてをコントロールするような施設ではあってほしくないと思うのである。むしろアイヌの人たちが上にたち、主体的に運営できるような施設になってほしいと願っている。

（5）シレトコ・アイヌエコツアーのその後

ＩＵＣＮが、南アフリカ、ダーバンの会議で、正式にシレトコを世界自然遺産地域に推薦する勧告を行ったのは、私たちが最初のアイヌエコツアーをやった二週間後、七月一四日のことである。日本政府に対しては、鮭の遡上を阻害する砂防ダムの撤去や改善を求める勧告のほか、「アイヌ民族の代表者たちが、たとえば北海道ウタリ（アイヌ）協会などを通じて、伝統的な儀式や世界遺産として推薦された地域の利用にかかる適切なエコツーリズムの開発を含めたかたちで、推薦地域の将来の管理に関与することが重要であると考えられる」という勧告を出してくれた。私たちの思いと意志が国際的に認められ、それが日本政府に公式に勧告されたのだった（小野、二〇〇六b）。

その後、シレトコ・アイヌエコツアーは、数年間にわたって、さまざまなかたちで行われた。海外からのお客さんを案内したこともある。**写真13**は、アラスカ先住民族のリーダーのひとり、ボブ・サム（Bob Sam）さんを迎えたときのスナップだ。右は、ボブさんほか海外先住民族の通訳をいつも見事にこなしてくれる大井わこさん、中央は「酋長の家」の梅澤悦子さんである。「酋長」という言葉を、「部族の長」などと言い換える風潮もあるなかで、それをいわば逆手にとって、堂々とそういう看板を掲げてこられたのも、梅澤さんらしいところだ。悦子さんはアイヌ料理が上手で、だから民宿の食事はおいしいと評判だ。ご出身は日高であるが、シレトコに拠点を構えてもう長く、旦那さんの征雄さん共々、私たちのアイヌエコツアーを蔭で支えてくれた恩人ともいえる方である。お茶だけでなく、食事も、アイヌエコツアーには重要な要素であり、可能な限り、アイヌの伝統的な食材で、アイヌ料理を楽しむ機会があるといいと思う。

ＩＵＣＮの勧告によって、梅澤さんが、世界自然遺産地域の管理協議会に参加できるようにはなったが、悩みは、他のアイヌの人たちが、名乗りをあげてくれないということだった。差別の問題があるために、アイヌの方々は、**図1**（一二一頁参照）に示したように、アイヌであることを隠して生活されていることが多いのである。結城さんやポンペさんが、毎回、札幌からシレトコに出向いていくというのも大変だった。理想としては、地元のアイヌの若者から、エコツアーのガイドが生まれることだったが、それには時間がかかりそうであった。そこで、モデル・エコツアーにも参加された早坂賀道さんの弟さんの雅《まさ》賀《よし》さんが、札幌からシレトコに移住して、ガイドを目指すことになった。雅賀さんとしては、大きな決断だったと思うが、藤崎さんのＮＰＯに入って、ふだんは通常のエコツアーもこなし、要望があったときだけ、アイヌエコツアーを担当するのである。**写真14**は、北大生のお客さんをガイドしているときの早坂さんだ。トンコリが上手なので、トンコリをつねに持ってガイドし、ときおり、それを聴かせ

写真 13　Bob Sam（ボブ・サム）さん（右から2人目）を迎えて梅澤悦子さん（中央）と結城幸司さん（左）、筆者（左端）、大井わこさん（右端）。

写真14　早坂雅賀さんのガイド

る、というスタイルをつくりあげたのである（Ono, 2014）。

二〇一一年、津島佑子さんは、知里幸恵の記念フォーラムで登別に来られたとき、その帰りにシレトコでの早坂さんのアイヌエコツアーにひとりで行かれたらしい。津島さんが、最後の長編になった『ジャッカ・ドフニ――海の記憶の物語』にその時のことを書かれるまで、私は知らなかった。ツアーのことを紹介し、お勧めはしたものの、そんなふうにお忍びで行かれていたのである。

しかし、残念ながら、早坂さんもその後、ガイドをやめて札幌にもどられてしまった。藤崎さんも「ＳＨＩＮＲＡ」を離れ、大学で教えるようになってしまったので、せっかくみんなでつくったシレトコ・アイヌエコツアーも、途絶えてしまった。また、世界自然遺産地域の管理協議会への参加も、梅澤さんお一人では孤立無援で、遺産地域の管理にアイヌが関与する、というかたちを継続することができなかった。だが、ＩＵＣＮから、そのような勧告を得た、という事実は残っている。あとはまた、誰かがそれを継いで、さらに先まで進めるだけである。

3　サッポロ・アイヌエコツアーをつくる

小川隆吉さんとは、その後も、いろいろな機会に接触するようになった。いつも、とつぜん、「ユーゴ先生！」と電話がかかってくるのだった。いちど電話に出ると、たいがい二〇分か三〇分は、少し聞き取りにくい隆吉さん独特のしゃべり方で、話しが続いた。朝、大学に出かけようとする忙しい時間にかかってくることもあり、困ったときもあったが、隆吉さんの話しぶりはいつも真剣であった。家族の者も、最初の声で、「ほら、また隆吉さんよ」と、話が長引くのを知っていて、電話機の前に椅子をもってくることもあった。

隆吉さんから、北大のキャンパスの中には、アイヌに関わるさまざまな重要な場所があると伺い、それらを案内していただくことにした。一人ではもったいないので、講座にいる学生さんや、隆吉さんの活動をサポートしている瀧澤正さん、シレトコで一緒にアイヌエコツアーをつくっていた結城幸司さんなどにも参加していただいた。最初は、二〇〇六年五月二一日で、それから、**第4章**で述べる二〇〇八年夏の「先住民族サミット」まで、少なくとも四回、隆吉さんの案内で、キャンパスを歩いたと思う。キャンパス外でのツアーも含めて、私はそれを「サッポロ・アイヌエコツアー」と呼ぶことにした。

最初のツアーは、その一カ月後の六月二五日に、テッサ・モーリス・スズキさんを迎えて実施するツアーの下見を兼ねたものであった。彼女は以前からアイヌに注目し（テッサ、二〇〇〇）、その権利回復に向けた運動者としてアイヌの人たちを支援している（テッサほか、二〇二〇）。隆吉さんとも旧知の間柄であった。ここでは、ツアーの要点となった五カ所について、それぞれの地点のもつ意味と、そこでの説明内容を述べよう。六月のツアーでは、隆吉さんの現場での語りをテープ起こししたものが、ツアーを主宰した「テッサ・

モーリス・スズキ講演実行委員会」「パレスチナ連帯・札幌」（二〇〇六）による冊子『響きあうパレスチナとアイヌ・第二回　反植民地主義フォーラム in 北海道』に載せられているので一部はそれを利用させていただいた。

（1）「アイヌ納骨堂」

北大に一九八六年から勤めながら、そこにアイヌの納骨堂があり、毎年、夏には「イチャルパ」という慰霊祭が開かれているということすら、私は隆吉さんと親しくなるまで知らなかった。しかも、その納骨堂は、私の勤務先だった「北大・大学院環境科学研究科（現・環境科学研究院）」の目と鼻の先にあったのである。だが、納骨堂は、コンクリートの四角い建物で、しかも医学部の駐車場のすぐ脇にあり、そう教えられなければ、見過ごしてしまうような、ごく目立たないような存在であった。**写真15**は、その前に立って説明する隆吉さんである。五月のツアーでの、ここでの隆吉さんの語りを要約すると以下のようになる。

「一九八〇年一一月、アイヌの海馬沢《かいばざわ》博さんが、医学部の児玉作左衛門教授の解剖学講座の部屋。動物実験室となっていた部屋から、段ボール箱に、動物の骨とともに、アイヌの墓地から盗掘された大量の人骨が『標本』『資料』として保管されていたことを発見した。彼は当時の学長に手紙を出したが返事がなく、医学部長の釈明も、まったく納得がいかないものであったことから、北海道ウタリ協会に連絡、その後は、協会が北大に遺骨の返還を求めた。しかし、北大は返還には応じず、動物の骨と一緒に、段ボール箱に入れてあるというのはあまりにひどいと、返還が実現するまでは、せめて、納骨堂を建てて、そこに遺骨を納めることを、隆吉さんたちが要求したのだった。北大はようやくそれに応じたが、当時の文部省は、『納骨堂』として建てることは許可せず、最初は『標本保管庫』という看板がかけられていた。遺骨をお納めした場所が『標本保管庫』とはひどいでしょうと抗議して、ようやく数年後、やっと、今の『アイヌ納骨堂』という看板に換えてくれたのだった。」

そう語る隆吉さんは、今度は、納骨堂の脇から裏手にある、「イチャルパ」をするときのイナウを捧げてある場所を案内してくれた。

写真 15　アイヌ納骨堂の前で説明する小川隆吉さん（2006.5.21）

「ここで、毎年、アイヌが各地から集まってイチャルパ（先祖供養。慰霊祭）をする。だが、そもそも納骨堂が駐車場の脇にあって、しかもこんなコンクリートの四角い建物だから、トイレと間違う人も多い。トイレに行きたくて来て見て、ちがうとわかると、その裏で、こっそり立ち小便していく不届き者もいる。神聖な『ヌサ場』なのに、とんでもないことだ。それも北大が、こんなチャチな納骨堂を駐車場につくったことがそもそも問題なのだ。」

それでも、自分たちの働きで、なんとか北大に納骨堂や「ヌサ場」をつくらせ、そこでイチャルパもできるようになったことを話す隆吉さんは嬉しそうだった。**写真16**はその時の隆吉さんである。

六月のテッサさんを交えたツアーのときの隆吉さんの生の語りは、次のようであった（一部、省略して示す）。この日は、隆吉さんが事前に許可をとって、ふだんは入れない納骨堂の

写真16　小川隆吉さん（北大アイヌ納骨堂裏のヌサ場で：2006.5.21）

中まで、テッサさんたちを案内された。

「納骨堂の前に到着しました。みなさん、あのね、左手の前方に何と書いてありますか？　先ほど私が言っていた『動物実験室』という看板があったね、左側の建物、あのカーテンのかかっている位置、二階、三階は全部『動物実験室』。現在も使っています。そこにはアイヌだけでなく、エゾオオカミの頭骨、エゾシマフクロウの頭骨が並んでいましたね。動物の表示はすべてドイツ語で書いていましたね。アイヌの方は、ナンバーだけ。国家のこの一帯の建物が何をしていたか、今日はじっくり見てください。

みなさんね、この遺骨堂はめったに開くことはできない。ふつう内部に入ることはできないの。しかし、今日はね、テッサさん、今日はね、開くからね。テッサさんが言っていた千島列島から五三体、サハリンから九三体の人骨が入っています。確認してちょーだい！　この中で最もすごいのがね、森町の三〇〇体。当時ね、森町のアイヌのじーちゃん、ばーちゃんたちはね、『墓を掘るな！』と必死で抵抗した。村の巡査は、総出で研究者を守る。アイヌが入ってきたら追い払う。しかしね、何をされても、ばーちゃんたちは最後に墓の上で三人、四人と積み重なって、横たわって抵抗したよ……。そういう歴史を、この大学には、人骨台帳がないと言っていますし、こういう抵抗があったってことは、一切、書いていません！（中略）私たちはただの反対じゃなくて、本当の姿、本当の声として運動し、抵抗する。そうすることによって環境から人権やこういうね、例えば憲法、憲法と言っていますが、自分たちは憲法の前に、もっと大事なことは先祖の文化を守る権利をもっていること。今日はね、まず人骨の問題を見てほしいのが一つ。それからね、この建物の裏側、ちょうど東の窓、この建物にとっては、カムイが出入りする窓、その前にアイヌ文化の象徴として備えているイナウが立っています。しかしね、みなさんね、この建物、北大の大通りから見たらトイレに見えるんだそうです。ですから用を足したい人はここに来て、納骨堂の処へ入っていく……どうしようもないね。そういう現場も今日はぜひ見てください。」

（床から天井まで、棚にびっしりと、アイヌの遺骨を納めた箱が並ぶ納骨堂の中で）

「どこをどう見ていいんだか、分かんないくらいあるね。静内、多いね。圧倒的に多い。藤本英夫さんが掘ったんだよ、この静内は。数は約二〇〇を超えてるよ、これ。テッサさん！　どこにいるの？……江別も出てきた、……私たちは千島列島の五三体はどうしても返還したい。返還というか、色丹島に遺留品を返したい、……交流したい……。千島列島もそう、私はどうしてもこの事業を成功させないと国際的な問題は何も解決しないよ。ですから、映像と写真だけは撮っておいてよ。」

（テッサ）「これらは、いつころ、ここに入りましたか？」

（隆吉）『動物実験室』からこの地上に降りて、今年で二三年目です。……もう一つね、忘れてた、この人骨の副葬品は、児玉作左衛門という教授のコレクションになってしまった。だから、ここには、もう何もないの……。」

（参加者）「函館に行っているんですね？」

（隆吉）「函館や白老から借りてきて、毎年なん百何か賃料を払って、そのコレクションは現在、白老（アイヌ民族博物館）で一部を見ることができます。賃料を払ってだよ？　どういうこと、これ？　アイヌの埋葬では、頭骨と身体骨と、本来はそこに副葬品がなければならないの。ここに副葬品がないことは、どういうこと？」

（納骨堂裏手のヌサ場で）

「そこにイナウがありますが、それをワンコがね、野良犬がイナウをくわえて構内を歩くということで、大学は、これを設置するのはいいが（儀式が終わったらすぐ）撤去せよと言ってくるんです。今のところ私たちは、これは撤去しないできていますがね。こういう自分たちの大切な聖地がね、このような状況で北大のキャンパスにあることをぜひみなさんに知ってほしかった。テッサさんはね、映像も使う、文字も使う、インターネットで今日のフィールドワークの全容を世界に知らせると言ってくれました、お願いします！」

隆吉さんの話を聴いて、私がいちばん納得いかなかったのは、そのような重要な施設がキャンパスにあり、しかも、毎年、そのようなイチャルパが行われているのに、そのことを全学に知らせようとしない北大の態度であった。隆吉さんに教えられて、初めてその催しに出てみると、北大からは、一部の「関係者」が参列しているだけだった。

慰霊祭が行われていることを事前に知れば、また、そこに納められている遺骨が、アイヌの人々の墓地から盗まれてきたものであることを知れば、多くの教職員や学生が、遺骨を盗掘されたアイヌの人々に申し訳ないと思い、参加したいと思うにちがいない。

しかし、教育の場であるはずの北大は、そのような事実を学生たちに知らせようとしなかった。それは、二〇〇七年四月に、北大に「アイヌ・先住民研究センター」が設立された後も、変わらなかった。すでにその二年前、当時の中村睦男総長は、「これまでの本学とアイヌ民族との歴史的経緯を踏まえ、民族の尊厳を尊重しつつ、アイヌをはじめとする先住少数民族に関する全国的・国際的な研究教育を実施することが本学の『責務』である」と宣言して、この研究センターをつくろうとしておられた。私はその言葉を素直に信じ、センターができれば、状況が大きく変わると思っていたのである。しかし、アイヌの名前を掲げるセンターができても、「アイヌ納骨堂」の管理やイチャルパの運営にセンターが関わることはなく、一般の教職員や学生に、イチャルパの開催が周知されることもなかった。北大キャンパスは、札幌の観光地の一つであり、多くの観光客が訪れる。北大もそのために、きれいな「キャンパス・ガイドマップ」をつくって無料配布している。しかしその地図に、「アイヌ納骨堂」は、いまだに記されていないのである。

(2)「古河講堂」

次は、北大正門に近い「古河《ふるかわ》講堂」である（写真17）。写真の手前で、隆吉さんの話を聞いているのは瀧澤正さんだ。北海道の近代史の研究者であり、長く隆吉さんの「共有財産裁判」を支援し、その後、隆吉さんからの丁寧な聞き取りを中心に隆吉さんの自伝『おれのウチャシクマ』（小川、二〇一五）をまとめられた方である。ここでの隆吉さんの説明は、要約すると、以下のようなものだった。

「考古学者の吉崎昌一教授が一九九五年三月に退官したあと、部屋を整理したら、旧標本庫からも人骨が段ボール箱に入れられたまま出てきた。これも、大変な問題だった。一つは『韓国東学党の頭領』の頭骨と墨書きされていて、これは、日本からの独立を求めて戦った『東学党』の無名の党員のものとわ

写真 17　古河講堂前で説明する小川隆吉さん。右は、瀧澤正さん（2006.5.21）

かった。『東学党』の運動を詳しく調べられた文学部教授の井上勝生《かつお》さんほかの努力によって頭蓋骨は韓国に返還され、今は全州歴史博物館に収蔵されている。ほかの人骨には、『オタスの杜・風葬オロッコ』と貼紙がされていた。こちらは田中了さんの尽力で、サハリンに返還された。私（隆吉さん）も、その返還に立ち会って、旧オタスの杜まで行ってきた。また、『寄贈頭骨出土地不明』との貼紙があった頭骨は、返還先がわからないので、二〇〇六年に、浄土真宗本願寺派の僧侶、殿平《とのひら》善彦さんのご厚意により、札幌の大乗寺に、納骨された。」

殿平さんは、北大の人骨返還問題と隆吉さんの活動について、テッサさんほかが編集された『アイヌの権利とは何か』（テッサほか、二〇二〇）という本の冒頭に、同様のことを書かれている。

一方、井上勝生さんが書かれた『明治日本の植民地支配』（井上、二〇一三）は、古河講堂から発見された『韓国東学党の頭領』の頭骨が、どのようにして北大までもたらされたかを、克明な調査によって明らかにされた名著だ。

発見された頭骨には、一枚の小さな和紙の書付が差し込まれていた。「髑髏」と題され、頭骨採集時の模様を記したこの書付に署名した佐藤政次郎とは誰か、なぜ彼が、朝鮮からこの頭蓋骨を持ち帰ったのか、井上さんは、韓国での現地調査や北大文書資料館に眠る過去の資料の探索の果てに、ミステリーを読み解く名探偵のように、日本や北大の公の歴史から隠蔽されてきた本当の歴史を明らかにしていく。そこから明らかになったのは、朝鮮半島全羅南道珍道《チョムド》での、日本軍と朝鮮政府軍による一八九五年一月の、少なく見積もっても死者三万人にのぼる東学党（東学農民軍）の大虐殺の真実であった。そして、書付を残した佐藤政次郎という札幌農学校一九期生の蔭には、札幌農学校第五代校長で、最初に「植民学」を講じた佐藤昌介の姿が浮かび上がり、さらには、同じく札幌農学校出身で、後に東京帝国大学で「植民学」を担当した新渡戸稲造と朝鮮との関係が明らかになる。そこに照らし出されるのは、明治政府による植民地支配の歴史の暗黒面である。

だが、「植民地」は、朝鮮や台湾だけではなかった。江戸時代まで「蝦夷地」つまり「アイヌ地」と呼ばれてきた北海道もまた、明治政府によって植民地化された地域だったのである。井上さんは、佐藤昌介が、なぜ札幌農学校の第五代校長になったかを、明らかにしていく。その蔭には、第四代校長だった橋口文蔵の不祥事による非職という歴史があった。橋口は薩摩閥である。初代の開拓使長官となった黒田清隆をはじめとして、北海道の開拓を主導した政府の役人には、戊辰戦争の功績から、薩摩閥が幅をきかせていた。彼らは一八八七年、北海道製麻会社、その翌年には札幌製糖会社という官営の会社を設立する。北海道の農産物である亜麻やビート（甜菜）を加工して産業を興すという「殖産興業」を目的としていた。しかし御用会社にありがちな乱脈経営で、数年後には破たんしてしまう。井上さんの綿密な調査で明らかになったことは、この二つの会社設立のために発行された株券の資本に、本来は十勝のアイヌのものであった共有財産がそっくり使われた、という驚くべき事実だった。

二〇〇八年一月一二日、北大アイヌ・先住民研究センターで行われ、結果的には、それが井上さんの最終講義のようなかたちになった講演で、私は初めてその話を聴いた。「保護法制定前夜のアイヌ民族・十勝アイヌと共有財産」と題された講演であった。配布されたB4版八頁にもわたる資料を取り出してみると、余白に井上さんの言葉の断片を必死に書き留めている。それだけ、感銘を受けたのであろう。とりわけ印象的だったのは、十勝アイヌが、十勝川の下流域を漁場として沢山の鮭をとり、その利益は今のお金にすれば何億円にもなっていたものを、北海道庁は、「十勝アイヌ共有金」とし、それを道庁の理事官でもあった橋口文蔵が流用したという恐ろしい事実であった。アイヌの共有の財産だったものを奪い、それを北海道製麻会社と札幌製糖会社の株券に換えてしまったのである。アイヌ共有金の六割五分が、アイヌの人々のまったく知らないところで、そのように株券に換えられ、数年後、二つの会社が破産すると、株券はただの紙切れになってしまったのだった。アイヌの共有金は、奪われただけでなく、開拓使の杜撰な経営によってゼロにされてしまったのである。井上さんが年表のようにまとめて下さったものに、講演を聴きながらメモしたものを併せて、書き直したのが**資料7**である。

井上さんの本だけでなく講演についても書いたのは、それが、隆吉さんの最大の闘いとも言うべき「アイヌ共有財産訴訟」とつながっているからである。古河講堂を前にした説明では、隆吉さんはあえてそのことは話されなかったが、そこで語っている隆吉さんとはどんな人か、ということを述べるには、この訴訟にふれないわけにはいかない。

隆吉さんは、一九九九年、アイヌ文化振興法にもとづいて、アイヌの共有財産の返還を求める訴訟を、自ら原告団長となって、他の二三名の原告とともに起こした。裁判の詳細は、『アイヌ民族共有財産裁判の記録』編集委員会（編）（二〇〇九）にまとめられている。井上さんや瀧澤さんは証人として出廷、ここに紹介したような内容を証言されたのだった（小笠原、二〇〇四）。この訴訟で隆吉さんたちが訴えたことは、奪われたのは「民族の共有財産であり、それは個人のものではなく、アイヌ民族すべての財産だ」という点である。簡単に言えば、「それを、アイヌ全体に返せ」ということだ。

だが、地裁も高裁も、そして最高裁も、それを認めることはなかった。そもそも「集団としてのアイヌ民族」を認めないというのが、日本政府の一貫した立場である。それを認めたとたん、これまで隠蔽してきたあらゆる問題が前面に出て、その対応を迫られるからである。しかし、逆に言えば、それを認めさせることが、アイヌの権利回復にとっては最大の課題とも言える。問題なのは、本来、アイヌの人々を代表するはずの組織が、いまだにできていないことであろう。あたかもアイヌの代表のようなかたちで存在してきた「北海道ウタリ協会」は、隆吉さんたちの訴訟を全面的に支援することもなかった。シレトコ世界自然遺産問題でも繰り返されたことが、ここでもなされてきたのである。

古河講堂にもどれば、そこでは、なぜそれが「古河講堂」と呼ばれ、北大の最も古い建物の一つとなっているかということが、エコツアーの説明では、欠かせない。井上さんの本に詳しく書かれているように、また最近では、小田《おだ》博志さんが、『北海道大学もう一つのキャンパスマップ』（北大ACMプロジェクト編、二〇一九）という本の中で一般にもわかりやすく解説してくれたように、このアメリカ風の木造建築こそ、古河鉱業からの多額の寄付でつくられたのであった。

小田さんは、偶然この建物の中に研究室をもたれたことから、その負の歴史を調べ、前述したアイヌの遺骨返還運動でも大きな役割を演じておられる。それらの記述によれば、一八九一年、第四代校長の橋口文蔵が、不祥事で校長を辞める事態になったことから、札幌農学校は、存立の危機にあったのだった。そこには、一八八六年の「北海道土地払下げ規則」の公布によって、和人の大地主が、多くの小作人を雇うかたちの農業が生じてきたという背景もあった。本来、クラークやケプロンなどのお雇い外人教師を高額の給料で招き、北海道にアメリカ型の大農経営を植え付けようとした札幌農学校の役目は、終わったともみなされかねない状況になっていたのである。日清戦争による国家財政の圧迫もあった。こうしたなかで、金のかかる札幌農学校は廃止し、実業学校に降格させるという案も出ていたのである。

それを救ったのが、一九〇六年、古河鉱業からの一〇六万円という多額の寄付金だった。そこには、一八九一年の帝国議会で、古河鉱業が経営する足尾銅山の鉱害問題を糾弾する田中正造の質問に始まる鉱害紛争があった。田中による天皇への直訴（一九〇一年）は、大きな社会的反響を呼んだ。足尾銅山からの鉱毒の流下や、二酸化硫黄による煙害は、日本最初の大規模な環境破壊であり、後に公害の原点とも呼ばれるものであった。煙害によって森林が枯れ、ハゲ山になったことで、一八八六年には、大規模な水害が生じた。鉱毒や洪水を下流域である首都圏にもたらさないために、渡良瀬川と利根川の合流点には大規模な遊水池を造る計画が立てられた。合流点周辺にあった谷中《やなか》村の住民は、鉱毒で水田に大きな被害を受けた上に、立ち退きを強制された。田中正造は、一九〇七年の強制収用によって村民が土地を奪われるまで、谷中村民とともに政府と闘ったのである。

そのような足尾鉱毒事件によって、古河鉱業の名は地に落ちていた。当時、古河鉱業の副社長であった原敬《たかし》は、その後、内務大臣を経て総理大臣にまでなるが、古河鉱業の汚名をそそぐために、このような多額の寄付を行うことを立案した。友人であった佐藤昌介の札幌農学校が危機にあることを知り、その救済のために、寄付金の一部を充てたのである。こうして、札幌農学校は、実業学校への降格を免れ、東北帝国大学農科大学となり、佐藤昌介はその初代学長となったのだった。

北大キャンパスの中ではひときわ目立つ洋風建築の古河講堂の蔭には、日本の近代化の裏側にあった最大の公害、足尾鉱毒事件が隠れているのである。アイヌの遺骨問題も、北海道を「無主の地」としてその土地をすべて奪い、和人にはそれを大規模に払い下げ、北海道の資源をすべて「近代化」のために利用しつくした歴史を、その建築的には美しい木造の講堂は秘めていたのである。

井上さんのつくられた年表（**資料7**）は、アイヌ共有財産を奪われたことに対して、十勝アイヌをはじめ、全道のアイヌが激しい抗議行動を起こしたことを記録している。とくに、沙流《さる》アイヌであるサンロッテーが、一八九五年に帝国議会で、自分たちの地域の問題だけでなく、十勝アイヌから奪われた共有金問題を強く抗議していることは、アイヌが地域を超えて連帯して闘ったことをよく示していると言えよう。しかし政府は、その四年後、一八九九年に、「アイヌ保護法」、すなわち「北海道旧土人保護法」を制定し、それにもとづいて、アイヌの共有財産はすべて北海道庁長官が管理するものであると規定してしまうのである。この意味で、「アイヌ保護法」は、その名称とは裏腹に、アイヌの権利、財産を合法的に奪い去るものであった。すでにその前年には、「北海道国有未開地処分法」が発布され、和人に払い下げられる土地の上限を一人五〇万坪、それ以上も可能、としていたが、「保護法」によって、申請すればアイヌに無償で与えられることになったのは、わずか一万五千坪以下であった。しかも、アイヌがそれまでに所有していた土地も含め、これらの土地の譲渡権や抵当権の設定は、北海道庁長官の許可なしにはできなくなってしまったのである。

『アイヌ政策史』（高倉、一九四二）の大著で、高倉新一郎は共有財産問題を扱いながら、アイヌ民族からの抗議運動や、十勝アイヌの共有金の橋口による流用などについて、あいまいにぼかしていると、井上さんは強く批判しておられる。「歴史」は、つねに為政者、権力者に都合よく書かれていくのだ。しかし、井上さんのような歴史学者が過去を丹念に調べていくと、和人の中にも、アイヌの側に立って「保護法」に反対した上野正のような人がいたことが明らかになってくる。彼は、対雁《ついしかり》の「アイヌ民族組合長」だった。佐藤政次郎と札幌農学校で同期だった蠣崎《かきざき》知治郎も、「保護法」への反対意見を述べていた。この蠣崎が、有島武郎の親友であったことも、井上さんの本には書かれている。有島は未完の長編となった『星座』の時代背景を「保護法」が成立した年に設定し、蠣崎をモデルにした人物も登場させ、また主人公には、「植民学」を教えた佐藤昌介の「農政学」の講義を批判するような言葉を語らせていた（井上、二〇〇九）。有島は、彼の同級生だった札幌農学校の一九期生たちと、その年、千歳川に遠足に行き、現在「インディアン水車」のある場所にあった官営孵化《ふか》場を見学している。官営孵化場が千歳川に設けられたのは一八八八年であった。

すでに一八七六年に、開拓使は道内の河川における「テス」漁や夜間の鮭漁を禁止する布達を出していた（山田（伸）、二〇〇五、二〇一二／小山、二〇一二）。アイヌによる鮭漁は、事実上、禁止されたと言ってよいであろう。

札幌農学校二期生で、新渡戸稲造と同期であった内村鑑三は、卒業後、開拓使水産係となり、一八八二年に、千歳川の視察に行く。そこで彼が見たのは、千歳アイヌが、コタン（村落）ぐるみで、九万尾もの鮭を密漁している現状であった。しかし、内村は、鮭はアイヌにとってなくてはならないものであり、伝統的なテシ（川に木や蔓などで仕切りを入れ、遡上してくるサケを止めるアイヌの伝統的な漁獲装置、テスと書かれることもある。日本では簗《やな》に相当する。留網の一種であるが、山田伸一さんは後掲論文で、文献における両者の区別に注意を促しておられる）を使うアイヌの鮭漁は許可すべきであり、アイヌ民族と和人の協同的な鮭漁を推進すべきとの「視察・復命書」（内村、一八八二）を提出するのである（井上、二〇一七）。しかし、内村の提案は却下されてしまう。山田伸一さんは、開拓使による「テス」漁や「夜漁」の禁止は、鮭の資源保護も視野に入れたものであり、『資源保護』ではなくて、先住民族の生業否定といった枠組みで論じることには抵抗を感じる」と書かれている（山田（伸）、二〇一二）。確かに、開拓使の施策は、北海道の鮭資源を、「日本」にとっての重要な資源と看做したための措置であったであろう。しかし、それは、結局のところ国家の資源確保を優先するために、アイヌの生業を否定したということに他ならない。内村は、留網を禁止しても、かえって収穫が減少していることを挙げ、網を恐れなくなったウグイが鮭の卵を食べていることを指摘して、「資源保護」という開拓使の言葉に疑問を呈してもいるのである。「夜漁」については、アイヌの伝統的な鮭漁が夜間に行われるものだったから、山田さんも、それが「アイヌの生業の否定」であるとされている。

内村が開拓使に辞表を出したのは、翌年四月であった。役人の無能や腐敗に嫌気がさしたことが大きな要因であろうが、この一事も、そのきっかけの一つだったのではないか、と井上さんは前掲著書で指摘されている。内村はその後、日本から逃れるようにアメリカに留学するが、帰国後は、田中正造の谷中村での運動を支援するのである。一方の有島武郎は、薩摩閥であった父親が、その地位を利用して払い下げられた広大なニセコの土地に開いた有島農場を小作人に開放することで、「北海道国有未開地処分法」そのものを自ら否定したのだった。

今、北大キャンパスには、佐藤昌介や新渡戸稲造の胸像が建てられている。しかし有島や内村を記念するものは何一つない。新渡戸には、もちろん、留学後、札幌農学校教授となっていたとき、メァリー夫人とともに、遠友夜学校という夜学をつくり、貧しい若者の勉学のために尽くしたというすばらしい側面もある。しかし、アイヌや、朝鮮、台湾などの植民地政策に関する限り、新渡戸は佐藤昌介とともに、明治政府の手足となって働いたのである。そのような者だけが顕彰されている、という事実が見えてくるのも、サッポロ・アイヌエコツアーの面白さであろう。橋口文蔵らの乱脈経営によって倒産したために売却された札幌製糖会社のレンガ造りの立派な工場は、札幌麦酒会社に買い取られ、現在は札幌ビール園のビアガーデンとなっている。だから、このエコツアーでは、最後にそこに行ってみるのもいいかもしれない。

二〇〇八年には、「アイヌ納骨堂」に納められている遺骨の台帳が発見されたが、北大はその公開を拒んだ。隆吉さんたちは、その開示を求めて闘い、ようやく一部が開示されると、「北大開示文書研究会」をつくってその解読につとめた。

二〇一二年、隆吉さんは、同じ日高の杵臼《きねうす》コタンで生まれた城野口《じょうのくち》ユリさんとともに北大総長に面会を求めたが、それも拒否され、怒った二人は、遺骨の返還を求める訴訟を起こした。三年半にわたる裁判は和解で決着し、二〇一六年八月、一二体の遺骨が、杵臼コタンに返還され、隆吉さんたちによるカムイノミをされて、埋葬された（北大開示文書研究会編、二〇一六）。しかし、それ以外のアイヌ人骨一二〇〇体と二〇〇余箱は、二〇一九年末、新たに白老に国がつくった「民族共生象徴空間（ウポポイ）」の慰霊施設に移されてしまった。ウポポイの問題点についてはすでにふれたが、ここでも、隆吉さんをはじめとする、裁判に訴えても国と闘おうとするウタリ（同胞）を、組織として支援しようとしてこなかった北海道ウタリ協会（現・北海道アイヌ協会）の姿勢が問われている。それは、結局のところ、アイヌが、すべてのアイヌの意思を反映できるような代表組織をもっていないことに起因すると言えよう。それをどのように構築するか、それはアイヌだけで解決できることではない。もちろん主体はアイヌであっても、それを実現するためには、国の支援が不可欠であろう。アイヌと和人が、協働しなければできないことである。そこに「新しいアイヌ学」の果たすべき重要な役割があると思う。

（3）北大遺跡保存庭園

「遺跡保存庭園」は、北海道大学の広大なキャンパスの北西端にある。「遺跡」は三〇カ所以上もの竪穴住居跡で、夏には生い茂る草でよく見えないが、地表面を掘り下げた竪穴が密集している。その入り口に、北大の立てた看板（写真18）があり、要約すると「明治年間の絵地図にも、無数の竪穴住居跡が描かれていたが、一九五二年には一部が調査されて古代の遺跡であることがわかった。一九八〇年からの埋蔵文化財調査により、これらの村落跡は奈良時代から平安時代にかけてのものであることが判明した。北大では、この貴重な遺跡を保存するために整備し一般に公開することになった」というような説明が書かれている。看板に「アイヌ」の文字は全く書かれていない。しかし、この看板が説明するように、奈良から平安時代にかけての遺跡であるなら、それは現在の考古学の視点からは、続縄文後期から擦文文化期（六、七世紀〜一一、一二世紀くらいまで）の遺跡である。**第5章**で詳しく論じるように、北海道の歴史・考古学の年代区分では、擦文文化期の後、ほぼ一二世紀から江戸時代末までが「アイヌ文化期」とされ、それより前の時期には「アイヌ」は登場しないので、この遺跡は「アイヌ」とは無関係な遺跡とされてしまうのである。テッサさんを交えた六月のツアーでの隆吉さんの語りは以下のようだった。

写真18　「遺跡保存庭園」のアイヌを無視した看板（2006.5.21）

「この案内板は、いつ作られたのか。それはね、じつは古いのです。だけどね、市民に公開された状況は、ここに北海道大学遺跡保存庭園、北区八八景の財産として、これを表示したのが平成一四年四月と、これが市民に公開する表示の案内板です。あのね、アイヌのことがまったく書かれていないこと、三六カ所の竪穴は、これはアイヌの大群落、大都市です。最も生活の豊かなこのサクシュコトニ川で、

写真 19　擦文アイヌ文化期の竪穴で、カムイノミをする小川隆吉さん（先住民サミットのツアー時：2008.7.5）

こういうのは札幌近郊に何百とあったのだけれど、これほど大きい群落として残ったのはここだけです。私が言いたいのはね、皆さんはこの遺跡保存庭園という名前を聞いたら、水戸の偕楽園、金沢の兼六園をイメージするでしょう。この私の結論を言うと、ここは実は「放置」公園なのです。先日の思わぬ台風でね、木も倒れたけど、いかに放置してきたかを見てよね、ここに立っているのは、竪穴住居跡という標柱が立っていますね。この標柱がね、中に入るともう何もない。学生がね、抜いて、キャンプファイアーでぜんぶ燃やしてしまったの。しかしね、聞いて。たった一個だけ、私のうちの倉庫に入っています。もう、最後の一本ね、私がここから黙ってもっていったの（笑）。じゃあ、中に入りましょう。」

「竪穴住居の跡が両サイドにありますが、木と草で全く現状を確認することはできない。あのね、ここがこの竪穴住居の群落の中心です。私たち札幌支部は、毎年一〇月にここ札幌大集落の場を借りて、カムイに感謝するアイヌ文化の聖地として、供養をする、そのためにイナウが立っています。」

第4章で述べる二〇〇八年の「先住民族サミット」に関連してやったツアーでは、偶然、北大が、事前に草刈をしてくれていて、竪穴がはっきり見えた。**写真19**は、その時に、正装して先祖への敬意を払いながら、竪穴の中心で説明する隆吉さんである。隣接してつくられたイナウを捧げる場所では、石井ポンペさんが説明した。**写真20**はその時のものである。ただし以下は、テッサさんを迎えたツアーでのポンペさんの説明だ。

写真20　竪穴の近くにつくったヌサ場で、説明する小川隆吉さんと、クッタㇻ（イタドリ）の笛を吹く石井ポンペさん（先住民族サミットのツアー時：2008.7.5）

「今から二〇年前、私たちはここにアイヌの看板をかけたことがあります。かつては、私たちアイヌが、書いた横一メートル×高さ三メートルの看板が、いま、立っているこのタモの木の下にあったのです。そうすると、これがエアーライフルで撃たれて看板がボロボロになる。その（看板の）木は、もう二〇年も経ってしまうと地下に眠ってしまう。そういうこともありました。この遺跡庭園を私たちが守ろうとするとどんどん壊されていく。そこにあるイナウですが、私たちアイヌがイナウを立てるとそれも燃やされる。投げられる、もっていかれる、そういう状況がずっと続きました。私たちは、ここをきちんと私たちアイヌが守りたいと、北大の学長に申し出ました。学長の通達でいま、イナウは完全に残っていますが、そうでないと、これもどんどん燃やされてなくなるわけです。今日、私は、小金湯の自然水、湧き水を汲んできました。それを今、小川さんは先祖にあげようとしています。あとは、小川さんのお話をお聞きください。」

「みんな来たね。みなさんを代表してカムイに向かって捧げます。かつてこのあたりを流れていた川ではないけれど、私たちが生活館をつくってがんばっている小金湯の近くに流れ出ている河から水をもってきました、ですからこれをカムイに捧げます。」

（イナウの前で、ワッカ（水）を捧げる。）

ポンペさんの話にあった看板とは、札幌在住のアイヌ民族の有志が、一九九一年に「アイヌ民族史跡保存会」を結成、大学当局に遺跡の保存と、そこでのシンヌ・ラッパ（祖先供養）の実施を申し入れるとともに、そこに立てた「古代アイヌ竪穴住居跡地盛衰史」と題する大きな看板のことだ。彼らはそこに、**資料8**に示すような文章を綴った。

この看板の文章を書いたのは、看板に名前のある貝沢勝幸さんと伊藤稔さんであった。通常は、伊藤ヌプリと、アイヌ名で呼ばれていた伊藤さんは、私が、遺跡庭園でアイヌエコツアーをするとよく現れ、当時のことを語ってくれた。また、看板を作った当時の古い写真や資料を何度も郵送して下さった。私が、今、この本を書いているのは、ヌプリさんのそのような心に報いるためでもある。ヌプリさんがどうしても伝えたかったこと、それを聞いた者は、伝える義務があると思うからである。看板を作ったヌプリさん、隆吉さん、ポンペさん、二風谷の山道康子さんが看板を囲んで一緒に写っている古い写真のカラーコピーもあった。

「四千年前以降の古代アイヌの遺跡」と、ヌプリさんたちは書いている。これは、彼の資料によると、ヌプリさんたちが、前述した考古学者の吉崎昌一さんに遺跡の年代を訊いたところ、縄文期、四千年前くらいと言われて、そう書いたもののようである。古河講堂の遺骨問題では、重大なミスを犯した吉崎さんであるが、一九九〇年当時、ヌプリさんたちの質問に答え、また彼らが遺跡庭園にそのような看板を立てることを、当時の廣重力総長にかけあって許可を得るために尽力したのも吉崎さんだった。アイヌの活動家、結城庄司さん（幸司さんの父）が、豊平川で、その年、初めて遡上してくる鮭をカムイに捧げる「アシリチェップノミ」を復活させることに協力したのも吉崎さんだったという。人間は多様であるが、一人の人間も多様なのであり、吉崎さんがそのように、アイヌの側に立って行動されたことも事実なのである。問題となった遺骨は、吉崎さんの先代の名取武光教授の時代から標本庫に入っていたもので、彼としては迷惑千万なものだったのであろう。もちろん、だからといって、それを長年にわたり放置していた責任は免れないとしても。

北大の中の遺跡は、吉崎さんが言ったように、縄文期からの歴史をもつものが多い。しかし、遺跡庭園の地表で見られる竪穴住居跡は、縄文期のものではなく、考古学的には、擦文文化期のものである。その後、隆吉さんや、ヌプリさんたちが先祖供養の儀式を遺跡庭園でしようとすると、北大の考古学者たちは、「ここは擦文文化期の遺跡なのだから、アイヌとは無関係であり、そこでアイヌが儀式をするのはおかしい」と異議を唱えた。**第5章**で詳しく述べるように、考古学的には、「アイヌ文化期」は、「擦文文化期」の後であり、北海道の歴史において、「アイヌ」という言葉が出てくるのは、「アイヌ文化期」しかないからである。だから、擦文文化期の遺跡はアイヌとは無関係、というのが考古学者の言い分なのであった。だが、アイヌの人たちの視点からすれば、アイヌは、この北海道にずっと生きてきたのである。いくら考古学者が、「擦文文化」とか「続縄文文化」とか区別しても、ずっと北海道にはアイヌがいたのだから、それらも、みんな、ある時期のアイヌの文化なのだ。だから、それをつくった先祖への儀式をするのは当然の権利だ、と隆吉さんたちは主張したのである。儀式を行うことは北大に黙認させたものの、北大が立てた遺跡庭園の看板は書き換えられず、そこにはアイヌという文字は一言も書かれなかった。そして、ヌプリさんたちが立てた看板も、間もなく壊され、撤去されてしまったのだった。

二〇〇四年九月、私は、出版されたばかりの『ラディカル・オーラル・ヒストリー』（保苅、二〇〇四）を書店で見つけ、読んで感銘を受けていた。同年四月、わずか三三歳で、亡くなってしまった研究者、保苅実（ミノル）さんの博士論文をもとにした遺著である。「オーストラリア先住民族アボリジニの歴史実践」という副題のとおり、ミノルさんは、調査のためにオーストラリア北西部に住む、グリンジという先住民族の人たちと一緒に暮らした。とりわけ、その長老であるジミー・マンガヤリさんの語る物語り（オーラル・ヒストリー）に、徹底して寄り添い、そこで語られる「歴史」と、アボリジニではない者たちのつくる「歴史」、アカデミックな「歴史」とのズレの中にこそある意味を明らかにしようとした画期的な書物であった。自身が歴史学者でありながら、アカデミズムや歴史学者による「過去の独占」を批判し、先住民族や、普遍的な歴史からはこぼれ落ちてしまう一人ひとりの生きた歴史、生きられた歴史に寄り添う姿勢を、彼は貫いたのである。そうやって、先住民族と、ともに「歴史をつくっていく」こと、それを保苅さんは、「歴史実践」と呼んだ。

　グリンジの人たちの物語る「歴史」では、たとえば、白人の牧場主から、自分たちの土地を取り返す運動を始めたとき、ケネディ大統領が支援に来て助けてくれた、とか、大洪水は、アボリジニの神話にあるレインボー・サーペント（虹の蛇）が起こしたものだとか、歴史学者が書く「歴史」では、あり得ないような「歴史」が語られる。だが、ミノルさんは、それを神話や、勝手なつくり話とはとらえず、あくまで、それがグリンジの人たちの「実践する歴史」であると捉え、それを否定することなく、そこに寄り添いながら、その意味を考えていくのである。当然、正統的な「歴史」や「史実」と、このような「歴史」の間には大きなギャップがあるが、ミノルさんは、その境界、ギャップに身を置き、「ギャップ越しのコミュニケーション」を図ろうとするのだ。

　グリンジの人たちの語る「歴史」とアカデミックな「歴史」とのギャップに比べれば、北大遺跡保存庭園でアイヌの人たちの語る「歴史」と、考古学者・歴史学者の書いてきた「歴史」とのギャップは、まだ小さいと言えるかもしれない。しかし、ある意味では、それは同じように大きな裂け目となって、この地に生きて来た人たち（アイヌ）と、その「歴史」を切り裂いているのである。考古学者・歴史学者の決めた「アイヌ文化期」という時代区分は、「アイヌ」という言葉を一二世紀から江戸時代末までにしか使わないことによって、「アイヌ」を矮小化し、過去のもの、過去のある一時期にしか存在しなかったものと人々に思わせる文化装置であり、結果的には、政治的な装置になっているからである。

北大遺跡保存庭園は、私にとって、考古学や歴史学というアカデミズムのつくりあげてきた「歴史」と、アイヌの人たちが自ら考える、アイヌの「歴史」とがせめぎ合う場になったのだった。その時、自分はどちらに付くのか、という問いかけが私にも突きつけられていた。前述した小田博志さん編集の本でも、残念ながら、遺跡庭園については考古学からの説明しかされていない。考古学から見れば、竪穴住居跡は、整理番号がふられた遺跡にしか過ぎない。しかし、アイヌの人たち（すべてとは言わないが）から見れば、それははるか昔から、祖先たちがそこで暮らした「聖地」なのである。歴史学者としてのミノルさんが直面した問題は、そのまま地理学者として、この北海道をどうとらえ、記述するか、という私の疑問に重なりあうものでもあった。

最初にこうした問題を考えさせられたのは、一九九九年、アメリカのスミソニアン博物館が開催した『アイヌ　北方民族のスピリット』という大規模な展示のための大部な図録に、「アイヌモシリの自然環境」について書くように依頼された時である。それまで私は、北海道の自然環境は、ただ最終氷期以来の気候変化に応じて形成されてきたものと単純に考えていた。しかし、ちょうどその頃、地理学者の氷見山幸夫さんと有薗正一郎さんが、ＧＩＳ（地理情報システム）という新しい手法を使って復元された一九六〇年代の北海道と、その百年前の蝦夷地の土地利用図を見て、そのあまりの違いに驚かされたのである。これは「近代化と日本」というプロジェクトの一環としてなされた研究であり、後に大判の本（西川、二〇〇九）にまとめられた。そこには日本全国での百年間の土地利用の変化が示されていたが、北海道ほど大規模な変化があった地域は、沖縄以外にはなかったのである。それこそ、北海道と沖縄が、そろって明治政府により植民地化された結果を示すものであった。このことに初めて気づかされ、スミソニアン博物館の図録にもそのカラーの図を載せた（Ono, 1999）。また、『たたかう地理学』にも同じ図を載せて、その意味を説明した。北海道の平地の大部分を占めていた混交林（落葉広葉樹林に針葉樹が混じる森林）は、大規模に伐採されて、トドマツやカラマツの針葉樹林に変えられ、また森林が伐採されたところは、広い牧場や畑、水田に変えられた。「自然が豊か」と呼ばれる現在の北海道の「自然」とは、明治以来の植民地政策による「アイヌモシリ」が破壊されたあとの姿だったのである（小野、二〇一三 a）。

そのような、植民地政策の明らかな影響を踏まえながら、私の場合は、**第5章**で述べるように、むしろ、あえて考古学者・歴史学者の土俵にのることで、「正統」とされてきた「歴史」に異議を唱える方法を選んだ。しかし、考古学や歴史学が無視してきた「生きているアイヌの人々」「話された空間に消えていったコトバ」を、最も重要な「歴史」「実践された歴史」と考える点では、私もまた、ミノルさんが示してくれた道を目指していたのである。彼の「Doing History !」という呼びかけに励まされて、私も、『たたかう地理学』のなかで、「Doing Geography !」と言ったのだった。

（4）対雁《ついしかり》

北大キャンパス内のツアーが終わると、今度は、車で、札幌郊外の対雁まで移動した。そこには、サハリン（樺太）から、北海道に強制移住させられたアイヌの人たちのお墓がある。また、その強制移住の要因をつくった榎本武揚の記念碑もある場所である。隆吉さんが、ここをぜひ、サッポロ・アイヌエコツアーのなかに入れてほしいと言われたのは、「日本」によって翻弄された樺太アイヌの歴史と、それを行った側の和人の歴史が、そこに凝縮しているからであった。**資料9**は、このときつくったガイドブックの表紙である。明治二九年（一八九六）につくられた北海道ではいちばん古い五万分の一の地形図で、対雁の周辺を示したものである。マイクロバスを使ったツアーの利点は、移動中にも、車内でいろいろな説明ができることである。この日も、北大から対雁への移動中、テッサさんからは樺太アイヌや、その強制移住についての説明があり（**写真21**）、『データベース　アイヌ語地名』（榊原、一九九七など）を書かれている榊原正文さんからは、対雁のアイヌ語地名などについての説明がなされた。およそ、以下のような内容であった。

写真21　バスの中で説明するテッサさん（2006.6.25）

対雁は、アイヌ語では、「トゥ（元の）イシカリ」という意味である。「イシカリ」については諸説があって不明だが、「カリ」というアイヌ語は「自ら曲がっていく」という意味なので、曲流（蛇行）に関連した地名であったかもしれない。**資料9**に示す地形図では、豊平川が石狩川にこのあたりで合流するようになっているが、現在の豊平川は、一九四一年に人工的に流路を変えられ、石狩川のもっと下流で合流するようになった。しかし一八世紀くらいまでは、豊平川は、今の豊平橋のあたりから、現在、伏古川（ふしこがわ・アイヌ語でフシコペッ、旧川という意味）

と呼ばれている川の流路に入って北に流れていた。ところが、一八〇〇年頃の大雨で豊平川の右岸が決壊し、川は北東に流路を変えて、この**資料9**の地図のように、対雁のあたりで石狩川に注ぐようになった。なぜかといえば、もともと、そこに昔の石狩川が流れた跡が残っていたからである。

豊平川の地名は、アイヌ語の「トゥイ（崩れ）ピラ（崖）」に由来するが、それはこのときの決壊を意味するのかもしれない。つまり、**資料9**の地形図に見える豊平川の曲がりくねった（蛇行した）流路は、豊平川がつくったのではなく、もとは石狩川の旧流路の一つだったのである。つまり大昔は、石狩川がこの豊平川の方に流れていたわけで、だから流れの方向は豊平川とは反対だったことになる。現在、公園になっている「モエレ沼」も、昔の石狩川が蛇行した跡が、沼として残った場所である。

開拓使は、この石狩川と当時の豊平川の合流点付近に、樺太から強制移住させたアイヌを住まわせようとした。明治八年（一八七五）五月、ロシアの首都、サンクト・ペテルブルクで、明治政府の特命全権大使榎本武揚は、ロシアとの間に千島・樺太交換条約を結んだ。国境が決まらず、紛争も起きていた樺太（サハリン）を日本が放棄し、代わりに、北千島を領有する、という条約であった。しかし、こうした国家と国家の間の条約によって、それぞれの地にもともと住んでいたアイヌなどの先住民族は、三年以内に国籍を日本にするかロシアにするかを選ばされ、選んだ国籍の地に移住することを強制されたのである。アイヌのうち八四五人は、日本国籍を選んだ。宗谷海峡をはさんだ対岸の稚内の近くに移住できるという話になっていたからである、それなら、自然環境もあまり変わらず、これまでの生活を続けていけると思ったのであろう。しかし、開拓が進む札幌周辺での人手が欲しかった開拓使長官の黒田清隆は、移住してきた彼らを、翌年、この対雁に強制的に移住させたのだった。それに反対したのが、明治六年に「大判官」となっていた元庄内藩士の松本十郎である。彼は、最初、根室の開拓事業を担当していたが、アイヌを差別しなかったことから、アイヌにも慕われ、アイヌの衣服である「アットゥシ」を着ていたので、「アットゥシ判官」と呼ばれたほどであった。黒田と激しく対立した松本十郎は、アイヌの嘆願を認め、広く日本海岸からオホーツク海岸の一部にまで漁場を与えようとした。それが入れられないと、怒って開拓使を辞め、郷里の鶴岡に帰ってしまった。

隆吉さんの語り。

「ここは、あらかじめ、樺太アイヌの代表六、七名が（稚内周辺の最初の移住地から）現地を見に来ています。蛇行する（石狩）川を遡ってきて、この地に至って、これではとてもじゃないが我々はやれないよ、ということをさきほど、テッサさんが申し上げたとおりです。彼らは、ここには行かないよ、と開拓使に嘆願書を出したにもかかわらず、結局ここにむりやり連れて来られました、そして、ほとんどが死んだのです。」

死んだ原因の多くが、明治一二年と、一九〜二〇年にこの地に蔓延したコレラによるものだった。明治一二年には七六人ほどが罹患して、三四、五人が亡くなった。

明治一五年（一八八二）、アイヌの人たちを強制移住させた開拓使は廃止され、北海道庁ができた。それは、樺太から移住させたアイヌに対する「保護」の打ち切りでもあった。開拓使は、彼らに農地や農具、種を与えて、開拓させようとした。しかし、もともと漁民であった樺太のアイヌたちは、農業を望まず、石狩川や石狩湾岸での鮭漁をさせてもらうことを嘆願していた。アイヌたちは対雁移民救済組合を結成し、近くに漁場を得ようと運動する。それを助けたのは、北海道庁を辞し、アイヌのつくった組合で働くようになった上野正であった。すでに、「保護法」への反対運動のところでもふれた人である。上野の努力もあって、アイヌたちは、対雁から約四〇キロメートル下流の来札（ライサッ）という場所に共同漁場が与えられ、多くはそこに移り住んで漁業をしていた。ところが明治一九〜二〇年には、そこをコレラが襲い、三百数十人もの死者を出したのだった。川沿いに多くのアイヌが密集して住み、栄養・衛生状態がひどかったことが、多数の犠牲者を出した原因であろう。亡くなったアイヌを弔い、墓をつくったのも上野であった。松本や上野のように、アイヌの側に立って政府と対立し、活動した和人がいたことは、暗い歴史の中でせめてもの救いである。そこに、今も、アイヌと和人が力を合わせることで、よりよい社会、平等な社会をつくっていけるという希望を私は抱く。

漁場経営は大変であったが、それでも、利益を上げていた。ところが、アイヌが上げた利益の一部は、蓄積金という名目で、道庁に納めさせられた。このアイヌの「共有財産」も、アイヌの意思を無視して、北海道が勝手に処分してしまったのだった。日露戦争で日本が勝利し、南樺太が日本の領土となると、生き残った樺太アイヌは樺太にもどっていった。あとには、アイヌの人たちに与えられた農地が残ったが、それらも、蓄積金とともに北海道のものとされてしまったのだった。

ツアーで訪れたのは、馬に乗った榎本武揚の立派な銅像が立つ「榎本公園」である（写真22）。強制移住と、対雁のコレラに関する隆吉さんの語りは次のようなものだった。

「この像は、開道百年に建ったそうです。榎本武揚は千島樺太交換条約を結んだ日本の代表です。本来、条約上も猶予期間（三年）と自由意志をもっていたはずなのに、一年以内に強制的に樺太アイヌを北海道へ移住させてしまったの。当時、玄武丸という七一四トンの船で。それからなんと三日間、船は停泊したままよ。次の船がようやく運航してきたところが、今度は北の方に向いてしまった。どこへ行くのかと思ったら、なんとこの対雁の石狩の川の中に軍艦が入ってきた。しかし、軍艦がね、入ってくるのも実はわけがあったね。それは、みなさん、知って。樺戸監獄にずっとそれ以前からね、当時の農民一揆をはじめとする政府に反対する文化人が全部、佐渡島へ、そして北海道の樺戸《かばと》監獄へ船で運んだね。

こういう実態を勉強しないでね、私たちは歴史のアルツハイマーになってしまったね。なんとかしてね、こんなことなくしてしまいたい……。この場所は、町村金吾という、のちに北海道電気事業者や町村牧場をつくった人を顕彰しているところ。この人は開拓使と連携して、このアイヌの大地を奪ってしまった。だからここに神社があったことも偶然ではないのです……。

もう時間がないね。あのね、来札《らいさつ》で、コレラになった。しかし本体の対雁小学校は、この堤防の奥側です。小学校の中に職業技術の工場をつくっています。産業と教育を両立させようという開拓使の計画、これは同時進行なのです。ですから、これからの教育現場にこういうフィールドワークは絶対に必要なのです……。

私たちの記憶で聞いているのは、ここでばたばた死んでいったといいます。コレラです。一番最初に駆けつけたのは北大の河野《こうの》常吉《つねきち》さんです。そして、そのとき札幌病院の医者と看護婦が馬に乗ってきました。ところが、コレラの場合は空気に触れさせてはいけないということで、ここから約八〇〇メート

写真22　榎本武揚像の前で説明する小川隆吉さん（2006.6.25）

ル先に、海抜約一七メートルの坊主山の下にある池、深さ二メートルくらいの池があった。ここからね、そこへ引きずっていって死体を全部、池に埋めてしまった。それが後にこの大きな堤防が完成し、こちらの土地は干拓されていった。そこが、北海道電気事業社の建った土地ですが、そこに火力発電所が昭和三六年一〇月に着工しました。そのときね、干拓した池から樺太アイヌの屍が、骨が、ブルドーザーのキャタピラで、灰が真っ白になって舞い上がった。これはだめだということで、なんとかしようとこの常吉が来ました。最終的にこの人骨は実は札幌医大に最近出てきた三〇〇体のアイヌの遺骨の中の一四体に、江別坊主山という字があって、河野常吉さんの次男、河野広道提供という名前で札幌医大に入っています。先ほど（納骨堂で）見た北大の人骨には、ここから四体、入っています。しかしね、こんな数ではないの、本当は。実は三百数十人が死んでいるんですから。それを全部、沼に埋めた。しかしこの発電所工事のときにね、こんな墓掘りに時間かけていたら請負業者がたまったものではないということで、たった一日で人骨掘りをやめてしまった。だからね、残りを発電所が完成した後に残土として埋め戻した可能性がありますね。ですからね、これから最後に行くところは、私たちにとっては、簡単に、墓だとかという問題ではないの。アイヌ文化の崇高な象徴であるチャシに、墓が立っています。そういうことで、長くなったね。質問なんて訊いてもね、答えることはできない、混乱しています。じゃあ、行こう！」

榎本公園での隆吉さんの語りは、だんだん熱がこもっていったように感じた。テッサさんを通じて、このことを世界に発信したい、という思い、おそらくこんな機会はもう最後、と思われたからだろうか、これまでの隆吉さんの体験と記憶のすべてが、コトバとなって、ほとばしり出たような語りだった。ここには再録しなかったが、「開道百年」という、和人から見れば開拓百年を祝う一九六八年に、同じように建てられた「対雁百年」の記念碑が破壊された事件にも言及されていた。そのような暴力的な行為を肯定するというわけではないが、アイヌの人たちの受けた迫害や苦悩を無視し、一方的に「開道」や「開拓」を祝い、手放しに称賛する北海道のあり方を、隆吉さんは、今も許していないのである。

「軍艦で北海道に連れてきたね。最初に着いたのが小樽の港です」と言われていたが、樺太から最初にアイヌの人たちが連れてこられたのは稚内であり、「そこからまた移住させようとして最初に」、という意味であろう。また、軍艦が、石狩川を遡ってここまで来たという史実はない。だが隆吉さんのなかでは、すぐ上流にある樺戸監獄に多くの政治犯が入れられていたこと、それらがすべて明治政府の権力によるものであることを言いたくて、そのような表現になったのであろう。コレラで多数の死者が出た来札という場所では、遺体はその近くに埋められた。江別の坊主山のそばに埋められたというのは、対雁に残っていてコレラになったアイヌの人たちの遺体であったろう。隆吉さんの語りには、そのように、多少、言葉を補わないと、誤解されそうな表現もある。「史実」にはないこともある。それは、アボリジニの長老がミノルさんに語った「歴史」とも通底しているだろう。重要なのは彼が語ろうとした「本筋」である、もっとも大事なことは何か、ということである。もちろん、すべてのアイヌが隆吉さんのように考えているわけでもない。人間はそもそも多様なのだから、そんなことは、アイヌだろうが和人だろうが、当たり前のことだ。だが、隆吉さんのように語る人がいること、その声が、まぎれもなく、この二〇〇六年の対雁の空気の中に流れていったことは事実である。私は、それを大事にしたいと思う者である。

（5） 坊主山チャシにある江別市営墓地

隆吉さんの語りの続き――。

「ここがね、坊主山というアイヌのチャシです。このように三六〇度、見渡せるところをアイヌはチャシとして、カムイと人間の出会いの場として大切に使ってきました。こちらの左手の真下に、ものすごい大崖がありますね。これはね、石狩川がどんなに強い雨が降って洪水になってもこれを崩すことはできなかったよ。だからここに遮られて川がぐんと曲がっています。私が言いたいのは、この蛇行する川の流れをすべてまっすぐにする開拓使の河川政策は、実は後の皆さんの先祖である和人たちが川の両サイドの面積を広くするための政策と両方かねていた。こういう政策は、ヨーロッパから学んだとなっています。けれども私たちがまっさきに天然の資源を失ったのは、川の直線化からなんです、川は、海から来る魚たちの道路であって、人間なら住まいの中心なんです。しかしね、こういう場所をなぜ皆さんにね、案内するかっていうとね、聞いて。あのね、今から一三年前、私は東京のＴＢＳ放送で番組をつくるってことで、この場所を案内しました。下請けがＨＢＣだった。カメラマンがこの墓の後ろからこの真正面まで撮ると、発電所のでっかい煙突が立ってた。その映像を使おうとしたらね、東京に帰ったらこれはだめだと。それは電力会社が横やりを入れたのね。日本の電力会社のすべてがＴＢＳの株主である、ってことでしたね。ですからね、この聖地の失ったものの大きいことというのは、発電所はなくなり今は変電所になっていますが、実はね、この発電所の工事のときに出てきた人骨は一四体もあった。これは間違いなく今、札幌医科大学に入っています、ここに今、墓碑が立っていますが、この中には骨は全く入っていません。」

墓碑は三つあった。一つは、以前、真願寺（浄土真宗本願寺派）の境内に立っていたというもので、アイヌを助けた和人、上野正が立てたものである。「乗佛本願生彼國」の七文字が刻まれている。「対雁の碑《いしぶみ》」とも呼ばれている。もう一つは、北海道に残った数少ない樺太アイヌの一人、津山仁蔵が立てたもので、「樺太移住旧土人先祖之墓」と刻まれている。そしてもう一つは、その傍らにわずかに見える、小さな青い石を立てただけのお墓である。

隆吉さんの語り。

「ここに並んでちょうだい。おいで、おいで。それではね、この地面にね、ここに青い石があります！　皆さん！　皆さんの家庭では、座敷にあるはずの位牌をね、これがここにあっていいと思う？　違うよね、悲しい！　悲しい……これはアイヌにとっては立派なお墓よ。あっち（二つの大きな墓碑）には人骨は入っていないよ。だけど、こっちのほう、この下には人骨が入っています。今から三〇年前、ジャングルみたいになって見つかっていなかった。でもね、私はこういう小さい墓、本当にこれを忘れてはいけないと思います。樺太風のアイヌプリ（アイヌのやり方）で、イナウを作り、イチャルパ（慰霊祭）をやるようになった。イナウがなぜきれいか。女性でいえば髪を結った状態よ。」

背後には和人の立派なお墓が並んでいた。そこには、江別の初代神主のお墓もある。古来の神道ではなく、国家神道となった明治の神道は、つねに「護国神社」となり、アイヌを抑圧する文化装置ともなった。ここで隆吉さんは、国家神道となった姿を象徴する初代神主の大きなお墓と、名前すらわからないまま、ただ小さな青い石が置かれているに過ぎない樺太アイヌの小さなお墓をツアーの参加者に対比させている。神主さん個人を責めているわけではない。政府によってつくられた不平等が、目に見えるかたちでそこに示されているからであろう。隆吉さんは、そのような、あまりに不平等な状態をつくりだした明治政府と、その政策を基本的には今も引き継いでいる日本政府のあり方を批判しているのである。

ツアーの締めくくりは、ポンペさんや早坂ユカさん、賀道さんによるトンコリやムックリの演奏であった（**写真23**）。トンコリは本来、樺太アイヌの楽器である。隆吉さんによると、この樺太アイヌの聖地での墓前

写真23　イナウの前でアイヌの音楽を捧げる。左より福本昌二さん、早坂賀道さん、石井ポンペさん、前列は早坂ユカさん（2006.6.25）

でのトンコリの演奏は初めてだという。キツネ（スマリ）が倉（プー）をめがけて（コ）山から下ってくる（サン）様子を曲にしたという「スマリプーコサン」、白鳥が、湖（トー）のほとりに生えている行者にんにく（キトピロ）をとりに降りて来る（ランラン）様子を表したという「トーキトランラン」などの曲は、静かなトンコリの弦の響きにのって、空に流れていく。音楽は、人の心を魂に向ける。それだけで、想像を絶するほどの苦しみを体験した死者たちの魂が鎮められ、慰められるとは思わないが、そのような死者を忘れず、向き合うことで、今、何をすべきかが見えてくる。

（6）おわりに——道内各地に拡がるアイヌエコツアー

サッポロでのアイヌエコツアーは、隆吉さんという語り部がいたからこそできたようなものであった。しかし、隆吉さんがいなくても、それを続けることはできるし、また、本来、エコツアーとはそういうものである。もちろん、テッサさんを交えてのツアーは特別なものであり、納骨堂に入るというようなことは、当然、ふだんは避けるべきことである。北大・アイヌ先住民研究センターの兼務教員であった四年間、私は、夜学のようなかたちで、アイヌエコツアーのための勉強会をやった。その中から若い人が、ひとりでも育って、サッポロで、ここに示したようなものにとらわれず、さまざまなツアーをつくっていってほしいと思ったからである。センターでは、私にできることは限られており、自由にはさせてもらえなかったので、私が望んでいたような、アイヌによるエコツアー・ガイド養成のようなシステムづくりまでは、進むことができなかった。しかし、一方では、私たちがシレトコやサッポロでそのようなツアーを始めたことは、各地のアイヌの人たちに注目され、アイヌが、アイヌの価値観と伝統知をもとにガイドするアイヌエコツアーが、いくつか芽生えるきっかけとなったのである。先住民族による観光（ツーリズム）は、世界各地で行われており、リチャード・バトラーとトム・ヒンチ（Butler & Hinch, 2007）が、各地の実践例をまとめている。また、世界遺産地域における観光については、とくに先住民族の権利という視点を重視したステファン・ディスコウとチューゲンダットの本では、私も、シレトコ世界自然遺産でのアイヌエコツアーの実践によって浮かび上がった問題点を報告した（Ono, 2014）。これらの本に紹介されているさまざまな先住民族によるツアーやツーリズムを分析しつつ、アイヌの人たちにとって、最も有効な、また実現しやすいツアーをつくっていくことも、「新しいアイヌ学」の重要な課題と言えよう。

旭川では、**第1章**でふれた川村兼一さんと協力して、復元された嵐山コタンを案内して、アイヌ語地名を平等に併記した看板を使いながら、アイヌ語地名を見て歩くアイヌエコツアーをやった。二〇〇二年のことである。復元されたチセ（伝統的家屋）の中で、太田満さんが語るユカラを聴いた（**第1章写真5**）。ツアー業者にも参加してもらい、評価してもらったが、非常に好評であった。

阿寒では、**第4章**で述べる「先住民族サミット」で知り合った秋辺日出男（デボ）さんが、以前から阿寒でのアイヌによる観光事業に関わっておられたこともあって、結城さんと私を呼び、阿寒でのアイヌエコツアーのプログラムへの助言を求められたこともあった。このときは、通常、観光には不利とされる冬のエコツアーを検討した。**写真24**は、氷結した阿寒湖の上を歩いているところだ。冬でも、さかんに噴気を上げる

写真24　阿寒でのアイヌエコツアー（2008.1.15）

「ボッケ」（アイヌ語で、まさにボコボコと大地から湧き上がる火山の噴気を表すコトバだ）を見たりするツアーを一緒に考えた。

二風谷では、貝澤美和子さんが中心になって、二風谷のアイヌ語地名をもとに地域のアイヌ文化をガイドするツアーの検討が始まっていた。二風谷ダム訴訟を父親の正さんから引き継ぎ、その上流に計画された平取《びらとり》ダムの建設計画にも関わられた貝澤耕一さんの奥さまである。耕一さんや息子の太一さんたちは、自宅のある周辺の山林を「ナショナルトラスト」の制度を利用して買い取り、針葉樹ばかりにされた森林を、本来の混交林に戻そうとする活動をされていた。伐採と植林でトドマツだけになってしまった森を、アイヌが利用してきたカツラ（アイヌ語ではランコ）やオヒョウ（アイヌ語ではアトゥニ）などがたくさんある多様な混交林に換えていこうという試みである。すでに二〇〇一年に「チ（私たち）コロ（守る）ナイ（川・沢）」というＮＰＯが立ち上げられていた。広葉樹の苗木を苗床で育て、買い取った山林の伐採跡地に植林するという一連の作業は、それを参加者と協働で行うという意味で、すでにアイヌエコツアーの一形態であった。参加者は、こうした作業のあと早春の森を歩き、アイヌの人々が利用してきたさまざまな植物を見るだけでなく、採ってきて、それを味わう。それらを通じて、アイヌの価値観や、植物利用、北海道にあった本来の森林の変化、そして置かれている現状などを、耕一さんの語りを通じて学ぶのである（写真25）。

そこに、アイヌ語地名探索ツアーとでも呼ぶものが付け加わったのだった。私は、大学院にいた西原重雄さんと、エコツアーの素材となる自然などについて調べ、またカナダやアオテアロアなどの事例をもとに、将来のアイヌエコツアーのしくみについて検討することで協力した。現在では、さらに森でのキャンプを入れたエコツアーも始まっているようである。

写真25　チコㇿナイの植林作業のあと、参加者と森を歩き、オオウバユリの鱗茎（トゥレㇷ）の説明をする貝澤耕一さん

登別でも、「知里真志保を語る会」の人たちが中心となって、アイヌ語地名を巡るツアーが開発され、実践されていた。アイヌ語地名は、海から、舟で眺めたときに見える陸の景色にもとづいたものもあることから、実際に舟を出し、そこから海岸を眺めることもされたようである。これは実に画期的な試みだと思った。「知里森舎」でも、アイヌ語地名や、幸恵さんが幼い頃、祖母のモナシノウクさんと住んだ場所を訪ねるツアーなどをやった。その後も、植物などに重点をおいたツアーが試みられていると聞いている。

二〇一八年には、日高の浦河の八重樫志仁さんから、アイヌエコツアーによる後継者の育成を目指して、モデル・エコツアーをやりたいとの依頼を受けた。一日がかりで、二人で下見をし、周辺のアイヌ語地名と、それに対応する地形や自然を調べ、ガイドする場所を検討した。それをもとに、浦河のアイヌの人たちの協力で、アイヌ料理も楽しめるエコツアーを行った。八重樫さんのような若い世代のアイヌの人たちが、若者の仕事づくりも含めて、エコツアーを目指すのは当然のことである。もっと応援したいと思っているうちに、コロナの危機が来てしまい、一般のツアーも含めて今は大変な状況にあるが、コロナが一段落すれば、またチャンスは来るはずだ。そのときに備えて、今から各地で、アイヌエコツアーをできる人材を育てていきたいものである。ここに紹介したさまざまなアイヌの人たちだけでなく、北大・アイヌ先住民研究センターや北海道アイヌ協会が協力しあってガイド育成事業をつくり、支援していってほしいと願っている。

第4章

「先住民族サミット」でアイヌから世界に発信する

（章扉）「先住民族サミット」第２ステージ（札幌ピリカコタン）での集会、ハワイ先住民族、プアエナさんのスピーチと舞台上の海外先住民族。講演の最中、泣き出してしまったプアエナさん（2008.7.3）

1　二〇〇七年のできごと

二〇〇七年からの二年間は、アイヌの人たちと世界の先住民族の人たちにとって大きな出来事があった時期であった。二〇〇七年九月、国連で、長年、議論されてきた「先住民族の権利宣言」が採択され、次いで二〇〇八年六月には、国会で、アイヌを日本の先住民族とする決議がなされたからである。この決議は、前年の国連での「権利宣言」を受けたものでもあり、また、その二カ月後に北海道で予定されていた先進八カ国の首脳会議、「G8サミット」（以下、多くの場合、G8と略称で呼ぶ）が北海道で開催されることを意識して早急に行われたともいえる。G8には世界からメディアが北海道にやってくる。日本はまだアイヌを先住民族と認めていないという報道が世界に発信されたら、日本政府は、G8の議長国としての立場を失いかねない状況に置かれていたのだ。そのように、たまたまG8が北海道で開催されるという偶然が重なった結果ではあったが、アイヌの権利回復を後押しする大きな波が来ていたことは確かであった。それを事前に感じ、G8にあわせて「先住民族サミット」をやり、世界にアイヌの現状と、権利回復への要求を発信しようと考えた。本章は、その経過とその後の一連の出来事を、ドキュメント的に語ったものである。

私という一和人の目を通じてみたものに過ぎないが、私はアイヌの人たちに働きかけると同時に、そのなかに巻き込まれ、別々であっても、ともにもがき、そのなかで生きたのだから、一方的な見方でないことは確かである。それを、書き残しておきたいと思う。

（1）北大アイヌ・先住民研究センターの発足

第3章で述べたように、二〇〇七年四月には、北大にアイヌのことを専門とするセンターが発足することになっていた。当時、北大の教員で、いちばんアイヌの人たちと一緒に活動していたのは、隆吉さんの裁判に関わっておられた井上勝生さんと、私ではなかったかと思う。しかし、いつになっても、センターの設立を準備しているはずの組織からは連絡がなかった。それで、こちらからメールを出し、センターの仕事に協力したいと申し出て、ようやく関わりをもつことができたのだった。

センターの名称をどうするか、ということでだいぶ議論した。「アイヌ・先住民センター」にするか、「アイヌ・先住民族センター」とするか、という問題である。英語では、「先住民」なら「indigenous people」先住民族なら「indigenous peoples」、最後に「s」がつくかどうかの小さな違いだけれど、やはり、「アイヌ」を「先住民族」と国に認めさせよう！とみんながんばっていた時だったから、「族」が落ちてしまったのは残念だった。「民族」というのは定義が難しいし、逆に意味が狭くなるので、「先住民」というほうがいい、という説明だったが、「アイヌは日本の先住民族」というアイヌの人たちの主張を少しでも弱めようとする日本政府の意図を、そこに感じざるを得なかった。

長年、議論されてきた「先住民族の権利宣言」が、九月に開催される国連の第六一期の会期中に採択されるかもしれないという状況になっていた。国連での採択を求めて、アイヌの人たちは九月八日に札幌で大きなデモ行進をした。全道各地のアイヌだけでなく、東京から来られた浦川治造さんなどの姿もあり（**写真1**）、デモの先頭には、『先住民族の権利に関する国連宣言』の採択を！」と「アイヌを先住民族と認めよ！」の横断幕が掲げられ、この二つがデモの最大の目的であることを示していた。砂澤ビッキさんがデザインした、アイヌの団結を象徴する「イメルの旗」も、青空に高く掲げられていた（**写真2**）。

国連が「権利宣言」を採択したのはその翌週の九月一三日である。一四三カ国が賛成、四カ国が反対、一一カ国が棄権した。日本が賛成票を投じたことがわかると、日本政府も「アイヌは日本の先住民族」と認めるのではないか、という期待が一気に高まっていった。国連でのそのような採択の可能性、日本国内での「アイヌ＝先住民族」の認定という可能性、それらが現実になってくることを見越して、そうした動きに対応しつつ、一方ではそれを制御する意図をもって、北大の「アイヌ・先住民研究センター」はつくられたのでは

写真１　先住民族の認定を求めた札幌でのアイヌ・デモ。中央は浦川治造さん（2007.9.8）

写真２　デモで掲げられた、砂澤ビッキさんのデザインした「イメルの旗」

ないだろうか。だからこそ、それは「先住民センター」でなければならなかったのであろう。

(2) G8への市民の対応・「先住民族サミット」と組織化

G8が北海道の洞爺湖で開催されることになったのを受けて、市民の側から意見を述べる「市民サミット」をやろう、という提案を札幌「自由学校　遊」の越田清和さんから受けたのは、二〇〇七年五月のことだった。東京では、すでに一月に、「二〇〇八年G8サミットNGOフォーラム」が立ち上がり、全国のNGOを組織し始めているという。七月にはその人たちが札幌に集まり、二〇〇六年のG8開催国ドイツで「市民サミット」を主催した方の講演会をやった。すでに、「地球環境問題」「開発」「平和・人権」を三つの柱として取り組もうということになっていた。それを知った私は、「平和・人権」がテーマの一つなら、「これは先住民族アイヌの土地（アイヌモシリ）で開催される最初のG8サミットだ」ということを議長国である日本政府やG8の首脳に訴え、アイヌ民族の権利回復を国際的にアピールすべきではないか、と考えた。「NGOフォーラム」に参加しておられた市民外交センターの上村英明さんが、すでにそのような主旨を盛り込んだ提言を日本政府にして出されていたことも、はずみとなった。

それで、まず、シレトコ・アイヌエコツアーで一緒に活動していた仲間の結城幸司さんに相談した。彼も賛成してくれたので、まわりのアイヌの人たちに声をかけよう、ということになった。越田さんと一緒に北海道ウタリ協会（当時）に赴き、理事会の席上で、「G8市民フォーラム」の北海道版は先住民族中心でやりたい、と話し、賛同団体として入っていただきたいとお願いした。おおむね反応はよかったが、協会はすでに、北海道が立ち上げた「G8サミット連絡協議会」のメンバーに入っており、いわば行政側の組織として動くことを表明していたので、市民団体と行動をともにすることへの懸念もあるように感じられた。

国連で「先住民族の権利宣言」が採択されると、政府にアイヌが先住民族であることを認めさせ、その権利回復への道筋をつけよう、という機運が大きく高まった。何度か内輪で話し合いをもち、G8の直前、七月一〜四日に「G8市民フォーラム」の北海道版として「先住民族サミット」を開催しようと決めた。七月五日には市内でピース・ウォークが予定されていたので、それにも参加し、六〜八日に予定された「G8NGOフォーラム」で、「先住民族サミット」の成果を発表しよう、ということにした。直前まで調整に追われたが、九月二一日に、札幌駅前にある「エルプラザ（男女共同参画センター）」の大ホールで、「キックオフ・ミーティング」を開催することができた。

この段階で発起人として名を連ねていたのは、アイヌでは、結城幸司さん、島崎直美さん、川上裕子さん、木幡寛さん、木幡弘文さん、清水裕二さんの六人、その支援者として、アン・エリス・ルワレンさん、ジェフ・ゲーマンさん、それに大学院生の方一人と、私の四人がいただけである。アンさんは、当時、私のところに日本学術振興会の研究員として来ていた。アラスカ出身のジェフさんも、先住民族教育の研究者として九州大学院生として、北大に研究に来たばかりであった。アンさんが、アイヌの研究者でもない私のところをわざわざ選んでこられたのは謎であったが、後で聞くと、**第3章**で述べたシレトコ世界自然遺産にアイヌの人たちを参画させようという私の試みに注目し、アイヌを研究対象とするこれまでのような「アイヌ学」を否定していた私のところで研究したいと思ったのだという。「先住民族サミット」にとっては、実にラッキーなことだった。北大の大学院生というのは、先住民族の教育を志している人だった。たったこれだけの発起人で、一年後に迫ったG8に提言する「先住民族サミット」をやろうというのだから、しかも資金ゼロで始めよう、というのだから、まわりから信用されないのも当然であったかもしれない。まだ組織すらなく、すべて、走りながら考える、という状況であった。

「キックオフ・ミーティング」には、北海道ウタリ協会もご招待していた。協会理事と事務局長が来て下さった。終了直後、再度、「G8市民フォーラム」への参加をお願いしたが、いいお返事はもらえなかった。「キックオフ・ミーティング」の冒頭、「協会の長年の努力が実って、やっと国連権利宣言の採択にこぎつけました」と、協会のこれまでの努力をねぎらい、称賛したつもりだったが、協会としては、私たちがそういう話しをしたということ自体が不満だったのかもしれない。集会では、まず協会の方から話をしていただけばよかったのであろう。だが、まだそこまで考える力はなかった。

アイヌの人たちが世界の先住民族に呼びかけ、G8の首脳に対して先住民族からの意見を出す「先住民族サミット」という考えが固まったのは、この時期である。また、この時、一般市民を主な対象に考えていた「G8市民フォーラム」とは別組織にし、あくまでアイヌ中心でやろう、と決めた。私が提案したのは、(1)草の根の運動としてやろう、(2)アイヌ中心で、平等に、とくに若いアイヌ世代が中心になってやろう、(3)アイヌと和人が力をあわせてやろう、という三つの基本方針である。「平等に」ということは、北海道各地のアイヌが平等に、というだけでなく、道外、あるいは国外にいるアイヌも平等に、という意味であり、また年配のアイヌも若いアイヌも平等に、という意味であった。

準備委員会は、ほぼ毎週、当時、私が勤めていた北大・大学院地球環境科学研究院の私の部屋やゼミ室で、夜に開いた。まず、黒板に世話人になってもらいたいと思う全道各地のアイヌの人たちの名前を書いていき、そこから絞って、それぞれ知っている人が交渉に当たることになった。考えつく範囲で、すべてのアイヌが平等に参加するという態勢が、アイヌ自らの手でできていく。それはアイヌの新しい歴史がつくられていく、その前夜を見ているようでもあった。

しかし、事はそう簡単には運ばない。世話人をお願いしても断られ、また地方にいる方からは、札幌から一方的に世話人を押し付けてくる、という不満もきかれた。「G8市民フォーラム」への参加要請すらうまくいっていなかったことから、この時期、ウタリ協会に対しては、「先住民族サミット」への正式の参加要請をまだしていなかった。しかし世話人にお願いしたような人たちは北海道ウタリ協会の会員である場合も多く、「協会がまだ賛同していない企画には参加できない」と断られることも少なくなかった。そういう意味からも、協会にはぜひとも賛同団体または協賛団体になっていただきたいと、お願いに行こうということになった。

当初、準備委員会としては、若いアイヌを中心に、またなるべく平等に、という方針から、代表も立てなかったが、それではますます信用されない、ということもわかった。それで、総括代表を萱野志朗さんとし、共同代表として島崎直美さん、秋辺日出男（デボ）さん、酒井美直《みな》さん、木幡弘文さん、東京からは、宇梶静江さん、浦川治造さんに加わっていただいた。結城幸司さんは副代表で、事務局長。川上裕子さん、木幡寛さんが副事務局長、酒井厚司さんが東京事務局長という体制ができた。アイヌでない私やその他の発起人は、すべてサポーターという位置づけをとった。代表が揃って協会に伺い、鄭重にお願いをしたが、協会の態度は変わらなかった。

しかし、とにかく前に進まなければならない。一二月六日には、「先住民族サミット」の「立ち上げフォーラム」を開いた。「草の根」でやろうと決めていたので、賛同する個人、正会員として一口：千円、未成年は一口：五百円、団体会員は一口：三千円、協賛会員は一口：一万円とし、何口でもお願いします、という募金を九月から始めていた。だがこの段階では、まだほとんど集まっていない。本当にできるかどうか、みんな疑心暗鬼だった。海外の先住民族との連絡も取れはじめ、ぜひ参加したいという返事もいくつか来てはいたが、今ならまだ、「残念ながら中止した」と連絡すればすむことであった。

そんななか、一二月の半ば、国連の先住民族問題に関する常設フォーラム議長のヴィクトリア・タウリ・コープスさんから、突然メールが来たのだった。

「アイヌがG８に向けて先住民族サミットをすることはすばらしい、私はそれを支持します。」

簡単な文面だったが、厚い雲の間から一筋、光が射したようなメールだった。すぐに、おそるおそる、「ヴィクトリアさんご自身も来ていただけるのですか？」というメールを出したところ、「もちろん行きます！」というお返事をいただくことができた。もうやめるべきではないかと迷っていた心が、そのメールでいっぺんに勇気づけられた。「先住民族サミット」は、アイヌのためだけのものではない、それは「世界の先住民族が、歴史上初めて、G８に対して発言する機会をつくるためのもの」なのだ。ヴィクトリアさんのメールが、それを確信させてくれた。

（３）「ニサッタ クス（明日のために）」「ウコチャランケ アンロー（話し合おう！）」

アイヌと和人が協働して「先住民族サミット」を実現する、そこではアイヌ同士も平等、アイヌと和人（だけではなく、アンさん、ジェフさんのような海外の人も）平等という原則をつくった以上、いったいどうやったらそれを実現できるのか、という課題があった。日々の打ち合わせ、会議では、やることが山積していて、とてもそんなことまで話せない。だからこそ、後述するような私への批判も生まれてきたのだと思うが、それとは別に、「先住民族サミットを開いて、いったいどんな社会を実現したいのか？」という問いをみんなが自分なりに考え、またそれをぶつけあって共有する場をつくりたい、とも思っていた。

そんなとき、偶然だったが、**第２章**でもふれたマレーシア在住の砂澤嘉代さんが、旦那さんのタン・ジョハンさんと久しぶりに帰ってくる、という連絡が入った。ジョハンさんたちは、マレーシアの先住民族であるオラン・アスリの人たちの支援を行っている。そこでは、異なる集団間でのコミュニケーションの取り方や、相互理解を助けるためのワークショップを実践されてきたという。それを聞いて、ぜひそれを札幌でもやってもらえないか、とお願いしたのだった。一〇月七・八日と二日間にわたったワークショップは、アイヌ語で、「ニサッタ（明日）クス（のために）ウコ（相互）チャランケ（話し合い）アンロー（しましょう）」と名づけられた。思った以上の若者が集まった。一日目は、参加者を大人グループと、ノン・アイヌの若者、アイヌの若者の三つのグループに分け、それぞれのグループでじっくり話し合うというスタイルだった。二日目は、アイヌとノン・アイヌの混成グループにしながら、話し合ったことを模造紙にまとめて壁に貼って発表し、さらに議論した。日本語ができないジョハンさんの通訳は、アンさんがしてくれた（**写真3**）。

写真3「ニサッタ クス（明日のために）」のワークショップのもよう（左：ジョハンさん、右：アンさん）（2007.10.8）

　大人グループからは、「良い関係づくりのためにできること・目標」として、「継続的な話し合い」「個人史の共有をもっと広く」「国連の権利宣言の地域での実践、条例づくり」「日本で先住民族権を認めさせるための国際会議、全国的な学習会の開催」などが提案された。「なぜ、差別がなくならないか？」という原因については、「本当の歴史が伝えられていない」「メディアの不公平」などが挙げられ、「アイヌ～ノンアイヌの近い関係を築くためには」

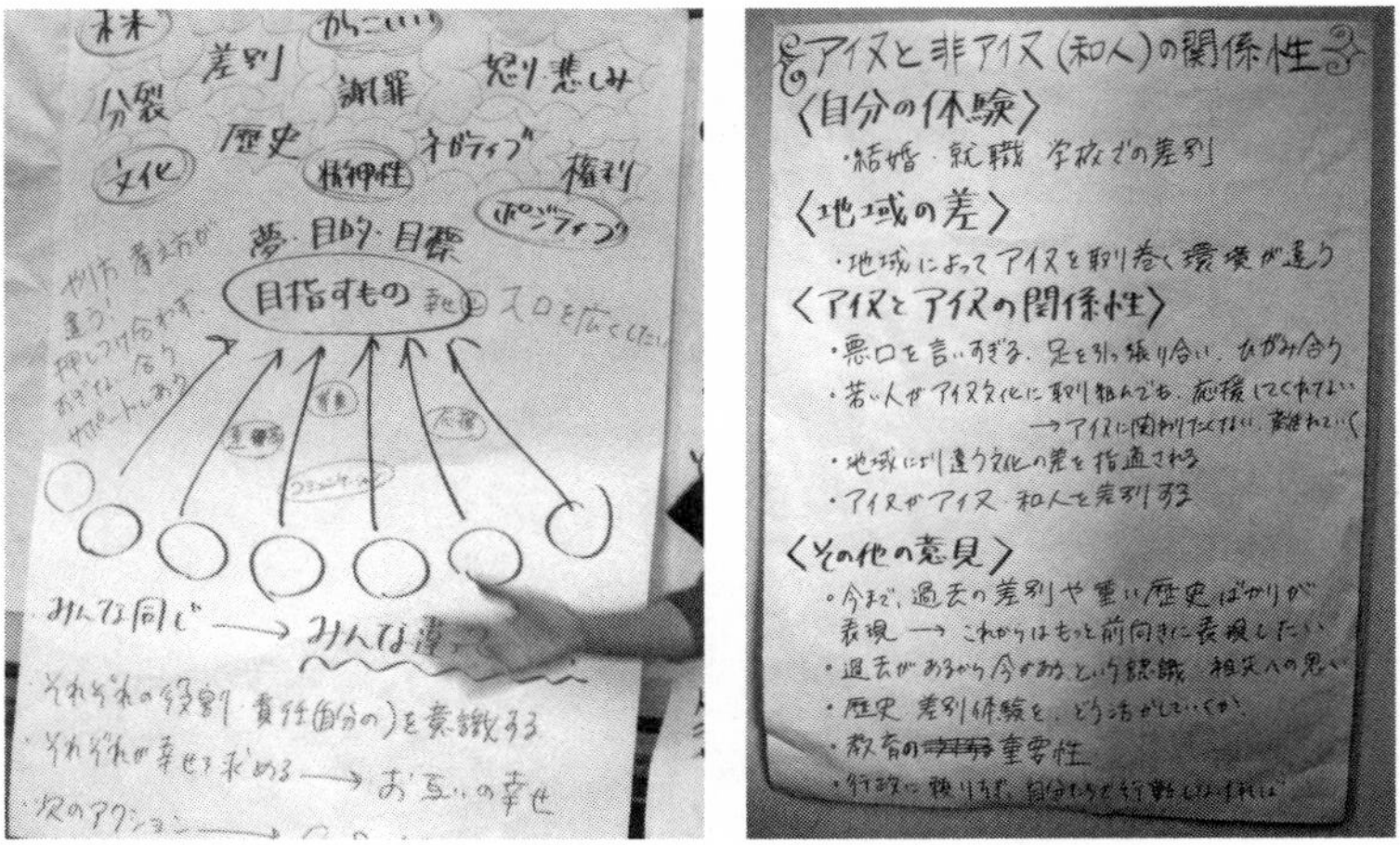

写真４　ワークショップでのまとめ

「共同作業」「アイヌの側から、もっと発信する」「差別や歴史だけの教育から差別が生まれる↓精神性や知恵を伝える教育へ」「他の先住民族ともっとつながる」などの提案がなされた。

若者グループ、とくにアイヌの若者たちの発表では、「アイヌ～ノンアイヌ（和人）の関係性」が議論され（**写真４**右）、「自分の体験」としては「結婚、就職、学校での差別」が語られ、「地域によってアイヌを取り巻く環境が違う」という「地域の差」も話された。「アイヌとアイヌの関係性」では、「悪口を言い過ぎる、足の引っ張り合い、ひがみあう」と言った欠点、「若い人がアイヌ文化に取り組んでも応援してくれない」、逆に「アイヌに関わりたくない、離れていく」という二つの問題が提起された。「アイヌがアイヌを、アイヌが和人を差別する」という指摘もなされた。「過去があるから今がある、祖先への思い、歴史や差別をどう生かしていくか」という意見がある一方、「今まで過去の差別や重い歴史だけが表現されている↓もっと前向きに表現したい」という意見もあった。「教育の重要性」、「行政に頼り過ぎ」という指摘もなされた。

また、**写真４**（左）のような図も発表された。置かれている条件は個々に違うのだから、「みんな同じ」ではなく、「一人ひとり違っていい」という認識の必要性。しかし、目指すもの（夢・目的・目標）は一つ、「幸せ」である。そこでは、「差別」「歴史」「怒り・悲しみ」「謝罪」などが、「分裂」「ネガティブ」なものとして捉えられ、「権利」の主張も、それに連なるものとされたようにも見える。若者たちが優先したのは、「未来」「文化」「精神性」であり、それらが「かっこいい」ものとして「ポジティブ」に評価されたようだった。目指すものへのアプローチは、いくつもの矢印で表され、「やり方、考え方がそれぞれ違うのだから、押し付けあわず、補いあう、サポートしあう」、そして「目指すもの」への「入口は広くしたい」。次のアクションはG8に向けてのまとめ、であった。

たった二日間のワークショップだったが、アイヌの、とくに若者たちはそのような体験が初めてだったようで、楽しかった、ためになったという感想を多く聞いた。この「ウコチャランケ」を「先住民族サミット」でもやりたい、ということになり、それは実現したのである。

2 「先住民族サミット」アイヌモシㇼ2008の開催

（1）苦難のスタート

いよいよ二〇〇八年になった。

年明け早々、北大アイヌ・先住民研究センターからは、「先住民族サミット」には協力できないという衝撃的な返事が来た。すでに国連で重要な地位にあるヴィクトリアさんの参加も決まり、海外の先住民族を招聘できる見通しもついていたから、それらの人たちが参加する国際的イベントをセンターが支援し、北大を会場にシンポジウムなどを開催すれば、発足したばかりのセンターとしてもよい実績になると考え、協賛、あるいは賛同団体になることをお願いしていたのだった。年末に開かれた会議ではかなり前向きな返事だったのだが、年明けに開かれた会議では、市民団体が企画したようなイベントには大学としては協力できない、会場も貸せないということになってしまった。「先住民族サミット」の開催が危うくなっただけではない。アイヌの人たちや世界の先住民族のための企画を支援しないセンターへの深い失望も生じた。

一月一〇日、新年最初の役員会を開いた。前年一二月二一日には、秋辺さんのいる阿寒で数人が集まり、話し合った。しかし、参加できないメンバーもいたので、第一回の役員会は、年も押し詰まった一二月二七日だった。残っていた議事録を見ると、午後三時から夜の八時まで、札幌市内の白石にあるアイヌ生活館でやっている。この日の役員会では、一二月末に共同代表など数名が北海道ウタリ協会に行き、正式の後援依頼をしてきたことが報告された。その議事録を見ると、

「後援依頼書、企画書、予算書、招聘者リスト（国際交流基金による）をもって、一二月二八日に、ウタリ協会本部事務所へお願いに行く。事務局長、事務局次長と面談。書類の内容につき、質疑応答がなされた。第一回の後援依頼に比べたら、多少、好感度アップしたかなと思います。」

と書かれている。最初に依頼に行ったときは、まだそういう文書すら準備することができず、それでは話にもならない、という対応だったようだ。しかしこの時点では、ＩＣＵ（国際キリスト教大学）教授のジャクリーン・ワシレウスキーさん（アメリカ先住民族チェロキーの血を引き、ＡＩＯ〈Americans for Indian Opportunities：アメリカンズ・フォー・インディアン・オポチュニティーズ〉の活動も行っている）の導きで、国際交流基金から八名の先住民族を招聘できる見通しがついていた。また彼女が関係するＩＣＵの大学生が、通訳教育の一環として通訳ボランティアとして参加してくれることも決まっていた。さらに地球環境基金にも応募し、海外の先住民族も何人かは確実に招聘できる見通しであった。とくに、国連の先住民族問題常設フォーラムの議長であるヴィ

クトリアさんが来て下さるということで、今度こそは、ウタリ協会も後援してくれるだろうと、みんな期待し、ある意味、楽観もしていたのだった。

しかし、一月末に開かれた北海道ウタリ協会の会議では、すべて否決されてしまったようだった。協会としては、後援団体にも賛同団体にもならないというのである。私は、一晩かけて便箋一五枚もの手紙を書き協会幹部の方にお願いしたが、翻意していただくことはできなかった。同じアイヌ同士(ウタリ)でありながら、協会という組織に属する者とそうでない者との間にあるさまざまな軋轢、何か、新しいことをやろうとすると、とくに、若者がそういうことをしようとしても、すぐにはそれを応援しようとしないという事情など、もともと、アイヌでも協会員ではない私には、理解できないことが多かった。しかし、私だけではない。アイヌの役員たちも翻弄され続け、本来なら「先住民族サミット」開催のために使うべきエネルギーを、そうしたことのためにもずいぶん使うことになった。

一方、この活動に批判的なアイヌの人たちの中では、「先住民族サミット」はアイヌが企画したものではなく、和人である小野有五が企画してアイヌを操っている、アイヌはただそれに乗せられている、という批判もされていたのだった。ここでもまた、**第2章**で述べたようなことが繰り返されたのである。そのような批判は、同じ目的をもって集まった準備委員会や、その後の役員会のなかでもあった。

あまりに時間的な余裕がなかったため、私が具体的な方針を提案し、みんなに検討してもらう、というスタイルにならざるを得なかったのは事実である。しかし、そのことが、「なんでも小野が先走って、ひとりで物事を先に決めてしまう」という現実と、そのことに対する批判を生んだのだった。自分でもそれはわかっていたが、海外先住民族への招聘状の送付、資金調達、航空券の手配、ビザ申請、プログラム・資料集の編集・作成と、時間は刻々と迫っていた。つねに一日、ときには一時間を争う展開のなかでは、たとえ非難されても、誰かが率先して動かなければ、「先住民族サミット」は、開催そのものが不可能になるのだった。

北大を会場にできないことがはっきりしたので、どこか他に探すしかない。札幌は高いから、なるべく外でやって、最後だけ札幌に来るような日程のプログラムにしよう、ということになった。スタートを二風谷（第一ステージ）にして、宿泊費などを安くし、途中、札幌郊外にあるアイヌ文化の施設である「札幌ピリカコタン」で集会（第二ステージ）、最終日は、札幌コンベンションセンターという大きな会場で集会をやり、G8に出す意見書をまとめて発表する（第三ステージ）、という案が浮上した。移動に時間と費用がかかり、同じことを三回、繰り返すような無駄も生じる。しかし一方では、札幌だけのイベントだという地方からの批判に応えられ、また、場所が違えば、それだけ多くの人に参加の機会を設けられる、というメリットもあった。札幌での会場費、宿泊費を減らせることが、いちばんよい点でもあった。募金は、まだ一五〇万円程度しか集まっていなかったからである。

それぞれが、募金活動と「先住民族サミット」への参加の呼びかけを必死でやった。酒井美直さんは、友達の恵原詩乃《うたえ》さん、その母親のるみ子さんと三人で、「先住民族サミット」のためのグッズを売りながら全道を三週間かけて回り、仲間に参加を呼びかけた。家族も巻きこんで、縦二メートル、横三メートルという大きな台紙に北海道の絵を描き、そこに「手をつなぎ　ウタリでつくろう　ひとつの輪　アリキキアンロー――未来のために」というスローガンを書いた。それを六四のピースに分けて配り、「先住民族サミット当日に持ち寄って、また一つの地図にしよう！」と呼びかけたのだった。すばらしいアイヌ力《ぢから》だった。

少しずつ順調に行くように見えていた活動だったが、「先住民族サミット」が抱えていた根本的な問題点が噴き出してきたのも、この時期である。準備が進むに従って、「先住民族サミット」は、G8に対し、先住民族から先住民族の思いや考えを訴える、という大人たちの立てた目的が優先されるようになっていた。

しかしアイヌの若者たちは、差別や歴史、権利回復といった暗くなるようなテーマではなく、もっと明るいテーマを優先し、せっかく世界から先住民族が来てくれるなら、楽しく交流して、海外の先住民族から勇気をもらいたい、もっと元気になりたいと思っていたのである。若者が求める先住民族同士の楽しい交流という側面が、どんどん後退していたのであった。そのため、せっかく誘っても若者は乗ってこないという現実に直面したのである。みんな、もっと楽しいイベントを期待していたのだ。

それに気づかせてくれたのは酒井美直さんだった。彼女は、最終日の集会をすべて野外で、音楽や踊りといったパフォーマンスを中心にしてやり、大規模な平和的行進（ピース・ウォーク）を札幌市内で実施しよう、という大胆な変更案を出した。二〇〇六年、首都圏に住むアイヌの若者を中心として「アイヌレブルズ」を結成し、ヒップホップやラップなど、現代の若者の音楽や踊り、パフォーマンスによる活動を始めていた美直さんらしい発想だった。「レブルズ」とは反逆者たちという意味であり、「アイヌの音楽や踊りはこういうもの（でなければならない）」という、為政者側、マジョリティ側のステレオタイプな決めつけに対する「反逆」の先端に、彼女たちは立っていたと思う。

対外向けにアピールする行動を優先しよう、同時にみんなで楽しもう！という彼女の提案は魅力的であり、いいね！ということになった。しかし、まず「ピース・ウォーク」は、サミットの期間、保安上の問題から、札幌市内でのデモなどが原則禁止となってしまったため、諦めざるを得なかった。こういう議論をしていた四月頃、社会では、「G８粉砕」というような主張も出るようになり、実力でそれを阻止するという動きも一部にはあったため、警察は過敏になってきていたのである。私たちのメンバーのなかでも、どうも公安に監視されているのではないか、というような疑いをもった人もいたほどだった。実際、G８の開催直前、七月五日には、「反サミット」の大規模デモが強行され、四人の逮捕者が出たのである。もし七月四日に、私たちが、たとえ「ピース・ウォーク」というかたちであったとしても、路上での大行進を実施していたら、そこに外部からの人たちが勝手に入り込み、同様なことが起きた可能性もあったであろう。

酒井さんの提案を検討し、会議は早めに切り上げ、最終日の最後に大規模な「先住民族ミュージック・フェスティバル」をやろう、ということに決まった。すでに借りていた大会議場は固定椅子ではなかったので、椅子を取っ払えば一大ホールになり、みんなが輪になって踊る「ポロ（大きな）リムセ（輪踊り）」も可能なことがわかった。開催まで、もう三カ月を切っており、どういうプログラムにするか、海外の先住民族の誰に出演を頼むのかと、それだけでまた大仕事になったが、みんな新たな楽しみに元気が出たようで、本当によい変更であった。

もう一つ、若いアイヌの堀多栄子さんたちからの発案で生まれたのが、「先住民族サミット」の前に、北海道の北端、宗谷を出発し、**第3章**でもふれた樺太アイヌの人たちの強制連行を偲びつつ、札幌まで歩こうという「ピリカ ケウトゥム アプカシ」（きれいなこころで歩く）という壮大なロングウォークのプロジェクトである。ただでさえ忙しいのに、さらにこのようなプロジェクトをするのは無謀との意見も出たが、「未来の地球と人々の平和を祈ってともに歩こう！」というメッセージは魅力的であった。実際、何人もの若者たちは、それを歩き通したのである。これもまた、アイヌ力《ぢから》であり、「妹《いも》の力」であった。

（2）記者発表から開催前夜まで

「先住民族サミット」を国際的にアピールするために、東京の外国人記者クラブで、みんなで記者会見しようということになった。おそらく、アイヌの歴史のなかで、初めてのことではなかっただろうか。四月二五日、外国人記者クラブに、総括代表と共同代表の一部が赴き、アンさんと山之内悦子さんの通訳で、記者発表を行った(写真5)。みんな初めての経験で緊張したが、「先住民族サミット」の意義は、記者たちにしっかり伝わった。国内の新聞でも大きくとりあげられ、ようやく「先住民族サミット」が、多くの人たちに認知されるきっかけとなった。その効果もあって、募金も急に増えていった。一月には一五〇万円足らずだったものが、五月には六百万円近くに達したのだ。幸恵記念館のときと同じように、またオノ・ヨーコさんにも寄付をお願いし、開催前に、一万ドルの寄付を受けることができた。アメリカ生活が長い彼女は先住民族の運動にも関心が高く、このときは、アイヌの現状について、本当に政府と闘う気持ちがアイヌにはあるのか、ということなど、かなり詳しく訊かれた。彼女がジョン・レノンと最初に一緒につくった「Happy Xmas (War is Over!)」のなかの一節、

"And so happy Xmas / For black and for white / For yellow and red ones"

の"red ones"は、いわゆるアメリカ・インディアンをはじめとする先住民族を指している。彼女が安易に寄付をしているのではなく、本当に支援したい人たちのことをきちんと考えてそうしている、ということがわかって嬉しくもあった。

開催が迫った六月は、忙しさのピークであった。一方では、六月六日、国会で、北海道出身の超党派の議員による「アイヌ民族の権利確立を考える議員の会」が提案した「アイヌ民族を先住民族とすることを求める決議」が、衆参両議院にお

写真5　外国人記者クラブでの記者会見

左より、結城幸司、山之内悦子（通訳）、酒井美直、浦川治造、秋辺日出男、筆者、記者クラブ担当者（2008.4.25）

いて全会一致で可決された。今までの日本の歴史で、初めてアイヌが「先住民族」であるという認定を政治的に獲得した瞬間だった。

「先住民族サミット」は、すべてを自由参加、参加無料としたこともあり、きちんとした冊子を作って買ってもらうことで、会場費などに充てたいと思っていた。そのためにも、「買って損は無かった」と思ってもらえる冊子を作らなければない。一方では結城さんがデザインしたTシャツなども作り、その売上げも充てるつもりだった。海外の先住民族のなかには、日本人がほとんど知らない民族もいる。また、一口にマオリとかアメリカ先住民族と言っても、参加する人たちは、それぞれの出自や所属する集団をことのほか大切にしている。冊子では、それらをきちんと紹介しなければならない、海外先住民族からのメッセージも、平等に印刷しなければならない。さらなる負担は、日本語版と、海外からの参加者のための英語版と、同じものを違う言語で二つ、作らなければならない、ということであった。アンさんとジェフさんがいたからこそできたことでもあった。

こうして、**口絵2**（左）のような表紙の冊子（『先住民族サミット』アイヌモシリ２００８事務局、二〇〇八）が完成した。全部で一四四頁にもなった。主催者からのメッセージ、外部からのメッセージ、海外先住民族のプロフィールに続き、最も重要な資料は、海外の先住民族から事前に寄せられた「G８に向けた先住民族からの提言」であった。このほかに海外の先住民族の解説をつけ、さらに「先住民族サミット」で行われる「ウコチャランケ（話し合い）」の資料を入れた。「先住民族サミット」では、「環境」、「権利回復」、「教育・言語」の三つのテーマを設定した。それぞれについて、アイヌから、また海外の先住民族から、いくつかのメッセージを事前にもらい、討論の叩き台にするためにこの冊子に載せた。八七団体にものぼった後援・協賛・賛同団体名、五百名近くの賛同者すべての名前を入れた。最終的には、北海道ウタリ協会も、また北海道大学もそこに名を連ね、とくに協会は、理事長と札幌支部長がお祝いのメッセージを寄せてくれた。巻末の**資料**10には、主催者の気持ち、「先住民族サミット」への意気込みを伝えるものとして、事務局長の結城さんと、共同代表のひとり、秋辺さんのメッセージを載せた。また、アイヌ長老、遠山サキさん、宇梶静江さんからいただいたメッセージも入れた。海外からは、グアテマラ、マヤ・カクチケルのロサリーナ・トゥユクさんと、アメリカ先住民族プエブロの長老、ポール・トサさんが、「教育・言語」の話し合いのために寄せて下さったメッセージを載せた。

（3）二風谷での「先住民族サミット」（第一ステージ）

七月一日、「先住民族サミット」は、二風谷に近い平取町中央公民館大ホールで最初のステージの幕を切った。「先住民族サミット」について詳しく語ろうとすれば、それだけで一冊の本になるであろう。本当なら、サミット直後にそうすべきだったと思うが、私たちは、もうエネルギーを使い果たしていた。それでも、共同代表の島崎直美さんが、萱野さん、秋辺さんとなんども編集会議を開き、それをもとに支援者の私たちがパソコンへの打ち込みや写真の整理をして、**口絵**2（右）のような表紙の、一七五頁にもなる「報告集」（「先住民族サミット」アイヌモシリ 2008事務局／世界先住民族ネットワークAINU事務局、二〇〇八）をまとめたのは二〇〇八年の年末だった。橋本隆行さんほか支援者たちの力で、三〇分ほどのDVDもつけ、お世話になった方々に配布したのである。また、多めに印刷して販売し、今後の活動資金とした。事前に作った一四四頁の冊子と同じように、「報告集」もまた、全部を再録したくなるような充実した内容であるが、ここでは、いくつかの大事なシーンだけを選んで書き留めてみたい。

資料11に載せたヴィクトリアさんの基調講演は、七月一日午後一二時半からの開会式のあと、最初に行われた。小柄なヴィクトリアさんは、フィリピンの民族衣装をまとってステージに上がり話された（**写真6**）。国連の「先住民族問題に関する常設フォーラム」という、先住民族問題の解決のための国際組織のトップにおられる方が、いま、世界から北海道に集まった先住民族のために、とりわけアイヌのために、本当にこの場に来て下さり、話して下さっている、ということが、夢のようであった。というのも、その前日まで、果たして、ヴィクトリアさんが「先住民族サミット」の初日のステージに立てるかどうか、全くわからない状態が続いていたからである。世界中から先住民族が成田空港に到着するのは、六月二八日から三〇日にかけてであったが、「先住民族サミット」の最後の難関は、実は直前の入管だったのである。

国は、G8を前に最大限の警戒体制に入っていた。国際的なテロ組織が、G8を粉砕しようとこっそり入国するかもしれない。ましてや先住民族の招聘者は、その国において政府とさまざまな意味で対立している人も多かった。要するに政府からみれば、みな、程度の差はあれ「要注意人物」なのである。しかも、招聘側の私たちもまた、日本政府にさまざまな要求を突きつけている側の人間であり、一時は公安さえ動いているという噂が流れたほど、同じように「要注意人物」なのかもしれなかった。最初から「非暴力」を明言し、あくまで平和的な手段で、G8に先住民族から提言するために集まる、と規約にも明記していたが、G8を

写真6　ヴィクトリア・コープスさんの基調講演（2008.7.1）

つつがなく開催し成功させたい日本政府からすれば、本来、「先住民族サミット」などないほうが好都合なのである。政治的な力がちょっと働けば、せっかく世界各地から先住民族が来てくれても、成田の入管でシャットアウトという事態になるおそれは十分過ぎるほどあった。そのようなことがないよう最大限の努力はしたが、それにも限界があった。招聘者が伝えてきた到着便の時刻にあわせ、外線直通の電話の前に座り、いつ成田から連絡が来てもいいようにスタンバイしていた。

さいわいほとんどの招聘者は大きなトラブルなしに入国できたが、なんと、最も問題がないと思っていたヴィクトリアさんが、入管で差し止められてしまったのだった。彼女から連絡が入ったのは、成田の入管を通じてである。すぐに入管の役人に事情を説明し、入管も納得してくれて彼女は無事に入国できたが、四時間も拘束されたのだという。

そんなトラブルがあっただけに、今、ヴィクトリアさんが二風谷のステージに立ってスピーチしているということ自体が、信じられないことのように思われたのだった。**資料11**に示したように、彼女の基調講演は、国連による先住民族の権利宣言以来、世界の先住民族に起きている変化に注目しながら、G8諸国による世界経済の独占、過剰な開発、環境破壊によって起きている危機的な状況を明確に指摘していた。その上で、それらに先住民族がどう対処していくべきか、という課題をわかりやすく説くものであった。彼女が来てくれて、実際にこのような基調講演をしてくれたことで、「先住民族サミット」は、半ば成功したようなものであった。

休憩後は、招聘した海外からの先住民族のスピーチが続く。どれもが、それぞれの先住民族らしい語りであり、各民族の基本的な考え方がよく伝わってきた。たとえば、マオリの参加者のスピーチでは、こんなパフォーマンスもあった。

「さあ、みんな立って、右手の親指を立ててみましょう、これは『先住民族グッド！』というサイン、左手は、人指し指を前に、これは政府の『こうしろ！』というサイン、これを左右の手を入れ替えて交互にやって！　ほら、最初はうまくいかないでしょう……でも、だんだんできるようになるでしょう、政府との交渉も同じこと、最初は重い気持ちでも、だんだん慣れてくれば平気になる、政府の人も、最初は何だ、と思っても、だんだんわかってくる、だから、あきらめず、くりかえしやることが大事。自然や環境の問題についても、これがいちばんいい解決方法です……。」

翌日の各紙朝刊には、「先住民族サミット」開幕の大きな記事が載った。**資料12**は、その時の『北海道新聞』の記事である。

★「ウコチャランケ」１　「環境」グループ

七月二日の「ウコチャランケ」は、二風谷ステージの中心とでもいうべきプログラムだった。先住民族同士で、じっくり話し合いたいというアイヌの人たちの要望から、時には、先住民族だけの時間を設けつつ、参加者が「環境」、「権利回復」、「教育・言語」の三つのセッションに分かれて、それぞれのテーマについて、議論を深めたのだった。私は「環境」セッションのコーディネーターだったので、まずそれを中心に紹介したい。

当時の二風谷では、北海道開発局が沙流川の支流、糠平川で進めていた平取ダム建設計画が最大の環境問題だったから、当然、それに焦点を絞った。そもそも、沙流川につくられた二風谷ダムをめぐっては、二風谷に住む貝澤正さんと萱野茂さんが、ダム計画に反対し訴訟を起こし、ついに勝ったという歴史がある。裁判が終わる前にダムは完成してしまったので、「公共の役に立つ」という理由で、ダムを壊せとはならなかったが、この裁判で、初めて「アイヌは日本の先住民族」という位置づけがなされた意義は大きかった。それだけに、「違法な二風谷ダム」の上流にさらに造ろうという平取ダム計画は、二風谷判決そのものを否定する意味合いをもち、無視できなかったのである。裁判の後にまとめられた、『二風谷裁判の記録』（萱野・田中、一九九九）には、裁判の厖大な文書とともに、支援者や、裁判の途中で亡くなられてしまった貝澤正さんの息子さんである耕一さんの文章（貝澤（耕）、一九九九）などが収められている。

写真7　二風谷ダムの問題について発表する貝澤耕一さん（司会者席は、結城幸司さんとアン・エリスさん）

午前中のセッションでは、耕一さんが、二風谷ダム訴訟を萱野茂さんと起こした正さんの思いをまず語られた（**写真7**）。前掲書で耕一さんも書かれているように、二風谷ダムによる水没予定地の強制収用に反対する正さんの北海道収用委員会（一九八八年二月一五日）での訴えは、（1）ダム工事による農業廃休止補償を、一年ではなく、アイヌ民族を苦しめた歴史の補償として百年みること、（2）過去にアイヌ民族を強制的に農業転換させて、やっと定着したところでまた土地（農地）を取り上げるというなら、再びアイヌが狩猟・漁撈民族として生きられるような補償が必要であり、（3）そのためにも、沙流川コタンの裏山にある社有林全部を元の地主であるアイヌに返すべきこと。ただで北海道の土地を取り上げたのだから、ただでアイヌ民族に返してほしい、というものであった。明治以来の、政府のアイヌに対する仕打ち、土地をすべて奪い、アイヌの生業すらも否定した一方的な政策に、正さんははっきりNO！と言いたかったのであろう。ガンで亡くなるわずか四年前のことであった。

二風谷ダムの問題はそれだけではない。耕一さんも発表で強調されたように、二〇〇三年の大雨では、ダムに大量の土砂と流木が流れ込み、ダムは決壊寸前までいった。ふつうのダムは河川の上流に造られるが、二風谷ダムは、そもそも、苫小牧周辺に造られる予定の工業団地への水供給のための貯水ダムだったために、沙流川のむしろ下流部に造られたからである。工業団地の造成がオイルショックで中止になったにもかかわらず、ダムを造りたい国は、目的を治水と言い換えて、あくまでも二風谷ダムを造ろうとしたのだった。自然を無視した重いツケが、このようなかたちで来たのである。「先住民族サミット」が開かれた当時も、二風谷ダムのダム湖は、その五年前に流れ込んだ大量の土砂で、半ば埋まっていた。二風谷ダムにこれ以上の土砂が流れ込まないように、上流に造られるのが平取ダムなのだ、といっていいかもしれない。アイヌにとっては、鮭とともに重要な食料だったサクラマスも、二風谷ダムの影響を受けている。人間の都合だけでなく、動植物とも同じ立場にたって、行動しなければならない、と耕一さんはスピーチを結んだ。

次の発表者は、フィリピンのジョアン・カーリングさん（写真8）だった。ヴィクトリアさんは、同じフィリピンでもイゴロット、ジョアンさんはカナカナイという先住民族である。彼女はルソン島北部の山岳地帯（コルディエラ地方）の先住民族の人権問題に長年取り組み、二〇〇二〜〇六年には、その地域の先住民族組織をまとめる「コルディエラ民族連合（CPA）」の代表を務めた。当時もそのアドヴァイザーであった。フィリピンでは、日本政府の支援（ODA）によるダム建設が行われてきた。なかでも、先住民族の集落の一部が水没し、環境への悪影響が出るサンロケダム事業（栗田、二〇〇八）には、先住民族による強い反対運動があり、ジョアンさんは世界ダム委員会（ＷＣＤ）でその問題をとりあげるなどして、運動を支援した。私は当時、自然地理学、環境科学の立場から、平取ダムや道北のサンルダム建設計画に反対運動をしていたから、ジョアンさんの発表は、最も待ち遠しいものであった。その内容は私の想像を超えるもので、深い感銘を受けた。彼女の語りは以下のようなものであった。

「サンロケダムは、一九九九年ころから、ルソン島北部のアグノ川で計画が始まりました。日本政府の援助を受け、日本の大企業が関わっていました。補償金がたくさん出る、雇用が増えるといったフィリピン政府の宣伝に乗って、ダムに賛成する先住民族もいましたが、それ以前に造られた同様のダムで、似たような宣伝がなされたにもかかわらずダム完成後は仕事もなく、雇用も増えなかったことを反対派が説明したことや、ダムによるこれ以上の自然破壊は、先住民族として認められないとして、一部の先住民族が強い反対運動を繰り広げたことが、多くの村人を動かしていきました。とくに、年配の女性たちが、彼女たちにとってもっとも恥ずかしい行為である『胸を露わにする』という激しい抗議行動をとったことが、人々の心を動かしました。しかし、日本のＯＤＡを受けようとする政府や役人も強硬で、ダム水没予定地の先住民族の集落は強制的に移転させられ、ダムは、二〇〇三年に完成してしまいました。ダム反対運動のリーダーだったアポ・ホセさんは暗殺さ

写真８　「ウコチャランケ：環境」で発表する
ジョアン・カーリングさん（2008.7.2）

れてしまったのです。私は世界ダム委員会に実情を報告し、国際世論に訴えてサンロケダムを中止させようとしましたが、だめでした。ダムの完成後、まさに二風谷ダムで起きたような洪水が起き、ダムにたまった大量の土砂が問題になっています。ダムは発電や治水に役立つと言われますが、むしろ環境の影響のほうが大きいのです。貯水についても、別なやり方を考えるほうがいいのです。大規模なダムは、先住民族の居住地域に計画されることが多いので、国連の「先住民族の権利宣言」に明記されている『FPIC（開発プロジェクトに関する事前の合意）』の原則にもとづいて、協議することが必要です。」

ジョアンさんは午後のセッションで、その「FPIC」について説明した。国連の「権利宣言」の第三二条にうたわれているものである。政府や企業は、先住民族の住む地域で開発プロジェクトを行う前に、「先住民族に圧力をかけることなく、自由で対等な立場で、すべての情報を開示し、きちんとした説明をする義務」があり、それなしには、先住民族はいかなる開発にも同意する必要はない、と明記されている。お疲れでしょうから、まず一緒に歌を歌いましょう、とカナカナイの歌を紹介、参加者もみんなで歌ってから始めるという、心遣いに溢れた講演だった。

二風谷ダムでは、アイヌを無視して建設を進めたことが失敗だったと考えた北海道開発局は、平取ダム建設においては、最初からアイヌを参加させるという方針に転換した。しかし、それは、まだFPICのような、本当に対等な関係のもとになされたものではない。むしろ、計画段階からアイヌを取り込み、経済的な援助によって懐柔するという意図をもっていたのではないか、と私は疑うのである。

ジョアンさんの次は、アメリカ先住民族、コマンチのラドンナ・ハリスさんだった。ジョアンさんの発表の時は、宇梶静江さんと並んで、楽しそうに聞かれていた（**写真9**）。

ラドンナさんは、立派な風格に、いつも笑みを浮かべていて、グランド・マザーという雰囲気の方だ。それも当然、ＡＩＯ（Americans for Indian Opportunities：アメリカンズ・フォー・インディアン・オポチュニティーズ）の創立者であり、四〇年にわたって、ネイティヴ・アメリカンの政治参加を支援し続けてきた方である。そのスピーチは、以下のように、アメリカ政府、アメリカ開拓の歴史に対する辛辣な批判だった。

「合衆国には五五〇の先住民族がおり、まだ認知されていない七七の民族がいます。私たちはバイソン（野牛）を追って遊牧生活をしてきました。先住民族はみな、大地と人間は切り離せない、一体のものという考えをもっています。土地は人類すべての共有財産であり、個人が所有したり、それでお金儲けしたりしてはいけないものだと思っています。しかし、白人たちはバイソンを殺し、土地を奪って私有化してしまいました。農業のために森林を焼き払い、バイソンのいた草原を無くしてしまったので、一九三〇年代には、大地がむき出しになり、激しい砂嵐が頻発しました。それを灌漑で防ごうということになり、今度は川を堰き止めてダムを造りました。鮭は遡上できなくなり、川の生態系はすっかり壊されてしまいました。アイヌ民族と同様、私たちも鮭をとっていましたが、その当然の権利を奪われてしまいました。白人たちはただ、金儲けのために鮭を養殖し、とりますが、私たちは鮭を敬い、伝統的なやり方でとります。貝澤さん、ジョアンさんが言ったように、ダムによって、かえって洪水の被害が出ています。国が対策を決めるのではなく、貝澤さん、萱野さんが裁判で闘ったように、私たち先住民族が、先住民族のやり方で自

写真９　「ウコチャランケ：環境」で仲良く並んで発表を聞く宇梶静江さん（左）とラドンナ・ハリスさん（右）（2008.7.2）

然とつきあっていくべきなのです……。」

その後は結城さんなどの発表が続き、午後は、さらに地球環境問題、温暖化の問題で、カナダのベン・パウレスさんの発表があった。宇梶さんは森林破壊の問題を話され、ジョアンさんは前述したように、FPICについて話された。午後の部の最後は、「環境」、「権利回復」、「教育・言語」の三つのグループが話し合った内容を発表する全体会であった。

★「ウコチャランケ」2 「権利回復」グループ

「権利回復」グループでは、まずアイヌから五人が、自らの体験をもとに、権利回復への思いを語った。海外先住民族では、最初に、グアムのファナイ・カストロさんが話した。島のかなりの部分が米軍基地になってしまった島で、若い世代の自分たちの言語であるチャモロ語や伝統文化を学ぶ学習会を続けていることを述べ、言語・文化を取り返すことが、権利回復につながると訴えた。一方、ICUから学生ボランティアを送り込んでくれたジャクリーンさんは、二〇〇年前にウエールズからアメリカに渡った祖先がチェロキーと結婚して以来、七つの異なる民族を出自にもつ。彼女は、事前に配布された冊子（**口絵2左**）に載せられた、若いアイヌ世代の共同代表のひとり、木幡弘文さんのメッセージへの共感を語った。木幡さんは、アイヌは自然をカムイとして敬い、自然を人間以上の権利者として敬うからこそ、資源を取り過ぎず、また我々が自然に対して権利を主張するからこそ、自然は資源を与えてくれるのではないかと書いていた。現在のような「パイの取り合い」をする世界ではなく、「互いに与えあう、かばいあう」という考え方を大事にしたいと、彼女は語った。

自らも弁護士として活躍しているマオリのリアナ・プートゥさんは、**第3章**でふれたような、ワイタンギ審判所でのマオリの権利回復運動の重要性を話した。個々のグループ、個人としては力が弱くても、団結することで、我々は強くなれるのだ、という彼女のメッセージは、アイヌの人たちに最も重要なことを伝えてくれていたのではないだろうか。ラドンナさんの娘さんにあたるローラ・ハリスさんは、AIOの現在の理事長であり、リーダーシップ養成のための「アンバサダー・プログラム」を通じて、マオリとの交流も推進している。彼女はネイティヴ・アメリカンの権利回復としての政治参加が重要であることを話してくれた。アメリカの人口のたった二％に過ぎなくても、州によってはインディアンが多数を占める地域があるので、大統領選挙においては、影響力を発揮できるのだという。次期大統領選はオバマさんが先住民族に好意的なので、権利回復のために共闘していきたいと語られた。

一方、オーストラリアのアボリジニ、ヨルタ・ヨルタ・ネーションの長老で、メルボルン大学で教えているウェイン・アトキンソンさんは、アメリカ合衆国やアオテオロアに比べるとずっと厳しい状況にあるオーストラリアの状況を説明された。前年の政権交代で労働党政府が公式謝罪したので、今度は国連の権利宣言、とくに、土地権や伝承に関わる権利、自決権の承認を求めていくという。また、とくに彼のネーションにおける問題としては、森林にあるヨルタ・ヨルタの文化伝承やエコツーリズムなどのための文化センターが閉鎖された状況にあるので、権利宣言の第三条、五条などを使って、その再開を求めていくと言われた。

ニカラグア、ミスキートのロス・カニングハムさん（写真10）は、その前にアイヌの五人が語った差別や、それがもとで、若いときに自分の出自に否定的になること、また、あるときから自覚的に、アイヌになろうと決めて、それからは言語や文化を勉強し始める、といった経験は、すべての先住民族に共通する物語であると、アイヌの人たちへの共感を述べた。また左翼政権にもかかわらず、権利が十分には認められておらず、貧困のために、先住民族の共有地への牧畜業者の侵入、森林の違法伐採が後を絶たない現状を語られた。自治

写真 10　海外からの先住民族

左から、ロサリーナ・トゥユクさん（グアテマラ）、筆者、ロス・カニングハムさん（ニカラグア）、ベン・パウレスさん（カナダ）、ジョアン・カーリングさん（フィリピン）後はマグネ・ヴァルシさん（フィンランド）、手前は参加者でサポーターのデヴァン・スクルマンさん（台湾）。平取ダム建設予定地へのフィールドワークで（2008・7・3）

地域では、自治議会があり、各コミュニティから代表を送れる仕組みだが、政府が介入し、都合の悪い人は勝手にやめさせられ、政府側の人間にすげかえられたりするという。状況は悪いが、先住民族の言語教育や権利講座を通じて人材育成を行い、またミスキートは隣国ホンジュラスにもいるので、連携をとりながら、国連の権利宣言を後ろ盾として、政府に権利を要求していく！と結ばれた。

同じ中南米のロサリーナ・トゥユクさん（**写真10**）は、すでに**資料10**に載せたようなメッセージを寄せられていた。内戦の続くグアテマラでの先住民族の立場には極めて厳しいものがあり、彼女が語る、弾圧や逮捕が常習化する様子は、日本の現実をはるかに超えるものであった。そのようななかでも、彼女たちは、マヤの聖なる食べものであるトウモロコシがバイオ燃料として狙われ、そこに遺伝子組み換えが導入されていくことに反対して運動を進めているのである。

ハワイ先住民族のプアナニ・バージェスさんは、ソノダ・ヨシコという日本名ももっている。「草の根」、「アイヌ中心」、「アイヌと和人の協力」という「先住民族サミット」の三原則を評価され、アイヌが成功するためにも、ハワイ先住民族の「ポノ」という概念を送りたいと述べられた。「ポノ」は三つの層から成る言葉で、一つは、正しく行動すること、二つ目は、そうすれば正義が引き起こされるということ、そして、この二つが達成されると、三つ目の、希望が見えてくる。それが「オハナ」（協力）なのだ、と言われた。そして、近代的な器械を一切、使わずに、先住民族の伝統的な知恵だけでカヌーで太平洋を横切り、ハワイから日本までの大航海をなしとげたホクレア号の写真を見せながら、「自治権や自決権を勝ち取るまで、どんな苦労があってもお互いに団結してがんばりましょう！」と結ばれた。他にも、メキシコ、ナワのマルコス・マチアス・アロンソさんや、カナダのアティラ・ネルソンさんの発表があり、最後は、基調講演をされたヴィクトリアさんが、その内容を、権利回復という視点から整理して話された。

★「ウコチャランケ」3 「教育・言語」グループ

写真11は、「教育・言語」のグループでの討議の模様である。「環境」グループでは、パワーポイントを使って話すような、学会・講演会のような発表形式だったが、「教育・言語」グループは、このように車座になって座り、交流しながら、話し合ったことが好評であった。酒井美直さん、酒井厚司さん、木幡弘文さん、萱野志朗さん、川上裕子さんの発表のあと、写真で中央に座っているトサさんが、事前に寄せた発表内容（**資料10**）をもとに話した。トサさんの出自であるヘメス・プエブロは、二一世紀までその言語であるトワ語を維持してきた。彼はヘメス・プエブロの知事を三期務め、小学校の教師として長年、文化の伝承だけでなく、先住民族の教育にも力を注いできた。彼はまた、アメリカの博物館に展示されている聖遺物を、プエブロに返還させるための運動も進めている。

次に話されたのは、サーミとその他の先住民族の権利と情報記録のためにつくられたガルドゥ資料センターの理事長で、サーミ・ラジオ・ノルウェーやサーミアイギ（サーミ新聞）などのメディアでも活躍されて

写真 11　ウコチャランケ：「教育・言語」の会場風景

話しているのはポール・トサさん、左端：ザック・ビシャラさん、一人おいて川上裕子さん、エディ・ウォーカーさん、一人おいてプアエナさん、ロン・エルクさん、手前右：シン・オラムさん

いるマグネ・オヴェ・ヴァルシさんである。彼や、ラドンナさん、トサさんなどは、比較的早い時期に、自費での参加を伝えてきた。資金不足のなかで、そのように自費で参加してくれる先住民族が出て来たときは、ほんとうに感激した。ヴァルシさんはまた、喉声を使うサーミの伝統的な歌（ヨルク）の歌い手であり、オオカミの声を模したすばらしい歌声を何度も聞かせてくれた。ヴァルシさんも、五人のアイヌの語ったこと、差別や、それ故に、若い時はアイヌであることを忌避したこと、逆に、アイヌであろうと決めてからは、積極的に言語や文化を勉強して、それを次世代にも伝えようとするようになったことなどは、他の先住民族にも共通する物語だと述べた。サーミは一九八八年、ノルウェー政府から先住民族と認められ、学校でのサーミ語の教育も行われるようになった。サーミ語で教える中学校や単科大学もできたが、まだまだ、国連の権利宣言がうたっている状態には至っていない、と言う。アイヌの現状からすれば、うらやましいようなサーミの状況であるが、実際にはまだまだ課題が多いことが、ヴァルシさんの話によってわかった。

台湾、アミのシン・オラムさん（写真11）は、タキムラ・ヒデオという日本名をもつはずだったが、戦争が終わって、生まれたときには、中国名になっていた、またアメリカ人宣教師は、アンドリューという名前をくれた、学校に行くと友人たちが台湾の名前をくれた。本来はシングが自分の名で、オラムは父の名だという、複雑な事情を語った。そして、先住民族は、固有の言語、土地、地名をもっているので、それを尊重することが大事だと話した。「政府は目も見えないし耳も聞こえないようなもの」だから、私たちは言い続けなければならない、台湾ではデモを続け、一四年前には原住（先住）民族の委員会をつくった。政府はその委員会の予算の約三分の一を拠出している。アイヌも、そうしたことを日本政府に強く提言していかなければならない、と結んだ。

ハワイから参加したプアナニ・バージェスさんの娘さんのプアエナさんは、現在の教育システムにあわせて先住民族が自分たちの学校をつくることが大切であり、あらゆる場合に、ユーモアはメッセージを届けるうえでの強力なツールになると話した。彼女のいう先住民族の学校は、ヴァルシさんの発表のようにサーミでもつくられているが、それを大々的に発展させているのがマオリである。

ナ・プヒ、カーイ・タフ、テ・ワラワ、と三つのイウィ（部族）の出自をもつエディ・ウォーカーさんは、マオリがつくった大学「テ・ワナンガ」で働いている。AMOというマオリの若者育成の組織で活動し、いつも、迫力あるハカや、アイヌの若者への優しい心遣いで、サミットを盛り上げてくれた人だ。AMOは、アメリカのAIOにならってマオリが創った組織で、"The Advancement of Maori Opportunities"という。AIOと姉妹関係にある。彼は七〇年代、まず幼稚園、保育園でマオリ語を教えるという運動から始めたという歴史を語った。マオリ語で「コハンガレオ」（言葉の「巣」）と呼ばれるものであり、すべては、そのころの、「言葉を取り戻そう」というマオリの女性たちの運動から始まったことを話してくれた。ここでも、マオリ力《ぢから》は、「妹《いも》の力」だったのである。

ザック（アイザック・ビシャラ）さんも、それに続いて、マオリ語の復権について語ってくれた。ザックさんも、古くからの友人である。その卓抜した指導力、ユーモアに富み、踊りやギター、深い語りなど、さまざまなパフォーマンスで、マオリのスピリットを自然体で伝えてくれる彼のキャラクターは「先住民族サミット」には欠かせないと思い、忙しいなか都合をつけて来てもらったのだった。七〇年代、マオリ語を話せる人は全体の五％に過ぎなかったが、今は約二〇％のマオリが話せるようになったという。彼自身、二〇歳になって初めてマオリ語を学ぶようになったのだという。今も、それは続いている、仕事が済んでからのレッスンは三時間、週三回で、クラスには六〇歳を超えた人も多いという。「学び始めるのに遅過ぎるということはありません！」というのがザックさんのメッセージだった。

「教育・言語」の「ウコチャランケ」のまとめをしたのは酒井美直さんである。あまりに多岐にわたる内容だったので、どうまとめるか大変だったが、彼女は、それを五つのキーワードでまとめた。

1 "Aynu neno an Aynu"（アイヌ〈人間〉らしいアイヌ〈人間〉"Human like Humans"）
2 "Aynu anakne pirka!""Aynu is beautiful !"（アイヌは美しい！）
3 "What is good for Maori is good for Newzealand"（マオリに良いことはニュージーランドにとっても良いこと）
4 Ratification of ILO 169 Convention（ＩＬＯ条約一六九条の批准を）
5 Implementation of UN Declaration of Rights of Indigenous Peoples（国連の先住民族権利宣言の実施を）

1は、もともとアイヌのなかにあった教えであり、「先住民族サミット」の前夜、二風谷の萱野茂資料館のチセでなされた前夜祭のカムイノミのとき、祭司を務めた「先住民族サミット」事務局次長の木幡寛さんが、引用した言葉だった。

2は萱野志朗さんの提案によるもので、日本には「言霊《ことだま》」という考えがあり、口にした言葉は現実のものとなるということから、「アイヌ アナクネ ピㇼカ！（アイヌは美しい！）」という言葉をみんなで口にすることで、それを実現しようというものだった。アイヌは英語ではAinuだが、アイヌ語ではAynuとなる。

3は、マオリが言い始めたことだが、これはすべての先住民族に当てはまることである。「アイヌに良いことは日本にとっても良いこと」なのだ。

写真12　サポーターたちの夜のミーティング風景（2008.7.2）

4は、先住民族の権利を認めるために、政府は、関係住民の参加を得て、その実現に努めるべきことを定めた条約、そして5は、前年に採択されたばかりの「権利宣言」を、各国は尊重し、その具体的な実施を行うべき、という「先住民族サミット」の基本的な要求である。

一日がかりの長い「ウコチャランケ」だったが、参加者同士の距離はずっと近くなったようだった。やはり、「ニサッタ」で始まった膝を交えての交流、とくに先住民族同士の分かち合いというスタイルが、効果的だった。

「先住民族サミット」のすべては、七〇人ものボランティアのサポーターに支えられていた。**写真12**は、それを示す写真である。スタッフは、萱野志朗さんのご厚意で提供いただいた、お金のかからない施設などに分散して寝泊まりしていた。写真には、受付、通訳アテンド、調理、会場設営、タイムキーパー、移動など、あらゆる作業を支えてくれたスタッフの一部が写っている。中央に立っているのはサポーターのまとめ役だった「グループシサムをめざして・札幌」の佐々木慶子さんだ。サポーターは、台湾、ドイツ、フランス、アメリカなど海外や、東京、西宮など道外からも来ていた。議員やその秘書、プロのカメラマンや大学講師、牧師さんやお坊さん、薬剤師や看護師、それにICUからの通訳ボランティアの学生チーム、その他の大学生とさまざまであったが、そのほとんどが若者であった。海外からのサポーターは日本語もおぼつかない人が多かったが、みんな阿吽の呼吸で、予想を超えた三〇〇食以上もの食事をつくり、皿洗いをこなしていく。佐々木さんが中心になり、イベントの運営に慣れた「アイヌ民族情報センター」の三浦忠雄さんが手助けしながら、毎晩のようにその日の反省と翌日への準備を入念に行った。ボランティア同士が親しくなり、「先住民族サミット」を成功させるという目標のために心を一つにできたことが、成功の要因だったと言えよう。

(4) 二風谷でのフィールドワーク

七月三日、この日は午前中が、「環境」、「文化・歴史」の二つのグループに分かれてのフィールドワーク、午後は札幌に移動し、「札幌ピリカコタン」でステージ2を開催する、という忙しい日であった。私は「環境」グループの案内役だったので、その内容を紹介したい。

前日の「ウコチャランケ」で、すでに二風谷ダムや平取ダム建設計画の問題は、参加者に十分、理解されていた。とくに貝澤耕一さんが、父親の正さんによる二風谷ダムへの反対運動を紹介され、ジョアンさんが、フィリピンでのダム建設とそれに対する先住民族の激しい抵抗運動を紹介されていたので、参加者全員が、先住民族の土地でのダム建設は許さないという、明確な意志をもっていたように思われた。前述したように、環境科学的な視点から平取ダム建設計画への反対運動をしていた私は、この機会に、アイヌだけでなく世界の先住民族からも反対の意思表示をしてもらい、平取ダムの建設を中止させたいとも考えていた。前日からの流れで、そのような望みも叶えられそうであった。

ほとんど土砂で埋まっている二風谷ダムのダム湖を案内しながら、マイクロバスは上流に向かって進む。平取ダムの建設予定地に着くと、北海道に来て初めて大自然の中に立って、みんな嬉しそうだった（前掲写真10）。一同が揃ったところで、地元、二風谷のアイヌを代表するフチ（女性の長老）が、正装して私たちを迎えてくれた。ユカラなど、アイヌの伝統的な口承文化のすぐれた伝承者であり、地元で尊敬されているフチの話に、とくに長老を尊敬する海外の先住民族たちは、大きな期待をもって耳を傾けたのだった。

ところが、意外なことが起きてしまった。平取ダムの建設予定地は、川をふさぐように山側の岩壁が出ているところで、そこはアイヌにとってのチ（我ら）ノミ（祀ル）シリ（山）でもあった。そのような大切な場所が、平取ダムが建設されれば壊されてしまうのである。しかしフチは、そういう場合でも、予めそのことをカムイに謝ればそれでいいのだ、と言われ、すでにそういう儀式もしたからいつでもダムは造れる、という説明をされたのだった。驚いた海外の先住民族から、フチはダムには反対ではないのですか？という質問が出ると、フチはさらに、自分はダムには反対ではない、私はもう一〇年もしないうちに死ぬだろうから、あとでダムができようが、どうなろうが知ったことではない、と答えて、海外の先住民族を仰天させたのだった。私にとっても、耳を疑うような発言であった。いや、フチも本当は反対なのだが、ダムで潤うアイヌもいるし、町が賛成してしまっているので、アイヌだけが反対できない事情もあるのだ、と、フチに助け舟を出す発言もあったが、ジョアンさんは、前日の発表をもとに、フィリピンでも、どこでもそれは同じであり、でも先住民族は、そういう考えが間違っていると訴え続け、死にもの狂いの反対運動を継続したのですと、再度、語られた。フチの発言にショックを受けた他の先住民族からも発言が相次ぎ、ジョアンさんも納得が

写真13　ダムを許したら「END」と訴えるザックさん（2008.7.3）

いかないという状態だったが、最後は、同じ先住民族でも、それぞれの地域でそれぞれの事情があるのだから、これ以上のコメントは差し控えたい、と口をつぐまれてしまった。

異論が続出し、予定していた時間を大幅に過ぎてしまったので、サポーターのタイムキーパーが、「ＥＮＤ」と書いた大きな紙を、進行役の私のほうに示した。するとザックさんが、ちょっとそれを貸せ、と言って、その紙を大きく掲げて語りはじめた（写真13）。もう時間がないことはわかっているが、これだけは言わせてほしい、このすばらしい自然が壊されたら「ＥＮＤ」だ、いやそれ以上に、先住民族がそんなことを言い出したら、「ＥＮＤ」ではないか、それぞれの先住民族の置かれている状況は違っている、しかし、先住民族であることに変わりはない、みんなが力を出し合って、なんとか抵抗していこう！という、みんなを励ますような力強い発言だった。涙を抑えることができなかった。

まだまだ議論したかったが、案内役としては、早くバスに戻ってくださいとみんなを急かすことしかできない。参加者はバスのほうに戻り始めたが、ザックさんをはじめとするマオリの参加者だけはその場を立ち去ろうとせず、むしろ少し離れた場所に行って、チノミシㇼに向かって祈りを捧げたのだった（写真14）。あとから、ザックさんに、何を祈っておられたのですか、と尋ねると、マオリとしては、あのまま、あの場所を立ち去ることはできない、まず、アイヌの聖地が守られることを祈り、またダム建設を自ら認めてしまうような厳しい状況にあるアイヌを、神が助けてくれるように祈ったのだ、と答えてくれた。「先住民族サミット」では、先住民族同士の助け合いということを、多くの先住民族が語った。マオリは、アメリカ先住民族やハワイの先住民族と、すでにいろいろなかたちの連携をとり、お互いに助け合っている。それだけのパワーがマオリにはあるからだ、と言えばそれまでであるが、逆に、そうして海外の先住民族と連帯することで、マオリも力を得ているのである。

写真14　ダムに壊される大地に祈りを捧げ、あわせて、アイヌが強くなることを祈るマオリの参加者（2008.7.3）

帰りのバスのなかでも、議論は続いた。参加者のひとりで、アイヌでは若い世代の研究者を代表するひとりでもある新井かおりさんは、アイヌだからといって全部、同じだと扱うのは止めてほしい、アイヌにもさまざまな人があり、多様性があって当然なのだ、と語った。私は、もちろんその通りだが、そうであるなら、このような場で、もっと多様なアイヌの主張が示されるべきではないか、と反論した。グアテマラのロサリーナさんは、先住民族は、もっと環境破壊、自然破壊に反対すべきである、と強く言われた。しかし、バスが二風谷に到着し、議論は打ち切りになってしまった（小野、二〇〇八a）。

新井さんが提起された問題を、その後もずっと考え続けている。先住民族だろうが、そうでなかろうが、人間は多様性をもった存在である。したがって、先住民族だからこうあるべき、という「押し付け」は、先住民族の心を内面で拘束する「内的植民地化」と呼ばれている。先住民族でない、社会の多数派（マジョリティ）側は、ともすれば、先住民族はこうしたもの、とステレオタイプな「先住民族」像を押しつけ、それから逸脱すると批判しがちだ。そのような「内的植民地化」は、ノン・アイヌである私たちが、ともすればアイヌの人たちに無意識にでもおかしてしまう大きな誤りであろう。しかし、では、アイヌは、マオリ、サーミは、ネイティヴ・アメリカンは、何をもって自らのアイデンティティとし、自らをどう位置付けるのかということが一方では問われるであろう。植民地化され、自らの言語・文化を強制的に奪われたから「先住民族」なのである。それは、外部との関係性を語る言葉でしかない。それを取り払ったときに、その集団が、これが自分だ、と主張するものは何なのか。それがどこまでいっても「多様性」だというのなら、すべては相対化されてしまうのではないだろうか。

「先住民族サミット」で出会ったそれぞれの海外先住民族も、またそれぞれの個人もきわめて多様であったが、そこには完璧なまでに共通するスピリットがあった。平取ダムを容認する発言をしたフチも、一方ではその命をかけてアイヌ語やユカラを伝承してきたのである。それは、世界の先住民族がこぞって称賛することであった。そのように尊敬されるフチだったからこそ、そのダム容認の発言や、自分が死んだあとは自然がどうなってもいい、というような発言が、海外の先住民族に一層のショックを与えたのである。人間は誰しも完全ではない。一芸に秀でていたからといって、その人の考えや振舞いがすべて、正しいとは限らない。そのように、これは個人的な問題に過ぎない、と割り切って考えることもできるが、やはり、問題の根は深いとも言えよう。

ジョアンさんが語ったフィリピンの事例でも、ロサリーナさんが語ったグアテマラの事例でも、そこには、政治的な力が、必ず背後に隠れているからである。そもそも、アイヌのために国から出される金を扱っているのは、国土交通省であり、ダム建設を進める北海道開発局もその下にある。アイヌの土地を一方的に開発し、自然を壊してきた省庁がアイヌのための金を握っている、ということ自体が根本的な矛盾であろう。アイヌが要求してきた民族庁のような組織がないことを、根本的に問わねばならない。

二風谷ダムで、アイヌを無視したために裁判に負けた北海道開発局は、平取ダム建設計画においては、最初からフチだけでなく二風谷アイヌの主要な人たちを検討委員会の委員といったかたちで取り込み、自由に意見を言わせながらも、ダム建設には反対しないという枠組みを整えていったように見える。そこには北大アイヌ・先住民研究センターもメンバーとして加えられていたのである。あらゆる方面からアイヌは包囲され、反対できないように追い込まれていったとも言えよう。

このような状況のなかで、個人的に最後の抵抗を試みたのは、シレトコ世界自然遺産のときと同様、天然記念物指定の委員会に入っていた文化庁を通じてであった。二〇〇四年、新たに「文化景観」という「保護基準」ができたことを、その会議で知ったのである。それは、

「地域における人々の生活又は生業及び当該地域の風土により形成された景観地でわが国民の生活又は生業の理解のため欠くことのできないもの」（文化財保護法第二条第一項第五号）

という位置づけであった。「天然記念物」のように、個々の地形や植物ではなく、全体の景観をそっくり指定して保護しようとする、日本では初めての画期的な保護基準である。それによって、金沢市の城下町としての文化景観や、「寅さん」の映画で有名になった葛飾柴又の街並み全体、あるいは長野県、姥捨の棚田景観、といったものが指定の対象になった。私は、貝澤さんや萱野さんが闘って認めさせた、二風谷におけるアイヌの文化享有権をもとに、「アイヌ文化景観」として、二風谷を含む沙流川全域を指定すべきであると提言した。文化庁としても、それを拒む理由はなかったはずである。そのように文化庁を動かすことで、「アイ

ヌ文化景観」を破壊する平取ダムの建設に待ったをかけようとしたのだった。

しかし国は、さらにしたたかであった。「アイヌ文化景観」は、なんと、「アイヌ文化の諸要素を現在に至るまでとどめながら、開拓期以降の農林業に伴う土地利用がその上に展開することによって多文化の重層としての様相を示す極めて貴重な文化的景観」と言い換えられて「評価」され、二〇〇七年に「重要文化的景観」に指定されたのである。平取ダム建設予定地域は、そこにチノミシㇼがあったにもかかわらず、たくみに指定地の範囲からははずされていた。

ここには、アイヌ文化をそのままでは認めようとしない、政府の一貫した姿勢が見られる。「多文化の重層」とはよく言ったものだ。もしそれを言うなら、日本文化がアイヌに押し付けた日本農業のための田畑を二風谷ダムで水没させ、二風谷ダム裁判で敗訴した国の責任はどこへ消えてしまったのであろうか。貝澤正さんの訴えは、今も反故にされたままなのである。

（5）札幌での「先住民族サミット」（第二・第三ステージ）

七月三日午後、バスで、二風谷から札幌へ移動、定山渓《じょうざんけい》温泉の近くにあるアイヌの文化施設「札幌ピリカコタン」で、第二ステージを開催した。翌日は「先住民族サミット」の最終日であり、宣言文の発表がメインになるので、ここでは、二風谷には行けなかった札幌周辺の参加者のために、海外先住民族のメッセージを伝えることが主な目的となった。

「札幌ピリカコタン」は、正式には「札幌市アイヌ文化交流センター」という札幌市の施設である。アイヌ語の正しい表記からすれば「ピㇼカコタン」となる。北海道ウタリ協会（現・北海道アイヌ協会）がその運営に関わっているが、あくまで市の文化施設であるから、アイヌが主体的に管理運営できるわけではない。

定山渓という札幌市の一番の温泉に近接しているのだから、温泉に来た道外の人たちが立ち寄っていけるような連携をすれば、アイヌ文化発信の拠点として、もっと効果を発揮できるはずなのに、なかなかそうなっていないのを残念に思う。もちろん、**第3章**で述べたロトルア市に隣接する「タマキ・ヴィレッジ」のように、先住民族が運営する施設ではないとしても、限りなくそれに近づけていくことは、工夫次第でできるのではないだろうか。本来は「ピリカ（美しい）コタン（村）」と名付けられているのだから、「タマキ・ヴィレッジ（村）」のように、エンタテイメントを行いながら、そこでしっかりと、アイヌの現状を訪問客に伝え、アイヌの権利が奪われたままになっていることを訪問客に気づかせ、これではいけない、と思わせるような「しくみ」をつくっていくことも可能なはずである。「先住民族サミット」の第二ステージにここを選んだのも、「先住民族サミット」がそのようなことへの一つのきっかけになってほしい、と願ったからだった。

「札幌ピリカコタン」には、アイヌの家《チセ》がつくられている。そこで、カムイノミをした。今回は、とくに、長老ではなく、若者がカムイノミの祭司となった。ここでも、できる限り若者中心でやろうという「先住民族サミット」の原則を貫いたのである。カムイへの祈りを捧げたあとは、博物館のなかにあるホールを、メイン会場として、海外の先住民族からの発表を聞いた。一二カ国から二四人もの先住民族が来てくれたので、平等に、少なくとも一回はまとまった講演をしてもらわなくてはならない。この日は、まだそのような機会がなかった方にお願いしていた。ハワイから来たプアナニさんの講演に続いて、その娘さんのプアエナさんが話したが、彼女は、海外からの招聘者のなかでもいちばん若く、このような国際的な集会に出たのも初めてだったらしい。本章の**扉写真**は、自分の受けた差別などを語るうちに、彼女が思わず泣きだしてしまったところである。会場を埋めた満員の参加者は、彼女のそのような姿に感動していた。講演のあとは、マオリの人たちがハカをやってくれた（**写真15**）。

写真15　マオリによる迫力満点のハカ

左から、ホヘパさん、ザックさん、リアナさん（札幌ピリカコタンで、2008.7.3）

　その後も、結城さんをリーダーとするアイヌ・アート・プロジェクトのパフォーマンスなどが続き、会場は盛り上がっていたが、秋辺日出男さんほかのスタッフは、ホールの上方にある控室に陣取り、スピーカーから流れる講演者の声や歌声を聞きながら、明日の第三ステージで発表する「日本政府への提言」と、「二風谷宣言」と名付けた「先住民族サミット」からＧ８に向けた宣言文の草稿を作っていた。これらを出すことが、今回の「先住民族サミット」の第一の目的なのだ。しかし、昨日の「ウコチャランケ」で出された多くの問題をどのような案文にまとめたらいいのか、どのような言葉を選べば、参加した多くの先住民族の考えや気持ちを伝えられるのか。

　秋辺さんは過労から痛風を発症してしまい、膨れ上がった足先を氷水に浸して冷やしながら、という状況だった。提言と宣言文は、翌日の午後四時に札幌コンベンションセンターの大ホールで発表し、参加者の賛同を得た後、すぐに記者発表する段取りになっている。それまでに、提言と宣言文とを和文と英文でつくり、全員に配布するために、数百部のコピーをつくらなければならない。それは前からわかっていたことであるが、実際にその場になってみると、途方に暮れるようなことであった。「先住民族サミット」をアイヌが主体となって開催し、わずか数日間の討議でＧ８に出す提言文をまとめるというのは、とても無理ではないかと思いながら、とにかくやろうと突っ走ってきたものの、その最大の難関が、思っていた以上の高い壁となって、前に立ちはだかったのを感じざるを得なかった。しかし、これだけの人々を動かし、みんなが一つになってやってきたことを、無にするわけにはいかない。どうしても、やり遂げなければならない、切り抜けなければならない修羅場であった。

そんな状況のなか、ヴィクトリアさんが、G8に向けた提言の部分は、私が中心になってまとめる、と言ってくれたことは大きかった。彼女も徹夜の作業を覚悟してくれたのである。実際、彼女の協力なしには、G8に向けた総括的な提言を短時間に書くことはほとんど不可能であった。私たちは、G8への提言に先立つ「二風谷宣言」の序文をヴィクトリアさんに提供するだけでいいことになった。一方、「日本政府への提言」は、アイヌだけで書く、ということになった。秋辺さんと二人で基本的な案文をつくり、それを役員全員にまわし、検討したのち英訳作業を始める。ヴィクトリアさんのつくる「二風谷宣言」、「G8への提言」は、明日の朝までに完成させ、できたところから和訳する作業を並行して行う。すべてを午後三時までには終え、プリント・アウトしたものを、第三ステージの参加者と記者発表のために、五百部コピーをつくって、午後四時の発表に間に合わせる。それはほとんど「ミッション・インポッシブル」の世界に近かった。その夜は、主だったメンバーが札幌市内のホテルに缶詰めになり、その作業に没頭した。七月四日朝、ほとんど徹夜状態で、フラフラになりながら、アンさんが、ヴィクトリアさんのまとめてくれた「G8への提言」とその部分的な訳をもって、部屋に現れたときは、彼女が幸運の女神のように見えた。こちらの作業はまだ、日本文の最終的な検討中という段階だった。

午後一時。結城さんの開会宣言、総括代表萱野さんの挨拶で、第三ステージがいよいよ始まった。私は、来賓の挨拶が終わったところでホールを出た。このあとにはヴィクトリアさんの講演のほか、四人の先住民族の講演があり、聞きたいのは山々だが、ホテルにとって返し、ジェフさんと英訳を完成させ、アンさんと最後の和訳に取り組む。六頁もある英文の和訳は、簡単には終わらない。約束の三時が近くなり、会場でスタンバイしているサポーターの佐々木慶子さんからは、まだですか、と催促の電話がくる。もう少し待って、とこちらも必死である。先に完成した「日本政府への提言」だけジェフさんに頼み、コピーして会場に持っていってもらった。G8への提言の和訳が終わり、英文と併せて印刷、コピーをとってタクシーに飛び乗り、会場に着いたのは、もう三時半をまわっていた。

持ち込んだ資料を揃え、大勢のサポーターに分け、最後の講演がすんだらすぐに手分けして参加者に配布する、資料がいきわたったところで、秋辺さんが登壇、提言書作成までの経緯を説明するという段取りだった。最後の講演者は、宇梶静江さんだった。身振り手振りをいれながら、世界の先住民族との連帯をユーモアたっぷりに訴える宇梶さんの講演は大きなインパクトを与え、終わると海外の先住民族はみんな立ち上がって、拍手喝采した。講演の最後にふさわしい、すばらしい盛り上がりだった。それっ、と、資料のコピーを持ったサポーター全員が会場を走りまわり、資料を手早く全員に配布する。秋辺さんが壇上に立ったのは、四時一五分くらいだったろうか。とにかく大きな遅れはなく、最終発表にこぎつけたのだった。「日本政府への提言」と「二風谷宣言」を**資料13**に示そう。

「二風谷宣言」は、「序文」、「我々の抱える問題と懸念」、「G8への我々先住民族からの提言」、さらに「先住民族自身への提言」の四部から成っているが、長くなるので「我々の抱える問題と懸念」は割愛した。「G8への提言」は全部で二二項目もある。とくに最後の項目は、日本政府への要請となっている。国連の権利宣言を、具体化し、国内法として遂行することを求めるとともに、そのために設けられた有識者懇談会にアイヌの委員が一名しか入っていないことに抗議し、その人数を増やすことを求めたものだ。「日本政府への提言」でもその要求がなされている。自分たちの将来を検討する懇談会に、最初、アイヌの委員は一人も入れられていなかったのである。ウタリ協会や、私たち、「先住民族サミット」の準備委員会など、さまざまな組織が異議を申し立てた結果、ようやく、北海道ウタリ協会の理事長が一名だけ、参加を認められたに過ぎない。政府が「アイヌのために」何をしようと、その検討過程に当のアイヌを入れないという政府の態度が続く限り、それはまったく信用できないものであるといえよう。

「G8への提言」のほかの項目は、すべて「先住民族サミット」を通じて、議論された内容に即したものであった。国連の先住民族問題のための常設フォーラムの議長であるヴィクトリアさんならではの、参加者全員に対する気配りと、バランスを考慮しつつ、見事に整理された内容であった。さらに感心したのは、「先住民族自身への提言」というものが入っていたことであった。たんにG8諸国に要求を突きつけるだけでなく、当事者である先住民族自身にも、こうすべき、と要請し、また、実際に行われているさまざまな活動、闘争に賛同し、それへの支援を表明したこの文書の追加も、ヴィクトリアさんならではのアイデアだったと思う。

秋辺さんの説明のあと、まずジョアンさんが、英語で、「二風谷宣言」のなかの「G8への我々先住民族からの提言」と「先住民族自身への提言」の全文を読まれた。

「もし、私たちの多様な経済的、文化的、精神的、社会的、政治的システムが、他の支配システムと共存できれば、私たちの子どもたちに、そしてその子どもたちの子どもたちに、さらに多様で希望に満ちた未来を残すことができるだろう」（小野訳）

という「先住民族自身への提言」の最後の文章は、“to our children and our children's children”と、チルドレンというコトバの繰り返しが詩のように響いて、感動的だった。参加者もそれを感じたのであろう。ジョアンさんが読み終わると、大きな拍手が巻き起こった。ついで、秋辺さんが「日本政府への提言」を読む。

「(日本政府は) まず過去のアイヌ政策を反省し、明確な言葉で公の場で謝罪する事から始めなければならない。」

というくだりでは、大きな賛同の拍手が沸いた。そして、最後の

「日本政府は多民族で多文化主義の国家という考え方を基本とする社会を構築することを明確に示すべきである。」

という言葉が読まれると、割れるような拍手が上がり、

『先住民族サミット　アイヌモシㇼ２００８』参加先住民族一同　二〇〇八年七月四日決議」

と結ぶと、なんとも形容できない「ウオーッ」という喜びの声が上がった。参加者は拍手とともに一斉に立ち上がって賛同を表明した。ここに「先民族サミット」は、その目的を達し、アイヌが中心になって世界の先住民族の声を上げることができたのだ、そう思うと、これまでの疲れも吹っ飛び、一気に喜びが湧いてくるのだった。

しかし、まだ大事な記者会見が控えていた。先住民族の声を世界に届けるためには、メディアの力を借りなければならない。記者会見の会場は、コンベンションセンターの楽屋に設定してあった。楽屋だから、さほど広いスペースではない。主要な新聞社と、北海道のテレビ局が何社か来るくらいだろうと思って入った途端、楽屋を埋め尽くした取材陣に驚かされた。ロイターなど、海外有力メディアも駆けつけていたからである（写真16）。海外からの質問には、ヴィクトリアさんやジョアンさんが主に答えてくれた。国内メディアからはアイヌの人たちに質問が集中し、萱野さんや秋辺さんが応答した。一時間近くにわたる記者会見が終わると、もう、「先住民族ミュージック・フェスティバル」の開演が迫っていた。

出演者は、アイヌ音楽の第一人者とも言われる加納オキ（ＯＫＩ）さんのＯＫＩ　ＤＵＢ　ＡＩＮＵ　ＢＡＮＤ（写真17）。それに同じく旭川の女性トリオの「マレウレウ」（アイヌ語で蝶という意味）。結城さん率いる「アイヌ・アート・プロジェクト」。酒井美直さんや厚司さんたちがつくり、当時、大きく注目されていた「アイヌレ

ブルズ」。ＯＫＩさんや、結城さんも、エレキギターやドラムを使う。とくにオキさんは、樺太アイヌの伝統的な民族楽器であるトンコリをエレキにして演奏するという新しいスタイルを確立したことで、アイヌの音楽シーンに新しい世界を切り拓いたともいえよう。他に、床絵美《とこえみ》さんの歌、沖縄から応援にかけつけてくれた「寿（ＫＯＴＯＢＵＫＩ）」さんの島唄もあり、さらにはマオリのハカ、そして、ヴァルシさんのヨルカなど、海外先住民族のパフォーマンスも加わって、あっという間の二時間半であった。最後は、酒井さんの

写真 16　記者会見のもよう

押しかけたメディアを前に全員で記者会見。立って説明しているのはジョアンさん（2008.7.4）

写真 17　OKI DUB AINU BAND の演奏（2008.7.4）

アイデア通り、全員でのポロ（大きな）リムセ（輪踊り）になった。コンベンションセンターの大ホールいっぱいになって参加者全員が輪になって踊り、最後は高く上げた手をつないで、何重もの大きな輪をつくった（**裏表紙の写真**）。次の瞬間、輪の中心に向かって、手をつなぎ合ったまま、ぐうっと、輪を狭めていく。人々をつなぎ、結び合う人の輪が、ぎゅぅっと凝縮されて、本当に一つになったとき、一人ひとりの上げる感動の声が一緒になって大ホールいっぱいに響き、大きな渦となって拡がっていった。みんな抱き合って泣いている人も多かった。私も、あふれてくる涙をこらえることができなかった。

みんなが、興奮と感動に酔いしれているなか、いつまでもそのような時間と余韻のなかに浸っていたかったが、まだやるべき最後のミッションがあった。「先住民族サミット」のスタッフたちは、メディアを通じてG8や日本政府に先住民族からの提言を伝えることができれば、まずは成功と思ってはいたが、しかし、やはり、G8に集まった各国の首脳や、議長国である日本の政府に、公式にその提言を伝えたかった。公式ルートとして考えたのは、G8洞爺湖サミットを運営している外務省に文書を提出し、外務省を通じて、各国首脳と日本政府に渡す、ということであった。だがその開催直前に、外務省にどうすればそれを依頼できるのか。私たちが直接、文書を手渡すような時間はない。みんなで検討したあげく、アイヌの共同代表に鈴木宗男さんを知っている人がいたので、鈴木さんを通じて外務省に出してもらうということに決まった。それを、今やらなければならなかったのである。すでに鈴木さんの事務所には、そのような段取りについては話がついていた。後は、文書をFAXで送り、外務省に届けてもらうことの確認である。鈴木さんとは、このとき生まれて初めて話した。かつては、単一民族発言などもした人であったが、その後は急にアイヌ寄りになり、アイヌの多原香里さんをかついで選挙を戦ったりした。私は批判的に見ていたが、電話口の鈴木さんは、政治家らしく極めて丁寧な対応で、明日、朝一番で外務省に届け、確実にG8首脳と日本政府の担当者に文書を手渡すことを確約してくれた。

すべてが終わったのは、一〇時過ぎである。前夜からほとんど寝ていなかったので、少し朦朧としていた。翌日からは、**第3章**でふれたような、北大キャンパスをめぐるエコツアーや、さらに、その後、希望者だけを阿寒まで案内するツアーがまだ控えていたが、「先住民族サミット」のメイン・イベントは終わったのである。さまざまな失敗もあったが、最終的には、アイヌの人たちの出した力が、このような成功を引き寄せたのであった。年配者も若者も、それぞれ立場や考えは違っても、このイベントを成功させよう、という思いが、最後には一つになって、多くのアイヌをまとめ、団結させたのではないだろうか。そのときに発揮されたアイヌ力《ぢから》を私は忘れないし、これからも、そこに希望をおくのである。

3　WIN—AINUの設立と崩壊

「先住民族サミット　アイヌモシリ2008」の事務局は、二〇〇八年一一月末をもって解散した。しかし、「先住民族サミット」によって、海外の多くの先住民族とつながることができたこと、アイヌの、とくに若者たちが力を発揮できたことで、それを継続するために、組織をつくろうということになった。次のG8サミットは二〇一〇年に、カナダで開催されることになり、カナダから来た先住民族のベン・パウレスさんが、また、そこで「先住民族サミット」をやりたいと提案したので、二年後に備えるという意味からも一つになった力を組織化しようと、みんなが考えたのである。名称は、世界の先住民族とつながるアイヌということで、英語の World Indigenous peoples' Network Ainu の頭文字をとり、WIN—AINUとした。勿論、勝つ、というWinにもかけた言葉である。二〇〇九年四月二五日に設立記念の集会を開催、正式に動き出した。代表は萱野志朗さん、副代表は結城幸司さんと木幡寛さん、事務局長は秋辺日出男さん、事務局次長は、札幌が島崎直美さん、東京が島田あけみさんと、「先住民族サミット」実行委員会の主要メンバーが引き継いだ。

島田さんは、その後、島崎さんや若い沖津翼《つばさ》さんとアオテアロアに行き、AMOと交流、現在までも続いている、アイヌ・マオリ交流プロジェクトを立ち上げたのだった。私は越田清和さんとともに、国際部ということで、海外先住民族との連携を担当することになった。一生懸命につくった「先住民族サミット」の「報告集」が好評で、その売上げ一五〇万円が、唯一の資金だったが、「先住民族サミット」にも参加され、それを高く評価して下さった秋山財団の秋山孝二さんが、財団から三年間にわたり助成金を出して下さるという、思いがけない支援があり、なんとかスタートがきれた。私は、相変わらず、少しでも賛同会員をふやし、その会費だけで運営できるようにすべきだと主張し、会員集めを始めた。

会員獲得には、会員への配布物がなければならない。それで、すぐに、機関誌の作成にとりかかった。タイトルは、「先住民族サミット」でも、キーワードとして使われた『マウコピㇼカ』であった。私にはよくわからないアイヌ語であるが、直訳すれば「よい空気」という意味から「よい環境」という隠喩にもなり、また「幸せになる」というメッセージにもなるのだという。表紙のデザインは、結城さんが担当した。一年に一号ずつ出す、というきまりにしたが、発足した年はとてもつくれず、二〇一〇年二月にようやく出せたので、一・二号の合併号となった（**写真18**）。『WIN—AINU　マウコピㇼカ』は、結局最後までそのようなかたちになり、二〇一一年三月に三・四号の合併号、二〇一二年一〇月に五・六号の合併号を出して終わりになった（世界先住民族ネットワークAINU、二〇一〇、一一、一二）。

最初はわずか四八頁だったが、次号は一〇五頁になり、最終号は一二八頁にもなったのだから、このまま続いていたら、と惜しまれる。それだけのボリュームにふさわしい活動を、WIN—AINUはしていたのだ。個々の活動についてはとても紹介しきれないので、『WIN―AINU　マウコピㇼカ』の三・四号まで、目次を追って、この間に各メンバーによって、また組織として、どんな活動がなされたかを示そう。

★『WIN―AINU　マウコピㇼカ』一・二号の合併号（二〇一〇年二月発行）

1：「先住民族サミット」一周年記念のキャンプ（二風谷で開催、四八名参加）

2：ペルー政府による先住民族弾圧への抗議（越田清和）

3：第二会期国連先住民族の権利に関する専門家機構・国連欧州本部・スイス、ジュネーブ（二〇〇九年八月一〇～一四日に参加して）（秋辺日出男）（市民外交センター）

4：AIO／AMOに関して（島崎直美）アオテアロア（ニュージーランド）の感想（沖津翼）、アオテアロア会議に出席して（島田あけみ）

5：二〇〇九年七月、女性差別撤廃委員会に出席して（島崎直美）「女性差別撤廃委員会からの勧告の実現に向けた移住女性を含むマイノリティ女性に関する共同申し入れ」

6：台湾タロコ族を訪ねて（二〇〇九年一一月一五～二〇日）（秋辺日出男）

7：論考「アイヌ民族文化と観光、伝統文化の舞台化と明・暗」（秋辺日出男）

写真18　『マウコピㇼカ』創刊号の表紙

8：学習報告会（三浦忠雄）
9：論考「アイヌ・エコツアーによる権利回復」（小野有五）
10：講演「先住民族アイヌの権利確立に向けて――有識者懇談会奉公書090729を読む」（上村英明）
11：「アイヌの政策のあり方に関する有識者懇談会」報告書について――「世界先住民族ネットワークAINU」の右報告に対する見解（萱野志朗・秋辺日出男）
12：「アイヌ民族教育に関する声明文」（萱野志朗）
13：「マウコピㇼカ音楽祭」の報告（秋辺日出男）
14：「ウコイソイタク 2009」ディスカッション「先住民族として認められた意義は？」（佐々木利和・上村英明）
15：解説「国連システムとアジア先住民族連合（AIPP）――地域を中心とした先住民族同士のつながり（木村真希子）
16：報告「グアテマラ先住民族女性の声を聞く・戦時暴力の被害者から変革の主体へ」（越田清和）

★『W－I－N－A－I－N－U マウコピㇼカ』三・四号の合併号（二〇一一年三月発行）

1：二〇〇九年度の学習会報告（萱野志朗）
2：アイヌ文化の集い――二〇〇九 第一一回学習会「アイヌ語復興のための提言」（萱野志朗）
3：アイヌ文化の集い――二〇一〇 第一回学習会＆海外交流報告会「先住民族の権利と広義の文化」（常本照樹）／特別海外事業報告Ｉ「アメリカ合衆国、ニューメキシコ、アルバカーキーAIOアンバサダー（大使）プログラムに携わって」（島崎直美）

4：アイヌ文化の集い――二〇一〇　第二回学習会「COP10愛知大会サイドイベントに向けて　生物多様性とアイヌ民族」（秋辺日出男）

5：特別海外事業報告Ⅱ「民族としての力、才能は誰によって得たのか？」「家族・部族の歴史と価値観について」／特別海外事情報告Ⅲ（島田あけみ・島崎直美）／AIOアンバサダー・プログラムに参加して学んだこと（島田あけみ）

6：アイヌ文化の集い――二〇一〇　第三回学習会「北海道の自然の恵み」（山岸崇）

7：アイヌ文化の集い――二〇一〇　第四回学習会「アイヌウコチャランケ参加のお願い――WIN―AINUとしてCOP10に向けての参加を促す」東京アイヌ文化センターにて（秋辺日出男）

8：東アジア地域（台湾と日本）のコンサルテーション会合・AIPP（アジア先住民族連合）に参加した経緯について（木村真希子）

9：AIPP（アジア先住民族連合）東アジア地域議事録（木村真希子）

10：「先住民族サミット in あいち2010」に参加して（萱野志朗）

11：「先住民族サミット in あいち2010」宣言

12：「先住民族サミット in あいち2010」報告（小野有五）

13：アイヌ文化の集い――二〇一〇　第五回学習会「先住民族サミット in あいち2010」報告会（秋辺日出男・小野有五・稲村哲也・島崎直美・田澤守・畠山敏・小泉雅弘・結城幸司）

14：第一〇回生物多様性条約締約国会議（CBD COP10）における「生物多様性に関する国際先住民族フォーラム（IIFB）」声明文（マリア＝エフヘニア・チョケ＝キスピ）

15：COP10（生物多様性条約締約国第一〇回会議）と先住民族（越田清和）

16：特別海外事業報告Ⅲ「イタリア：スローフード　テッラマドレーに参加して」（島崎直美）
17：特別海外事業報告Ⅳ「英国、スコットランドでの yukar 口演報告」（萱野志朗）
18：会議報告（1）「先住民族の民族学校・民族大学に関する国際共同研究会の報告」（萱野志朗）
19：アイヌ文化の集い――二〇一〇　第六回学習会「先住民族に対する公式謝罪のあり方と市民社会の和解力――オーストラリアの事例から学ぶこと」（寺田五一）
20：会議報告（2）「先住民族の知的所有権についての国際シンポジウム・阿寒アイヌのエコツーリズム」（秋辺日出男）
21：アイヌ文化の集い――二〇一〇　第七回学習会「アイヌ民族から見た『日本史』を書こう！」（小野有五）
22：アイヌ文化の集い――二〇一〇　第八回学習会『北方領土』は誰のもとへ」（佐々木慶子）
23：二〇一一年二月七日「北方領土の日」にむけての「世界先住民族ネットワークＡＩＮＵ」の宣言（萱野志朗）
24：「～我らの北方領土二〇一一～」（秋辺日出男）
25：アイヌ文化の集い――二〇一〇　第九回学習会「ウレシパ・プロジェクトの現状と課題」（本田優子）
26：アイヌ文化の集い――二〇一〇　第一〇回学習会『民族共生の象徴となる空間』の政策について」（佐々木利和）

まるで弾けるように、これまで抑えられてきた力が外に向かって放たれ、多くのウタリ（同胞）を巻き込んで、アイヌと海外の先住民族を、またアイヌ同士をつなぐさまざまな活動が一気に拡散したことが、この二年間の記録から読み取れるだろう。組織の中心となった萱野さん、秋辺さん、島崎さん三人の活躍ぶりは目を見張るものがあった。もっとも大きなイベントとしては、二〇一〇年一〇月に名古屋で開催された、第一〇回生物多様性条約締約国会議（COP10）への参加であった。「先住民族サミット」では、次回のG8サミットが二〇一〇年にカナダで開かれるのにあわせ、カナダで「先住民族サミット」を予定していたが、カナダ側の事情でそれができなくなったので、逆に、ちょうどよい国際的なイベントへの参加の機会となった。もちろん生物多様性条約締約国会議（COP10）は、条約締約国の会議なので、市民団体などは、間接的にしか関われない。国際的には、『WIN―AINU マウコピㇼカ』三・四号の合併号の14、15にあるように、「生物多様性に関する国際先住民族フォーラム（IIFB）」を通じて、締約国会議に、先住民族からの意見を表明し、提言するという手続きをとらなければならない。私たちは、越田清和さんの協力で、「IIFB」とそのような連携をとる一方、名古屋の会議にも参加し、アイヌからの意見を届ける努力をした。

そのためのパンフレットでは結城さんが版画をつくり、秋辺さんが、それぞれの生きものが上げている声を書き、ジェフさんが英訳し、私がそれらとともに、アイヌモシㇼ（北海道）のこの百年間の自然の変化を、土地利用の変化で表したマップを入れて、構成した。全体はA4版で四頁になっている。その一部は、『たたかう地理学』にも載せた。「先住民族サミット」でも、また、**第3章**でもちょっとふれた「教育のための世界先住民族会議」でも、先住民族は、たんに書かれた文章や、言葉だけでなく、歌や踊りや、さまざまな手段で、自分を伝えようとする。それを参考に、このような、生きものの姿や声を通じて、生物多様性の重要性をアイヌからアピールしようと考えたのだった。

名古屋での生物多様性条約締約国会議（COP10）に先立ち、愛知教育大学の稲村哲也さんが、COP10に向けた「先住民族サミット」をやらないか、と提案して下さった。稲村さんは、アンデスやヒマラヤの高山地域に生きる先住民族の暮らしを長年、調査してこられた民族学者である。名古屋に近い犬山の野外民族博物館「リトル・ワールド」には、世界各地の先住民族の家屋などが集められており、そこを利用し、大学や朝日新聞社との共催で、「先住民族サミット」に近いものを開催しようというのである。いろいろな制約はあったが、そのような支援を受けられることで海外から先住民族を招聘することもでき、私たちとしては、二年振りに、マオリの友人たちや、グアテマラのロサリーナさんと再会することができた。全体は、「世界SATO（里）フェスタ」と名付けられた。マオリからは、エディさんのほか、「先住民族サミット」には急な用事で来られなくなったケイト・シェリントンさんが参加してくれた。

写真19　ボブ・サムさんのストーリーテリング（2010.10.18）

第3章の、シレトコのアイヌエコツアーのところでふれたアラスカ先住民族の長老、ボブ・サムさんとは、このとき、初めてお会いできた。彼のストーリーテリング（物語り）はすばらしいものだった（写真19）。四日間にわたってさまざまなイベントをやったが、最後は、結城さん率いるアイヌ・アート・プロジェクトの演奏に、首都圏や名古屋在住のウタリたちが合流して、楽しくともに踊り、アイヌ同士のよい交流の機会ともなったのだった（写真20）。

首都圏のアイヌは、政府からはアイヌの代表組織のように扱われている北海道ウタリ協会には入ることができない。あくまで「北海道」在住のアイヌのための組織になっているからだ。北海道ウタリ協会が、現在の北海道アイヌ協会に変わるときが一つのチャンスだったかもしれないが、その体制が変わることはなかった。基本となった北海道ウタリ協会が、**第3章**の**図1**に示したように、道の生活環境部のコントロールのもとにあり、もともとは、福祉のための団体としての性格をもたされているからである。そのような事情で、首都圏や中京圏など道外のアイヌ、あるいは海外に在住しているアイヌと北海道在住のアイヌは、分断されているのである。WIN—AINUの大きな目的は、そのような分断を、アイヌ自身の手でなくそうとするところにあった。首都圏からは、宇梶静江さんや島田あけみさんが参加され、名古屋のイベントでも大きな役割を演じてくれた。宇梶さんが強調されたのは、オホーツク海に面する紋別のアイヌ、畠山敏さんが提起した鮭を獲る権利、鯨を獲る権利の復活と、その鮭ののぼってくる紋別川に悪影響を及ぼす危険のある産業廃棄物施設の建設計画の問題だった。畠山さんも、体調が悪いなか名古屋まで来られて訴えられた。鮭を獲る権利の回復運動は、**第3章**でもふれたように、十勝アイヌの人たちに引き継がれ、現在、訴訟が進行中である。

写真20　名古屋での「世界里フェスタ」でのマウコピㇼカ音楽祭で演奏するアイヌ・アート・プロジェクトとアイヌの女性たちの踊り（2010.10.18）

　こうして、二〇〇九年からの充実したWIN—AINUの活動をまとめた『WIN—AINU　マウコピㇼカ』三・四号の合併号を二〇一一年三月に出した直後、3・11の大地震と津波が起き、それによる福島第一原発事故が生じた。私の人生はそれでまた変わってしまい、アイヌのこと以上に、地震・津波の被災者、原発事故による放射線被害から子どもを守ろうと札幌に避難してくる母親と子どもたちの支援に没頭することになった。それまで敬遠してきた原発の問題にも正面から向き合うことになり、一一月には北海道電力を相手どって、泊原発の廃炉を目指す訴訟を、多くの原告と起こすことにもなった（小野、二〇一三a）。一方では、**第2章**でふれたように、ル・クレジオさんからの依頼でルーヴルに赴き、結城さんたちとアイヌの声をルーヴルに響かせるというような活動も続けていたが、WIN―AINUの活動全体に関しては、もう中心となっているアイヌの人たちに安心しておまかせしようという気持ちになっていたことも確かであった。

そのようななかで、突然、一一月、見ず知らずの野元弘幸氏から、「アイヌ民族党」を立ち上げるので、その準備会への参加を求める通知が来たのだった。そこから後の出来事は、私にはいまだに理解できていないので、書くことを躊躇せざるを得ない。「アイヌ民族党」の詳細については、それを立ち上げた当事者の人たちが、いずれきちんと書いて説明して下さるのを待ちたいと思う。ともあれ、二〇〇七年、「先住民族サミット」に向けてさまざまなアイヌの人たちが集まり、一つになってそれを成功させ、その成果をもとに設立し、大きな活動をしてきたWIN―AINUは、その中心を担った二人が、突然、「アイヌ民族党」なる政党を立ち上げ、政治活動に転換したために、頓挫してしまったのである。

他のスタッフたちは、せっかくつくったWIN―AINUを継続させようと、まずNPO法人にした。「アイヌ民族党」には加わらなかった結城さんが代表になり、まだ「アイヌ民族党」とは距離をおいていた島崎直美さんが副代表になるなどして、なんとか組織の存続を図った。東京では島田あけみさんが支援してくれた。「先住民族サミット」をきっかけに、活動に加わるようになった若い世代のアイヌの人たち、とくに原田公久枝《きくえ》さんや、「アイヌレブルズ」のメンバーでもあった川上恵さんなどにもNPO法人の理事に加わってもらい、なんとか組織を維持して発展させようと努力を重ねたが、主要メンバーが抜けてしまった痛手は大きかった。結城さんもがんばったが、副代表だった島崎直美さんも最終的には「アイヌ民族党」に加わることになってしまい、しかも、二〇一二年一二月の参議院選挙には、党首である萱野さんに代わって立候補し、落選してしまった。これらのことが重なり、二〇一五年、NPO法人WIN—AINUは、ついに解散になってしまったのだった。

「先住民族サミット」の立ち上げに尽力して下さった越田清和さんも、二〇一一年、急に体調を崩されてしまった。二〇一〇年のCOP10への参加は、長年こうした国際活動を続けてこられた越田さんがいなければ、実現できなかったであろう。名古屋でのCOP10の直後に書かれた報告(越田、二〇一〇)には、先住民族を軽視・無視して開催される大規模な国際会議への鋭い批判が述べられていた。WIN—AINUの国際部を担当され、『WIN—AINU　マウコピㇼカ』にも、海外の先住民族とのさまざまな連携の成果を寄稿されていた越田さんにとっても、その突然の解散は大きなショックだったと思う。しかし彼は、病を押して、最後は島崎さんの選挙運動の手伝いもされていた。そのように、いつも飄々として、分け隔てなく人を支援できた運動家、越田さんの魂のことを今も思っている。選挙のわずか三カ月後に亡くなった時、まだ五八歳だった。

第5章
アイヌの歴史を取りもどす

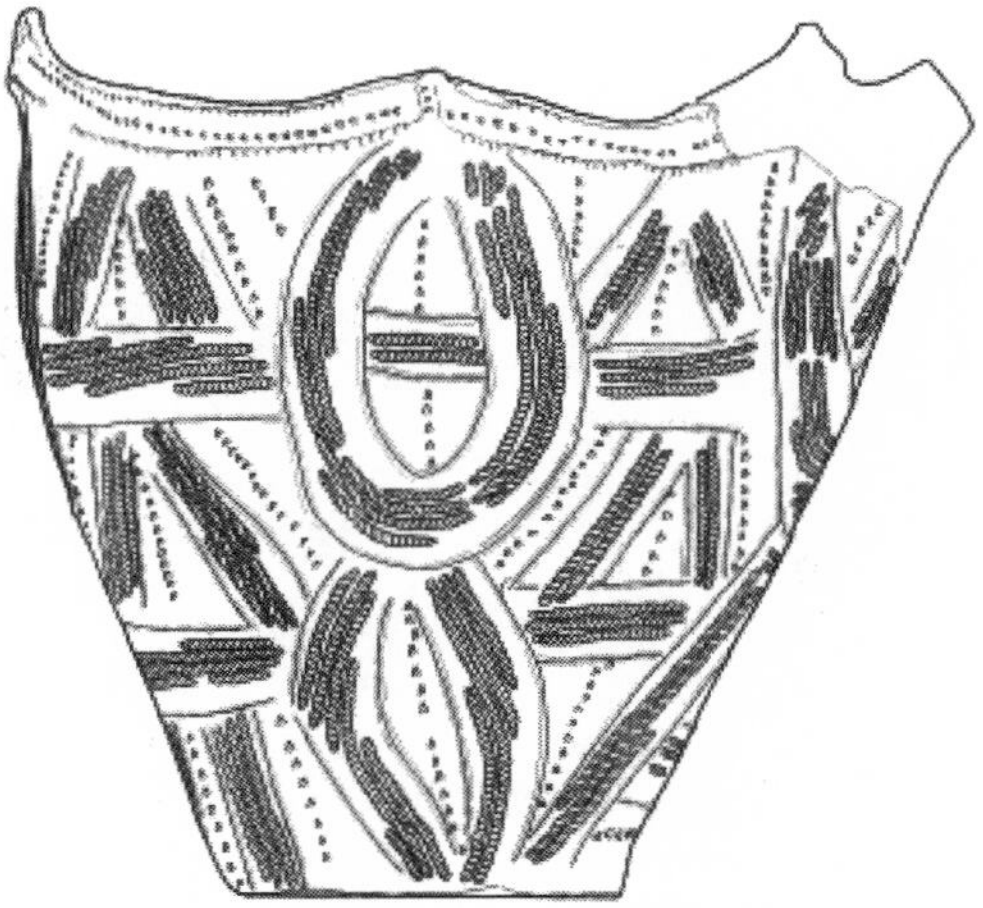

（章扉）北海道江別市坊主山遺跡から出土した「続縄文期」後北 C_2 式土器の写真（下）と、秋田県寒川Ⅱ遺跡から出土した同じ形式の土器のスケッチ（上）；写真は「ウポポイ」の展示を撮影（2021.12.10）；スケッチは、秋田県教育委員会（1988）第 138 図（p. 224）による。

1　考古学者・歴史学者のつくる「歴史」

（1）北大遺跡保存庭園での疑問

植民者は、先住民族の土地を奪うだけでなく、その歴史をも奪う、という主旨のことを言ったのは、ネイティヴ・ハワイアンの権利回復のために闘ったトラスク姉妹の妹さんのほう、ハウナニ＝ケイ・トラスクさんだった。だからこそ彼女は、「祖先の歴史を知るためには、本を放り投げ、大地に戻らなくてはならなかった」（トラスク、一九九三）と書いたのである。

それが現実の問題となったのは、北大キャンパスの「遺跡保存庭園」での小川隆吉さんたちの闘いを知った時だった。アイヌの人たちが、そこを、先祖の暮らした「聖地」として敬おうとしているにも関わらず、北大の考古学者たちの一部は、その遺跡は「擦文《さつもん》文化期」のものだから、アイヌとは関係ないとして、その場所での祖先供養に反対したのである。北海道の考古学や歴史学で使われている年表（図1）では、「アイヌ」という言葉は、一二世紀頃に始まり明治維新とともに終わる「アイヌ時代」「アイヌ文化期」という約七百年間にしか出てこない。遺跡保存庭園の竪穴住居跡は、「アイヌ文化期」に先立つ「擦文文化期」「擦文時代」のものだから、「アイヌとは無関係」という主張がそこから出てくる。だが、考古学者のいう「擦文文化」をつくった人たち（「擦文人」）とは誰なのか？　それは「アイヌ」ではなく、何か別な人間集団なのだろうか？「擦文文化期」と「アイヌ文化期」の境界で、人間集団の大きな入れ替わりがあったのだろうか？

そんなことはないはずだ。北海道においては、縄文時代以降、そのような人間集団の大きな入れ替わりがなかったということは、考古学者も認めていることである。そうであるのに、彼らは、歴史学的な文書で確

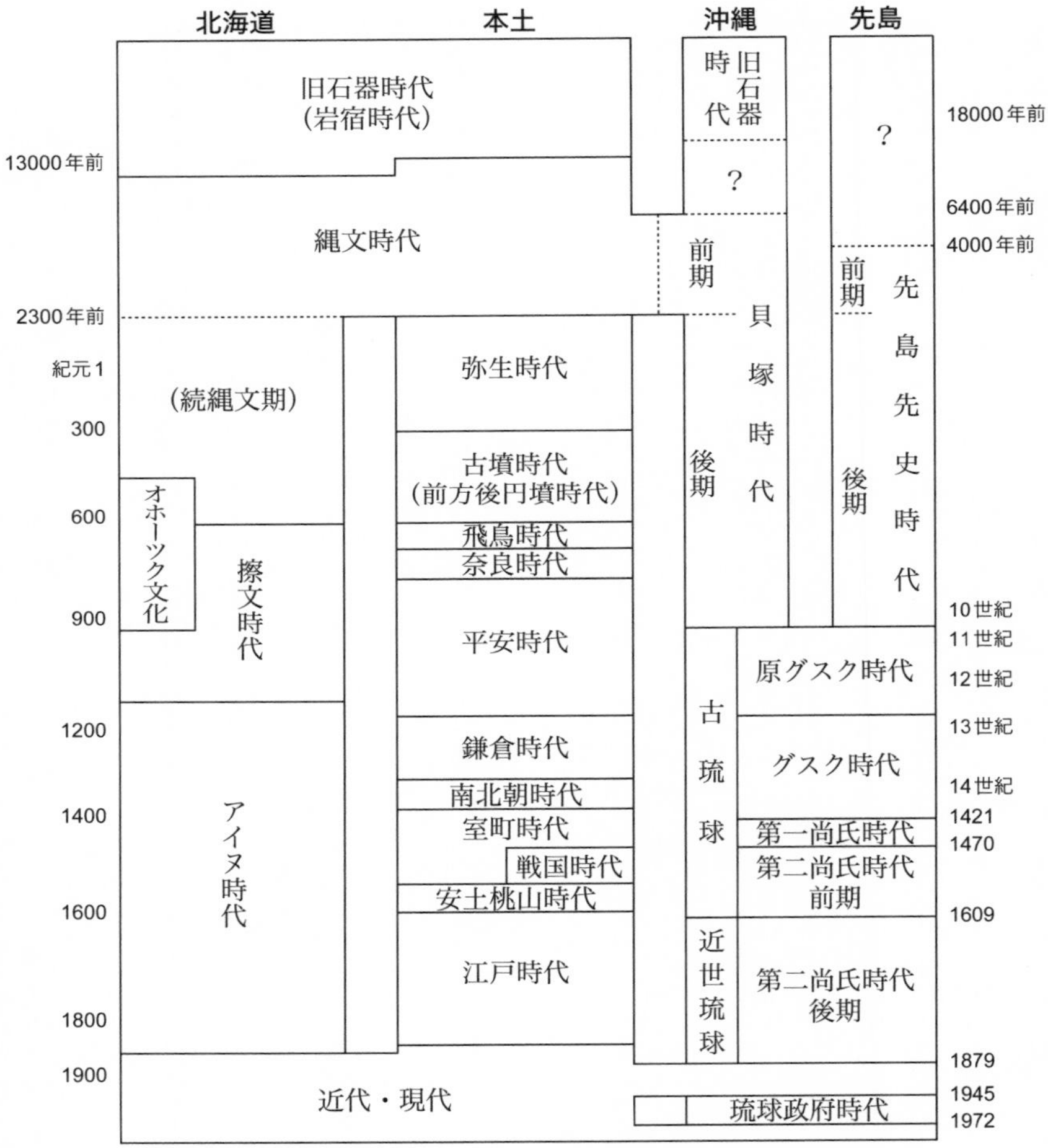

図1　一般的に使われている北海道、本土、沖縄、先島の歴史年表の対比（小野、2012d）。**沖縄・先島については新城《あらしろ》**（2011）**にもとづく。**

認できる約一二世紀以降の人間集団だけを「アイヌ」とし、その時代の出土物を「アイヌ文化」の遺物とする。それ以前については、土器の特徴から「擦文文化」という名前をつけ、その文化をつくったのは「擦文人」と呼ぶのである。

考古学者によれば、土器があるのが「擦文文化」、土器を使わなくなり、鉄鍋をかまどの上にかけて調理するようになったのが「アイヌ文化」だ。ほかにもいろいろな違いがあって、だから二つの文化は明確に違うとされている（たとえば、宇田川、二〇〇一）。しかし、同じ人間集団でも、時代とともに文化が変わるのは当たり前のことであろう。「日本人」の出したゴミの堆積を発掘すれば、大正期からは、それまでにはなかったラジオが出てくる、昭和の戦後期からはテレビが出てくる、それもある時期まではブラウン管テレビだったのが、次の時代は液晶テレビに変わっていく、だからといって、「日本人」という人間集団そのものが、それぞれに時期を境に変わったのであろうか、そんなことがありえないのは当たり前のことではないか。

だが、「アイヌ文化期」、「擦文文化期」ということになると、いきなり考古学者たちは、「擦文文化期」は「アイヌの祖先」の文化ではあっても、まだ「アイヌ」の文化ではない、と言い出すのである。しかし、人間はつながっている。考古学者のいう「アイヌ文化期」の最初に生まれた「アイヌ」は、自分の父親や祖父は自分の「祖先」ではあっても「アイヌ」ではないと言わなければならないのであろうか？

そのような疑問を考古学者たちにぶつけても、答えはつねに否定的なものであった。考古学者は、最初から「アイヌ文化」や「アイヌ」というものを、和人側の文書で確認できる時代に限定して定義しているからである。彼らにとっては、彼らが決めた「アイヌ文化」の担い手だけが「アイヌ」なのであり、それより前は「まだアイヌではない」。だからそれを、「擦文土器をつくっていた時期のアイヌの文化」、「擦文アイヌ文化」と呼ぶことは絶対にできないと主張するのだった。考古学者に影響されて、司馬遼太郎さん（一九九三）

も、『オホーツク街道』の中で、何度となく「アイヌ文化は存外古くはない（七六―七七頁）」、「アイヌより、オホーツク人のほうが古い（三二五頁）」などと繰り返している。

そうした中で、考古学者の瀬川拓郎さんが『アイヌ・エコシステムの考古学』という画期的な本を出したのは、二〇〇五年のことだった。瀬川さんはこの本で、「擦文文化期」には、すでに大規模な鮭漁が行われており、それは、後の「アイヌ」のやり方とほとんど同じものであったと主張した。「アイヌ文化期」の「アイヌ」は、集中的な鮭漁を基本としつつ、ヒグマや野生動物の狩猟、山菜などの植物資源を利用することによって、それらの豊かな自然資源をもとに和人や海外との交易を行っている。「アイヌ」のこのような自然利用と交易の組み合わせを、瀬川さんは「アイヌ・エコシステム」と呼んだが、それがすでに「擦文文化期」には成立していた、と彼は述べたのである（瀬川、二〇〇五）。北大の遺跡庭園の周辺、すなわちサクシュコトニ川の周辺が、「擦文文化期」の人々にとっては最も重要な鮭漁の場であったことも、瀬川さんは明らかにした。つまり彼は、「擦文文化」の担い手がアイヌである、とは一言も書かなかったが、「擦文文化」と呼ばれてきたものが実は「アイヌ・エコシステム」であったと言うことによって、「擦文文化」の担い手も「アイヌ」に他ならないことを示したのである。

私はその本に感激し、お会いして激励したほどだったが、瀬川さんは、同じ考古学者からはバッシングを受けたようであった。瀬川さんの考えを援用しつつ「先住民考古学」（加藤、二〇〇九）という新しい概念を提案した加藤博文さんも、これまでのように「アイヌ」を固定的に考える考古学者からは強く批判されている（大井、二〇一二）。大井さんは長く北大で教えられた考古学者であり、とくに「擦文文化」研究の第一人者だ。しかし、その研究の集大成ともいうべき浩瀚な著作が、『アイヌ前史の研究』と題されているように、その立場は、徹底して本質主義的なものである。大井さん自身の言葉を借りれば、『擦文文化』の担い手達がその地域で『アイヌ化』し」なければ、「アイヌ文化」は始まらないのである（大井、二〇〇四、二頁）。

アイヌの人たちが読んだら、笑ってしまうようなおかしなことが、考古学の世界では、当たり前のこととしていまだに通用しているのだ。自分たちアイヌが、「アイヌ化」するって？　それまでの自分たちは、まだ、ちゃんとしたアイヌになりきれていなかったってことかい？

瀬川さんは、次いで二〇〇七年、こんどは『アイヌの歴史　海と宝のノマド』という本を書かれた。そこでは、私が疑問にしていたことを考古学者として初めて問題とされ、「アイヌ」という民族名を「アイヌ文化期」にだけ使う考古学上の年代区分は、あたかも「アイヌ」がそこだけにしか存在しないという誤解を与えるのでやめるべきだ、と主張された（瀬川、二〇〇七、一四―一六頁）。しかし残念なことに、そこでの瀬川さんの提案は、私を失望させるものだった。

瀬川さんは、「アイヌ文化期」という言葉をやめ、考古学者・歴史学者が「アイヌ文化」の一つの中心と考える二風谷にちなんで、それを「ニブタニ期」と呼んだらどうか、と提案されたからである（瀬川、前掲書、一六―一八頁）。確かに、そう言い換えることで、これまでのような誤解は防げるかもしれない。しかし逆に、そうすることによって、北海道の時代区分からは、「アイヌ」という言葉が完全に消えてしまうのである。それは、見方を変えれば、北海道の歴史からアイヌを抹殺するようなものではないだろうか。

もちろん、瀬川さんはそのようなことを意図したのではなく、はるか昔から存在していたはずの「アイヌ」を、「アイヌ文化期」だけに限定するような現行の時代区分に反対されて、そのように提案されたのである。だが、結果として、北海道の時代区分からアイヌを消し去るような提案になったとすれば、それを受け入れることはできない。

そもそも、どこが間違っているのであろうか。瀬川さんの本の影響もあって、今では多くの考古学者・歴史学者が、「擦文文化」の担い手は、「アイヌ」であったと認めるようになってきているように見える。しかし、彼らが認めるのはそこまでであって、その一つ前の、「続縄文期」になると、すべての考古学者・歴史学者は、それはもう「アイヌ」ではない、と口を揃えて否定してかかるのである。では、「擦文文化期」になって、初めて「アイヌ」は出現したのであろうか。そんなことはないはずである。

（2）東北地方のアイヌ語地名と後北式土器の分布の一致

最も確実に見えることから出発しよう、というのが私の提案である。

二つの動かしがたい事実がある。（1）東北地方の北半部にだけ、アイヌ語地名が密に分布すること、（2）北海道の続縄文期につくられた後北C_2式とよばれる土器（**扉写真**・スケッチ）が、北海道だけでなく、東北地方の北半部からも出土し、その出土地域が、アイヌ語地名の分布域と一致すること（**図2**）。

これらの事実をもとに、すべてを考え直したら、どうなるであろうか。私は考古学者の時代区分の名称には納得しないが、その発掘成果は尊重する。また地理学者としては、さまざまな現象、モノの「分布」を最も重要に考える人間である。たとえば鈴木秀夫さんは、もともとは気候学を専門とする地理学者だったが、彼の書いた『森林の思考・砂漠の思考』（鈴木、一九七八）は、地理学の分布論を駆使した画期的な文明論として大きな影響を与えた。独自の風土論を確立したオギュスタン・ベルクさんは、鈴木さんの考え方を環境決定論であるとして批判（ベルク、一九八六、一四一頁）しているし、分布には、たんに見かけ上の一致ということもあるから、分布だけですべてを論じることには危険がある。しかし、そのようなことを踏まえたうえでも、**図2**のように、土器とアイヌ語地名の分布がよく一致するということは、その土器をつくった人たちが、その土地にアイヌ語地名を与え、それが残ったと考えるのが、最も合理的であろう（小野、二〇一二d）。

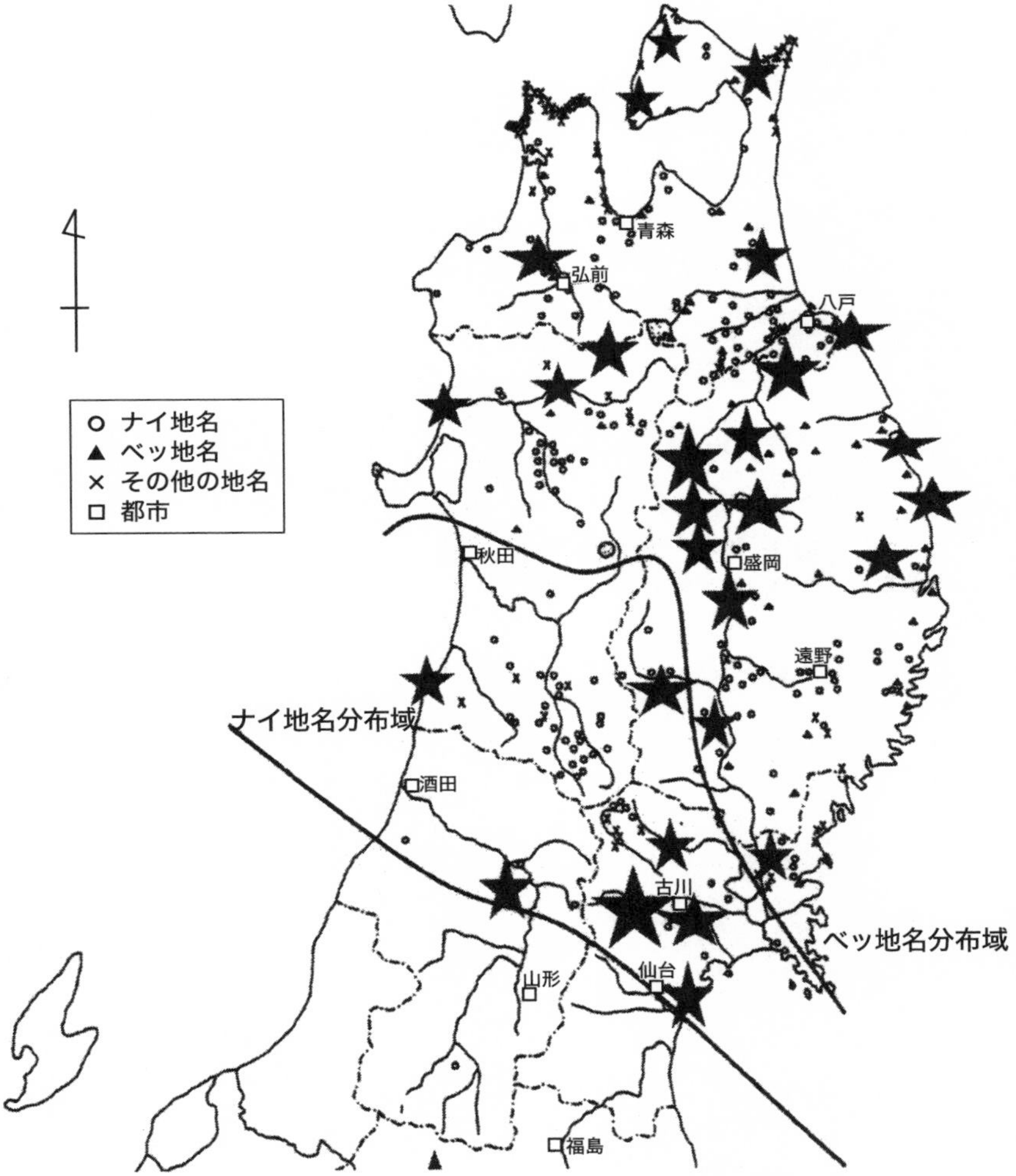

図2　東北のアイヌ語地名と続縄文土器の分布（★）

アイヌ語地名の分布は松本（建）（2006、p. 189）の「アイヌ語地名の分布」図による。続縄文（後北式）土器の分布は、熊谷（2003、p. 22）の図を参考に、およその位置を★印で示した。ただし、アイヌ語地名と重なるときは、位置をややずらした（小野、2012d）。

一九七一年、考古学者、文化人類学者、人類学者、言語学者が集まって「アイヌ」について各自の視点から語り合った内容が、『シンポジウム　アイヌ』という本になって出されている（埴原ほか、一九七二）。当時の研究者の「アイヌ」についての考え方がよくわかる本だが、驚くのは、それから半世紀も経つのに、大部分の考古学者の主張が、当時とほとんど変わっていないことである。この本で考古学者を代表しているのは吉崎昌一さんだ。東北地方の「アイヌ語地名」について、彼はこのように発言している。

「本州に地名がつけられたのは、古い段階ではまず縄文文化のステージ、続いて弥生文化の頃だ。土器文化になって、東北地方と北海道の一部の文化が共通する伝統がずっと続くね。それから続縄文文化にはいって、北海道の後北文化がずっと本州へ南下する段階がある。そのときつけられたもので、以上はいずれもアイヌ成立以前で、たまたまそれらの地名がアイヌ語でも解釈できるというものだ。次にアイヌがつけたというのは、東北北部なら江戸時代まであったと思うが、実際アイヌがそこへ行くか住むかした場合だ。」（埴原、前掲書、二〇一頁）

「アイヌ」が成立したのは一二〜一三世紀なのだ、という歴史学にもとづく前提がさきにあって、それ以前はまだ「アイヌ」ではない、だから現在のアイヌ語で「たまたま」解釈できたからといって、それを「アイヌ語地名」と呼ぶことも本当は正しくない、という主張である。だが、現代のアイヌ語で東北地方北半部の地名が解釈できるのは、吉崎さんが言うように、本当に「たまたま」なのだろうか？

そんなことはありえない。言語学者としてこのシンポジウムに参加した浅井亨さんなら、すでに一九六九年に、言語学の泰斗、服部四郎さんが、山田秀三さんの東北アイヌ語地名についての一連の研究を高く評価し、東北地方にアイヌ語と同系統の言語を話す民族が存在したことはもはや疑う余地はなくなったと絶賛していたこと（服部、一九六九）を知っていてもよかったはずである。佐藤知己さん（二〇〇五）も、山田秀三さんのアイヌ語地名研究法が言語学的にみてもきわめてまともなものであると述べている。けっして「たまたま」その地名がアイヌ語で解釈されるから「アイヌ語地名」だ、と言っているような低レベルの議論ではないのである。

しかし山田さんは、生涯を通じて、アマチュアの立場を崩さなかった。アカデミズムの研究者であることを否定し、知里真志保さんなどアイヌの友人たちと、ときには喧嘩しつつも密につきあいながら、学会には決して近寄らず、学会誌に論文として研究成果を発表されることもなかった。見事なアマチュア精神である。同じようにアマチュアに徹しようとした南方熊楠（小野、一九九二、二〇二二）なら、山田さんを真のリテレート（大学などに属さず、在野の姿勢を貫く優れた学者）と呼んだかもしれない。そういう山田さんだったから、学会が「アイヌ」という存在を認める一二～一三世紀より古い時代に、東北地方北半部にそのような「アイヌ語地名」を残した人たちについても、直接「アイヌ」とは呼ばず、「アイヌ語種族」（山田（秀）、一九七二）、あるいは「アイヌ語族」（山田（秀）、一九七四）と、慎重な言葉で表現されていた。学会の研究者とは決して争わないという姿勢を貫かれていたのは、やはり山田さんが経済人、実業家であり、アイヌ語地名研究を完璧にホビー（趣味）として位置づけられ、楽しまれたからでもあろう。そのような山田さんに惹かれながらも、私は後北式土器の分布と、山田さんが明らかにされた「アイヌ語系地名」の分布が一致するという事実を、より重く考えたいのである。

東北地方北半部にだけ後北式土器が分布することは、吉崎さんの発言からもわかるように、考古学者の間では自明だったはずだ。その後、佐藤信行さんの詳しい研究（佐藤（信）、一九七六）が出て、一層、確実になった。佐藤さんの論文が掲載された『東北考古学の諸問題』は、東北考古学を確立されたともいえる伊東信雄教授の退官記念論文集のような本である。その中で伊東教授も、山田さんの研究により「東北にアイヌ語地名の存在することは疑うことが出来なくなった。アイヌ語地名の濃厚に分布する範囲は宮城山形両県の北部から北で、前述の北海道的な土器の分布範囲とほぼ一致する。しかも、アイヌ語地名とおもわれる場所はこの地域には相当に多く、かなり山奥にまである。これは少数のアイヌの一時的な移住にのこされたものとは考えることが出来ず、相当長期間、大勢のアイヌ語使用者が東北北部にはいたと見なければならない。それは結局、古東北の住民である蝦夷の前身にほかならないであろう」（伊東、一九七六、五四七頁）と書かれている。

このように、一九七〇年代後半には、考古学者によっても、山田さんによっても、土器の分布とアイヌ語地名の分布の一致は明らかになっていたはずであるのに、その後の「アイヌ史」研究者がそれを重視せず、ほとんど無視してきたのはなぜなのだろうか？

そこには、やはり、出土したモノだけにこだわってそこから歴史を編もうとする考古学者の頑なな（よく言えば純粋な）姿勢と、学界から見れば一介のアマチュアに過ぎない山田さんへの無意識の（あるいは意識的な）軽視があったのではないだろうか。

東北地方北半部の後北式土器の一部については、土器の材料である粘土の分析（胎土分析）が行われ、地元、すなわち東北地方の粘土でつくられていることがわかっている（簑島、二〇〇一、二五頁）。また**扉写真**の上にスケッチで示した後北式土器が大量に出土した秋田県寒川Ⅱ遺跡では、北海道で見られるのと同様の合葬土壙墓が発見されている。このことから簑島栄紀さんは、「北海道系土器の本州北部における広範な分布は、単なる物質文化の交流にとどまらず、人間集団が移動したことをある程度反映している公算が大きい」と述べられている（簑島、前掲書、二六頁）。松本建速さんは、土器を作るのは女性の仕事であったとし、婚姻による女性の移動が土器製作者の移動をもたらした、また、婚姻関係が持たれていたのは同一言語が話されていた地域であった、と主張されている（松本（建）、二〇一一、二七六頁）。かなり慎重な書き方をしている簑島さんと異なり、より踏み込んだかたちで、婚姻関係を含めた人間集団の移動を松本さんは認めているとも言えよう。土器、墓、そして言語という三つが共通することは、松本さんの主張が正しいことを示すのではないだろうか。

北海道で後北式土器をつくっていた人たちは、現在の江別や札幌から道南にかけて住んでいた。北海道のこの地域のアイヌ語地名をつくり、残した人たちであった。その人たちが東北地方まで南下し、住んだ場所にアイヌ語地名をつけ、それが、土器とともに残ったのである。それらの土器は、考古学では、「続縄文期」の中の三〜五世紀頃につくられたものである。そのように考えれば、東北地方北半部にアイヌ語地名を残した人たちは、すでに「続縄文期」、三〜五世紀頃にアイヌ語を使っていたはずである。もちろん、現在とまったく同じアイヌ語ではなかったであろうから、それを本書では、仮に「古アイヌ語」と呼ぶ。しかし少なくとも現在のアイヌ語で解釈できるアイヌ語地名を残しているのだから、現在のアイヌ語と極端に異なる言語でなかったことは間違いないであろう。瀬川さんは、**図2**に示した「ナイ」と「ベッ」の二つの代表的なアイヌ語地名について、さらに深い考察を展開されている（瀬川、二〇一五、七二―七六頁）。

もちろん児島恭子さん（二〇〇九）が言われるように、東北地方のアイヌ語地名についてはさらに言語論的なアプローチによる研究が必要であろう。また私も、児島さんと同様、古代の和人による東北地方の人間集団に対する呼称である「エゾ」や「エミシ」が、そのまま「アイヌ」であるとは考えていない。なぜならば、和人がそのような呼称をよく使うようになった八世紀以降には、東北地方北半部にアイヌ語地名を残した人間集団は、多くが北海道にもどっていたと考えられるからである。

しかし、「古アイヌ語を使う人たち」「アイヌ語地名をつけた人たち」を「アイヌ」と考えるなら、「続縄文期」にすでに「アイヌ」はいたのであり、考古学者がいう「続縄文文化」とは、「アイヌ」が、そのような時期に創った文化、すなわち「続縄文期アイヌ文化」というべきではないであろうか。

(3)『アイヌ史を問いなおす』

簑島栄紀さんは、近年、『アイヌ史を問いなおす』(簑島、二〇一一)という刺激的なタイトルの本を編集された。その本の序文では、私が問題としてきた考古学的な時代区分を再考すべきであると強調されている。その結果として、従来、使われてきた「アイヌ文化期」の名称はなくなり、私が「中世アイヌ期」とした(小野、二〇〇七)一二世紀頃から江戸時代の前までの時期は、「中世アイヌ文化期」という名称になった。また私が「松前・幕府支配期」とした(小野、前掲書)時期は、「近世アイヌ文化期」という名称に変えられた(簑島、前掲書、一一頁の年表)。それだけでも大きな進歩というべきであろう。同書に載せられた谷本晃之さんの「アイヌ史的近世」という考え方が、そこに生かされている。しかし、「擦文文化期」については、同書に瀬川さんも書いている(瀬川、二〇一一b)にもかかわらず、それが基本的に「アイヌ」の文化であることを示す時代区分の名称は与えられずじまいであった。同じ本の中で、乾哲也さんは、厚真のニタップナイ遺跡などで、「擦文文化期」末期から、「アイヌ文化期」に移行する時期の遺物が大量に出土したことを報告し(乾、二〇一一)、「擦文文化期中期後半よりアイヌ文化期的な初源が現れはじめており、中世アイヌ文化期へとほぼ連続的に移行していく様相が見え始めている」(乾、二〇一五)と書かれているにもかかわらず。

すでに菊池勇夫さんは、『蝦夷島と北方世界』(菊池、二〇〇三)のなかで、「擦文文化期」という名称を削除し、「形成期アイヌ文化」という言葉に置き換えられていた。設定された開始時期は谷本さんよりもやや早く、安土桃山時代の中期からであるが、すでに「近世アイヌ文化」という言葉も時代区分の名称に使われている。『アイヌ史を問いなおす』というなら、これらの先行研究を参照しつつ、もっと大胆なアプローチをすべきであったであろう。東北のアイヌ語地名については、同書で瀬川さんが僅かにふれているが、そこでアイヌ語が話されていたことを認めながら、時代区分には、「アイヌ」の「ア」の字もないままである。結局のところ、それぞれの研究者は、それぞれの分野では優れていても、考古学という狭いアカデミズムの中では、同じ価値観に捉えられて、そこから抜け出すことができないのではないだろうか。本気で『アイヌ史を問いなおす』なら、考古学だけではなく、言語学、神話学、自然人類学、分子生物学、第四紀学の研究者とともに、歴史の主体であるアイヌの人たちを対等に入れた検討が不可欠なのである。

一方、二〇〇七年には、歴史学者、榎森《えもり》進さんが、初めて『アイヌ民族の歴史』と題する「アイヌ民族」の通史を、六百頁以上の大冊として出された（榎森、二〇〇七）。さまざまな意味で二〇〇七年は、「アイヌの歴史」を語るうえで重要な年だったと言えるかもしれない。榎森さんの本が画期的だったのは、それまで出された本がすべて「アイヌ史」というタイトルで書かれていたのを、初めて「アイヌ民族の歴史」とされた点にあるだろう。しかし、「アイヌ」の歴史においては、榎森さんのようにアイヌの「民族」意識にこだわるより、人間集団としての「アイヌ」そのものの歴史のほうが重要ではないだろうか。「先住民族」という概念は、近代化によって一方的に国家に統合され、植民地政策によって同化を強いられ、独自の言語や文化を否定された人間集団に与えられたものであり、またそのような人間集団が自ら名乗るものである（たとえば、スチュアート、一九九七）。そのような意味では、「アイヌ」は明治とともに、「先住民族」となったとも言えよう。「アイヌ」がさまざまな時期、さまざまな地域において独自の言語や文化をもっていた、ということが「民族」の証であり、そこに近代国家的な「一つの民族意識」や、「同じ帰属意識をもつ一まとまりの集団」という概念を持ち込むほうがむしろ危険ではないか、と私は思う。「先住民族」となった人間集団は、意識的にそのようなことを回避して、「クニ」を立てまいとしてきた人たちではないだろうか。

たとえば中沢新一さんは、インディアン戦争を戦ったアパッチの首長ジェロニモの例を挙げている（中沢、二〇〇二、一四六―一四八頁）。メキシコ軍によってキャンプ地を襲撃され、家族を皆殺しにされたジェロニモは怒り、アパッチの諸部族を統合して、復讐の戦いを行う。復讐戦はアパッチの大勝利に終わったが、ジェロニモは、さらにメキシコやメキシコ軍への報復を企て、彼に全アパッチの指揮権を与えよと諸部族に求めた。そうしなければ、メキシコや、さらにはアメリカとの今後の戦いは勝てないと考えたからであった。しかし、諸部族はジェロニモの求めを拒否する。復讐はすでに果たされたのだからそれ以上の戦いは不要であり、なにより、諸部族を統合し、その上に立って命令を下すような「王」や「大統領」のような存在は、一時的な戦闘時を除けばアパッチにはいらないと諸部族は考えたのであった。

そういう意味で、「古アイヌ語」、あるいは「アイヌ語系言語」を話し、そこに「アイヌ語（系）地名」を残した人間集団を「アイヌ」と呼び、それがどのように現在のアイヌの人たちになったのか、その歴史を考えることのほうが重要ではないかと思うのである。私はそれを「アイヌ民族」とは呼んでいない。「民族」という概念は構築されるものであり、前述したように、「先住民族アイヌ」は明治政府の植民地政策によって生まれたのである。生成からの歴史において重要なのは、そうではなく、生きた「人間」（アイヌ語ではそれが文字通り「アイヌ」）であり、「古アイヌ語」や「アイヌ語系言語」を話していた人間集団のほうなのだ。

榎森さんは、「アイヌ」の歴史を、『アイヌ民族の歴史』として書かれた理由について、「アイヌ」という人間集団が未だ一つの「民族」を形成する以前の時期と、一つのまとまりを持った「民族」として形成された時期以降の集団の性格を区別する必要があることから、前者を「アイヌ」とし、後者を「アイヌ民族」と称すべきであるとの個人的な見解から、このように表現したと書いておられる（榎森、二〇一〇）。『アイヌ民族の歴史』が出された時期は、「アイヌを先住民族と認めよ」という要求が高まりを見せた時期でもあった。そのような「アイヌ」の側に立つ研究者として、榎森さんは、アイヌの「民族」としての歴史が、すでに「擦文文化期」に始まっていたことを示そうと、その通史を「擦文文化期」から書き始められたのであろう。それ自体、画期的なことと言える。しかし、「アイヌ」がいつそのような「民族」という意識をもったかという問題は、なかなか難しい。榎森さんは、「ヤウンクル」(内陸の人)が「レプンクル」(沖の人)と戦ったという設定の「アイヌ」の壮大な物語「英雄のユカラ」が、擦文文化期の「アイヌ」と、外海からやってきたオホーツク人との戦いをもとにした口承文芸であるという仮説を立てられ、その戦いが「アイヌ」の民族意識を育て、一まとまりの集団としての「アイヌ民族」を形成したと考えられている。魅力的な仮説であるが、本田優子さんがまとめられた『伝承から探るアイヌの歴史』(本田(編)、二〇一〇)では、口承文芸やアイヌ語の専門家である奥田統己さんや中川裕さんからは否定されている。

口承文学とアイヌ史の関係については、坂田美奈子さんのすぐれた考察がある(坂田、二〇一一)。「アイヌの視点」で歴史を語ろうとしても、文献史学が利用できるのは和人から見た資料だけなので、根本的にそれは不可能であり、そこに文献史学の限界がある。他方、アイヌの口承文学から歴史を読み取ろうとする試みも不可能である、と坂田さんは言う。「口承文学は古文書のように物質としての性格をもたないし、また内容的にはむき出しの情報ではなく物語として構成されているため、特定の時や史実をめぐって古文書と交渉関係をもつことは困難」(坂田、前掲書、二六頁)だからである。しかし坂田さんは、とくに対和人との歴史においては、アイヌ自身の視点を見出せるのは、アイヌ自身の「口承文学」のなかではないか、と考える。この場合、「口承文学」とカッコ付きで書くのは、伝統的な肉声による本来の口承文学だけとは限らず、アイヌ自身によって文字化された資料をも含むからである。むしろ、「口承文学の文字化」という相矛盾する行為のなかに、坂田さんはアイヌにおける歴史実践を見ているともいえよう。

「テクストとして残る『書かれた口承文学』を同化政策の成功例やアイヌ文化の衰退の指標とみなすならば、それはあまりに単純で表面的な見方であろう」（坂田、前掲書、二一一頁）

という坂田さんの主張には強く共感する。坂田さんは、ミシェル・フーコーが、ある時代における人々の認識、知の総体、といった意味で用いた「エピステーメー」（フーコー、一九六六）という概念を導入する。松前・幕府支配期から以後、和人と向き合うなかで、アイヌの人たちが、じぶんを取り巻く世界（坂田さんの言葉を借りれば、「カムイ・アイヌ・シサム」という三つの生存ユニット）をどのように認識し、それを維持しようとしたのか、それを口承文学から明らかにしようという試みが、坂田さんの『アイヌ口承文学の認識論（エピステモロジー）』なのである。

第3章で言及したミノルさんの『ラディカル・オーラル・ヒストリー』（保苅、二〇〇四）は、こうした目で見れば、アボリジニのエピステーメーを、その長老の語りに寄り添うことで知ろうとし、その語り自体がアボリジニの歴史実践であることを「発見」しようとする試みであったとも言えよう。また隆吉さんの語りや、ヌプリさんの行為に寄り添うことで、程度の差はあれ、そのような「歴史」のあり方に近づこうとしたのが、サッポロ・アイヌエコツアーの目的であったのかもしれない。丸山隆司さんの解釈への批判（**第2章**）も、そこに通底するのである。幸恵さんは、けっして一方的に金田一に「挑発・呪縛」された存在ではないのだ。口承文学である「カムイユカラ」を文字化するという矛盾する行為は、圧倒的な同化への圧力を自らのなかでずらし、解決するための幸恵さんの全人格的な格闘であり、歴史実践であったと言うべきではないだろうか。

人間集団の文化は時代とともに当然、変化する。ＤＮＡも、他の民族との混血によって、変化していく。

後述するように、混血によって新たなハプログループが加わっていくだけである。国際結婚によって、現に「日本人」には、今でも新たなハプログループが加わっている。北海道にいた「古アイヌ語」を話す人間集団は、三世紀頃から一二世紀頃まで北海道の沿岸に来ていたオホーツク文化をもつ人間集団と混血し、ミトコンドリア・ハプログループのYをもつようになった。現在のアイヌの人たちのDNAは、それを引き継いでいる。だからDNAだけから見れば「アイヌ」は、この頃、成立したと言える。だが人間というものは、DNAだけで決まるものではあるまい。

「アイヌ」の人たちは、オホーツク文化をもつ人間集団との密な接触のあとでも、また和人との長い接触のあとでも、「アイヌ語」を維持し続けた。もちろん言語もまた不変ではない。オホーツク人、和人との接触によってさまざまな変化が生じたはずだ。だが、三〜五世紀に、「アイヌ語地名」となって残された「古アイヌ語」が、根本から変わって新しい「アイヌ語」になったとは思えない。当時の「アイヌ語地名」が、現在の「アイヌ語」で十分に解釈できるからである。

(4)「新しいアイヌ史」の年表

北大アイヌ・先住民研究センターで私と同様に兼務教員を務め、いまは第二代のセンター長になられた考古学者の加藤博文さんは、「先住民考古学」を提唱する論文で、「これまでのアイヌ文化の成立をめぐる議論には、北海道側の集団の主体的変化を評価する視点が欠けている」という天野哲也さんの主張(天野、二〇〇三a)を援用している(加藤、二〇〇九)。「北海道側の集団」とは、山田さんの「アイヌ語種族」「アイヌ語族」に相当するであろう。その人々の「主体的変化を評価する」ということは、その歴史をたんに遡及的に辿ることではないはずだ。あくまでも、「古アイヌ語、ないしアイヌ語系言語を使ってきた人間集団」の歴史を、遡及的にではなく、なお不明ではあっても、ギリシャ人がそれを「アルケー」と呼んだ「始源」から、出来得る限り主体的に、その人間に寄り添って現在に至るまでを辿ろうとすることではないだろうか。「アルケオロジー（考古学）」とは、本来、そのような学問のはずである。そうであるならば、遡及的に辿れるその最古の時期は、少なくともアイヌ語地名が東北地方北半部につけられた「続縄文期」であり、その時期の「アイヌ語種族」が、いかにして成立したのかを、逆に「始源」から辿る考察が必要なのではないだろうか。

そのような「古アイヌ語」が、「続縄文期」にいきなりできたとは考えにくいであろう。当然、それ以前の「縄文期」に、すでに「古アイヌ語」はできていたにちがいない。そうだとすれば、北海道における「縄文文化」とは、すでに「古アイヌ語を使っていた人間集団」の創った文化であり、それを「縄文期」の「アイヌ」の文化、すなわち「縄文アイヌ文化」と呼んでもよいはずである。

口絵3に示す年表の元になったものを最初に発表したのは、『北海道新聞』への連載をまとめた『自然のメッセージを聴く　静かな大地からの伝言』（小野、二〇〇七）であった。その後、修正を加えて、『たたかう地理学』（小野、二〇一三a）の口絵にも載せたが、地理学分野の人たちにしか読んでもらえず、考古学者・歴史学者からは無視されただけであった。

この年表は、縦軸こそ通常の年表と同じであるが、横軸は、それぞれの文化の地理的な分布になっている。つまりそれぞれの文化は、たんに歴史的（時間的）に移り変わるだけでなく、地理的（空間的）にも移り変わった、という認識を示している。地理的には、沖縄（琉球列島）から、九州、本州、東北を経て、北海道までを扱うが、北海道と関連が深いサハリンからアジア大陸、および千島列島を含め、それを南（左）から北（右）に展開した。本来なら、サハリン〜アジア大陸と、千島列島とは区別するべきであるが、スペースの関係で一緒にしてある。千島列島から入ってきた文化や人間集団があったとしても、それらは、もとはアジア大陸からカムチャツカ半島を経てきたものと考えたからである。要するに、北方アジア大陸起源の文化・人間集団のルーツとなる地域ということになる。北海道は広く、地域によって差があるので、道南、道央、道北・道東の三地域に分け、左から右に並べた。本当は道北と道東も分けるべきであるが、スペースの関係で一つにまとめた。東北地方は、「後北式土器」が「アイヌ語地名」とともに北海道から南下してもちこまれた北半部と、それが及ばなかった南半部を区分した。

この年表では、日本列島に次の四つの基層文化が存在すると考え、それぞれの基層文化の時空分布を描いていることになる。それらは、「北方系・大陸系文化」（緑色）、「南方系縄文文化」（黄色）、「弥生文化」（サーモンピンク）、「和人（ヤマト文化）」（濃いピンク）である。

文化は移動し、すでに別の基層文化があったところに重なっていく。しかし、もともとあった基層文化が失われるわけではない。二つの基層文化が重なり合ってできた文化については、色と線を重ねることで表現した。すなわち北海道では、「北方系・大陸系文化」に「南方系縄文文化」が重なっており、それは黄色に緑の横線を入れることで表現した。これを「北方系縄文文化」と呼ぶ。しかし後述するように、「古アイヌ語」はその中で形成されたと考えられるので、それを、「縄文アイヌ文化」とも呼んだ。

一方、北方系・南方系を問わず、「縄文文化」に「弥生文化」が重なったところは、黄色にサーモンピンクの縦線を重ねて示した。北海道では、「恵山《えさん》文化」がそれに当たる。さらに、「縄文アイヌ文化」に「和人（ヤマト文化）」が重なったときは、黄色に緑の横線と濃いピンクの横線を重ねることで表現した。考古学者や歴史学者が従来「アイヌ文化」と呼んできた約一二〜一九世紀の文化は、そのようにいくつもの基層文化の重層の上に構築されたものである。

本書では、「古アイヌ語、アイヌ語系言語を使う人たち」、「アイヌ語地名をつけた人たち」をすべて「アイヌ」と呼んでいる。したがって、「その人たちが、それぞれの時期につくった文化」による編年という意味で、時代区分の名称には、「縄文アイヌ文化」、「続縄文アイヌ文化」、「擦文アイヌ文化」という名称を使った。考古学者が「アイヌ文化期」と呼んできた時期は、「中世アイヌ期」となり、榎森さんが前掲書（榎森、二〇〇七）で詳しく書かれたような大きな発展期に相当する。しかし江戸時代に入ると、アイヌの人たちは松前藩や幕府の支配を受けるようになった。それが「松前・幕府支配期」である。明治維新とともに、蝦夷地は植民地化され（小野、二〇一三b）、それが第二次大戦の敗戦まで続いた。それが「日本植民地化期」である。第二次大戦後、現在までは「アイヌ民族復興期」として位置づけられよう。

これまでのように、歴史文書に和人側・外国人側の記録が残っている時期だけを「アイヌ文化期」とし、その時期に発掘されたものだけを「アイヌ」の「文化」だとするような本質主義を棄てようというのが、この年表で提案したかったことである。「人間」としての「アイヌ」、それが「古アイヌ語」であっても「アイヌ語の祖語（プロト・アイヌ語）」であっても、とにかく「アイヌ語系言語を話していた人間集団」を「アイヌ」として、歴史を組み立て直そう、という試みである。遡及的に歴史を古い方へと辿るのではなく、たとえ不明瞭であっても、その「始源（アルケー）」から、逆に北海道における人間集団の変遷を辿り、現代のアイヌまでの道筋を考えてみたい。さまざまに変容した結果としての現在の「アイヌ」を、その「始源」から、それぞれの時期の「アイヌ」の歴史の継続として考えてみたいのである。

扉写真の土器は、隆吉さんが、強制移住させられた樺太アイヌの墓について語った江別坊主山の遺跡（河野、一九七八）から出土したものだ。歴史は、そのように見れば、すべてつながっているのである。

「アイヌ」を「始源」から考える、ということは、逆の意味で本質主義だと批判されるかもしれない。しかし、コトバは、それが話され始めてから、さまざまに変化しつつも、根本は変わらないからこそ、言語学では「語族」という概念がつくられているのではないだろうか。とくに、最近では、それぞれの言語のもとになった「祖語」を話していた人間集団」を、考古学や人類学、分子生物学との協働によって探ることが行われるようになった。そこでは、「プロト○○語」と呼ばれる「祖語」を話していた人間集団が、現在の変化したその言語を話す人間集団の「始源」とされているのである。とくに分子生物学では、古人骨のDNA分析の進展によって、今では、すべての人間集団の系統と「始源」が不十分ながらも明らかにされてきている。第四紀学者としての私も、最終氷期から完新世に至る気候変化と、地形や植生の変遷を研究してきた。それらを総動員して、「アイヌ」という人間集団が形成され、変容していく過程を、その「始源」から辿ってみたいのである。

口絵4は、最終氷期から、擦文アイヌ文化期までの人間集団の移動や各時期の文化を、北海道を中心に模式的に描いた図である。すなわち、**口絵**3の右半分のほぼ上半部を拡大して、人間集団や文化の移動、交流、変容を模式的に描いたものである。

本州については、中部から東北地方を概略的に示すにとどめた。主な色分けは、ほぼ**口絵**3の年表に合わせ、アジア大陸北方から北海道に入ってきた集団・文化を黄緑色、本州からの「南方系縄文文化」を黄色、弥生文化をサーモンピンク、大和朝廷に始まる和人文化を濃いピンクで示した。また、最終氷期に西ルートで九州に入り、本州に拡散した旧石器文化は濃い緑色で示した。北ルートからの旧石器・細石刃文化にもとづき北海道で形成された北方系縄文文化から、南方系縄文文化などが入ることで形成された「縄文、続縄文文化」までを縦方向の幅広い矢印で示し、東北地方北半部から戻ったアイヌ集団の影響を受けて成立した「擦文アイヌ文化」の流れを、もう一つの幅広い矢印で示した。

図中に赤枠で1〜10と示した順に、そこで生じた主な出来事をまとめると次のようになる。

1 最終氷期、後期旧石器時代に、シベリアから「北ルート」で北海道に歩いて辿り着いた人間集団は「アイヌ語の祖語（プロト・アイヌ語）」をすでに持っていた、というのは現時点ではまだ仮説であるが、より確実なことは、この集団は、一万六〇〇〇年前頃に分岐したといわれるミトコンドリアDNAのハプログループN9bで特徴づけられる人間集団であったということである。

2 北海道に住みついたこの人間集団は、最終氷期末期の北海道に「細石刃《さいせきじん》文化」を残したが、最終氷期から完新世への急激な気候変化に適応するために、この人間集団は土器を発明し、北海道の「縄文文化」（「北方系縄文文化」）と呼ばれるものを創り出した。次に述べるように「古アイヌ語」はそのなかで形成されたと考えられるので、それを「北方系縄文アイヌ文化」と呼ぶ。

3 「北海道の人間集団」は定住生活を始め、大集落を形成するようになった。また「北ルート」からは新たに「石刃鏃《せきじんぞく》」文化をもった人間集団の流入もあった。

4 完新世の六千年前〜四千年前頃の気候温暖化にともなう海面の上昇（縄文海進）にともない、「西ルート」「南ルート」で本州に入ってきた人間集団がつくった「南方系縄文文化」が北海道にも流入し、「北海道の人間集団」はその影響を受けた。「プロト・アイヌ語」もその影響を受け、「古アイヌ語」ともいうべきものに変容した、というのが私の仮説である。

5 二九〇〇年前頃には、朝鮮半島から西ルートで「日本語の祖語（「プロト日本語」）」をもつ人間集団が九州に移動し、「弥生文化」が西日本から拡散した（Robbeets ほか、二〇二一）。その影響が北海道にまで及んだのが「恵山文化」である。気候が冷涼なために稲作は北海道の人間集団には受け入れられなかったが、「古アイヌ語」や文化は、その影響を受けてさらに変容した。「プロト日本語」をもつ人間集団のミトコンドリアＤＮＡは、ハプログループＭ７ａで特徴づけられる。北海道の人間集団にもＭ７ａがあるが、後述するように（三一七頁）、これは別系統で北ルートから入った可能性もある。

6 「古アイヌ語」を話し、「後北式土器」をつくっていた「北海道の人間集団」は、三世紀頃から鉄をもとめて東北地方北半部にまで南下し、そこに五世紀頃まで住んだ（**口絵4**、頂点を左〈南〉に向けた灰色の三角形で示す）。それによって東北地方北半部には「アイヌ語地名」がつくられ、残された。

7 東北地方北半部まで南下していたアイヌ語を話す人間集団は、五〜六世紀以降、次第に北上してきた大和朝廷の勢力に追われ、北海道に戻った。この集団は、本州の人間集団との接触によって得た「ヤマト文化」からの影響を、その後、北海道に拡散した。これによって「擦文期」（七世紀〜一二世紀頃）の「アイヌ文化」である「擦文アイヌ文化」が形成された（**口絵4**、灰色の大きな四角形で示す）。

8 一方、この時期の「北海道の人間集団」は、オホーツク海や日本海沿岸部に到来し、一部を占拠していた「オホーツク人」と密接な交流・婚姻関係をもった。このため、オホーツク人を特徴づけるミトコンドリアＤＮＡのハプログループＹが、「北海道の人間集団」に大きくもたらされた。また「オホーツク文化」は、これらを通じて「北海道の人間集団」の文化や「古アイヌ語」に大きな影響を与え、それらは現在の「アイヌ」の人たちまで引き継がれることになった。

9 以上、最終氷期から、一二世紀頃まで、「北海道の人間集団」に基本的な入れ替わりはなく、北上する本州からの人間集団と、南下するオホーツクの人間集団からの影響を強く受けただけである。とくに後者からは、ハプログループＹの導入が大きかったが、人間集団そのものが変わってしまったわけではない。また本来の「古アイヌ語」が全く変わってしまったわけではない。オホーツク人は、むしろ「北海道の集団」に吸収され、北海道から消えてしまった。

10 このような「始源」から変容をたどった「北海道の人間集団」は、一二世紀頃から、和人によって文書に「アイヌ」として記録され、その文化は考古学者・歴史学者から「アイヌ文化」と呼ばれるようになる。しかしその人たちは、一貫して「祖語」を引き継ぐ「古語」としての「アイヌ語」を使ってきたのであり、その人たちにとってみれば、「中世アイヌ期」の文化が、和人からそのように名付けられたに過ぎない。

この人間集団が最終氷期から三〜五世紀までたどってきた歴史を、第四紀学・考古学・分子生物学・言語学の近年の研究成果をもとに、次節以下で時代別に示そう。

2 最終氷期における日本列島への人間集団の移動（約三万年前〜一万五〇〇〇年前頃）

日本列島に初めて人間がやってきたのは、最終氷期の四万〜三万年前頃と考えられている。地球は、太陽との関係で、だいたい一〇万年を周期として、寒冷な氷期（氷河期）になる。この百万年間では、そのようなことが何度も繰り返され、気候が温暖化したのは、一万一五〇〇年前以降である。が、一〇万年前頃から、一万五〇〇〇年前頃までの寒冷期を、最後（最新）の氷期、ということで、最終氷期と呼ぶ。その時期には、北アメリカ大陸と、ヨーロッパの北半分くらいに、ちょうど現在の南極大陸を覆っているような広大な氷河ができていた。氷の厚さは約四〇〇〇メートルもあって、地表の凹凸などおかまいなしに、広い地域をすっぽりとシート状に覆ってしまうので「氷床（アイス・シート）」と呼ばれている。これだけの氷が陸上にできると、海面は今よりずっと下がってしまう。地球上の水はぐるぐる循環しているから、海から蒸発した水分は、現在なら陸上に雨として降ってもじきに海にもどってくる。しかし氷期には、水分が氷床として陸上に凍りついてしまうので、海になかなかもどってこられない。それで海水の量が減ってしまい、海面は下がるのである。最終氷期には、海面は最大で約一〇〇メートル低下した。**図3**や**図4**には、最終氷期の六万年前頃と、二万年〜一万五〇〇〇年前頃の海岸線を示した。六万年前頃は、今より約八〇メートル、二万年〜一万五〇〇〇年前頃は、今より約一〇〇メートル海面が下がったとして、当時の海岸線を描いている。これを見ると、アジア大陸と日本列島は、当時はずいぶん近かったことがわかる。とくに北海道は、サハリンを経てアジア大陸と陸続きであった。

この頃の人類は、旧石器人と呼ばれている。もともとアフリカで誕生した人類の一部は、アフリカを出て、ヨーロッパやアジアに拡散していった。「旧人」と呼ばれるネアンデルタール人もそうだったが、私たちの直接の祖先に当たる「新人」も、約六万年前には、「出アフリカ」をしたと考えられている。旧石器という道具だけを使って生活していた人類は、移動する間にさまざまな人間集団に分かれ、それぞれの地域に異なった文化を残しつつ拡散していった。アジア大陸の東端にまで達した人類が、現在、日本列島と呼ばれる場所にまで到達したのが、約四万〜三万年前ということになる。かつては、日本の旧石器文化は、五〇万年前もの前期旧石器文化にまで遡るとされていたが、それらの古い旧石器はすべて捏造だったことが判明してしまった。その後、島根県の砂原遺跡（一二万年前頃）や、岩手県の金取遺跡（九〜八万年前頃）から旧石器とされるものが報告されている（松藤、二〇一四）が、これらに関しては、それが本当に石器なのか、自然石が石器のような形に見えるだけなのか、という議論がなお続いている。今のところ、大部分の考古学者が、異議なく認めている旧石器は、やはり古くても四万年前より新しいと言えよう。

（1）三つの移動ルート

最終氷期における旧石器人の日本列島への移動経路は、**図3**に示したように、大きく三つのルートが考えられている。ここでは、篠田謙一さんの本の図（篠田、二〇一九、図6―2）を参考に、それらを描いた。便宜的に、それらを「南ルート」、「西ルート」、「北ルート」と呼ぶ。

「南ルート」は、台湾やさらに南にある東南アジアから、島伝いに北上するルートである。台湾は当時、大陸と陸続きであった。

「西ルート」は、現在の朝鮮半島付近を経由して、九州に入るルートである。黄海は浅いので、大部分が陸地になっていた。黄河の河口も、海面が一番下がった時期には、現在の済州島付近にあった（**図4**参照）。

現在のところ、日本列島で、最も古い確実な旧石器人の遺跡とされている熊本県、石の本遺跡の旧石器の年代は、約三万八〇〇〇年前とされている。三万年前より古い旧石器は、本州の各地から四百カ所以上も発見されており、それらは主に「西ルート」、あるいは「南ルート」から移住した旧石器人によるものと推定されている（小田、二〇一四）。

「南ルート」も「西ルート」も、人類は海を渡らないと日本列島に辿り着けない。しかし、すでに航海術をもっていた旧石器人たちは、「西ルート」では、海面低下によって今よりはずっと狭くなった海峡（朝鮮半島から対馬まで約二〇キロ程度）を舟で渡り、日本列島までやってきたのである。しかし、「南ルート」では、台湾から石垣島までは二七〇キロメートルも離れている。

台湾と石垣島の間には、現在では流れの早い黒潮が流れていて、それを横切らないと石垣島まで到達できない。

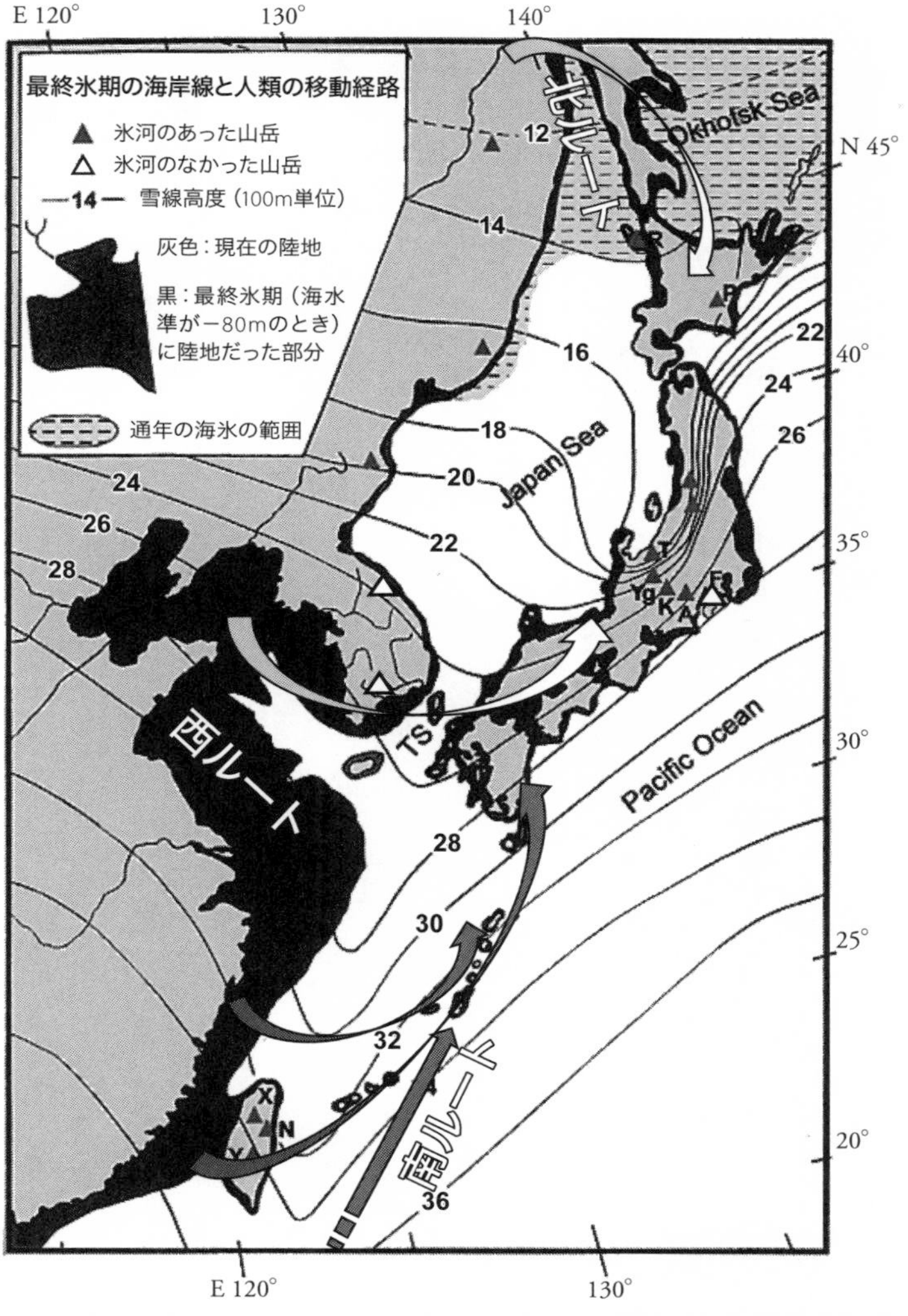

図３　最終氷期（約６万年前頃）、海面が現在より約 80m 低下していた時期の海岸線と現在の陸地（灰色）、およびその後の人類の移動経路（矢印）：北ルート（３万年前頃、とくに 1.6 万年前以降）；西ルート（４万年前以降、とくに２万年前以降）；南ルート（４万年前以降、とくに６千年前以降）。

Ono（2021）を改変・加筆；雪線高度の等高線は、その高さ（100m 単位）より上方で氷河ができたことを示す（山名略号の意味は省略）。

しかし、最終氷期には、全球規模の前線帯の南下によって、黒潮の軸が現在よりも南下し、東シナ海には流入しなかったか、流入しても流速が衰えていた可能性も指摘されている(Onoほか、二〇〇四/菅《かん》、二〇〇四など)。現在までのところ、石垣島では約二万年前、宮古島でも約二万八〇〇〇年前、さらに北の沖縄では約三万六〇〇〇年前の人骨が見つかっている。このことから、「南ルート」による人類の移動は確実であるが、意図的な移住なのか(海部、二〇二〇)、漁撈活動中の遭難による漂流による可能性も否定できないのか、さらに今後の検討が必要とされている(小田・小野、二〇二一)。

一方、「北ルート」では、海面低下によってアジア大陸とサハリン・北海道が陸続きになっていたために、人類は歩いて移動できた。海面低下によって、ある時期だけ、大陸と大陸、あるいは島などをつなぐ橋のような陸地ができたとき、それは「陸橋(りっきょう:ランド・ブリッジ)」と呼ばれる。最終氷期には、サハリンと北海道の間の宗谷海峡が、海面低下によって「宗谷陸橋」となっていたのである。宗谷海峡は深さがせいぜい五〇メートルほどしかないので、一〇〇メートルも海面が低下していた氷期には、図3、4に示したように、「宗谷陸橋」の幅は十分に広かった。アジア大陸とサハリンの間の間宮海峡は、そもそも水深が一〇メートル程度しかなく、現在でも冬には結氷して「氷橋(アイス・ブリッジ)」になっている。最終氷期には、サハリンから北海道は、アジア大陸から南に長く伸びた大きな「半島」だったのである。その先端は、津軽海峡だった。この海峡は、最深部が一三〇メートルより深い。そのため、海面が最大でも一〇〇メートル程度しか下がらなかった最終氷期には「陸橋」とならなかったからである。しかし海面が最も低下した時期には、津軽海峡は幅が狭まり、「しょっぱい川」のような存在となっていた。もちろん冬には凍結して、「氷橋」となっていたはずである。またこれらの図に示すように、最終氷期には、現在はオホーツク海に冬だけ押し寄せる流氷がさらに拡大し、一年を通じて、海氷として海を覆っていたと考えられる。

図4に示したように、現在、北海道と本州に棲んでいる動物が異なるのは、津軽海峡が最終氷期には「陸橋」とならなかったことが大きく影響している。そこに「ブラキストン線」という動物分布の境界線が引かれているのはそのためである。幕末から明治にかけて日本に滞在した英国軍人で動物学者のトーマス・ブレーキストンが、北海道と本州の動物や野鳥の違いに注目したことを記念して名づけられたものだ。現在、「ブラキストン線」を境に、北海道にしか棲息しない動物は、図の枠内に示したように、ヒグマ、ナキウサギ、エゾリス、シマリス、クロテンの五種である。

しかし、図をよく見ると、現在、本州にはいないはずのヒグマが本州にもいるように描いてある。冬眠するヒグマは、最終氷期、津軽海峡にたとえ「氷橋」ができていたとしても、それを渡って移動するチャンスは少なかったであろう。したがって本州から化石として見つかるヒグマは、海面の低下量がもっと大きかったさらに古い氷期に、「津軽陸橋」を経て本州にまで移動したか、あるいは、やはり古い氷期にはできていたと考えられる朝鮮半島と九州の間の「対馬陸橋」を経て、本州に入ったものであろう。それは、一つ前の氷期（一五万年前頃）か、さらにもう一つ前の氷期（二五万年前頃）だったと考えられる。

古人骨のDNA分析については4節で詳しく述べるが、現在のヒグマのDNA分析からは、北海道のヒグマは、いずれも宗谷陸橋を経て、この三回の氷期にそれぞれ入ってきたと考えられている（Hirata ほか、二〇一三）。すなわち道南のヒグマ集団が最も古く、（後述する「分子時計」によれば）二六万年前頃、道東や南千島のヒグマは一六万年前頃、道央・道北の集団が最も新しく、五万三〇〇〇年前頃にそれぞれ分化した集団が入ってきたとされている。

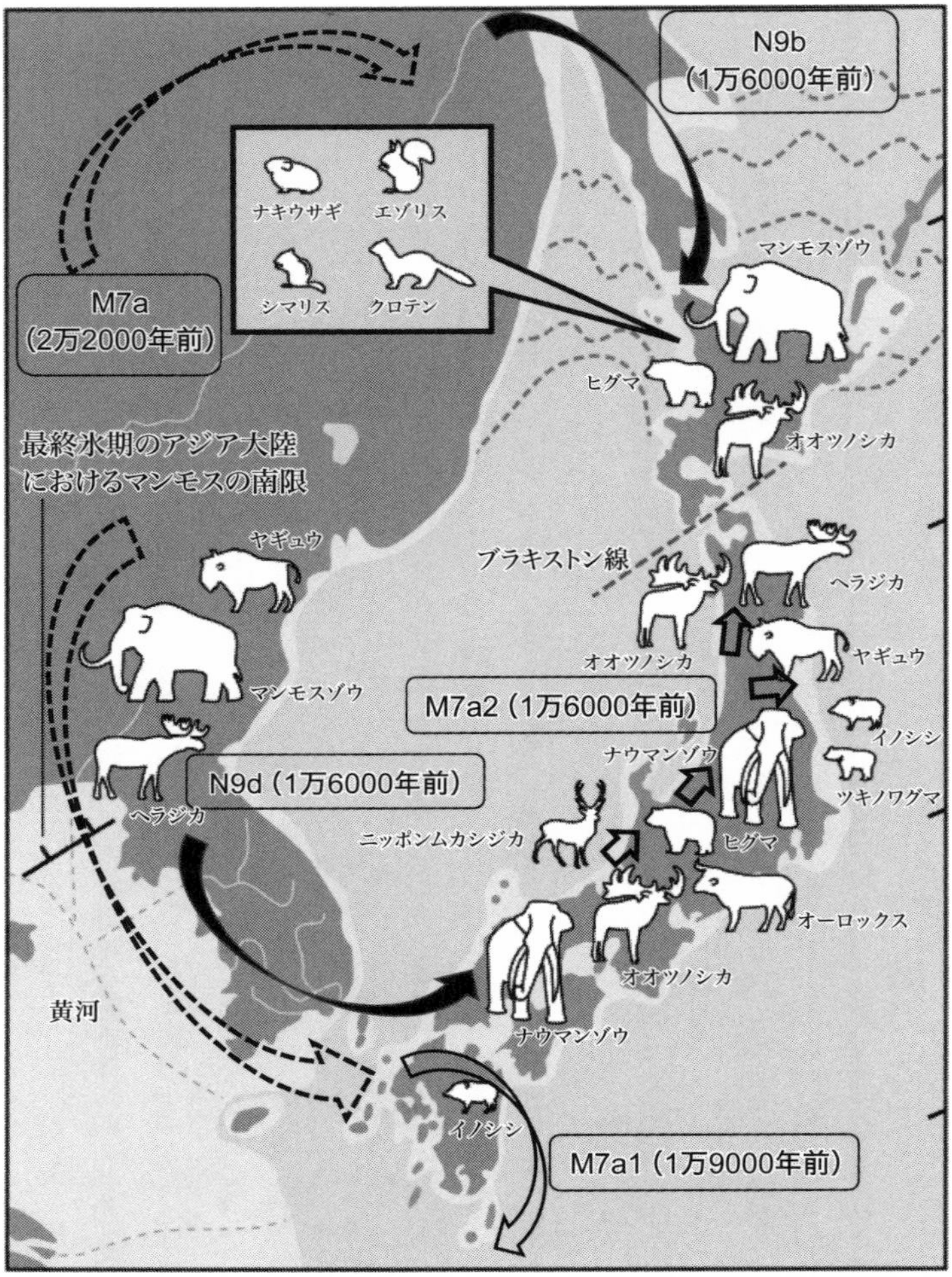

図４　最終氷期・海面最大低下期（約２万〜1.5 万年前頃）の海岸線（白い部分の外縁）と動物群の分布、および、最終氷期末期の人間集団の移動（小野・五十嵐、1991 に加筆）

枠内は、ハプログループ N9b、N9d、および M7a、M7a1、M7a2 の分岐年代（本章４節参照）。黒矢印は、N9b が北ルートから、N9d が西ルートから入ったことを示す。破線矢印は、M7a をもつ人間集団の移動；実線矢印は M7a1 をもつ人間集団の九州・琉球への移動、小さな⇨は、M7a2 を持つ人間集団の関東・東北への移動を示す（篠田、2019 にもとづく）；濃い部分：現在の陸地、白い部分：最終氷期・海面最大低下期に陸化した部分に黄河と長江の流路を記入、波線は海氷の覆った範囲。

一方、ヘラジカやオオツノシカ、ヤギュウなど、現在は絶滅してしまった大型の哺乳類は、冬でも移動可能なので、最終氷期でも、津軽海峡の「氷橋」を歩いて本州に移動できた。シカは泳ぐこともあるので、あるいは夏に泳いで渡ったかもしれない。それらが、本州の最終氷期の地層や遺跡から化石として見つかるのである。

(2) マンモスの来た道

しかしマンモスの化石は、日本では、北海道からしか見つかっていない。その理由の一つは、津軽海峡が最終氷期には狭いながらも残ったことであるが、しかし、象も泳ぐし、「氷橋」を歩いて渡ることもできたはずである。だから最大の理由は、北海道と東北地方の環境の違いにあったと考えざるを得ない。**図5**は、五十嵐八枝子さんが、花粉分析にもとづいて、最終氷期、最寒冷期の日本列島の植生を復元した図である。

当時の北海道は、サハリンに続く「森林ツンドラ」が道北〜道東に拡がり、道央から道南は、グイマツを主体とする亜寒帯針葉樹林になっていた。ツンドラとは、寒冷なために森林が生育できず、草や苔などだけが地表を覆うような植生である。**図6**に示した現在の植生図では、ツンドラは北極のまわりにだけ見られるが、その南に広く分布するのが、ツンドラと森林が入り混じった「森林ツンドラ」だ。条件の良い場所にだけ、グイマツや、日本列島では、高山にしか見られないハイマツなどの樹木が、まばらに生える環境である。

マンモスは、このような「森林ツンドラ」や、寒冷・乾燥した気候のもとで拡がったステップ(草原)に棲息していた象だったのである。マンモスの化石が発見されているのは道東が多く、道央では、札幌の東にある由仁町、道南では八雲町近くの海底から発見されているに過ぎない。グイマツというのは、現在では、主としてサハリンの北部から北にだけ生育するマツ(カラマツ属)の一種である。北海道では最終氷期のあと、温暖化によって絶滅してしまった。亜寒帯針葉樹林というのは、現在の植生図では、一年中、緑の針葉をも

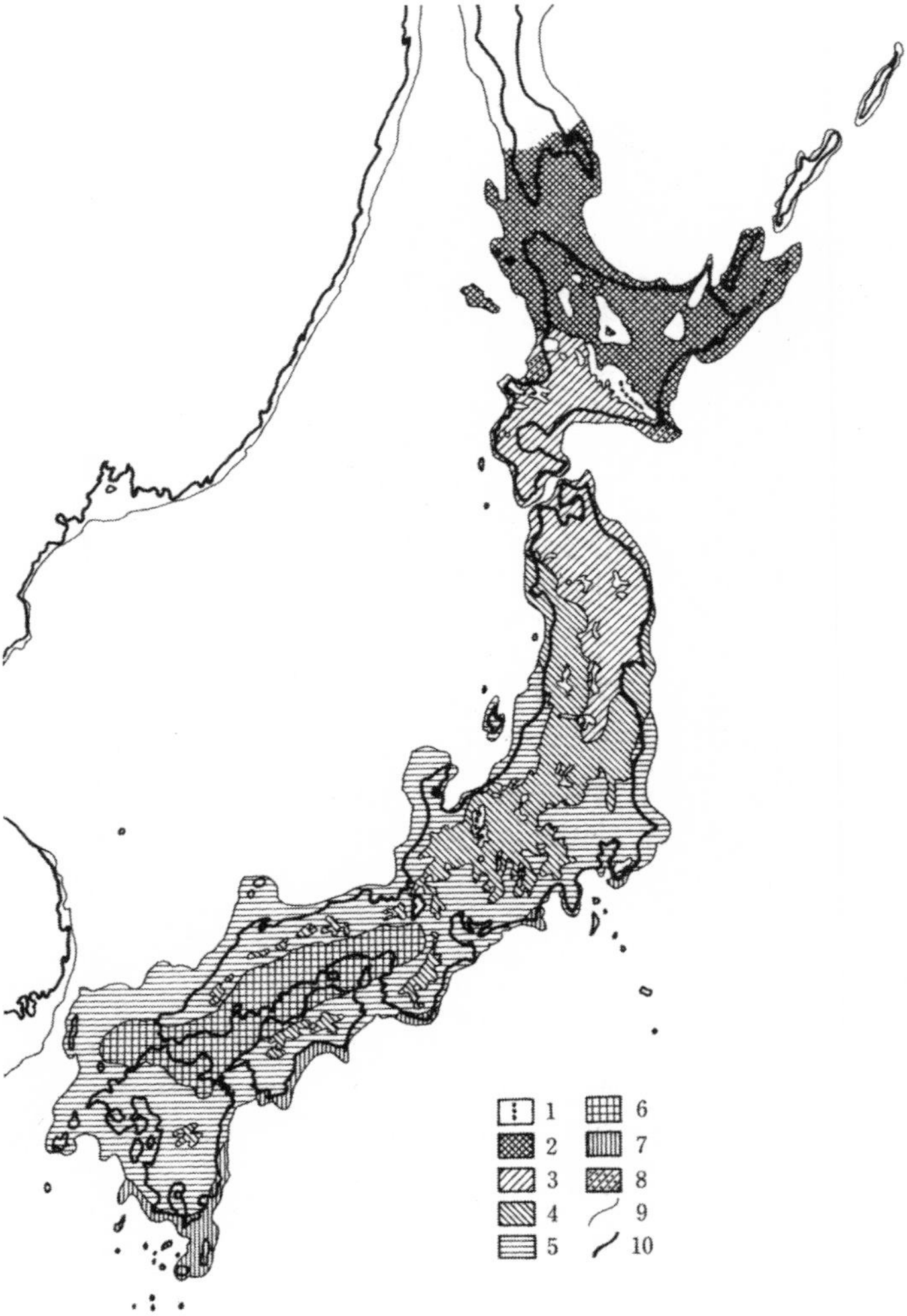

図５　日本列島における最終氷期・最寒冷期の植生図

1：氷河（黒点）および高山の裸地、草地（ハイマツ帯をを除く高山帯に相当する地域）、2：グイマツ・ハイマツを主とする疎林と草原、3：グイマツを主とする亜寒帯針葉樹林、4：グイマツをともなわない亜寒帯針葉樹林（中部地方、および近畿地方では一部カラマツをともなう）、5：冷温帯落葉広葉樹林（ブナ）をともなう、6：ブナをほとんどともなわない落葉広葉樹林、7：暖温帯常緑広葉樹林、8：草原、9：最終氷期最寒冷期の海岸線、10：現在の海岸線（小野・五十嵐、1991 による）

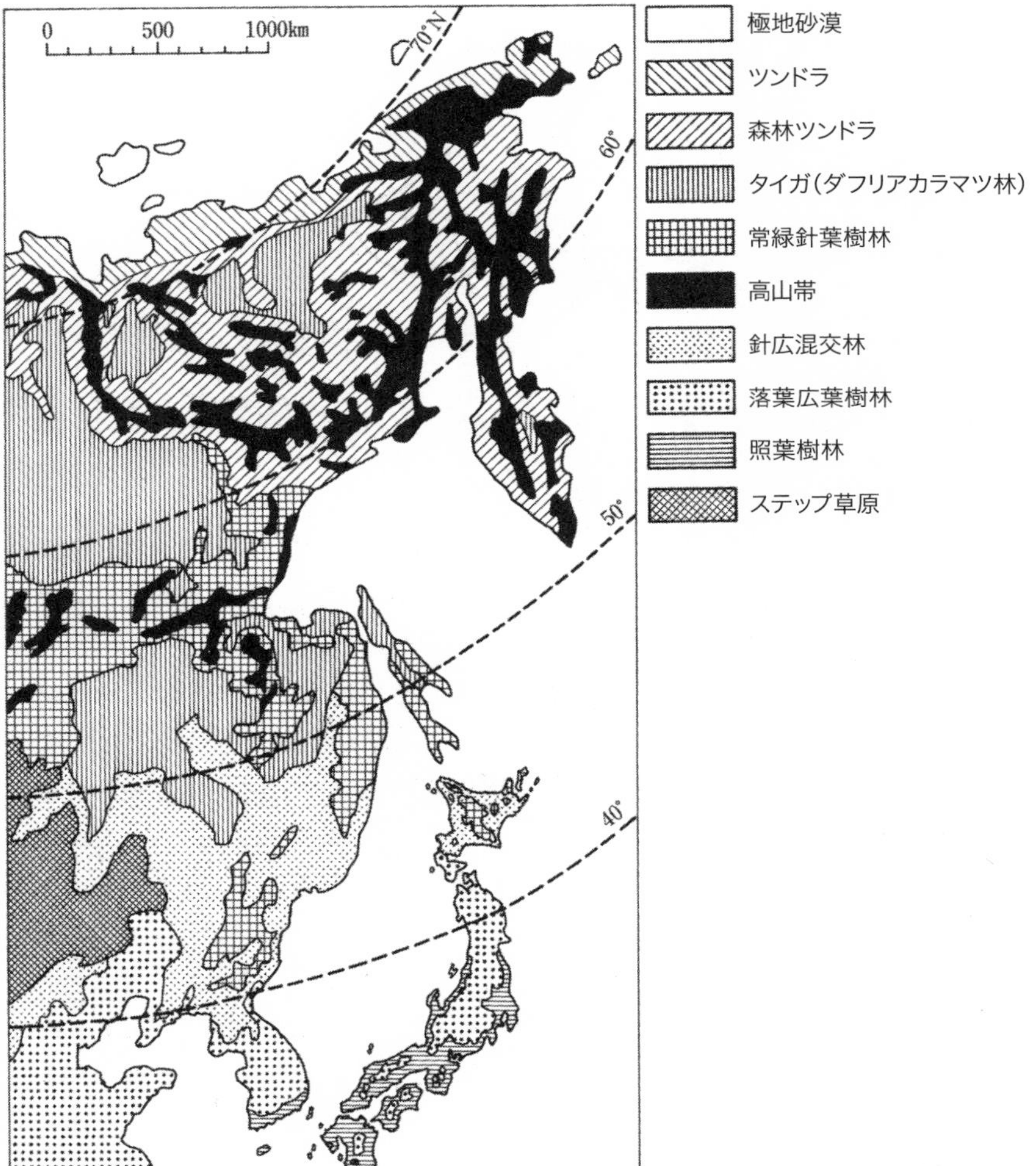

図6　東・北アジアの植生図（小野・五十嵐、1991による）

つ常緑針葉樹林にほぼ相当する。現在の北海道では、エゾマツ（トウヒ属）やトドマツ（モミ属）を中心とする森林である。しかし、最終氷期には、北海道では、これらの樹木の割合はかなり減り、今は絶滅したグイマツが主体となっていたのである。

道南部まで続くグイマツを主体とする亜寒帯針葉樹林は、**図5**からも明らかなように、東北地方まで拡がっていた。それを考えれば、八雲までやってきたマンモスは、東北地方まで行ってもよかったようにも思えるが、やはり南に行けばいくほど森林の密度が高くなり、マンモスにとっては棲みにくい環境になったために南下できなかったのであろう。最終氷期の北海道では、寒冷な気候のために、冬の間、凍結した（しばれた）大地が夏になっても融けず、一年中、凍ったままになっている永久凍土ができていた。ただ、どこでも永久凍土になっていたのは道北だけで、道央や道南部では、日射を受けにくい北向き斜面や、積雪が少なくて寒気が地下まで入りやすい場所などに限ってできていたらしい。「不連続的永久凍土帯」と呼ばれるそうした状況（小野・五十嵐、一九九一）は、下北半島あたりまでしか及んでいなかったようである。

（3）細石刃文化をもった人間集団（口絵4の❶）

アジア大陸から、なぜ、人類は北海道にまでやってきたのだろうか？

その問いに答えるのは難しいが、やはり、シベリアにいた旧石器人たちが、トナカイやマンモスなどを追って東へ進んでいくうちに、気づいてみたら北海道の地に来ていた、ということであろう。北海道で見つかっているマンモスの化石の年代は、いずれも四万年前から一万八〇〇〇年前頃に及んでいる（木村、二〇二〇）。残念ながら、まだ人間の手の加わったマンモスの骨や牙は見つかっていない。マンモスの大きな臼歯は、オホーツク海で、底引き網にひっかかって発見されることもある。**図4**に示したように、現在、一〇〇メートルより浅い海底は、当時は陸地だった。マンモスはそのような、干上がって陸地となった平野を海岸線に沿って歩いてきた可能性が高い。だから、それを獲って、骨や象牙を加工したに違いない人々の遺跡も、多くは海底に沈んでしまったのであろう。

最終氷期のユーラシア大陸は、現在のフランスから、ロシアのバイカル湖西岸付近まで、途切れることなく、広大な草原（ステップ）が拡がっていた。内陸にあって、寒冷・乾燥した気候が、このような東西に数千キロメートルにわたる大草原をもたらしていたのだ（**図7**）。そこはマンモスだけでなく、ヤギュウ、ケサイなど、大型動物が棲息していた。「マンモス・ステップ」と呼ばれることもある。詳しくみれば、**図7**のように、草原だけのステップと、森林と草原の入り混じった森林ステップ、さらには寒冷なために森林が少なくなった森林ツンドラなど、さまざまな環境を含んでいた。そのような「草原」を、旧石器人たちは、さまざまな動物を追って移動を繰り返していたのだ。その中にあって、バイカル湖西岸に位置するマリタ遺跡（**図7☆印**）は、最終氷期、二万三〇〇〇年前頃（暦年補正ではさらに古くなる）にその周辺で生活した旧石器人の遺跡である。

第5章では、現在から何年前という表現が多く出てくるが、その多くは、遺物や人骨に含まれている炭素の同位体（^{14}C）の濃度を測定して求められた年代である。測定上の誤差はあるにしても、以前はその年代がほぼ正しいとされてきた。ところが、大気中の炭素同位体の濃度そのものが時代とともに変化することが明らかになると、真の年代とのズレが問題となった。真の年代とは、カレンダーで今年から何年前と調べられる年代なので、暦年代と呼ばれる。たとえば、木の年輪はふつう一年に一本しかできないから、年輪の数を数えれば、その木の樹齢がわかる。その年輪に沿って、^{14}Cの濃度を測定して年代を求めると、実際の年代とのズレがはっきりする

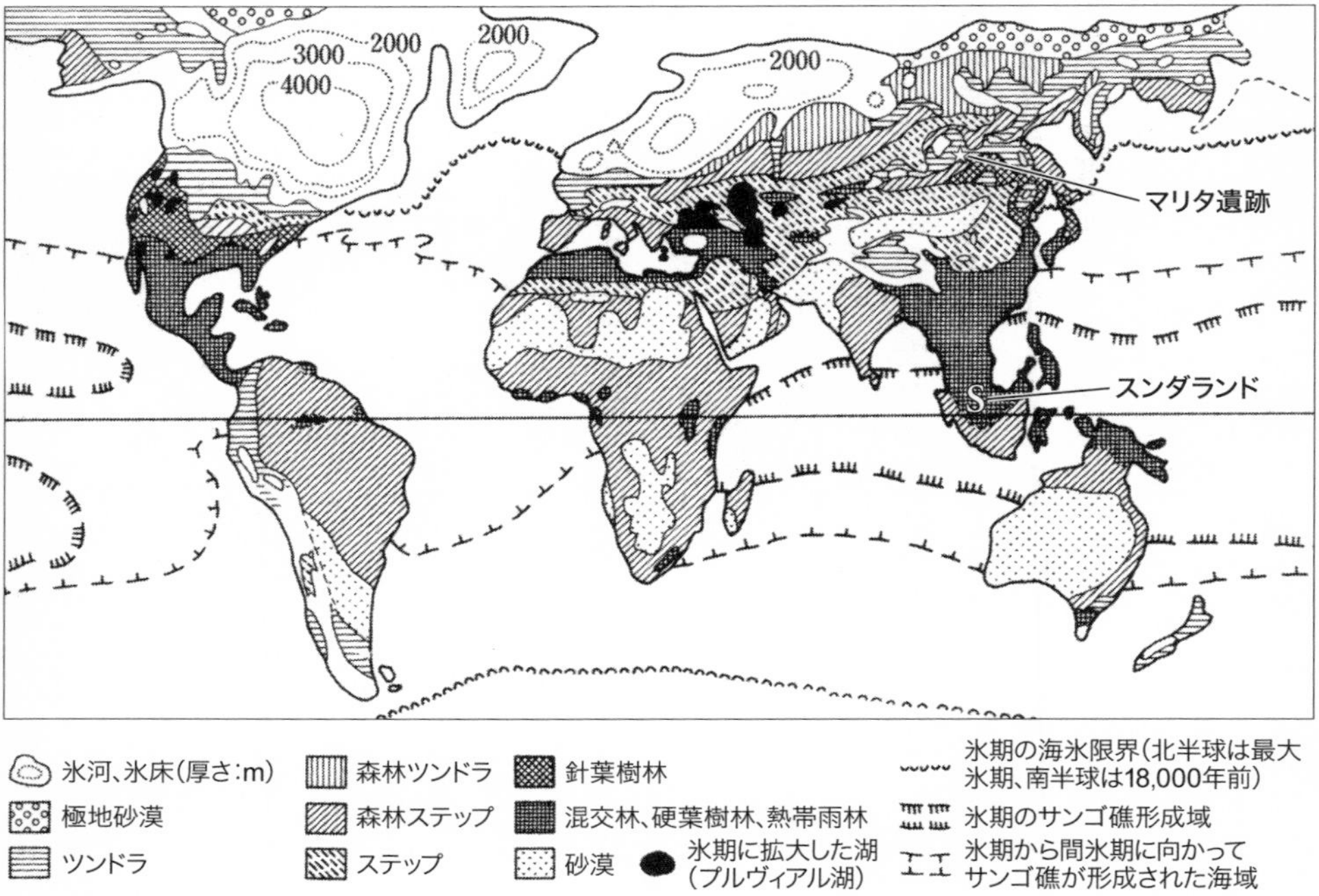

図 7　最終氷期、約 2 万年前の世界（海面は現在より 100m 低下）（小野・五十嵐、1991 に加筆）☆印：マリタ遺跡　Ⓢ：スンダランド

日本列島への人間集団の 3 つの移動ルート（図 3）は、上図に示すような、現在とでは全く異なる海陸分布・植生のもとで形成された。

北ルート：ユーラシア大陸を東西に連なるステップ帯（マンモス・ステップ）や森林ステップを通り宗谷陸橋を経て北海道へ。

西ルート：東アジアのステップ帯から、狭まった対馬海峡を経て九州へ。

南ルート：陸化した広大なスンダランド、東アジアの沿岸部（台湾）から、狭まった東シナ海を経て、琉球列島・九州〜本州の太平洋沿岸へ。（本文参照）

わけだ。こうして、以前からの^{14}C年代を、暦の年代に読み直すことを暦年補正という。しかし、古い年代になるとなかなか困難で、世界中の研究者が集まって、新しいデータで補正をしている。最近では、二〇二〇年にその最新の結果が発表された（IntCal20）。それによると、一万～二万年前頃は、だいたい従来の^{14}C年代より三千年から五千年くらい古くなるようである。しかし厳密な議論をするには、さらに研究が必要であろう。引用した文献では、従来の^{14}C年代で書かれているものが多いので、本書ではほぼそれに従い、場合に応じて暦年代も示すにとどめた。

マリタで暮らした旧石器人はマンモス・ハンターと呼ばれるが、遺跡から出る動物骨の大部分はトナカイであった（フロパーチェフほか、二〇一〇）。しかし、マンモスの骨を組み合わせてつくった家や、象牙に刻まれたヴィーナス像は有名である。その人たちは、固い石を割って、動物の肉を切るナイフに使えるような石刃と呼ばれる道具をつくる技術（石刃技法）を持っていた（木村、二〇〇一）。その後、この技術が発展してできたのが、「細石刃文化」である。細石刃というのは、黒曜石や、固い頁岩、チャートなどの岩石を独特の手法でさらに細かく砕いてつくった小さく薄い刃（マイクロ・ブレード）のことだ。これをシカの大腿骨などの先端に一列に埋め込み、投げ槍にしてマンモスなどを獲った。こうすれば、一部が欠けても、そこだけ新しい刃をまた埋め込めばいい。ちょうど安全カミソリやカッターで、使い古した刃を交換すれば何度でも使えるようなものである。また、なにより、それまでの石刃よりもずっと小さいので、どこにでも大量に持ち運べる。旧石器文化における画期的な技術革新（イノベーション）だった。

こうした最先端の技術をもった人間集団が、バイカル湖を越えて、北へ、あるいは東へ移動していったのである。東への移動経路は、バイカル湖に南から注ぐセレンゲ川の支流ヒロク川などを遡り、最も低い分水界を越えて、アムール河支流のシルカ川に入るルートだったであろう。そこを現在のシベリア鉄道も通っている。人間が移動するルートは、昔も今も変わらないのだ。それは、ユーラシア大陸の大草原を横切ってやってきた人々にとって、さらに東に進むためには、大きな困難なく通過できる唯一のルートであった。**図7**に示したように、アムール河を挟んで南側は針葉樹林、北側はツンドラであったが、アムール河の谷間は、その移行帯として森林ツンドラになっていたであろう。それを抜ければ、沿海州の森林ステップ帯に到達することができる。

新千歳空港に近い柏台1遺跡では、約二万二〇〇〇年～二万年前（暦年補正ではさらに古くなる）に、細石刃を持ってシベリアからやってきた人たちの住んだ跡が見つかっている。人々がもっとも多く獲っていたのは、エゾシカだった。琥珀玉や、赤色顔料なども発見されている。このような「細石刃文化」は、道南の今金にある美利加《ピリカ》遺跡や、函館に近い湯の里遺跡でも確認されている。湯の里遺跡では、琥珀玉と緑色の橄欖岩でできたペンダントのような垂れ飾りとともに、赤色顔料が集中して発見された場所があり、カムチャツカのウシュキ遺跡の墓によく似ているという（畑、二〇〇一）。細石刃文化をもって北海道にやってきた人たちのなかには、「宗谷陸橋」経由だけでなく、カムチャツカから、千島経由で海を渡って来た人間集団があったのかもしれない。**図3**、**4**に描いたように、当時は国後島までは北海道と陸続きであり、一部は舟を使えば千島列島を経由しての移動も可能だったはずである。

バイカル湖周辺からアムール河流域への人間集団の進出は、さまざまな時期に、何度も生じたにちがいない。ある集団は、サハリンのほうにではなく、オホーツク海の沿岸を北上して、カムチャツカに向かったであろう。また、バイカル湖から流れ出すレナ河に沿って下り、もっとも寒冷なヤクーツク地方を経て、やはり海面低下によって陸化した「ベーリング陸橋」を渡り、ついにはアメリカ大陸に向かった集団もいたのである。

そうしたなかで、北海道は、「細石刃文化」の中心地とも言うべき地域になっていった。というのは、マンモスを追って「宗谷陸橋」を歩き北海道に足を踏み入れた旧石器人たちは、そこで思いがけないすばらしい宝と出会ったからである。それは、北見に近い白滝にある黒曜石の山であった。標高一、一四七メートルの赤石山には、日本だけでなく東アジア最大級とも言える極めて良質の黒曜石が露出していたのだ。黒曜石は火山ガラスだから、割るだけで、手を切るほどの鋭い刃をもった薄片ができる。すでに細石刃をつくる技術をもっていたシベリアからの人間集団は、白滝の良質な黒曜石を手に入れると、「湧別技法」と名づけられた新たな技術を開発した。一個の黒曜石の岩塊からほとんどムダな削りカスを出すことなく、たくさんの細石刃を製作できる高度なテクニックである。白滝遺跡からは、その技法を使って作られたおびただしい数の細石刃が出土している。白滝の黒曜石は、道内各地はもとより、サハリン南部のソコル遺跡にまで運ばれた（木村、二〇二〇）。旧石器人にとって黒曜石は特別に有用な素材であり、白滝だけでなく、長野県の霧ヶ峰、朝鮮半島の白頭山など、限られた産地からそれを運んでいく「黒曜石ロード」（安蒜《あんびる》、二〇一〇）ともいうべき交易ルートが形成されていたのである。

北海道にやってきた旧石器人は、道東では、「湧別技法」、道南では、「美利加技法」と呼ばれる優れた技術を創り出しながら北海道各地に拡がり、さらには、狭い津軽海峡を渡って本州中部へも南下していった（稲田、二〇〇一）。「湧別技法」による細石刃は、八ヶ岳山麓の野辺山高原にある矢出川遺跡にも及んでいる（堤、二〇〇四）。日本列島全域の細石刃文化の遺跡は一七九カ所にもなるが、集中しているのは北海道と東北から、関東、中部地方にかけての東日本である。湧別系・矢出川系の細石刃は西日本にも到達した（安蒜、二〇一〇）。

九州など西日本の細石刃文化は、むしろ朝鮮半島経由の「西ルート」で入ってきた旧石器人がもたらしたものといえよう。本州のちょうど中央部にあたる矢出川遺跡や神子柴《みこしば》遺跡では、「西ルート」で入った細石刃と、「北ルート」で入った細石刃がともに見られる。「西ルート」からの旧石器人の流入は「北ルート」よりも早かった。すでに四万年前頃から、日本列島に人間集団が移動してきたと考えられている。「ナイフ型石器」とよばれるさらに古い石器文化をもって入ってきた人間集団もあったし、その後、「細石刃文化」の段階になって新たに入ってきた集団もあったであろう。

「南ルート」からの移動については、なお不明な点が多いが、少なくとも三〇キロメートルの海を越えて、伊豆七島の一つ神津島から黒曜石が持ち込まれ、それがさらに二〇〇キロ以上離れた矢出川遺跡まで運搬されている事実は、旧石器人の航海術と遊動性が、現代人の想像を超えて高かったことを示している。そうした意味では、「南ルート」からの人間集団の移動（小田、二〇一四）も、やはり重要だったはずなのである。

（4）最終氷期から完新世への気候の激変と人間集団の対応（口絵4の❷）

北海道や本州で「細石刃文化」がますます拡がっていた頃、もう最終氷期は、終わりかけていた。「完新世」とよばれるその後の温暖期との境界は、かつては^{14}C年代ではぴったり一万年前とされていた。しかし、前述した暦年代になると、最終氷期と完新世の境界の年代は、一万一五〇〇年前と、少し古くなった。その前に、ヤンガー・ドリアス期という大きな「寒の戻り」が約一五〇〇年間あった。最終氷期の寒冷な気候が最初に劇的に変わり、温暖化が始まったのは暦年代では一万五〇〇〇年前頃である。

国立歴史民俗博物館は、二〇〇九年に『縄文はいつから⁉　1万5千年前になにがおこったのか』という刺激的な企画展を開催した。その時期に、気候の急激な温暖化とともに、文化の大きな変化が起きたのである。それが土器の誕生であった。従来の考古学では、日本の最初の土器文化が「縄文文化」と名づけられていた。暦年代が従来よりも古くなったこと、土器にわずかにこびりついた炭化物の年代測定ができるようになったことで、「縄文文化」の始まりは、この気候の激変期とほぼ一致することがわかったのだった。

最古期の「縄文」土器は、まだ無文（紋）だったり、爪を押し付けたような爪形文（紋）だったりするが、それらは、北海道や東北、関東など、東日本から多く発見されている。今のところ、最古と言われている無文土器は、青森県、津軽半島の陸奥湾に近い大平《おおだい》山元Ⅰ遺跡から出土している。しかし十勝平野の大正３遺跡の土器から出土した爪形文土器も、やや新しいとはいえ、年代的にはほとんど変わらない（国立歴史民俗博物館、二〇〇九、七五頁）。青森県や北海道の遺跡では、これらの最古期の土器とともに出るのは細石刃ではなく、それに続く、先の尖った尖頭器（ポイント）や、皮を剥いだりするのに役立つ掻器（スクレーパー）とよばれる石器である。しかし、ほぼ同じ時期、土器がつくられはじめていたアムール河の谷では、土器とともに細石刃が出土している（国立歴史民俗博物館、二〇〇九、二六頁）。

つまり、気候の急激な変動に対応するために、それまでなかった「土器」という全く新しいモノを創りだしたのは、本来、「細石刃文化」を創った人たちだったということだ。考古学では、「縄文土器」をつくったのは「縄文人」という言い方をする。しかし「縄文人」という新たな人間ができたわけではない。それは、北海道では、基本的に「細石刃文化」を持って「北ルート」でやってきたシベリアからの人間集団に他ならない。

なぜ土器が発明されたのだろうか？　気候の温暖化によって、それまで大型動物の楽園だった草原（ステップや森林ステップ、森林ツンドラ）は急速に消滅してしまった。そこにどんどん森林が拡大していく。大型動物は棲み処を失って絶滅していった。それらを重要な食糧資源、たんぱく源としていた人類は食料を失い、そのままでいれば絶滅の危機に直面したと言えよう。細石刃の発明という世界一の技術革新をやりとげた人間集団は、こんどは「土器」を発明してその危機を乗り越えようとしたのであろう。

この時期の植生の変化は激しく、草原は針葉樹林に、針葉樹林は落葉広葉樹林へと置き換わっていった。チョウセンゴヨウマツなど、針葉樹の球果は、以前から食べられていたであろう。一方、落葉広葉樹林は、まず比較的温暖な河川沿いで拡大する。とくに、白樺などのカバノキ属や、サワグルミなどが初期に拡大することが、花粉分析では知られている。ヘーゼルナッツでおなじみのハシバミもカバノキ属であり、その堅果も重要な食料源になったはずである。クルミも大事な食料であり、さらにブナ属が拡大してくれば、さまざまなドングリが利用できるようになる。しかし、これらの堅果を食料とするためには、水にさらしたり、煮たりするなどして、アク抜きしたり、柔らかくする必要があった。土器はそのために発明されたとも言えよう。陸上の大型動物が減少すれば、代わって魚介類が重要な食料資源となる。それらもまた、煮炊きすることで、はるかに食べやすくなるのである。北海道や本州に移動してきた「細石刃文化」をもつ旧石器人たちによって、初めて土器が創られたこの時期は、考古学上では「縄文時代草創期」と呼ばれている。

3　「縄文時代」——「続縄文時代」における「北海道の人間集団」の変容と発展
（一万五〇〇〇年前頃〜一四〇〇年前頃）

考古学では、「縄文時代」を、前述した「草創期」のあと、「早期」「前期」「中期」「後期」「晩期」に区分している。それぞれでの年代は、暦年補正の問題もあり、また研究者によっても異なるが、ここでは国立歴史民俗博物館（二〇〇九）による年代を使った。ただし、本書で示す境界の年代については、数百年から千年程度の幅をもつおよその年代と考えていただきたい。これらの時代の文化を考古学では「縄文文化」と呼び、それを創った人々を「縄文人」と呼んでいる。しかし、少なくとも北海道では、「細石刃文化」をもってシベリアからやってきた人たちが、気候変化に対応して「縄文時代草創期」の土器を創り出したのである。したがって、本書では、それを「縄文人」とは呼ばず、「北海道の人間集団」と便宜的に呼ぶ。分子生物学からすれば、現代のアイヌの人々にも引き継がれているミトコンドリアDNAのハプログループN9bの系統で特徴づけられる人間集団である。もしこの人間集団が、現在のアイヌ語に繋がる「古アイヌ語」をすでに持っていたとすれば、その人々を「アイヌ」と呼んでもよいであろう、というのが本書の主張である。そのような人間集団の「縄文時代」における変容と発展の過程を簡略化したのが、前に示した**口絵**4というわけだ。

（1）「縄文時代」早期の「北海道の人間集団」（口絵4の❸）

一万二〇〇〇年前頃～七〇〇〇年前頃が「縄文早期」である。土器を創り出し、最終氷期から完新世への気候変化の激変に見事に対応した「北海道の人間集団」は、旧石器時代の狩猟を中心とした移動的な生活から、一カ所に定住する生活へと暮らし方を変えていったようである。おそらく、北海道では、海岸周辺や河川での漁撈が重要な生業となったために、それらの資源を得やすい海岸や河川周辺の段丘上などに定住するようになったためであろう。それによって、集落は一挙に大規模化した。その典型を、函館近くの中野B遺跡に見ることができる（田中、二〇〇一）。一カ所に六〇〇軒を超える竪穴住居跡、五〇万点を超える遺物が発見されたのである。土器は、底がすぼまった円錐形の尖底《せんてい》土器である。貝殻文（紋）が基本だが、網のような模様を刻まれた土器も発見されている。また石錘《おもり》もあり、漁撈が重要であったことが推定されよう。これだけの密集した竪穴住居は、建て替えが、頻繁に行われたことを示唆するのではないだろうか。アイヌの人たちは死者が出ると、竪穴の上に造った家《チセ》を焼いた。死者が、カムイの世界（カムイモシリ）に行かず、戻ってきてしまうのを恐れたからとも、あるいは、チセオマンテ（家の送り儀礼）として、カムイモシリ（神・魂の世界）に行く死者の、あの世の住処となるように、という祈りをこめた意味もあったと言われる。同時に、悪い病原菌を残さないという衛生面からの効果も考えられていたのかもしれない。道東では、帯広に近い八千代遺跡でも、一〇〇軒を超す竪穴住居跡が見つかっている。

一方、「北ルート」からの北海道への人間集団の移動は、この時期にもなお生じた。八千年前頃に起きた「石刃鏃」文化をもった人間集団の北海道への流入である。細石刃よりはずっと大型であるが、黒曜石などを剥離して石刃を作る点では共通している。シベリアでは、アムール河流域、沿海地方から、バイカル湖周辺でも同様の文化が見られることから（高倉、二〇〇二）、これの地域からの人間集団が、北海道に移動して、その文化を持ちこんだものであろう。旧石器時代の人間集団とどれだけ違っていたかは不明であるが、そのホームランドは、ほぼ同様の地域だったと考えていいのではないだろうか。これらの人々もまた、あるいは「プロト・アイヌ語」に近い言語を話していたのかもしれない。

(2)「縄文時代」前期〜中期の「北海道の人間集団」（口絵4の❹）

七〇〇〇年前〜五五〇〇年前頃が「縄文前期」、五五〇〇年前〜四四〇〇年前頃が「縄文中期」である。この時期に気候は「完新世」を通じて最も温暖化し、海面は上昇して、海は内陸に侵入した。これを「縄文海進」と呼んでいる。「完新世」で最大のイベントであった。気温の上昇によって、多くの場合、南にいた集団は北上していく。海面上昇によって海が入り込み、低い土地は「溺れ谷」となって、舟で行き来する人間にとっては絶好の入り江がどこでも生じた。航海に最適な条件が揃ったのである。たとえば苫小牧に近い美々《びび》貝塚は、現在の海岸線から一七キロメートルも内陸にある。現在、ウトナイ湖や勇払原野となっている場所はすべて浅海になっていた。釧路湿原、サロベツ原野もみな海底であった。札幌周辺でも石狩湾が内陸まで入り込み、湾内には長い砂州ができていた。その後、砂丘となった紅葉山砂丘は、今でも札幌の北部に高まりとして残っている。

おそらくこの時期には、「南ルート」からの人間集団の移動が活発化するとともに、すでに「西ルート」で西日本に来ていた人間集団の北上も一気に拡大したであろう。太平洋岸伝いに、後者は日本海岸伝いに、舟をとめやすい入り江から入り江へと、航海しながらの北上が続いたのではないだろうか。「縄文海進」によって生じた入り江は、また漁撈活動を盛んにしたはずである。たとえば、時代的にはより新しい「縄文晩期」になるが、愛知県の渥美半島に位置する伊川津《いかわづ》貝塚遺跡の人骨の高精度なDNA分析では、ラオスなど、東南アジアから移動した人間集団の可能性が指摘され（Gakubari ほか、二〇二〇）、「南ルート」による太平洋の沿岸伝いの移動が推定される。

北海道でも、それまではとれなかったハマグリやアサリのほか、アカニシ、サルボウといった南方系の貝類までとれるようになった。縄文前期後半の大遺跡が、南茅部町のハマナス野遺跡である（阿部（千）、二〇〇二）。鮭やニシンのほか、マグロもとっていた。また鯨やオットセイの骨も遺跡からはたくさん出てくる。漁撈だけでなく、植物利用も本格化した。温暖化によって、クリが生育しやすくなると、クリを持ち込み、実生《みしょう》でどんどんクリを増やして、住居のそばにクリ林をつくった。またアワやヒエの農耕も始められていた。

前期から中期にわたる最大の遺跡は、津軽海峡を挟んで反対側にある青森県の三内丸山遺跡である。七八

○軒にも及ぶ竪穴住居跡のほか、とくに大型の竪穴住居や、祭祀用と思われる大型掘立《ほったて》柱建物など、これまでの「縄文文化」の概念を覆すような大集落であった。重要なことは、三内丸山や、函館の大船C遺跡のような大集落が、津軽海峡を挟んで同時に成立し、相互に交流していたことである。両者に共通する土器は、「円筒土器」という、大型で円筒形をした平底の土器だ。これらに漁撈や栽培、採取で得たさまざまな食料を蓄えたのであろう。津軽海峡は、人と人を隔てる障壁ではなくなっていた。むしろ、舟による交流を助ける重要な交通路となっていたのである。

前述したように、縄文海進によって、「西ルート」、「南ルート」からの人間集団の日本列島内での移動（北上）が活発化したことは確実である。しかし、三内丸山遺跡は、最古の土器が発見されている大平山元Ⅰ遺跡にも近い。「細石刃文化」をもった「北ルート」からの人間集団が、津軽海峡の「氷橋」を越えて少なくとも本州中部までは移動していたことを考えれば、三内丸山の集落をつくった人々は、基本的には細石刃を持ち込んだ人たちの子孫であった可能性も大きい。

（3）「縄文時代」後期〜晩期の「北海道の人間集団」（口絵4の❺）

「縄文後期」は四四〇〇年前〜三二〇〇年前頃、「縄文晩期」は三二〇〇年前〜二四〇〇年前頃である。「縄文海進」をもたらした温暖化は終わり、この時期には気候が冷涼化に向かう。海面も低下し、これまでの入り江には海が入ってこなくなってしまった。三内丸山など、海面が最も高くなった時の海岸線のそばにできた集落は、このことによって衰退してしまった。しかし、最終氷期からの急激な気候変化、自然環境の激変を生き抜いてきたシベリアからの人間集団にとっては、この程度の気候変化、環境変化は、決定的なダメージとはならなかった。人々は、それらに巧みに対応しながら、新しい文化を創っていく。ストーンサークル

（環状列石）のような、明確に祭祀を目的とした遺構も造られるようになった。長野県の一部などでは、「縄文前期」の後半にもすでに認められ、中期の後半には東北でもつくられているが、秋田県の「大湯環状列石」や小樽近くの「忍路《おしょろ》環状列石」など、より明瞭な遺構が造られ始めるのは後期に入ってからである（小杉、二〇〇一）。

イギリスのストーンヘンジも、ほぼ同じころに造られている。大きな石を立て、それを円く並べたこれらの遺構は、基本的には墓地であり、そこで祖先への祭祀を行う場所であったと考えられているが、ストーンヘンジでは、明確に冬至の日の太陽の日没方向が意識されて、その方向を拝む設計がなされている。日本のストーンサークルや、三内丸山で発見された巨大な掘立柱の遺構も、当時の日没と夏至の日の出の方角を意識した設計がなされている（小林、二〇〇五）。太陽への明確な依存、信仰とでもいうべきものがこの時期にヨーロッパや北日本で始まったのは、「縄文海進」をもたらした気候の温暖化が終わり、気候が冷涼化していくことへの恐れから生まれた対応ではなかったであろうか。イギリスほど高緯度ではなくても、北海道や青森県は、本州南部よりはずっと日が短い。最も日が短くなる冬至は、いわば太陽が死ぬ日であり、そしてまた、その日を境に、また一日ごとに日が長くなるという意味では太陽のよみがえりの日でもある。太陽「神」への信仰は、人類にとっては共通のものであった。しかしより高緯度の地域に住む人たち、しかも、気候が悪化していく時期に生きた人たちには、「太陽」は特別な意味をもったにちがいない。また、冬至を明確に意識したストーンサークルが、ユーラシアの東西に同時期に現れた事実は、それぞれの人間集団の基層的なつながりをも示唆するものといえるかもしれない。

「縄文後期」の北海道の遺跡は全道に拡がっているが、とくに、道北の礼文島にある船泊《ふなどまり》遺跡に注目したい。後述するように、ここでは男女一体ずつの古人骨の全ゲノム解析がなされたからである。礼文島は日本海の小さな島であるから、漁撈が生業の中心であった。しかしアシカやトドの頭蓋骨には孔が開けられ、明らかな祭祀儀礼があったことがわかる。冬にだけ礼文島周辺に来るアザラシの骨が全く出土しないことから、漁撈のために、夏の間だけ、滞在した場所ではないかとも考えられている（杉浦、二〇〇一）。「積丹」（アイヌ語の「サク　コタン（夏の村）」）のように、冬の気候条件が厳しいため、夏の間だけ来て、そこを季節的な仕事場にしたのであろう。

船泊遺跡の出土品を特徴づけるのは、骨や貝殻に丸い孔をあけるためのメノウ製のドリルや、新潟県姫川から来たヒスイの首飾りなど、本州から持ち込まれた道具や装飾品である。またタカラガイ、イモガイなど、南方系の貝殻、イノシシの牙など、やはり北海道にはないモノが、持ち込まれている。礼文島でとれる「ビノスガイ」の貝殻を使った船泊の平玉（貝製平玉）は、サハリンや沿海州、シベリアにまで運ばれた（杉浦、前掲書）。もちろん、モノが入ってきたからといって、それを運んだ人が、その産地から来た人であったとは限らない。モノだけが、いろいろな人の手を経て南からもたらされた可能性もある。しかし後述するＤＮＡの分析からは、どうもそれだけではなく、南からの人間の流入もあったことが、より確実になったと言えよう。

縄文時代の最後に当たる「縄文晩期」には、青森県を中心とした「亀ヶ岡文化」が重要である。雪眼鏡のような大きな目をもった「遮光土偶」で名高い。この文化は、津軽海峡を越えて、北海道の南部や日本海側にも広がった。ちょうど、「縄文海進」期に、津軽海峡を挟んで東北地方北部と北海道南部が一つの文化圏になっていたように、同じような土器が分布する。一方、同じ時期に、道東では、千島やカムチャツカにしか見られない形の竪穴住居がつくられており（杉浦、前掲書）、その地域との文化交流があったことがわかる。後述するように、江戸時代においてもアイヌの人々のＤＮＡが、道南・道央部と道東部で異なっているのは、それぞれの文化圏の違いが、縄文時代からあったためとも言えよう。

（4）「続縄文時代」の「北海道の人間集団」（東北への南下〜北海道への帰還まで）（口絵4の6〜7）（二四〇〇年前頃から一四〇〇年前［西暦七世紀頃］まで）

口絵3、4に示したように、「縄文時代」が終わると、九州から本州は「弥生時代」に入った。北海道にその影響が及んだのが「恵山文化」である。稲作は青森県の北端近くまで達したが、北海道の寒冷な気候は稲作を受けつけなかった。「北海道の人間集団」は、北上してきた「弥生文化」のうち、稲作に関わらないものだけを選択して受容したように見える。すでに「縄文時代後期」の船泊遺跡で見た本州との交流は、この時期に入るとさらに活発化し、小笠原諸島や琉球諸島でしかとれないイモガイなど南方系の貝類まで、運び込まれるようになった。道南の太平洋岸に面する有珠モシリ遺跡からは、見事な貝輪や首飾りが出土している。同時に、有珠モシリ遺跡では、骨にクマやシャチを刻み込んだ精巧なスプーンなどが出土している（青野・大島、二〇〇三）。

このような「恵山文化」に続くのが、「江別文化」であり、それを特徴づける「後北式土器」を製作した人々が、東北地方北半部まで南下して、そこに「アイヌ語地名」を残したのである。この南下が、気候の一時的な寒冷化によるものかどうかについては、なお議論の余地がある（小野、二〇一二d）。

屋久スギの年輪解析から得られている最も高精度な気候変化曲線では、「北海道の人間集団」が東北まで南下してその北半部に「アイヌ語地名」を残した三〜五世紀は、顕著な寒冷期ではない（吉野、二〇〇九）。しかし、群馬県の尾瀬ヶ原の泥炭の花粉分析（阪口、一九九三）によれば、この時期は「古墳寒冷期」に相当し、西暦二七〇年、五一〇年頃はとくに寒冷であったとされている。北アルプス立山の内蔵助《くらのすけ》カールの氷体（現在は、小さな氷河であることが明らかになった）から発見されたハイマツ（一七〇〇年前の^{14}C年代を示す）もこの時期に拡大した氷河に取り込まれたとすると、当時の寒冷化を裏付ける（小野、二〇一二a）。マーク・ハドソンさんも、オホーツク海沿岸での花粉分析や、オホーツク海の海底堆積物の珪藻分析結果などから、この時期の気候には寒冷化がみられ、八〜九世紀以降の温暖化と対照的であるとしている。しかしマークさんは、「オホーツク人」の南下の要因を、そのような寒冷化ではなく、北東アジアをめぐる政治的・経済的変化に求めている（Hudson, 2004）。「オホーツク人」と大陸の諸民族との密接な関係・交流（菊池（俊）、一九九五）から見ても、そのように考えるべきであろう。

気候が多少、寒冷化したとしても、それは、最終氷期のような寒冷化ではなかった。一方では、サハリンから「オホーツク人」が南下してきたために、それに圧迫されて「北海道の人間集団」は東北にまで南下したという考え（石附、一九八六）もある。「オホーツク人」とは、サハリン沿岸をホームランドとしていたと考えられる海洋民であり、アムール河下流部に住むウリチなどの人々に近いとも言われるが、最終的には、サハリン北部のニヴヒや、道東ではアイヌ（の祖先）に吸収されてしまった人々と考えられている（天野、二〇〇三b）。その人たちがつくった「オホーツク文化」は、サハリンで認められる鈴谷《すずや》土器文化を引き継ぎ、約三〜四世紀以降、道北の稚内周辺に南下するようになった（右代《うしろ》、二〇〇三）。しかし、その南下は、まだこの時期には道北周辺に留まっていたのだから、道央部で江別文化を発展させていた「北海道の人間集団」とは、いわば住み分けていたとも言えよう。やはり、瀬川さんが言うように（瀬川、二〇一一a）、「北海道の人間集団」の南下は、東北地方に行けば入手できる鉄器を求めての南下だったのではないだろうか。

「北海道の人間集団」は、こうして三世紀頃、東北地方北半部まで南下し、五世紀頃まで、少なくとも二百年以上は定着したことによって、そこに「アイヌ語地名」を残した。そういうことが起きるためには、すでにその集団が「古アイヌ語」を話していたと考えるべきであろう。そして、そのような言語を話す人間集団を「アイヌ」と呼ぶならば、これまで語ってきた「北海道の人間集団」を「アイヌ」と呼んでもよいであろう、というのが本書の基本的な考えである。**口絵3**の年表では、そのような意味で、そのような「北海道の人間集団」のつくった「縄文文化」を「縄文アイヌ文化」と言い換えている。

結局のところ、「古アイヌ語を話す人間集団」はいつ、どこで生まれたのだろうか？　それが東北地方北半部の「アイヌ語地名」がつけられた三〜五世紀より古いことは確実だが、いつからであるかはわからない。この年表では、「北ルート」から細石刃文化や石刃鏃文化を持ってきた人々が、とくに「縄文海進」期に、「南ルート」で北上してきた人々が北海道で出会うことで、「古アイヌ語を話す北海道の人間集団」が形成されたと考えた。一方、**口絵4**では、「北ルート」で入ってきた人々の「親言語」に、南から来た縄文系の人間集団の言語が影響を与えることで「古アイヌ語」が成立したという考えを示した。最近の言語学的な研究にもとづく考察は、5節で述べたい。

東北地方北半部にまで南下した「古アイヌ語を話す北海道の人間集団」、すなわち本書で「アイヌ」と呼ぶ人たちは、次第に北上してくる大和朝廷の勢力と対峙することになった。「アイヌ語地名」の分布が、**図2**に示したように、きわめてシャープな線で終わっており、そこに「アイヌ語地名」の存在する密度の急激な変化があることは、この線を境にして「アイヌ」の人たちは、集団としては南下することができなくなっていたことを示している。時代とともに大和朝廷の勢力は強まり、それに圧迫されて、「アイヌ」の人たちは北海道に戻ることを余儀なくされた。鉄器を入手し、また「ヤマト文化」との長年にわたる接触によって、とくに宗教儀礼などを受容したこれらの人たちは北海道に戻り、そこに残っていた「アイヌ」の人たちに大きな影響を与える。考古学者が「擦文人」と呼んだ人たちは、このようにして形成された。その人たちのつくった「擦文文化」とは、「ヤマト文化」だけでなく、六世紀以降、ますます活発に北海道に南下するようになった「オホーツク人」との密接な交流（**口絵4の8〜9**）によって生み出された新たな「アイヌ文化（擦文アイヌ文化）」であったと言えよう。

日本海沿いに、一時は佐渡島まで南下した「オホーツク人」は、道南では奥尻島を重要な根拠地とし、日本海での交易を独占しようとした。その結果として、「擦文アイヌ」との間に軋轢が生まれ、「擦文アイヌ」の要請によって、大和朝廷は阿倍比羅夫《あべのひらふ》を派遣、その船団が、『日本書紀』では「弊賂弁嶋《へろべのしま》」と書かれた奥尻島にいるオホーツク人（『日本書紀』の「粛慎」〈ミシハセ：石附、一九八六、アシハセ：簑島、二〇〇一の二つの読みがある〉）と戦いこれを打ち破った、というのが瀬川さんの解釈である（瀬川、二〇一一a）。糸魚川の豪華なヒスイの勾玉やガラス玉を副葬品として手厚く葬られた奥尻島青苗遺跡の人骨が、この戦いで討ち死にした阿倍比羅夫の部下、能登臣馬身龍《のとのおみのまむたつ》であったとする瀬川さんの読み説きは、説得力に富む。

「擦文アイヌ」の人たちと「オホーツク人」の関係は、その後どうなっていったのであろうか。石附さんは、この時期につくられた墓壙が発掘された石狩川の河口に近い八幡町遺跡のワッカオイで、三〇体もの壮年男性の人骨がまとまって葬られていたことから、「オホーツク人」との戦いの戦死者ではないかと推測されている（石附、前掲書、三一三頁）。また、私たちが「シレトコ・アイヌエコツアー」を行ったチャシコツ・エトゥや、ウトロにある「オンコロ岩」は「オホーツク人」の砦であり、そこでアイヌとの戦いがあったという伝説もある。

そのように、「擦文アイヌ」と「オホーツク人」は戦いを続けたのであろうか。そうとは思われない。「擦文アイヌ」が、オホーツク文化にあった「飼育した子熊の送り儀礼」を「イオマンテ」として、自分たちの文化の根幹に据え（天野、二〇〇三a）、さらには、母親からしか伝わらないミトコンドリアDNAのハプログループYを大量に自分たちに取り入れたことは、長期にわたる平和的な交流を考えなければ、説明できないであろう。もちろん戦いもあったにちがいないが、戦いと平和的な交易の積み重ねのなかで、「擦文アイヌ」と「オホーツク人」は交雑したのであろう。そこからもたらされたハプログループYは、その後、「アイヌ」の人たちのDNAを現在に至るまで決定づけたのである。その人間集団は、その後サハリンに進出して骨嵬（クイ）と呼ばれ、一三世紀半ばから一四世紀初めにかけては元とも戦った（榎森、二〇〇七）。四〇年以上に及ぶこの戦いの評価はさまざまだが（中村、一九九九、二〇〇八／瀬川、二〇〇七）、このような大きな対外的進出期から始まる時期が、「中世アイヌ期」（**口絵**4の**10**）であり、それが後に考古学者、歴史学者により「アイヌ時代」と名付けられたのである。

4　分子生物学が明らかにした「北海道縄文人」と「アイヌの人たち」

（1）北海道と関東の「縄文人」の違い

近年の分子生物学の進歩はすさまじい。ヒトのゲノムがすべて解読されただけでなく、現在、地球上の各地に住んでいる人間のDNAも明らかにされてきた。**口絵**3の元になる年表をまとめた二〇一二年の時点でも、古人骨のDNA分析によって、「日本列島の縄文文化は、ほぼ均一な縄文人によってつくられた」という考古学上の「常識」はすでに覆されていた。「北海道縄文人」と「関東縄文人」のミトコンドリアDNAが大きく異なっていることがはっきりさせられていたからである（篠田、二〇〇七、崎谷、二〇〇八など）。

ミトコンドリアというのは、ヒトの細胞質の中にある極小器官であるが、それを構成するDNAは、母系を通じてのみ子孫にもたらされる。多様な塩基配列からなるミトコンドリアDNAは、いくつかのグループに区分される。それらは母親を通じてしか遺伝しないので、両親の片方からという意味で「ハプロ（単一の）」という言葉を付けて、「ハプログループ」と呼ばれるようになった。それぞれの人間集団の成り立ちは、その集団がどのようなハプログループをどの程度もっているかによって明らかにできるのである。反対に、父親からもたらされる「Y染色体」というものもある。ミトコンドリア染色体の中にあるハプログループYとは違うので注意が必要だ。また最近では、船泊縄文人のように、古人骨でも核ゲノムがすべて分析されるようになり、さらに多くの知見が得られるようになったが、本書ではミトコンドリアDNAに絞って検討を行う。それだけでも、本書で扱うような基本的な人間集団の違いを明らかにできるからである。もっと多くのデータが集まってくれば、すべてを核ゲノムで議論できるようになるであろう。

ミトコンドリアDNAでは、一つのハプログループも、突然変異によって、同じハプログループの中のサブ（副次的な）グループに分化することが起きる。そのような突然変異の起きる頻度を確率的に計算すると、そのような分化がいつ生じたかを逆算できることにもなった。こうなると、そのようなサブ・グループをもつ集団がいつ分化（分岐）したかという分岐年代が推定できるようになる。これを「分子時計」と呼ぶ。人間集団の発生や移動を論じることが初めて可能になったのである。分岐年代が何年前ということまでわかってしまうのは驚きだが、これはたんに確率からコンピューターで計算したらそうなった、というだけである。後述するように、プラス・マイナス（±）の誤差を見れば、いかにおおざっぱな年代であるかがわかるであろう。重要なことは、これらの分化、移動がすでに最終氷期に生じていたということだ。

従来の考古学とは全く異なった新しい研究手法によって、二〇一二年までに明らかになっていたのは、

●「北海道縄文人」は、N９ｂというハプログループを主体とするのに対し、「関東縄文人」にはそれがほとんどないこと。つまりまったく別な人間集団だったということ。

●現在の「北海道アイヌ」の人たちのDNAを特徴づけるのは、N９ｂとYという二つのハプログループであり、Yは、五世紀～一二世紀頃に北海道の沿岸部に到来した「オホーツク人」から受け継いだものであること。

●現在の「北海道アイヌ」の人たち、「北海道縄文人」、「関東縄文人」、「沖縄」の人々に共通する重要なハプログループはM７ａである。これは沖縄で最大であり、次いで「北海道アイヌ」の人たちに多い。

という知見であった。これらをもとに、**口絵3**の年表（小野、二〇一二d）をつくったのである。ハプログループM７ａが「沖縄」でもっとも多く、次いで「北海道アイヌ」の人たちに多いことは、「北海道アイヌ」にも、南方からの人間集団の影響が少なからずあったことを示唆する。それを、「縄文文化の拡散」という言葉で表し、「縄文海進」をもたらした温暖化に伴い、南からの人間集団の北上が顕著だったことを示した。その人たちが北海道で、最終氷期にシベリアから来た人たち、あるいは、「石刃鏃文化」をもって八千年前頃にシベリアから来た人たちと混じり合い、「古アイヌ語」を話す「アイヌ集団」が形成されたのではないか、と考えたのだった。

しかし、その後、古人骨のDNA研究が進むと、関東縄文人からのN９ｂのサブタイプが見つかり、またM７ａについても、さまざまなサブ・グループに分かれることが明らかになった。また、ハプログループの分岐年代もより詳しくわかってきて、従来の知見は改訂しなければならなくなってきた。この分野の進歩はすさまじく、二〇一九年には、前述したように「船泊縄文人」の全ゲノムが、現代人とほぼ同じような高精度で解析されるという画期的なことが起きた（Kanzawa-Kiriyama ほか、二〇一九）。この論文の共著者でもある篠田謙一さんは、その成果を受けて、以前の著書（篠田、二〇〇七）を大幅に改訂された（篠田、二〇一九）。新たにハプログループM７ａの分化や、その年代についても詳しく書かれたので、本書ではそれを中心に引用する。篠田さんの出された分岐年代や移動経路を簡略化して、**図4**に入れた。篠田さんの考えをまとめると次のようになろう。

●ハプログループM７ａは、北海道・東北、関西以西では基本的に異なるサブ・グループが分布していることが明らかになった。北海道・東北はM７ａ2かM７ａ3であるのに、関西以西は、M７ａ1であった。

●M７からM７ａが分岐したのは「二万二三五七年前±四二一〇年」である。M７ａ・M７ｂ・M７ｃの三つが重なり合うのは台湾から黄海、東シナ海にあたる地域であり、二万年前頃はそのかなりの部分が陸地だった。この地域で三つのグループへの分化が生じた。ここから北上していったのがM７ａのグループである。

●M７ａから、「九州縄文人」「西日本縄文人」を特徴づけるM７ａ1が分岐した年代は「一万八八八六年前±五〇〇六年」である。一方、M７ａ1から、「九州縄文人」を特徴づけるM７ａ1ａが分岐したのは「一万九八五年前」になる。

●「関東縄文人」を特徴づけるM７ａ2が分岐したのは「一万六五四八年前±四二八〇年」、「東北縄文人」を特徴づけるM７ａ2ａが分岐したのは「一万七二三七年前（篠田、二〇一九、図六―五には、誤差範囲は書かれていない）」になる。

●篠田さんの描かれた図（篠田、前掲書、図六―六）では、そこまで限定はされていないが、最終氷期に陸化した黄海からアジア大陸付近でM７ａが形成されたようにも見え、それが西ルートで日本列島に入り、まず一万八八八六年前に九州の集団が分岐し、一部は南下して沖縄に向かったと表現されている。西日本に向かった集団は、一万六五四八年前頃に関東に入りＭ７ａ２に分化、一方北上して、「東北縄文人」を特徴づけるＭ７ａ２ａが分岐したのは「一万七二三七年前」になる。すべて、あくまで西ルートからの人間集団の移動としてとらえられているが、しかし「北海道」だけは、「異なるＭ７ａの系統」として区分されている。また東北では、その「異なるＭ７ａの系統」が、西ルートから入って北上した集団に重なるようにも描かれている。それは、**図４**に破線の矢印で示したように、北ルートで入ってきた可能性もあるが、東北でＭ７ａ２ａに分化したものから、さらに北海道で、Ｍ７ａ３が分化した可能性もあるという（篠田、私信）。もし北ルートから入ったとすれば、**図４**に示したように、陸化した黄海から内陸に向かい、松花江（ソンホワ河）の平野を下ってアムール河に入った人間集団によってもたらされたと考えてもおかしくはないであろう。遮るものは何もなく、**図４**に示したように、その人たちが追ったマンモスの生息域は、黄海周辺まで拡がっていたからである。

●Ｎ９ｂは、本来、ハプログループＮから分化したものである。Ｎは、ヨーロッパからアジアの人間集団を特徴づける重要なハプログループであり、そこから分岐したハプログループＡは、北アメリカへと渡った人間集団に見られる。前述したバイカル湖近くのマリタ遺跡で発見された男の子は、このＡをもっていた。だから、マリタから出た人間集団は、アムール河には向かわず、ヤクーツクから直接ベーリンジアを目指したともいえよう。一方、Ｎ９ｂは、ほとんど北海道や本州の「縄文人」にだけ見られる特異なハプログループである。Ｍ７ａが西ルートまたは南ルートを代表するなら、こちらは北ルートを代表するハプログループと言える。

●Ｎ９は、一万六二四四年前に「北海道縄文人」を特徴づけるＮ９ｂと、「九州・信州縄文人」を特徴づけるN９dに分かれた。

●N９bは、その後、一万二九三二年前に分化するが、その後の分化は複雑である。N９b1とN９b5は、北海道から関東・中部まで広く分布する。N９b2とN９b4は、関東・東北縄文人にのみ見られる。N９b3は、関東・中部に分布が限られる。

篠田さんの著書をまとめると以上のようになる。N９からN９bへの分化が起きたのは、シベリアからの人間集団がまだアムール河流域に留まっていた時期であったかもしれない。一部の集団はそこから逆に松花江（ソンホワ河）の平野に出て、前述した「異なるM７aの系統」の集団とは反対方向に移動し、陸化した黄海から朝鮮半島を経て日本列島に向かう西ルートに入った可能性もあろう（図４）。その集団は九州に入ったのち、東へ移動して最終的に中部日本の矢出川遺跡まで辿りついたとも考えられるが、このあたりは、篠田さんの本でも、図六—七に簡単な系統図が示されているだけである。N９bのその後の分化と、それにともなう人間集団の移動については、今後の研究を待つべきであろう。とくに、N９b1の分化過程の解明は、現在のアイヌの人たちにまでに至る歴史を明らかにする上で、重要である。

（２）「アイヌの人たち」のＤＮＡの変化

数年前まで、現代の「北海道アイヌ」の人たちのＤＮＡとして研究され公表されていたのは、わずか五一の事例に過ぎなかった。しかもそれらの人たちは、どこの人たちだったのか、よくわかっていなかった。すべて平取の人たちだったとも言われている。そうであればなおさら、アイヌの人たちの全体を代表しているとは言えない。さらに、現代に近くなるほど、和人との婚姻の影響が強く出ている可能性もあろう。そこで、

表1　江戸アイヌと、北海道縄文、オホーツク、現代アイヌ、日本本土、琉球諸島の人間集団の主要なミトコンドリア・ハプログループの頻度の比較

（Adachi ほか、2018 にもとづき、一部を改変。単位：%）

分析された人骨で、下欄の各ハプログループが占める割合／ルーツとなる人間集団（左）とそれに由来するハプログループ（右）		江戸アイヌ（94）			北海道縄文（54）	オホーツク（37）	現代アイヌ（51）	日本本土（211）	琉球諸島（156）
			道南西（51）	道東（43）					
北海道縄文	N9b1	**20.2**	**13.7（7）**	**27.9（12）**	**64.8**	**10.8**	**7.8**	1.9	2.6
北海道縄文	M7a2	2.1	0.0（1）	2.3（1）	1.9	5.4	0.0	0.5	0.0
北海道縄文	G1b*	**8.5**	**9（2）**	**14.0（19）**	**11.1**	**24.3**	**15.7**	0.0	0.0
ウデヘ	D4o1	2.1（2）	3.9（2）	0.0	0.0	0.0	0.0	0.0	0.0
オホーツク	Y1	**31.9（30）**	**29.4（15）**	**34.9（15）**	0.0	**43.2**	**19.6**	0.5	0.0
オホーツク	C5a2b	3.2（3）	5.9（3）	0.0	0.0	5.4	0.0	0.0	0.0
日本本土	D4（D4o1を除く）	**11.7（11）**	**17.6（9）**	**4.7（2）**	0.0	0.0	**13.7**	**36.0**	**25.6**
日本本土	M7a1a7	2.1（2）	2.0（1）	2.3（1）	0.0	0.0	15.7	9.5	28.2
日本本土	M7b1a1a1	3.2（3）	5.9（3）	0.0	0.0	0.0	3.9	2.8	7.1
日本本土	F1b1a	2.1（2）	3.9（2）	0.0	0.0	0.0	2.0	5.2	3.2
日本本土	A5c	6.4（6）	3.9（2）	9.3（4）	0.0	0.0	0.0	0.5	2.6

（　）内は調べられたサンプル数。
Adachi ほか（2018）の表1では G1b が9.6%、表2では G1b ＊が8.5%となっており一致しないが、「北海道縄文型」に分類した。またとくに頻度が高いものを太字にした。

安達登さんたちは、北海道アイヌ協会と北海道教育委員会の承認のもとに、江戸時代のアイヌの人たちの人骨九四体のミトコンドリアＤＮＡを分析し、和人との接触がより少なかった時期の「北海道アイヌ」のＤＮＡを明らかにした（Adachi ほか、二〇一八）。分析対象は全道に及び、それによって、江戸時代でも和人との接触が多かった石狩低地帯の南西側と、その北東側での差も初めて明らかになった（**表1**）。

安達さんたちは、まず二九のハプログループを検出し、それぞれを、北海道縄文やオホーツク、現代アイヌ、日本本土、琉球諸島、韓国、中国、シベリア、カムチャツカの人間集団のハプログループと比較した。シベリアからは、ウリチ、エヴェン、ウデヘ、ネギダールの諸民族、カムチャツカは、コリャークとイテリメンである。その上で、「江戸アイヌ」で頻度が高い一三のハプログループを選び、それらを、「北海道縄文」、「オホーツク」、「日本本土」、「シベリア」の四つの人間集団からの影響によるものとして分析した。

表1には、そのうち上位の一一を選んで、「ルーツとなる集団」として示す。ただし、安達さんたちが「シベリア」型としたD４ｏ１については、「北海道縄文」の中に入れた。すでに述べたように、「北海道縄文」の人間集団は、「細石刃文化」をもってやってきた「シベリア」起源の人間集団に、「縄文海進」で北上した人々が影響を与えたものであり、**表1**にも示されているように、Ｎ９ｂ系統のハプログループで特徴づけられるからである。安達さんが「シベリア」型としたD４ｏ１に最も近いのは、アムール河流域のウスリー川周辺などに住むウデへの人々であるという。映画にもなったデルス・ウザーラは近隣のナナイ族であり、いずれも、Ｎ９ｂやＧ１系統のハプログループを多くもつ「シベリア」型の人間集団と言ってよいであろう。一方、Ｍ７ａ２は、前述したように複雑である。本州から北上してきたものとも言えるし、**表1**では「オホーツク」の人間集団にも多いので、前述したように北方系のものと考えてもよいのかもしれない。さらなる分析が必要なハプログループである。

安達さんたちの資料で注目されるのは、「江戸アイヌ」のＮ９ｂ１が道東と南西部で大きく異なり、道東では二倍以上も多くなっていることだ。Ｇ１系統も、「北海道縄文」というより、むしろ「オホーツク」型と言えるほど「オホーツク」に多いが、やはり道東が多くなっている。これは、最終氷期以来のＤＮＡが道東により強く残ったことを明確に示している。

「オホーツク」文化をもたらした人間集団は、現在のニヴヒに最も近いと言われているが、安達さんたちの分析でも、ハプログループＹはニヴヒで六六％にも達している（**表1**では割愛）。「オホーツク人」の四三％に最も近い。「江戸アイヌ」では、Ｙは約三二％、「現代アイヌ」でも約二〇％に達し、「北海道縄文」型の占める割合を超えている。少なくとも五〇〇年以上、長く見れば一千年にも及ぶ「オホーツク人」との関わりによって、「アイヌ」の人々のＤＮＡは大きく変えられたのである。

一方、「日本本土」型のハプログループで最も多いのはＤ４である。「北海道縄文」や「オホーツク」と異なり、「日本本土」と同じハプログループの割合は、道南西部のほうが道東よりずっと高くなる。石狩川低地帯より南西側が、江戸時代でも和人の影響を大きく受けていたことの反映であろう。Ｄ４やＭ７ａ１は、日本本土だけでなく、琉球諸島でもきわめて高い。これは、**図４**に示したように、「西ルート」で入ってきた人間集団が、九州を経て琉球諸島にまで南下するような移動が、その後もあったためであろう。琉球ではそれらのハプログループがそのまま維持されたのである。一方、北海道にこれらのハプログループが持ち込まれたのは、「弥生文化・プロト日本語をもった人間集団」の北上期、「古アイヌ語を話す人間集団」が東北地方北半部まで南下してそこに留まった三〜五世紀、さらにはその後の、蝦夷地への和人の侵入期の三つの時期であろう。これらの時期に、両者の間で密な接触が生じ、Ｄ４やＭ７ａ１が北海道の集団に持ち込まれたのではないだろうか。

以上の分析結果から、「アイヌ」の人たちのＤＮＡは、最終氷期以降、周辺の異なる人間集団との接触によって、大きく変化したことが明らかになった。それによって、文化や言語もまた大きく変容したであろう。新たな文化に接して、それまでの文化が変わっていくのは当然のことであり、自ら積極的に異文化を取り入れ、それまでの文化を変えていく状況は、たとえば幕末から明治期、あるいは第二次大戦後の「日本人」にも特徴的に見られた対応であった。しかし、その前後で「日本人」が入れ替わったわけではない。

一方、ＤＮＡが人間を決定する、という見方に立つならば、「現代アイヌ」のＤＮＡは、明らかに「オホーツク人」との接触を出発点としている。しかし、ＤＮＡだけが人間を決定する、というのはあまりに浅薄な見方であろう。もちろん、長期にわたる接触によって、「古アイヌ語」が、「オホーツク人」の言語の影響を受けた可能性は高い。しかし、「オホーツク人」の言語が「アイヌ語のサハリン方言」に相当すると仮定し、「オホーツク人」が北海道に南下、拡散する八世紀頃に、「北海道アイヌ」と融合して「アイヌ語の北海道方言」が形成されたという仮説（Lee & Hasegawa, 2013）は、瀬川さんも言うように受け入れ難い（瀬川、二〇一五、八七―八八頁）。しかしリーさんたちの論文は、「北海道縄文人」や「アイヌ」の起源を、シベリアなどの北方アジアとしている点が評価される。

本書では、一貫して、「アイヌ語（系言語）を話す人間集団」を「アイヌ」と呼んでいる。その人たちは、「オホーツク人」との長い接触より以前に、すでに東北地方北半部に「アイヌ語地名」を残していた。したがって、「オホーツク人」との長期にわたる接触以前に、「古アイヌ語」はできていたはずである。もしそれが「オホーツク人」の言語によって、全く変わってしまうようなことが起きたならば、東北地方北半部の「アイヌ語地名」は現在のアイヌ語では解釈できなくなったであろう。「続縄文期」にすでに「アイヌ語地名」ができていたとするなら、それを残した人間集団は、それ以前の「縄文期」には、すでに「古アイヌ語」を話す人間集団として存在していたはずである。その人たちを、考古学では「北海道縄文人」と呼んできたに過ぎない。

そのように考えるならば、「アイヌ」は、最終氷期以来、「細石刃文化」、「北方系縄文文化」と、その文化を発展させながら、東北地方北半部まで南下し、ヤマト勢力とぶつかって、今度はその文化やDNAを吸収し、また一方では北海道の沿岸部に侵入した「オホーツク人」と接触し、そのDNAと文化を受け入れながら、自らを変容、発展させていった人間集団だったと言うべきではないだろうか。これまでのように、「アイヌ」をある時期のDNAや文化だけに固定して、一方的に定義することには同意できないのである。

5　言語学・考古学・分子生物学を総合した見方

「日本語とアイヌ語は一番近くにある言語同士なのに、ちっとも似ていない」とアイヌ言語学の第一人者である中川裕さんは言われている（中川、二〇一〇、六四頁）。確かに日本語は膠着語で、アイヌ語は抱合語だ。語順だけは同じだが、逆に日本語と語順が同じなのに接頭辞が優勢な言語は、ユーラシア大陸ではシベリア中部のケット語と、アイヌ語だけだという（中川、前掲書、五七―五八頁）。

近年の「アイヌ語」や「日本語」、あるいはアジアの多様な言語の始源をめぐる議論（木田、二〇一五／松本（克）、二〇一五／瀬川、二〇一六など）を見ると、言語は、むしろ、もともとかなり完成されたものがあって、その後、隣接する言語からの語彙の借用や、時には語順がひっくり返るような変化（中川、前掲書、六〇頁／中川、二〇〇三b）などがあっても、基本的には、「祖語」から大きく変化しないという考え方が強くなっているように見える。とくに最近の「トランス・ユーラシアン言語」という見方（Robbeetsほか、二〇二一）では、たとえば日本語の「祖語」である「プロト日本語」は、アジア大陸ですでにできており、それを話す人間集団が、日本列島に移住してくることで「日本」の言語になったという考え方が示されている。『ヨハネ福音書』冒頭の言葉ではないが、「始源（アルケー）に言葉（ロゴス）があった」のである。近隣の言語と全く異なり、孤立したようにみえるアイヌ語のような言語は、非常に古い時期に袋小路のような地域に入り、隣接する言語からの影響を受けつつも、根本的には変わらず、限られた人たちによって話され、維持され続けてきた言語なのではないだろうか。

口絵5は、『Nature』に載ったRobbeetsほか（二〇二一）の論文の図に、私の考えを加筆したものだ。原図は、まず黄河流域の中国・チベット系言語集団を緑色に、アムール河流域のトランス・ユーラシアン系言語集団をサーモン・ピンクに、日本列島の「縄文語＝アイヌイック（アイヌ語族）」集団を薄青色で三つに大別している。「トランス・ユーラシアン系言語」というのは「ユーラシア大陸を東西に横断的に広がる言語」とでも言う意味だ。

この論文は、四〇人以上もの著者からなる。日本人も、篠田謙一さんなど一二人が入っており、考古学ではマーク・ハドソンさんも含まれている。この論文では、東アジアの言語が、従来のように遊牧民によって伝播・拡散したのではなく、農耕民によって拡散した、という新しい仮説が主張された。それによれば、約九千年前、中国の内モンゴル自治区に近い西遼河の流域で、農耕民の言語において「トランス・ユーラシアン系言語」と、「韓国語・日本語の祖語となるような言語系統」が分岐したという。前者は、ヒエ、アワなどの雑穀栽培民により、五千年前頃に図中の赤い線で示されたような経路でアムール河流域に拡散し、ツングース語などになった。後者の言語は七千年前頃、朝鮮半島に向かって南下し、「プロト韓国語」となって六五〇〇年前には朝鮮半島に拡散した。この過程で、遼東半島や山東半島の周辺で稲作農民の言語と交わり、「プロト日本語」が生まれた。それらは三五〇〇年前頃から朝鮮半島を南下、二九〇〇年前頃に対馬海峡を越え、「弥生文化」として日本列島に到達した、という仮説である。

この論文では、弥生文化が入る前の日本列島は、すべて「縄文語＝アイヌイック」という言語であったとされている。しかし、この論文ではアイヌ語についてはきちんと分析されておらず、最初から「縄文語」と一くくりにされているように見える。「弥生文化」、「日本語」が九州から拡散、北上していくなかで、もともとあった「縄文語＝アイヌイック」は、北に押し上げられ、最後に「アイヌ語」になったと考えられているようである。

この論文では、前述した「船泊縄文人」や渥美半島の「伊川津貝塚遺跡」のほか、千葉県の「六通貝塚《ろくつう》」や、マーク・ハドソンさんが発掘した琉球列島、宮古島の「長墓遺跡《ながばか》」の人骨のDNA解析結果が比較され、主成分分析では、それらがよく一致するとされている（同論文の拡張資料・図七）。確かにグラフ上では同じ場所にプロットされているが、主成分分析が説明できているのはもともとの資料全体のごく一部でしかないことに注意すべきであろう。重要なことは、これらの「縄文遺跡」に共通するのが、すべて「縄文海進」後の遺跡だということだ。だから、前述したように、「縄文海進」によって、琉球から本州へ、さらに北海道へ人々が移動し、交雑して南からのDNAを持ち込み、同じようなDNAを一部でももつようになったのは当然と言える。また、**図2**に示したように、西ルートからは、最終氷期にも人間の移動があり、その人たちのDNAが本州に拡散していただけでなく、九州から沖縄に南下したことも推定されているのだから、宮古島と本州、さらには北海道の縄文人のDNAが一部で重なりあってもおかしくないであろう。だが、それがすべてなのではない。とくに「船泊縄文人」は、基本的には、本来の北方系要素であるN9bで特徴づけられると考えるべきであろう。福島県の三貫地貝塚の縄文人骨のミトコンドリアDNAを分析された斎藤成也さんも、N9bで特徴づけられる北海道・東北縄文人と、関東縄文人との違いを強調されている（斎藤、二〇一七）。

私の考えは、この論文の図に加筆して**口絵5**に示した。北海道から東北地方北半部にかけては、「北方系縄文語＝古アイヌ語」であり、それ以南は、「南方系縄文語」だったというものである。「北方系縄文語」は、「プロト・アイヌ語」としてシベリアに起源をもち、古い「石刃文化」あるいは、より新しい「細石刃文化」とともに、北ルートで北海道にもたらされた、という考えを破線の矢印で示した。三万年前以降、何度も、そのような移動があったであろうが、重要な移動は、ハプログループN9bの分岐年代よりも新しく、一万六〇〇〇年前以降、サハリンから「宗谷陸橋」を通じてであったであろう、という考えを実線の矢印で示した。それが、周辺の言語からさまざまな影響は受けつつも、根本的には変わることなく現在の「アイヌ語」まで継続した、というのが私の考え方である。

口絵4に示したように、「南方系縄文語」との接触は、第一に、縄文海進期に北上した南方からの「縄文人」によってもたらされたであろう。第二には、弥生文化とともに、プロト日本語をもった人間集団が九州に到来し、西日本から拡散したとき、北上した人間集団によってもたらされたであろう。ここでは、「南方系縄文語」と、朝鮮半島から入ってきた「プロト日本語」の両方がやってきたのかもしれない。

しかし、その後、西暦三～五世紀に、「古アイヌ語を話す北海道の人間集団」が東北地方北半部まで南下した。少なくとも約二〇〇年以上、そこでは、「南方系縄文語」を話す集団や大和朝廷の勢力拡大によって畿内から来た上代日本語を話すヤマトの人間集団との接触が続いたはずである。その時期に、「アイヌ語」と「南方縄文語」、「上代日本語」の間には、コトバの借用だけでなく、文法的な変容も生じ、片山龍峯さんが『日本語とアイヌ語』（片山、一九九三）で強調されたような、共通語や類似性がもたらされたのではないだろうか。それらを北海道に持ちかえった「古アイヌ語を話す人間集団」が発展させたのが「擦文アイヌ文化」である。上代日本の神道に関する用語や文化一式が、そろって「アイヌ語を話す人間集団」に持ち込まれたのは、中川さん（二〇一〇）や瀬川さん（二〇一一a）も言うように、この時期をおいてないであろう。

「南方系縄文語」については、主に「西ルート」および「南ルート」からもたらされたと考える。**図7**に示したように、最終氷期には広大な陸地であった東南アジアのスンダランドは氷河期の終わりとともに水没し、そこからの人間集団の移動によって、南方ルートから言語や文化が拡散した。それはもちろん重要であるが、『Nature』論文も含めて、多くの研究者（Vovin, 1993／小泉、二〇一三／Janhunen, 2018など）が、北海道を含めた日本列島全体に、南方から来た一様な「縄文語」があったと最初から仮定している点は不合理であろう。それらの研究者は、いずれも、三〜五世紀に北海道から南下した人間集団によって東北地方北半部に「アイヌ語地名」が残されたという事実を全く無視しているようにみえるからである。

たとえばヴォヴィンさんは、京都にある国際日本文化センターにおられたこともあり、そこでの講演では、万葉集、風土記などに残された上代日本語の中に、アイヌ語と思われる語彙が見出されると述べられている。また、「能登」や、「黒部」の地名も「アイヌ語地名」であるとし、このことから、アイヌ語は、かつて本州全域に分布していたと考えておられる（ヴォヴィン、二〇〇九）。そのような「アイヌ語地名」が、近畿や中国地方に見られないのは、これらの地域が長く大和朝廷の支配下に置かれ、古い地名が消されてしまったからであろう、というのがヴォヴィンさんの結論である。

しかし、実際には、出雲は、「恵曇《えとも》」をはじめとして、アイヌ語地名とも解釈できる地名の多いところである。山田秀三さん（一九七二）も、まだ「おとぎ話」と断りながら、「恵曇」がアイヌ語で「先」を意味し、襟裳岬の語源ともいわれる「エンルム」に由来する可能性を指摘している。もちろん、単純な語呂あわせだけで、語源を云々することはいましめなければならないが、山田さんが常に心がけられたように、地形的にもアイヌ語で説明でき、用語も語法も北海道内のアイヌ語地名のままに解釈できる地名がさらに存在することがわかってくれば、そのような可能性もさらに検討すべきであろう。たたら製鉄によって大量の砂礫を押し流し、ヤマタノオロチ伝説を生み出した斐伊《ひい》川やその上流、仁多郡にある石川は、本来、ピ（石）ナイ（川）であったかもしれない。さらに、八重山諸島の西表島には、ピナイサーラの滝と呼ばれる大きな滝がある。西表島は、マングローブの発達する島で、岩盤が河床に露出するところは少ないが、この川には石や砂利も見られ、やはり、アイヌ語のピ（石）ナイ（川）と類似している。サーラは、アイヌ語の「ソー」（滝）にも似ている。

だが、注意しなければならないのは、そもそも私たちは、「アイヌ語」は知っていても、「南方系縄文語」については何も知らない、ということだ。本州や西日本の「南方系縄文文化」が、単に「南ルート」から入った人たちだけではなく、そもそも朝鮮半島や干上がった黄海周辺から「西ルート」でやってきた旧石器人によって、最終氷期末からの大きな気候変化に対応して創りだされた文化だとすれば、その人たちの言語が、「始源」にあったかもしれないのである。その人たちも、大陸から「細石刃文化」を持ち込んだのであるから、かつては、アムール河流域にいた可能性もあろう。そこから松花江（ソンホワ河）を経て黄海周辺にたどり着いた人間集団が話していたのが「南方系縄文語」であったとすれば、そこに、アムール河流域からダイレクトに「北ルート」で北海道に入った「プロト・アイヌ語」と、類似した語彙があったとしても不思議はない。

ここでも、「アイヌ語地名」の南限が、図2に示すように、きわめてシャープに引かれることが重要である。山田秀三さんの引かれた「アイヌ語地名」の南限線よりも南に、ところどころで見つかる「アイヌ語地名」は、大和朝廷の勢力が及ぶ以前に、南下に成功した一部のアイヌの集団が残したものであるかもしれない。「能登」のように、アイヌ語の突き出した岬（ノッ）に一致し、北海道にも同様の地名（能取など）がある「アイヌ語地名」は、日本海沿いに南下したアイヌの集団によって名づけられたものともいえよう。しかし、「ピナイサーラ」のような、「アイヌ語地名」に類似した地名については、アイヌ語と共通の語彙をもっていたとしてもおかしくない「南方系縄文語」によるものではないだろうか。

私は言語学者ではないので、これ以上の議論は言語学者に任せたい。しかし、考古学においても、言語学においても、そこに生きた人間、地名を残した人間、ストーンサークルや、精巧な熊の彫り物をつくった人間をつねに第一に考えたいと思う。たとえば琉球諸島から、あるいは本州からでも、「縄文時代」の服や装備だけを持って北海道まで舟でやってきた人たち、おそらくは夏の時期にやってきた人たちが、そのまま居残って冬を迎えたら、たとえ比較的温暖だった縄文中期であっても、はたして越冬できたであろうか。すでに北海道には、シベリア以来、寒冷地適応してきた人間集団がいて、その人たちに助けてもらう、ということがないかぎり、到底、越冬はできなかったのではないか、と私は考える。そういうができた、と主張する考古学者は、実験考古学の手法で、自ら試してみるべきであろう。

これまでに述べてきたように、「アイヌ」とは、さまざまな文化を主体的に選択しながら、それらを取り入れ、自らを変えていく人間集団であった。それはなにも「アイヌ」に限らないことであるかもしれない。しかし、最終氷期に最も先端的な「細石刃文化」をもっていたこの人間集団が、気候変化に対応して世界に先駆けて土器を創り出し、また「南方系縄文集団」や、「和人」、「オホーツク人」との接触によって、次々に新たな文化を選択、吸収し、自らを変えて発展させていった歴史は、きわめてダイナミックなものである。そのように自らを変容させつつ、その時々の環境に巧みに対応して自らを構築していったのが「アイヌ」という人たちである。そのような歴史の創造、実践は、現在でも継続しているのであり、一瞬たりとも静止していない。そして、近年になって「先住民族」というアイデンティティをもつに至ったのである。一人ひとりの行動が、思想が、日々、新たな次元へと変化し、自らを創り上げているのが、現在の「アイヌ」の姿であると言えよう。

6 「縄文文化」「アイヌ文化」の精神性・霊性の探究

有珠モシリ遺跡をはじめ、道南の「縄文文化」を詳しく研究された大島直行さんは、「縄文人」の精神文化を追究する画期的な考察を始められている（大島、二〇一四、二〇一六）。「縄文時代早期」の中野B遺跡で言及したように、竪穴住居跡が、重なりあうほどに多いのは、死者が出るたびに家を焼き、それをカムイモシリに送るアイヌの「チセオマンテ」の文化がすでにあったからではないかと前述したが、大島さんも同様の解釈をされている。また「ゴミ捨て場」とされることが多い貝塚も、モノを送る場であるという解釈をすべきであると主張されている。また大塚和義さんは、トドを捕獲する時に使われる特殊な銛を「抉入銛《けつにゅうもり》」と名付けられたが、それが「擦文文化」や「オホーツク文化」で広く使われただけでなく、北海道の「縄文」早期まで遡ることを重視し、「アイヌのルーツを知る手がかりになるもの」と考えている（大塚、一九九五、一四頁）。彼はまた、アイヌ紋様と、ニヴヒやエヴェンキ、ウイルタなど北方民族の紋様との関連にも関心を寄せ、アイヌ紋様と縄文土器の紋様の類似性や、縄のもつ呪術性を指摘した河野広道（一九五三）の考えに注目している。さらに、萱野茂さんが、アイヌ紋様の基本をなす、緩やかに曲がる線（モレウ）は縄紐をぐるぐる巻いた形状に由来し、縄紐そのものに結界的な意味性があると述べたことを記録している（大塚前掲書、四五頁）。

ウイーンの「日本学研究所」を立ち上げたアレクサンダー・スラヴィクは、アイヌと古代日本（人）についても、深く研究された人である。彼は民族学、文化人類学、神話学、言語学など、きわめて広い視野に立って、「日本（人）」の起源に迫った。その意味で、彼が晩年にそれまで得られた成果をまとめた『日本文化の古層』（スラヴィク、一九七八）は、きわめて興味深い。そのなかで、スラヴィクは、主に言語学から、日本（人）の起源を考察している。彼は、九州の隼人《はやと》や熊襲《くまそ》と呼ばれていた人間集団の言語を南方系（アウストロネシア系）言語と考えた。一方、日本語の祖語としてX《エックス》語を設定し、そこからアイヌ語も生じてきたと考えているようである。彼はアイヌ語地名についても詳しい研究をしたが、しかし、三〜五世紀に東北地方北半部にアイヌ語地名が残されたことは知ることがなかった。もし彼がそれを知っていたら、と思わざるを得ない。

「縄文人の思考」を理解するためには、スラヴィクのように、民族学、文化人類学、神話学、言語学といったあらゆる学問を総動員しなければならない。大島さんは縄文土偶を、ネリー・ナウマンの唱えた月のシンボリズム（ナウマン、二〇〇〇）で解釈された。彼女もまた、スラヴィクの「日本学研究所」で学んだ人である。どちらも、ヨーロッパにおけるシンボリズムと、「縄文文化」、「日本文化」の古層に見られるシンボリズムの共通性を強調している。ナウマンは縄文土器や土偶を分析したが、スラヴィクは、日本文化の古層に見られる渦巻模様などの紋様にも注目し、ケルトやゲルマンの文化に見られる紋様との比較を行っている。それらが人類にとって普遍的なものなのか、ユーラシアを越えて伝播したものなのか、さらなる研究が必要であろう。**図6**に示したように、西の文化が東に伝わるには、ヒマラヤ山脈を避けてその南側を通るか、北側を通るかの二通りの道しかない。スラヴィクは、南回りでこれらの文化が移動したと考えたようであるが、北回りで来た文化も重要だと私は思うのである。

大島さんが援用するミルチア・エリアーデの『世界宗教史』第一巻（エリアーデ、一九七六）は、旧石器時代、新石器時代の人類の思考、霊性の分析にあてられている。「始源（アルケー）」を求めるならば、やはりヒトとカミとの関係に私たちは行き着くのだ。町田宗鳳《そうほう》さん（二〇〇〇）は、アイヌの霊性を比較宗教学的に分析されているが、中沢新一さん（二〇〇二）や天野哲也さん（二〇〇三a、二〇〇八b）が強調するように、北半球北部の森林帯においては、つねにクマがカミであった。最終氷期、ユーラシア大陸を西から東に貫く草原を辿った人間集団が、完新世にはそこに出現したタイガや常緑針葉樹林あるいは落葉広葉樹林やそれらの混交林で出会い、カミとしたのはクマであった。クマの送り儀礼(イオマンテ)は、やはりそのような人間集団に連なる「オホーツク人」から「アイヌ」が受容したとも言われているが、クマへの特別な崇拝は、すでにそれ以前からもあったのである(畑、二〇〇四/瀬川、二〇一一a)。一方、アイヌの世界観を追究した山田孝子さん(二〇〇〇)も、アイヌの世界観は、上代日本や遊牧民の世界観ではなく、シベリアの狩猟民の世界観、とくにニヴヒの世界観に近いと結論されている。オホーツク人は、最終的にはアイヌとニヴヒに吸収されたとも言われているのだから、そこから大きな影響を受けたアイヌの人たちの世界観がニヴヒとも似てくるのは当然であろう。「アイヌがオホーツク人の影響を受け、文化も、DNAも変容させられた」のである。司馬さんも、あらためてこういうことを聞けば、「アイヌよりオホーツク人のほうが古い」などと言うことがいかにおかしいか、わかって下さったにちがいない。

「アイヌ文化」でそのようなものが見られるから、「縄文文化」もそれで解釈できる、という姿勢を、もう逆転させるべき時期に来ていると言えよう。旧石器時代以来、このように生きてきた人間集団の、時代とともに変わってきた多様な文化を、考古学者のこれまでの蓄積によって私たちは知っているのである。それがすべて「アイヌ」の文化であり、長い年月をかけて変容し、構築されたそれらすべての文化をもとにして、一二世紀以降の文書で記録された「アイヌ文化」があるに過ぎない。そのように発想を転換するべきではないだろうか。ユネスコの世界文化遺産となった「北の縄文文化」とは、本当は「北の縄文アイヌ文化」に他ならないことを認めるべきではないだろうか。

道東、根室標津町や北見市には、厖大な竪穴住居跡が残っている。国の文化審議会、世界文化遺産特別委員会での評価は次のようなものだ（北海道・北見市・標津町、二〇〇七）。

「気候環境の影響から、竪穴住居が完全に埋まりきらず、窪みの状態で残されている常呂遺跡、標津遺跡群は、それぞれ二千基以上から成る我が国最大規模の竪穴住居跡群として知られ、両遺跡は縄文時代早期から続縄文時代を経て、擦文・オホーツク文化期のおよそ七千年もの長期間にわたって営まれてきたことを物語る資産である。北海道の寒冷気候のために独特の可視的な遺存状況を示す考古学的遺跡であり、七千年にわたる人類と自然との調和の過程を示す考古学的遺跡として、価値は高い。」

しかし、

「世界史的・国際的な観点から、人類と自然との調和の過程を示し、独特の可視的な遺存状況を示す考古学的遺跡群の代表例・典型例として、本資産が顕著な普遍的価値を持つことの証明が不十分である。」

として、「世界遺産」への推薦はできない、というのである。しかし、世界的に見れば、七千年にわたって「先住民族」の生活の跡、その積み重なる歴史が、このような住居址として、地表でも確認できる場所は世界でも稀有であり、ほとんどここだけといっても過言ではないであろう。最終氷期、この島に歩いてきた人間集団が、そこで気候の激変に適応し、とりわけ、この地域では、大量にやってくる鮭を利用する独自の文化を築き上げ、「サーモン・ピープル」として、その文化を発展させ、「縄文海進」期には、北上してきた「南方系縄文文化」の影響を受け、また地理的な近縁関係から、カムチャツカ〜千島列島からの人間集団の影響も受けつつ、「古アイヌ語」を話す人間集団を成立させた。

図2に示した東北地方北半部のアイヌ語地名では、川を指す「ナイ」地名の分布がより南まで分布し、「ベッ」地名の分布はより北で終わっている。これは、最初に南下したのが「ナイ」を使う道央部の人間集団であり、後から移住したのが「ベッ」を使う道東の人間集団であったからだと瀬川さんは解釈している（瀬

川、二〇一五)。

東北地方まで南下した「アイヌ」の人たちは、再び北海道に戻り、オホーツク海からやってきた「オホーツク人」と沿岸部で密に接触、交流するようになるが、一一世紀から一二世紀頃には、ついに「オホーツク人」は、「アイヌ」に取り込まれ、「トビニタイ文化」と呼ばれる、両者の複合文化を生み出す(大西、二〇〇九)。そこで初めて「アイヌ語」が形成されたとする主張(Lee & Hasegawa, 2018)は前述したように誤っているが、その以前から話されていた「(古)アイヌ語」が、オホーツク人の言語から影響を受けたことは否定できないであろう。何より、オホーツク人の女性からもたらされたハプログループYが、その後のアイヌの人たちのDNAでは大きな割合を占めるに至ったからである。この婚姻関係によって、どのような変化が「アイヌ語を使ってきた人間集団」にもたらされたのか、そもそも、それはどのような婚姻だったのか。

明らかにすべきことは山積しているが、一貫して「アイヌ語系言語を話してきた北海道の人間集団」、本書でそれを「アイヌ」と定義してきた人たちの、少なくとも七千年にわたる歴史がそのまま目に見える住居址の積み重なりとして密に分布するこの遺跡群は、「世界史における先住民族の歴史を最も長く保存してきた遺跡群」として、「世界史的・国際的な観点から」、「顕著な普遍的価値を持つ」のである。

「アイヌ」の視点から見れば、全く異なった「歴史」が、アイヌの人たち自身の手によって書かれるであろう。

それが「新しいアイヌ学」である。

おわりに　「新しいアイヌ学」のすすめ

（扉）アイヌ最初のアニメ映画『七五郎沢の狐』の狐（結城幸司さんの木版画による）

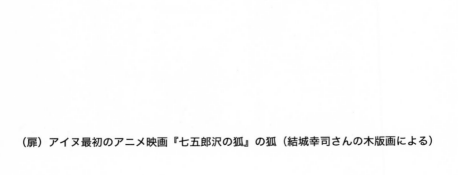

アイヌ力《ぢから》

この本には、一九九七（平成九年）から、アイヌの人たちと一緒になってやってきたことを書きました。といっても、**第2章**で書いたように、二〇一〇年、みんなで知里幸恵記念館をつくった後、その運営からは、離れてしまいました。また、**第4章**では、「先住民族サミット」を主催し、そのメンバーで「ＷＩＮ―ＡＩＮＵ」という組織をつくったことを述べましたが、それも二〇一五年には終わってしまいました。そんなわけで、それ以後アイヌの人たちの活動からは遠ざかっていたことになります。大学を定年で退き、研究室がなくなったので、大量の本を置いておくこともできなくなり、アイヌ関係の多くの書籍や資料は、半分以上、処分してしまいました。幸恵記念館に寄贈した資料もあれば、若いアイヌの友人たちにあげてしまった本もあります。二つの大きな挫折によって、自分はもうアイヌの人たちの活動に深く関わることはないし、今後なにか本にまとめるといったこともなくなったと考えていました。

そうしたなか、昨年（二〇二二年）の春ごろ、突然、電話が鳴ったのです。出てみると宇梶静江さんからでした。静江さんは、「先住民族サミット」やその後のＣＯＰ10のイベントでお世話になりました。それぞれの場で、静江さんは、すばらしいスピーチをして、参加者を勇気づけてくれました。人の心を打つ語りができる方だといつも思っていました。でも、関東にお住まいということもあり、それ以上のおつきあいはなかったのです。しかし二〇一一年、三月一一日、東北の大地震が起き、津波で多くの人が亡くなった直後、彼女が書いた「大地よ」という詩を偶然に知り、感動しました。多くの人に読んでもらいたいと考え、すぐに『婦人之友』の編集部にお伝えしたところ、編集部の雪山香代子さんも読まれて感激され、九月号に載せていただきました。

科学者の私からすると、大地震が起きたのは、太平洋プレートが日本列島の下に沈みこもうとするからなのです。ストレスが溜まって、あるときその莫大なエネルギーが一気に開放されたからなのです。また大津波の後、私たちの目は、命を失った人たち、身内や友人を亡くして悲しんでいる人たちに、あるいは、フクシマの原発事故で被害を受けた人たちにだけ向いていました。しかし、そういうなかで、静江さんは、他ならぬこの大地に目を向け、いたわりの言葉を語りかけたのです。

大地よ――東日本大震災によせて

大地よ
重たかったか
痛かったか

あなたについて
もっと深く気づいて
敬って

その重さや
痛みを

知る術を
持つべきであった

多くの民が
あなたの
重さや痛みとともに　波に消えて
そして
大地にかえっていった

その痛みに
今　私たち
残された多くの民が
しっかりと気づき
畏敬の念をもって
手をあわす

その感覚は、到底、私にはあり得ないものでした。和人にも詩人は多くいますが、誰ひとり、そのように書けた人はいなかったのではないかと思います。このような言い方をすると、それはまた「アイヌ」を一つの見方でくくるものだと批判されそうですが、そこには、アイヌとしての静江さんの魂が息づいていて、カムイが、静江さんにこの詩を書かせたように思わざるを得ません。

しかし、それ以後はまた、静江さんとはお話しする機会もなかったのです。ですから、突然のように電話があり、しかも、いきなり「アイヌ学を始めたい、だから協力してほしい」と言われても、とまどうばかりでした。「アイヌ学」という言葉は、研究者が、アイヌをただ研究対象としてモノのように扱い、その結果、論文や本だけが書かれてつくられた「学問」です。そんなものは、むしろ否定しなければならないのです。私自身、アイヌの人たちと関わるとき、自分は、アイヌを研究対象にはしない、と心に決めていました。

ただ、静江さんは、「知里真志保のようなアイヌ学をしたいんだ」と言われました。真志保さんは、わずか五二歳で亡くなるまでに、今では別巻を入れると全六冊にもなる『著作集』に収められている厖大な研究をされました。まわりがすべて和人であり、しかもアイヌをモノ扱いする「アイヌ学」の研究者ばかりという当時のひどい学界のなかで、たったひとりアイヌである研究者として、和人研究者の態度や解釈の誤りに憤り、アイヌの立場から、アイヌのための「アイヌ学」を創ろうと奮闘されたのです。

「アイヌによる、アイヌを対象とした、アイヌのための学問」――真志保さんが創ろうとした「アイヌ学」がそういうものだったとすれば、静江さんも、いま、それを求めて動こうとしているのではないか、と思いました。そうであるなら、それを応援したいと思いました。札幌で何度かもたれた準備会のようなものに参加し、これまでにやってきたことを例にして、どうしたら真志保さんや静江さんの考える「アイヌ学」が実現できるかを、私なりにお話ししました。ただ、限られた時間では、到底、話しきれません。この本は、それをできるだけお伝えするために書いたようなものです。

「アイヌ力《ぢから》」という言葉も、静江さんの言葉でした。それを、この本の中でも何度か使わせていただきました。この二五年間、私の生き方の根っこには、偶然、手に取った『遺稿集』で知った知里幸恵さんがいつもいました。幸恵さんの、

「いつかは、二人三人でも強いものが出て来たら、進みゆく世と歩をならべる日も、やがては来ませう。」という言葉を信じ、アイヌの人たちのなかから、二人でも三人でも、そういう人が出てくるのを手助けすることだけが、和人である自分にできる精一杯のことであり、それが、幸恵さんの遺志を、ひとりの人間として引き継ぐことだと考えていました。ですから、静江さんの「アイヌ力《ぢから》を出せ！」というメッセージが、心に響いたのです。

家にまだ残してあったアイヌ関係の本を読み返してみると、**第3章**で引用した『北海道大学　もうひとつのキャンパスマップ』という本に、モコットゥナシ（北原次郎太）さんが書いた、次のような文章が目にとまりました。

「新井かおり氏は、アイヌ・和人それぞれの立場性を、そこから生じる制約に自覚的な研究の必要性を指摘している。千田有紀氏の著書『女性学／男性学』に倣い、それを仮に『アイヌ学／和人学』と呼ぶ。アイヌ学を謳う既存の研究とこの「アイヌ学／和人学」が異なるのは、アイヌがアイヌを対象としてアイヌのために行う学問であること。アイヌのステレオタイプを否定し、アイヌそのものへの探求を深めること。アイヌの間にも男女・年齢・出身地により力の不均衡があり、経験もさまざまだ。アイヌどうし、あるいは他のマイノリティとの間の抑圧もある。こうした内なる多様性を知り、自分の言葉で経験を語り、共有し、生きる力とする——それが、同時に社会全体の抑圧関係を解消することにつながるような、そんな学問を作っていくべ。

そして、女性学の理論を受けて男性学が生まれたように、アイヌ学の視点を取り込みつつ、和人を知るための学問が生まれることも求められる。」

（北原、二〇一九）

モコットゥナシさんのこのような提案をすばらしいと思い、本書も、『「アイヌ学／和人学」のすすめ』というタイトルにしようかと思ったほどでした。しかし、彼の文章を読んでいない人にはちょっとわかりにくいと思い、代わりに、それを「新しいアイヌ学」と呼んでみることにしたのです。モコットゥナシさんは、アイヌの、

「内なる多様性を知り、自分の言葉で経験を語り、共有し、生きる力とする——それが、同時に社会全体の抑圧関係を解消することにつながるような、そんな学問を作っていくべ。」

と、北海道弁で、わかりやすくアイヌの人たちに語りかけています。しかし、「内なる多様性」をもっているのはアイヌだけではありません。和人もまた、多様です。一人ひとり違った存在です。かつて新川和江さんがうたったように、それをひとくくりに「束ねないで」ほしいのです。ですから、

「自分の言葉で経験を語り、共有し、生きる力とする」

ことは、和人にも求められていることなのです。これまで、和人の多くは、「研究者」という仮面の蔭に身を隠して、「アイヌ」をいかにも客観的に「研究対象」として扱ってきたのではないでしょうか。それは「社会全体の抑圧関係」を助長するだけです。「同時に社会全体の抑圧関係を解消するような、そんな学問を作っていく」ためには、和人もまた、一人ひとりが自分の言葉で経験を語るべきだと思います。そして、それをアイヌの人たちと共有することで、初めて、それを和人にとっても、アイヌの人たちにとっても「生きる力」とすることができるのではないでしょうか。そうすることで「社会の抑圧関係を解消することにつながるような」「和人力《ぢから》」、「アイヌ力《ぢから》」を生み出していけるのではないでしょうか。

アイヌの人たちの語り（ナラティヴ）

二〇一〇年代以降、何人かのアイヌの人たちは、自らを語り始めました。**第3章**でもちょっとふれた石原真衣さんは、『〈沈黙〉の自伝的民族誌』という博士論文をもとにした本（石原、二〇二〇）で、「アイヌ」と「和人」の境界に生きる存在、沈黙を強いられてきた「サイレント・アイヌ」という立場から自らを語りました。そのような「沈黙から言葉を紡ぐ」という語り（ナラティヴ）が、その本を画期的なものにしていると思います。もちろん石原さんは同時にすぐれた研究者でもあり、一方では研究者としての理論武装をしながら、自らを語っているともいえるでしょう。しかしそのような立ち位置は、これまでのアイヌの人たちには、ほとんどなかったものです。それは、もし真志保さんがもっと長生きできていたら、きっと、そこから彼自身の「沈黙」からのナラティヴを書かれたであろう立ち位置ではないかとも思います。そういう人が出て来たこと自体が、この二五年間の最大の変化といえるのではないでしょうか。

しかし、振りかえってみると、アイヌの人たちのほうが、ずっと、「自分の言葉で経験を語り」続けてきたように思うのです。知里幸恵さん（知里（幸）、一九二二）から始まり、彼女の影響を受けた違星北斗さん（違星、一九三〇）、彼女をよく知っていたバチェラー八重子さん（バチェラー、一九三一）、森竹竹市さん（森竹、一九三七）と続く人たち。一九七〇年代には、鳩沢佐美夫さん（鳩沢、一九九五に再録）や、「アヌタリアイヌ（われら人間）」という新聞を創刊して鋭い論陣を張った佐々木昌雄さん（佐々木（昌）、二〇〇八に再録）や、激しい運動を行った結城庄司さん（結城（庄）、一九八〇）の語りがありました。八〇年代以降は、**第2章**でもふれた砂澤クラさんの語り（砂澤、一九八三）があり、また、二風谷裁判を闘った萱野茂さん（萱野、一九八〇）、貝澤正さん（貝澤（正）、一九九三）、荒井源次郎さん（荒井（源）、一九八四、一九九〇）、荒井和子さん（荒井（和）、一

九九三、二〇一三）のほか、チカップ美恵子さん（チカップ、一九九一）や、山本多助さんの本（山本、一九九三）も出されました。また、より若い世代では、鵜澤《うざわ》加那子さんや砂澤嘉代さんが、マーク・ハドソンさんやアン・エリスさんたちが編集した英語の本で、それぞれの人生を語っています（Uzawa, 2014; Sunazawa, 2014）。**第3章**で述べた小川隆吉さんの語り（小川、二〇一五）は、砂澤クラさんの語りと同じく聞き書きによるものですが、どちらも第一級の語りだと思います。最近では、宇梶静江さんの部厚い自伝（宇梶、二〇二〇）が出ました。

このように、アイヌの人たちが、和人との関わりのなかで、自分の言葉で経験を語り、それをアイヌ・ウタリ（同胞）だけでなく和人とも共有しようとしてきたのに、和人側は、いったいどれだけそのような「語り」をしてきたのでしょうか。新谷行さんなど、七〇年代の活動家が書き残してくれたもの（新谷、一九七九）を除くと、私が真っ先に思いつくのは、二風谷で萱野茂さんの家に住み込んでアイヌ語を学ぶようになってからの人生を綴った本田優子さんの語り（本田、一九九七）くらいしかありません。そこには、まだお若かった頃の本田さんのとまどいや悩みがそのまま語られています。アイヌ語の学びを通じてアイヌの人たちと出会い、和人ながらポン・フチというペンネームで自らを語った野上ふさ子さんの語り（野上、一九八七、二〇一二）も、それに続くものかもしれません。

また、花崎皋平さんは、『風の吹きわける道を歩いて』（花崎、二〇〇九）で、ご自身を語っています。本の副題「現代社会運動私史」からわかるように、花崎さんご自身が関わられたさまざまな社会運動が語られていますが、やはりアイヌと共に運動されたことが、その中で大きなウエイトを占めていると感じられます。本の最後に載せられた年譜は、花崎さんも参加された二〇〇八年の「先住民族サミット」で終わっていました。また、ごく最近には、花崎さんの若い時からの日記をもとにした六百頁を超える大著『生きる場の思想と詩の日々』(花崎、二〇二二)が出ましたが、この本でも、「先住民族サミット」で樺太アイヌの強制移住の足跡をたどった宗谷岬から江別までのロング・ウォークが、重要な経験として、末尾に近い一章を形づくっているのを見出したのでした。そう考えると、私のこの本は、花崎さんの本に書かれた時代とも部分的に重なりながら、「先住民族サミット」の実現に至るまでの、またそれ以後をも含めた二五年間の、ひとりの和人と、さまざまなアイヌの人たちとの関わりを語ったものと言えるでしょうか。

二五年間というのはけっして短い時間ではありません。またちょうどこの二五年間は、国連による「先住民族の権利宣言」や、「アイヌを日本の先住民族とする」決議の採択がなされるなど、アイヌの人たちにとって、重要な変化があった時期に相当します。二〇一九年には、一九九七年に制定され、私がアイヌの人たちと関わるきっかけとなった、いわゆる「アイヌ文化振興法」が廃止され、新たに、「アイヌの人々の誇りが尊重される社会を実現するための施策の推進に関する法律」が制定されました。二〇〇八年の決議を受け、初めて「先住民族アイヌ」という文言を入れた法律になりました。「アイヌ施策推進法」、「アイヌ民族支援法」などとも呼ばれています。大きな進歩だったとは思いますが、「先住民族の権利に関する国連宣言」の内容はほとんど反映されていません。

第3章で述べたように、東村岳史さんが、『戦後期アイヌ民族——和人関係史序説』(東村、二〇〇六)で扱われた一九四〇年代後半から一九六〇年代後半までは、東村さんも言われているように、アイヌの人たちをめぐる社会の動きがむしろ静穏であった時期でした。本書は、逆に、最も大きな変化があった時期の、アイヌの人たちと和人の交渉史を、当事者であった和人の側から書いたドキュメントとして、役立つかもしれません。「新しいアイヌ学」は、外から、あるいはどこか高みから、両者の関係を観察・調査する「研究」ではなく、アイヌの人たちと和人の関係のなかに身をおき、自らも傷つきながら、「協働」することでつくっていくものだからです。

「先住民族としてのアイヌ」、という主張を大事にしたいと私はいつも思う者ですが、当たり前のことながら、自分をどのように位置づけるかは、アイヌの人たち一人ひとりの自由です。同様に、和人と言われる人たちも多様です。お互いに、だから和人は、とか、だからアイヌは、と言うことはやめよう、ということを「新しいアイヌ学」の目指すべき視点にしたらどうでしょうか。

第4章で述べたように、「先住民族サミット」で心掛けたのは、個々のアイヌが主体であり、かつすべてのアイヌが対等に参加できる組織をつくって、このイベントを実施する、ということでした。時間に追われて、ともすれば和人や外国人が前面に出てしまうという問題はありましたが、それでも、今までとは違ったかたちで、そのような、アイヌによるアイヌのための組織づくり、アイヌがアイヌを誘い、多くのアイヌの参加を可能にするような試みができたのではないかと思います。

一方、「二風谷でのエコツアー」では、「アイヌの内なる多様性」と「先住民族としてのアイヌ」という対立が問われました。それから一五年間、ずっとこの問題を考え続けていますが、やはりそれも、アイヌが主体となって、アイヌの中で検討していくべき課題ではないかと思います。

もう一つ、心配なのは、アイヌのなかでの格差が以前よりむしろ拡がっているように見えることです。北大アイヌ・先住民研究センターができたときに思ったことですが、そこでアイヌ出身の研究者が増え、アイヌ自身によるアイヌのための研究のレベルが上がっていくことを望みつつ、心配したのは、センターに関わることができるアイヌと、全く関われないアイヌとの格差が、むしろ開いていくことでした。センターは、海外からも研究者を呼び、シンポジウムや講演会を次々に開催していきます。しかし、そういう場所には、一般のアイヌの人たちの姿はほとんどありません。話される内容も、「先住民研究」の最先端の内容ばかりです。これではだめだと思った私は、一般の人たちでも、仕事が終わったあとに来られる夜の時間帯や、あるいは土日などに、「アイヌエコツアー」を通じて、本書に書いたようなことをやさしく伝えていく自主講座のようなものを開催しました。自由にやらせてもらうことはできず、いろいろな制約も受けましたが、それでも、ふだんはセンターなどに来ないアイヌの人たちも来てくれ、将来、アイヌエコツアーのガイドとしてやっていけるかもしれない、という夢をその何人かにもってもらえたことは、よかったのではないかと思います。しかしおそらく、そのような試みは、私がいなくなったあとには続いていないでしょう。

私は最初から、アイヌに関しては研究者であることを放棄し、あくまでも権利回復のための支援者、活動者として行動しました。アイヌに関しては、いかにしたら速やかに権利回復ができるか、ということだけを「研究する」というスタンスです。一方、専門の地理学や環境科学の分野は、つねに研究者であり、運動者であるという、二つの姿勢を貫こうとしました。『たたかう地理学』(小野、二〇一三a)という本は、そのような生き方をまとめたものですが、つねに悩んだことは、研究者として世界の第一線に立とうとすれば、すべての時間を研究に費したくなる、という研究者としての性《さが》です。その時間とエネルギーを割いて、自然保護運動や、アイヌの権利回復運動に関わるということには、つねにジレンマがありました。しかし、地理学や環境科学という学問は、実際に社会で起きている環境問題や、先住民族に限らず人間が関わるさまざまな問題に対処できなければ、そもそも「学問」とは呼べない、というのが私なりの信念でしたから、なんとか、やり通したのです。「新しいアイヌ学」は、研究者と、研究者以外のフツーのアイヌの人たちとの間のギャップを拡げるのではなく、少しでも狭める方向に働いてほしい、と思います。

最近では、研究者ではない立ち位置からナラティヴを発している原田公久枝さんのような人もいます。**第4章**でわずかにふれたように、WINーAINUの最後の時期、なんとかこの組織を存続させようと、

ＮＰＯ法人の役員になってもらったのが、より若い世代の公久枝さんと川上恵さんでした。公久枝さんとは、ふしぎな出会い方をしました。十勝アイヌの出自をもつ公久枝さんは、札幌に来て和人のアイヌ学研究者と会ったとき、小野有五は危険だから近づかないほうがいいと、忠告されたそうです。それで、公久枝さんは、私とは距離をとっていたのですが、北大で何かのシンポジウムに出ていて、それが終わったとき、彼女が恵さんと、カラオケに行こうか、と話しているのを耳にして、そんなことは知らない私が、一緒に行きたいと声をかけたのです。カラオケは、私にとって、長いこと大学院の学生たちとの大事なコミュニケーションの場でした。公久枝さんたちが同意してくれたので、一緒に近くのカラオケに行き、一曲、歌うと「めっちゃうまいじゃん」という評価を受け、それまで恐ろしい研究者と思われて警戒されていた壁が、一気に消えたようでした。公久枝さんとはそれ以来、カラオケ友達、ビール友達という感じになりましたが、私にとっても、そのように、とくにアイヌということを意識せずにつきあえる人は初めてでした。

公久枝さんは、その後、いろいろなところで「アイヌとしての思い、考え」を文章として発表するようになりました。『北海道新聞』で、二〇一八年一月からまる四年間、朝刊の「朝の食卓」というコラムに、月に一度くらいでしたが、連載されたエッセイは好評で、いまは、ブログに、「言葉の架け橋（ルイカイタク）」というコラムを設け、その発信を続けています。彼女は研究者ではないので、その文章に専門用語は一切、出て来ません。アイヌだろうが、和人だろうが、アメリカ人だろうが、そんなことには関係なく、どこにでもいるような「フツーのオバサン」が語るように、彼女は、アイヌとして育ち、生きている女性の感覚を、彼女らしい言葉でいつも語ります。どうしても、主義主張や、権利回復、差別といったことが先に出てくることが多いなかで、もちろん、そのように、言いたいことはきちんと表現されながら、人に読ませる文章を書く、ということは、なかなかできることではありません。彼女は、そういうことができる人だと思います。

前述した花崎さんの大著を「共生」という視点から批評した彼女の文章は、自らの生き様と、全く異なる花崎さんの人生を対照しつつ、「違う人間だから〝共に生きたい〟と願うんじゃないのか？　そして共に生きる為に、どういう態度で接していくべきかをお互いに考え続ける。それ以外に道はない」と書くことで、短いながらも、共生ということの意味を、彼女自身の言葉で語った出色の書評になっていました（原田、二〇二二）。そのような人が、アイヌの中から、今後、何十人、何百人も出てくるといいのです。なんといっても、アイヌの人たちは日本社会では少数派（マイノリティ）です。政治の世界なら少数野党です。大部分のお金は多数を占めるマジョリティに回り、少数野党には、質問・発言する機会さえわずかしか与えられません。マイノリティの声が発信される機会そのものが、あまりにも少なくされているのです。

そういう意味では、「北海道命名一五〇年」にあたる二〇一八年、北海道や行政が、それを祝賀するという方向にだけに動いていたことに対し、『アイヌからみた北海道一五〇年』（石原（編）、二〇二一）を三一人のアイヌが発信したことは、画期的だったと思います。前述した川上恵さんも、「一五〇年の歴史の、アイヌの声を聞きたいから、声をあげます」と書いていました（川上、二〇二一）。また、「北海道開基百年」を北海道庁が盛大に祝おうとした一九六八年、真っ先に、それに異議を唱える声を上げた戸塚美波子さんも、文章を寄せています（戸塚、二〇二二）。その詩は**第2章**に載せましたが、彼女は、若い時には、前述した佐々木昌雄さんなどと、「アヌタリアイヌ」という新聞をつくった活動家でもありました。札幌市郊外の野幌森林公園に建てられた「開拓百年」の記念塔に対して、はっきりNO！というメッセージを書いた『北海道新聞』への彼女の投書は、多くのアイヌの人たちが、同じように声を上げるきっかけとなりました。しかし、それから五〇年たった現在、そのときのような大きな声を、アイヌは上げられなくなっているように感じます。

ノルウェーでのサーミの活動を追いながら、海外に住むアイヌとして、トロムソから、AinuTodayというウェッブサイトを通じて発信を続けている鵜澤加那子さんも書かれていました。彼女は、二風谷、東京を経て、ノルウェーで暮らすようになった自らの生き方を語り、「サーミ議会」にもふれつつ、国連の「先住民族の権利宣言」を生かした和人とアイヌの「協働」が、二つの民族の真の「共生」につながると言っている（鵜澤、二〇二二）ように思います。どのようなかたちであれ、アイヌが、マジョリティの側の好き勝手な言動に、その都度、きちんと異議申し立てをしていくという、その一つ一つのアクションが大切なのではないでしょうか。WIN―AINUが目指し、少なくとも三年間やってのけたのは、そのようなアクションでした。

「北海道命名一五〇年」にあたる二〇一八年の翌年には、北海道博物館で「アイヌ語地名と北海道」という特別展（北海道博物館、二〇一九）も行われました。**第1章**で書いたように、旭川市で取り組んできた「アイヌ語地名を平等に併記する看板」についても、当然、展示の一部で紹介されると思っていたのですが、全く無視されてしまいました。ここにも、「アイヌ語地名」は過去のものであり、松浦武四郎や、山田秀三さんのアイヌ語地名調査の紹介はあっても、現在にアイヌ語地名を生かし、教育や権利回復に役立てようとすることには全く無関心、というよりむしろ否定的な北海道の姿勢がよく現れていたと思います。

アイヌの人たちの声が対等に発信される社会をめざして

あらゆるかたちで、アイヌの人たちからの声がマジョリティに対して発せられるチャンスが、ひとつでも増えることが必要だと思います。すでに、歌や踊りや、木彫、刺繍など、伝統的といわれるアートの世界では、以前に比べれば、ずっとアイヌの人たちからの発信が多く見られるようになってきました。しかし、一方では、政府や、またマジョリティ側には、伝統的なものだけが「アイヌ」であり、そのような先入観にそぐわないものは「アイヌ」と認めないといった、「アイヌ」に対する価値観の強い押し付けがあります。それを壊していくことも、「新しいアイヌ学」の役割でしょう。祖先から受け継いだ伝統的な知識や知恵、してさまざまな手わざや歌、踊りを伝承していくことはもちろん重要です。しかし、あらゆる意味で、文化というものは、つねに変わるものであり、日々、新たに創造されるものであることを、マジョリティ側に認めさせなければなりません。結城さんが彫る木版画や貝澤珠美さんが創るアイヌ・デザインは、伝統的なアイヌの美を踏まえながら、つねに現代に生きる人間の感覚に訴えかける斬新なアート、デザインを見せてくれています。

第4章の「先住民族ミュージック・フェスティバル」では、OKI（加納オキ）さん、結城さんたちが、現代的な音楽と伝統をミックスした新しい音楽を響かせました。アイヌがヒップホップを踊っても、ロックを演奏しても、あるいはモーツァルトやバッハを弾いても、それがアートであるなら、そこにはアイヌも和人も、フランス人もアメリカ人もないのです。アートとはそのようなものでしょう。ヨーコさんの前衛アートは、彼女が日本人だから評価されているわけではありません。彼女のインスタレーション、あるいはコンセプチュアル・アートの一つに、真っ白な紙の中央に、ただ一言、

Imagine Peace

と書いた作品があります。それは、ジョン・レノンの歌にあるように、すでに国籍も民族も宗教も超えたものでしょう。もうひとつ、同じような作品に

Art is a means for survival

と書いた作品もあります。

「アートは生きのびる（サバイバルする）ための手段」

という彼女のメッセージは、さまざまな意味で差別され、いじめられたヨーコさんのギリギリの状況のなかから生まれたものではないでしょうか。

昨年、マレウレウ（アイヌ語で蝶）というアイヌ女性のトリオ（ときにカルテット）で、いつもは歌っているメンバーのひとり、マユンキキさんのイベントが札幌でありました。それは、パネルと動画を使って、彼女が、身内でもあるオキさんや、またマレウレウのメンバーでもあるレクポさんにインタヴューしながら、自分の生い立ちや人間関係を語り、語ってもらうというものでした。「Sinrit シンリッ」（先祖）というタイトルの、それはパフォーマンス・アートであり、コンセプチュアル・アートでもあったように思います。彼女はまた、アイヌの伝統的な入れ墨（シヌエ）を自ら入れた姿を、それ自体がパフォーマンスであるように表象しています。**第3章**で述べたマオリの社会では、とくに女性たちが、マジョリティ社会から禁じられていた伝統的なタトゥ（入れ墨）を復活させ、自らのアイデンティティとして、積極的に使うことが普通になってきていました。たんなる流行としてのタトゥーではなく、アイヌにとってはそれぞれの祖先から伝承している刺繡の文様のように、自分の祖先との深いつながりを再確認するための、個別的なタトゥーなのです。

マオリといえば、**第3章**で、ロトルアの「マオリ・ヴィレッジ」での、徹底的に参加者を笑わせる見事なパフォーマンスと語りについて述べました。アイヌの社会の中には、そのような笑いの文化があったにちがいありませんが、それが外に向かって発信されることはなかったように思います。そうした笑いの文化を発信し始めているのが、二〇一五年に結成された漫才コンビの「ペナンペ・パナンペ」、川上竜也さん・川上将史さんの二人です。ペナンペはアイヌ語で川上、パナンペは川下ですから、自分たちの苗字をひっかけてもいるのです。二人とも二風谷に近い平取町の出身の若者で、苗字は同じですが親戚でも兄弟でもない、というのが面白いところです。しかも、普通の仕事をしながら、その合間に、いろいろなところで漫才やコントを披露しているのですから、アマチュアといえばアマチュアですが、既に漫才の登竜門である「M―1」では二回戦まで進み、毎月、札幌で行われている「お笑い天下一武道会」では三度も優勝している実力派です。

彼らは「会いに行けるアイヌ」を自称しています。和人社会では、**第1章**でも述べたように、たとえ札幌などに住んでいても、これまでは、なかなかアイヌの人と会ったり話したりする機会はありませんでした。そういう状況そのものが、アイヌを特殊な存在にしてしまっていたように思います。彼らのような「芸人」が出てくることで、もっと、アイヌと和人はフッーに知り合い、友だちになれるのではないか、それを二人は「笑い」を通じて実現しようとしているのではないか、と思います。**第3章**でふれた「教育のための世界先住民族会議（ウィプシー）」には、将史さんも一緒に行き、開会式のセレモニーでは結城さんたちとカムイノミを捧げてくれました。その時はまだおとなしかった若者が、そんなふうに大ブレイクするとは思いもよりませんでした。若さというのは、あらゆる意味で、すばらしいものです。一方、今年、八九歳になった宇梶静江さんも、語りのなかで、人を笑わせるのが上手です。年齢とは関係なく、「笑い」もまた、「新しいアイヌ学」の重要なテーマの一つと言えるかもしれません。

アイヌ語を学び、なんとかアイヌ語で話そうとする若い人たちも、少しずつですが増えてきたようです。関根摩耶《まや》さんのように、ユーチューブを使って、アイヌ語の学習を広めようとする若者も出てきました。自由にアイヌ語を話せた世代がいなくなり、そのような人たちから直接アイヌ語を学んだ人たちも少なくなってきた現在、アイヌ語の復興ということは本当に困難な課題です。それでも、幸恵さんが命をかけて伝えようとしたアイヌ語を、なんとか引き継いでいくために、あらゆる力を結集してほしいと願わざるを得ません。せめて、数十年前、まだまだアイヌ語を自由に使える人たちが何人もいた時代に、政府が、アイヌ語復興への本格的な取り組みをきちんと始めていたら、と悔しい気持ちにもなるのですが、それでも、今からやるべきことはたくさんあるでしょう。

北海道出身の漫画家、野田サトルさんの、アイヌを主人公にした『ゴールデンカムイ』は、二〇一四年から連載され、その単行本は、すでに二三〇〇万部を売り上げたそうです。彼自身はアイヌではありませんが、**第2章**や**第5章**でもふれたアイヌ語研究の第一人者、中川裕さんにアイヌ語やアイヌ文化についての校閲を受け、近代の歴史的背景を踏まえたうえで、物語としてのサバイバルバトルを描いたところに特徴があるでしょう。内容については批判もないわけではありませんが、このように、多くの人が楽しめるマンガを通じてのアイヌやアイヌ文化の発信もまた、重要な意味をもっていると思います。小笠原小夜さんのように、すでにイラストで活躍している人もおられますが、アイヌの人たち自身の手によるマンガも出てきてほしいものです。

映画についていえば、秋辺デボ（日出男）さん、ＯＫＩさん、結城さんなど、多くのアイヌが出演した「AINU MOSIR アイヌモシㇼ」が二〇二〇年に完成し、第一九回ニューヨーク・トライベッカ映画祭のインターナショナル・ナラティヴ・コンペティション部門で、長編日本映画史上初の審査員特別賞を受賞したほか、第二三回グナファト国際映画祭でも国際長編部門で最優秀作品賞を受賞しました。リリー・フランキーさん、三浦透子さんなどの実力派が脇役を固めてくれた効果もあったと思いますが、主人公の少年を演じたアイヌで映画初出演という下倉幹人くんの飾らない演技をはじめ、デボさんほか、個性的なアイヌの面々の存在感が高く評価されたのではないでしょうか。

静江さんの息子さんでもある宇梶剛士《たかし》さんは、すでに俳優として映画やテレビで活躍しています。彼自身がプロデュースした劇団「パトスパック」が二〇一九年に高円寺で上演した『永遠の矢――トワノアイ』は、一週間で二千人の観客を集めました。アイヌの人たちへの無意識の差別に気づかない和人の滑稽さ、自分がアイヌであることに目覚めていく若者の姿など、現代におけるアイヌの人たちと和人の関係を描いた作品です。アイヌ語では「矢」を意味する「アイ」と、「愛」を懸けたタイトルで、そこでは、アイヌの祖先が、和人に向けて射ようとしてやめた「矢」が物語りの重要なモチーフになっているのです。

釧路での舞台を映画化したものも上映されました。舞台ということでは、アイヌの伝統歌、踊り、ユカラの語りなどを入れながら新たな「物語り」を創り出している「nin cup」のつくった「ハポの物語」(Story of Mother) もあります。グループ名のアイヌ語「ニンチュプ」は、新月の直後の細い月を意味するそうです。メインヴォーカリストの豊川容子さんを初めとして、前述した川上将史さんほか、若い世代のアイヌの人たちが、ここでも、新しい声を響かせています。

結城さんの木版画による『七五郎沢の狐』は、アイヌの人たちによる初めての本格的なアニメ映画でした。北海道で実際に起きた医療廃棄物による環境汚染で、沢に棲むチロンヌㇷ゚(狐)が、すみかを失うという物語です。この章の扉を飾っているのが、その主人公の狐です。結城さんの義姉でもあり、東京、新大久保でアイヌ料理の店「ハルコロ」をやっている宇佐照代さんの語り、また、「アイヌレブルズ」で活躍した酒井厚司さんもカラスの声や音楽を担当し、杉原由美子さんによるアニメ化の部分を除けば、すべてアイヌがキャストともいえる画期的な作品でした。東京アニメアワード・フェスティバル2015で観客賞、第三一回インターフィルム短編映画祭(ベルリン)での若手審査員賞など、四つの映画祭で受賞しています。また、結城さんが主演する「Wakka」(水)という映画も現在、札幌でシアター・キノを運営する中島洋さんが自ら脚本・編集・監督を務め、制作が進んでいます。また、静江さんの自伝を映画化した「大地よ!」も、制作が進み、五月には封切られました。

本田優子さんは、勤務されている札幌大学に働きかけ、二〇一〇年、アイヌの若者を一人でも多く大学に進ませるために「ウレシパ奨学制度」をつくられました。進学したアイヌの大学生たちは、そこで多様なアイヌ文化を学び、それを社会に発信していくようになりました。その制度を企業が支える「ウレシパ・カンパニー」、そしてアイヌの学生たちと、アイヌの社会や文化に関心をもつ多くの学生や海外からの留学生たちが「協働」して、多文化共生のモデルを創ろうとする「ウレシパ・ムーブメント」。これら三本の柱を基本理念とした「ウレシパ」からは、若いアイヌの人材が続々と育ってきていると思います。北大アイヌ・先住民研究センターができたときには、北大にこそ、こうしたアイヌの若者を育てる仕組みを率先してつくってほしい、と要請しましたが、本田さんはいち早くそれを私学で実現されたのでした。

歴史修正主義に抗して

一方、こうしたアイヌの人たちの活躍の場が、これまでには考えられなかったほどに拡がっていけばいくほど、それを面白くないと思う人たちは、まったく誤った歴史認識や価値観にもとづいて、アイヌや、在日韓国人、その他の社会的な弱者たちに罵詈雑言を浴びせ始めました。きちんと名を名乗り、自らを出しての批判ならまだともかく、匿名での批判を繰り返すのは、そもそもフェアではありません。北原さんの文章で引用されていた新井かおりさんも、今後を期待される若い世代の研究者のひとりですが、彼女は、それらのヘイト・スピーチ、アイヌに対するいわれのない非難に向き合い、きちんと対抗している人のひとりだと思います。最近、マーク・ウィンチェスターさんは、リチャード・シドルさんの『人種、抵抗、日本のアイヌ』(シドル、一九九六)を『アイヌ通史』というタイトルで翻訳されました。また、岡和田さんとともに編集された『アイヌ民族否定論に抗する』(岡和田・ウィンチェスター、二〇一五)では、アイヌと、和人、それにテッサ・

モーリス・スズキさんなども含め、国や民族の違いを超えた多様な人たちが、あくまでも人間として、ヘイト・スピーチに反論しています。ヘイト・スピーチに対して、このような幅広い人たちが、連帯してそれに対抗する、ということも、以前はできていなかったように思います。

しかし、それでもヘイト・スピーチが収まらないのは、アイヌの人たちをまとめあげる組織というものが、日本では、北海道アイヌ協会しかない、ということにもよるのではないでしょうか。**第3章**でもふれたように、また、マークさんたちが編集した本で新井かおりさんが指摘しているように（新井、二〇一五）、その前身となった北海道ウタリ協会は、一種の福祉団体として、しかも北海道庁側の要請でつくられたものです。ですから、協会には、まず北海道在住のアイヌの人しか入れません。しかし、アイヌの人たちは全国に、また海外にもいるのですから、すべてのアイヌの人たちを代表するような組織がない、というのは、今の日本の社会においては、アイヌの人たちにとって、決定的に不利になっていると思います。**第4章**で紹介したように、たとえばサーミの人たちは、すべてのサーミを代表する「サーミ議会」をもっていますし、それぞれ状況は異なっていても、できる限りすべての構成員を対等に統合する組織をもつことは、世界の先住民族の課題になっているといえるでしょう。しかし実際には、北海道にいながら、北海道アイヌ協会には入っていないアイヌの人たちもいるのが現状です。もちろん、選挙権があっても投票に行かない人も多いのですから、日本の議会制度がうまくいっているとは思いませんが、それでも、すべてのアイヌの人たちが対等に参加できる「アイヌ議会」のような組織ができて、そこが日本政府とさまざまな交渉を行い、また海外の先住民族と連携し、ヘイト・スピーチなどには毅然として組織として対応できるような体制を早くつくりたいものです。そのためにはどうしたらいいか、それをアイヌが主体となって話し合い、必要ならさまざまな専門家を呼んで最もよい方法を検討するというのも、「新しいアイヌ学」の重要な課題ではないでしょうか。

こういうことも、いきなりできることではなく、違っている一人ひとりが、つながりあい、ともに同じ方向を目指すことで可能になることだと思います。それは、違っている一人ひとりが、違いを認めあいながら、共通する目的に向かってともに活動する、ということではないでしょうか。この本では、私なりにやってきたそのような「協働」の歴史を書いたつもりです。失敗のほうが多かったのかもしれません。でも、「失敗学」というものだってあります。過去の失敗から学ぶことで、これからは、同じ過ちを繰り返さないようにすることもできるでしょう。

研究における「協働」としては、最近、岩佐奈々子さんと新井かおりさんが、一方は和人、他方はアイヌの立ち位置から一緒に論文を書くという試みもなされるようになりました (Iwasa & Arai, 2020)。今後は、このような「協働」が、研究だけでなくさまざまな分野で拡がっていってほしいものです。

人間は過ちをおかす存在です。どんなに自分ではよいことだと思っても、他人からは、それを悪ととられ、批判され、ときには非難されることがあります。それによって、長年、築きあげてきた「協働」が壊れてしまうことを、本書では、私自身の体験として書きました。そのようなことが起きた時、それをどのように修復できるのか、ということも、「新しいアイヌ学」の課題であろうと思います。さきほど引用した北原さんは、二〇二一年に出た北大アイヌ・先住民研究センターの紀要の創刊号に、「歴史的トラウマから展望するアイヌ・先住民研究」という特集を組み、論文も書かれています (北原、二〇二一 a、b)。一方的に差別され、抑圧されてきた先住民族が、歴史的なトラウマをもたされていることは重要であり、このような視点からの研究は、とくに心の問題を解決していくうえで、ますます必要になることでしょう。

しかし、歴史的なトラウマを受けてきたのは、同時にマジョリティ側でもあります。自分ではなくても、自分の祖先たちが先住民族にひどいことをしてきたことを知り、それを良心の痛みとして感じる者は、また、そのような歴史的な罪を少しでも償おうとするとき、先住民族側からは、さまざまな批判や非難を受けることを覚悟しなくてはならず、また実際にそのような、ときにはいわれのない非難を受けることが起きうるのです。それが繰り返されることで、マジョリティ側にも歴史的トラウマは生まれます。それをどのように乗り越えればいいのか、「和解」は可能なのか、どのように「和解」すればいいのか、ということも、「新しいアイヌ学」の課題になると思います。**第2章**で書いたように、たとえ最終的には「和解」できたとしても、なぜもっと早くそれができなかったかと、悔やまずにはいられないからです。「協働」ということが拡がりをもち、より多くの人たちが関係性をもつようになれば、個人的な齟齬に陥る危険を回避でき、また歴史的トラウマも早く解決できるようになるのではないでしょうか。

第5章で述べた歴史の問題は、ある意味で、最も重要な意味をもっているのではないかと思います。マジョリティ側の歴史認識が変わらない限り、差別や偏見は、まさに「学問」という形をとって続くからです。考古学者や歴史学者が再生産する「アイヌの歴史の矮小化」が、教育によってマジョリティ全体の歴史認識となり、差別を助長するのです。また、「歴史修正主義」の危険も大きくなっています。二〇一二年には、それまで北海道の小中学校で広く使われていた「アイヌ民族副読本」(アイヌ文化振興・研究推進機構、二〇〇三)が突然に問題視され、明治政府による植民地政策をすべて否定するような主張がなされました(「アイヌ民族副読本問題を考える会」、二〇一二、小野、二〇一三b)。こうしたことが起きてしまう危険は、さらに大きくなっているともいえるでしょう。事実、稲垣克彦さんが最近の論文で的確に批判しているように、アイヌの人たちをバッシングする人々は、本書で紹介した分子生物学による研究成果までをも歪曲しています(稲垣、二〇二二)。科学的な成果を引用すると見せかけて、科学者が研究にもとづいて述べたことを、自説に都合のいいように捻じ曲げるのが「歴史修正主義」です。それがまかり通るようになることを、私たちは許してはならないでしょう。放っておけば、アイヌの人たちだけでなく、同じような立場にある他の人たちも、そのような理不尽な攻撃を受けるからです。前述した北大アイヌ・先住民研究センターの紀要の創刊号で、加藤博文さんは、次のように結論していました。

「先住民考古学の実践は、歴史文化遺産を通じて先住民のアイデンティティ構築を支援する有効な手法である。またこの実践を通じて、考古学者は同化政策と関わった負の歴史を見直す中で自らの学問の抱える植民地主義の影響を否定し、そこからの脱却を図ることが可能となる。この意味において先住民考古学の実践とは、考古学の脱植民地化の取り組みであることを再確認することができよう。」

(加藤、二〇一一)

「脱植民地化」という言葉でつねに思うのは、リンダ・トゥヒワイ・スミスさんの『脱植民地化の方法論("Decolonizing Methodologies")』という本です(Smith, 1999)。マオリである彼女は、この本で先住民族研究のもつ植民地主義的な問題を徹底的に論じ、そこからマオリの権利回復がどのようにあるべきかという指針を明確に示しました。二〇〇五年の「ウィプシー」で彼女は基調講演をしたのですが、驚いたことに、彼女の講演が終わると、多くのマオリの女性たちが、そのメッセージに賛同を表す意味で、彼女自身も含めてステージの上で一緒に踊ったのです。先住民族が主体で、本来は、先住民族だけが正式に参加できる「ウィプシー」では、「発表」といっても、ただ原稿を読むだけとか、パワーポイントを使った講演形式ではなく、歌や踊りなどあらゆる身体表現を使った「発表」が普通に行われるのでした(小野、二〇〇六a)。それを見て、これまで普通の「学会」で経験してきた「発表」のスタイルそのものが、いかに欧米近代主義に制約されたものであったかを痛感させられたのです。そもそも、そういう無意識に前提された規範、基準というものをまず疑い、先住民族としてのスタイルを実践していくこと、それが、リンダ・トゥヒワイ・スミスさんのいう

「脱植民地化の方法論」の実践なのだと気づかされました。「新しいアイヌ学」が、そのような、生き生きとした、一人ひとりの「アイヌ・ネノ・アン・アイヌ（人としての人、人間らしい人間）」同士がつくりあげる、民族や宗教や国籍の違いを超えた、架け橋（ルイカ）としての「学」になることを願います。そして、少しでも、そのお手伝いができればと思います。

謝辞

最後になりましたが、本書が出来たのは、この本でお名前を挙げさせていただいたすべてのアイヌの人たちのおかげです。ですからすべての方々に御礼を申し上げなければなりませんが、とりわけ、幸恵記念館をつくるために一〇年間にわたり一緒に活動した横山むつみさん、シレトコ・アイヌエコツアーや、先住民族サミットの実現のために共に働いた結城幸司さん、アイヌ語地名併記運動に始まり、サッポロ・アイヌエコツアーで多くのことを教えられた小川隆吉エカシにはお世話になりました。ちょうど最終校正をしている最中の七月二七日、隆吉さんの訃報が届きました。八月に本が出たら、真っ先に届けたいと思っていた矢先でした。八六歳の大往生、とはいえひたすら悲しいです。しかし、隆吉さんの思いと行動は、この本を通じて後世に確かに伝わるでしょう。そこで発せられた隆吉さんの言葉とともに。

先住民族サミットで協働した萱野志朗さん、秋辺デボ（日出男）さん、島崎直美さん、川上裕子さん、宇梶静江さん、結城幸司さん、酒井美直さんなどからは、先住民族サミットに関わる写真の掲載許可もいただきました。また、シレトコやサッポロでアイヌエコツアーを一緒につくった石井ポンペさん、早坂賀道さん、雅賀さん、ユカさん、福本昌二さんなどからも写真掲載をご許可いただきました。先住民族サミットで献身的にご協力いただいたアン・エリスさんとジェフ・ゲーマンさんにもあらためて御礼申し上げます。また、一人ひとりお名前を挙げられませんが、アイヌ語やアイヌ文化の研究者ではない私に、さまざまなかたちで専門的な知識を教えて下さった研究者の方々、とくに、お書きになった著書や論文に関する疑問点に答えて下さった篠田謙一さん、マーク・ハドソンさん、また言語学に関する文献をご教示いただいた丹菊逸治さんに感謝申し上げます。もちろん、ここに書きましたことは、あくまで私自身の解釈に過ぎません。

原田公久枝さん、川上恵さん、石原真衣さん、新井かおりさん、鵜澤加那子さん、川上将史さんなど若い世代のアイヌの方々や、岩佐奈々子さんからは最近の新しい活動について教えていただきました。詩を再録させていただいた戸塚美波子さん、写真掲載の許可をいただいた上武やす子さん、木原仁美さんにもイヤイライケレと申し上げます。仁美さんが、「銀のしずく記念館」の新館長になられたことがつい最近、報じられました。むつみさん亡き後、いつかは娘さんの仁美さんに館長になっていただきたいと願っていた私にとって、これ以上の喜びはありません。

しばらくアイヌの人たちから遠ざかっていた私に、このような本を書くきっかけを与えて下さったのは、宇梶静江さんであり、また藤原書店の藤原良雄さんでした。また編集については藤原洋亮さんにお世話になりました。これらの方々のお力添えがなければ、本書を書くことはできませんでした。記して謝意を表します。また、結城幸司さんからは、表紙の版画を提供していただきました。版画を見たとたん、魅せられて、使わせてほしいとその場でお願いしたのですが、あとでよく見ると、そのタイトルは、「言葉を必要としない意志の力」でした。それは本書のテーマの一つであるアイヌ力《ぢから》でもあり、また「言葉」が消えるときに現れる、音や声としてのほんとうのコトバの力とも言えるでしょう。

こうしたすべてのことを津島佑子さんと語りたかった、とも思います。彼女が最後の作品（津島、二〇一六）に書きつけたコトバ、亡くなる前に語ってくれた、彼女自身の物語りの、あたかも続きのようにして……

沖のほうに、なにか黒いものが動くのを、あなたは見つける。クジラなのか、それともシャチか、イルカなのか。あなたの耳に歌声が届く。……

ファオーウ アトゥイソー
ファオーウ カタアー
ファオーウ エピンネ
ファオーウ シルボック……

沖のクジラかもしれない黒いものを見つめながら、私はシサム、とつぶやく。さらにつづける。……ひとりのシサムがアイヌ・モシリに来て、アトゥイを見つめている。
アイヌは人間。ここはアイヌ・モシリ、人間の大地、海はアトゥイ。……
シサムのあなたは背中のリュックを背負い直し、海岸沿いに歩く。海の歌声は、そのあなたを追ってくる。

ファオーウテパカン、テパカン
ファオーウ エマトゥネ
ファオーウ シルボック
ファオーウ サンオタ カタ
ファオーウ エチスリミムセ

引用文献

アイヌ文化振興・研究推進機構（編）（二〇〇三）『アイヌの人たちとともに――その歴史と文化』アイヌ文化振興・研究推進機構

アイヌ民族副読本問題を考える会（編）（二〇一二）『アイヌ民族副読本の書きかえ問題を考える市民の集い・集会記録・資料集』アイヌ民族副読本問題を考える会

アイヌ民族共有財産裁判の記録編集委員会（編）（二〇〇九）『アイヌ民族共有財産裁判の記録』緑風出版

青野友哉・大島直行（二〇〇三）「恵山文化と交易」野村崇・宇田川洋（編）『北海道の古代2　続縄文・オホーツク文化』北海道新聞社、一〇―二九頁

青柳光郎（二〇〇八）『ニュージーランドエコ紀行』七つ森書館

秋田県教育委員会（一九八八）『秋田県文化財調査報告書一六七号　一般国道七号八竜能代道路建設事業に係る埋蔵文化財発掘調査報告書――寒川Ⅰ遺跡、寒川Ⅱ遺跡』秋田県教育委員会

阿部千春（二〇〇一）「大規模集落の出現――北海道南部の縄文集落」野村崇・宇田川洋（編）『北海道の古代1　旧石器・縄文文化』北海道新聞社、九〇―一〇九頁

阿部ユポ（二〇〇四）「アイヌ民族の復権運動」上村英明・藤岡美恵子・中野憲志編『グローバル時代の先住民族』法律文化社、三九―四九頁

天野哲也（二〇〇三ａ）『クマ祭の起源』雄山閣

――（二〇〇三ｂ）「オホーツク文化はなにか」野村崇・宇田川洋（編）『北海道の古代2　続縄文・オホーツク文化』北海道新聞社、一一〇―一三三頁

――（二〇〇八ａ）『古代の海洋民　オホーツク人の世界――アイヌ文化をさかのぼる』雄山閣

――（二〇〇八ｂ）「ユーラシアを結ぶヒグマの文化ベルト」池谷和信・林良博（編）『野生と環境』岩波書店、四五―六八頁

新井かおり（二〇一五）「北海道アイヌ協会小史　国とアイヌのはざま」岡和田晃、マーク・ウィンチェスター（編）『アイヌ民族否定論に抗する』河出書房新社、二一二―二一九頁
荒井和子（一九九三）『焦らず挫けず迷わずに』北海道新聞社
――（二〇一三）『先生はアイヌでしょ』北海道出版企画センター
荒井源次郎（一九八四）『アイヌの叫び』北海道出版企画センター
――（一九九〇）『続アイヌの叫び』北海道出版企画センター
新城俊昭（二〇一一）『高等学校　琉球・沖縄史』東洋企画
安蒜政雄（二〇一〇）『旧石器時代の日本列島史』学生社
池澤夏樹（二〇〇三）『静かな大地』朝日新聞社
石附喜三男（一九八六）「考古学からみた〝粛慎〟」石附喜三男『アイヌ文化の源流』みやま書房、二九七―三一六頁
石原真衣（二〇二〇）『〈沈黙〉の自伝的民族誌』北海道大学出版会
――（編）（二〇二一）『アイヌからみた北海道一五〇年』北海道大学出版会
伊東信雄（一九七六）「東北古代文化の研究」東北考古学会（編）『東北考古学の諸問題』東出版・安寧楽社、五三五―五五一頁
伊藤せいち（一九九七）『アイヌ語地名Ⅰ　網走川』北海道出版企画センター
稲垣克彦（二〇二二）「ＤＮＡ解析と『アイヌ民族否定論』――歴史修正主義者による先住民族史への干渉」『解放社会学研究』三五号、七―三二頁
稲田孝司（二〇〇一）『遊動する旧石器人　先史日本を復元する1』岩波書店
乾哲也（二〇一一）「厚真の遺跡を支えたもの――交易・シカ資源」簑島栄紀（編）『アイヌ史を問いなおす　生態・交流・文化継承』勉誠出版、五七―八〇頁
――（二〇一五）「擦文からアイヌへ――厚真町の事例から」『季刊考古学』一三三号、八二―八三頁
井上勝生（二〇〇九）「札幌農学校植民学と有島武郎――『星座』と千歳アイヌのコスモス」『北海道大学文書館年報』四、一―一九頁
――（二〇一三）『明治日本の植民地支配　北海道から朝鮮へ』岩波現代全書
――（二〇一七）「内村鑑三と石狩川サケ漁、アイヌ民族」『北海道大学文書館年報』一二、一―三〇頁

違星北斗（一九三〇）『コタン 違星北斗遺稿』希望社出版部（草風館、一九九五年）
ヴェイユ、シモーヌ（一九五〇）『神を待ちのぞむ』今村純子訳、河出書房新社
上村英明（二〇〇四）「『先住民族の国際一〇年』が生み出した希望、現実、そして幻想」上村英明・藤岡美恵子・中野憲志編『グローバル時代の先住民族』法律文化社、二二九―二四九頁
ヴォヴィン、アレクサンダー（二〇〇九）「萬葉集と風土記に見られる不思議な言葉と上代日本列島におけるアイヌ語の分布」（日文研フォーラム 第二二五回）国際日本文化センター（講演・HP公開）
宇梶静江（二〇二〇）『大地よ！――アイヌの母神、宇梶静江自伝』藤原書店
鵜澤加那子（二〇二一）「北海道平取町二風谷&東京出身」石原真衣（編）『アイヌからみた北海道一五〇年』北海道大学出版会、一〇八―一一九頁
右代啓視（二〇〇三）「オホーツク文化の土器・石器・骨角器」野村崇・宇田川洋（編）『北海道の古代2　続縄文・オホーツク文化』北海道新聞社、一三四―一六一頁
宇田川洋（二〇〇一）『アイヌ考古学研究・序論』北海道出版企画センター
――（二〇〇三）（チャシ）榎森進編『アイヌの歴史と文化Ⅰ』創童舍、九四―一〇三頁
内村鑑三（一八八二）「千歳川鮭魚減少の源因」『大日本水産會報告』一号、大日本水産會事務所。『内村鑑三全集』第一巻、岩波書店、一九八一年、九および六七―七三頁
榎森進（二〇〇三）「北東アジアからみたアイヌ」菊池勇夫編『蝦夷島と北方世界』吉川弘文館、一二六―一六六頁
――（二〇〇七）『アイヌ民族の歴史』草風館
――（二〇一〇）「報告　これからのアイヌ史研究に向けて」北海道大学アイヌ・先住民研究センター（編）『アイヌ研究の現在と未来』北海道大学出版会、二〇―五八頁
エリアーデ、ミルチア（一九七六）『世界宗教史1』中村恭子訳、ちくま学芸文庫、二〇〇〇年
大井晴男（二〇〇四）『アイヌ前史の研究』吉川弘文館
――（二〇一一）「『先住民考古学』への疑問、あるいは、『アイヌ考古学』の現状と課題」『北海道考古学』四七、八七―九五頁
大島直行（二〇一四）『月と蛇と縄文人　シンボリズムとレトリックで読み説く神話的世界観』寿郎社
――（二〇一六）『縄文人の世界観』国書刊行会

太田満（二〇〇五）『旭川アイヌ語辞典』（川村兼一監修）アイヌ語研究所
太田好信（一九九三）「文化の客体化」『民族学研究』五七（四）三八三―四一〇頁
大塚和義（一九九五）『アイヌ　海浜と水辺の民』新宿書房
大西秀之（二〇〇九）『トビニタイ文化からのアイヌ文化史』同成社
大野徹人（一九九九）「連載報告・多言語社会ニッポン　アイヌ語①」『ことばと社会』一号、一二八―一三四頁
岡和田晃、マーク・ウィンチェスター（編）（二〇一五）『アイヌ民族否定論に抗する』河出書房新社
小笠原伸之（二〇〇四）『アイヌ民族共有財産裁判　小石ひとつ自由にならず』緑風出版
小川隆吉（二〇一五）『おれのウチャシクマ　あるアイヌの戦後史』（構成・瀧澤正）寿郎社
小田静夫（二〇一四）『旧石器時代』（考古調査ハンドブック9）ニューサイエンス社
小田静夫・小野林太郎（二〇二二）「サピエンスによる更新世期の島嶼移住と渡海に関する一考察――ウォーレシア・琉球列島における事例から」『東南アジア考古学』四一号、九三―一一〇頁
小野有五・五十嵐八枝子（一九九一）『北海道の自然史　氷期の森林を旅する』北大図書刊行会
小野有五（一九九二）「熊楠のフィールドワーク」『現代思想』二〇―七、一六〇―一六七頁
――（一九九九）「アイヌ語地名の併記を考える」『ことばと社会』一号、七八―八六頁
――（二〇〇〇）「知里幸恵の百年」『図書』六一七号（九月号）
――（二〇〇三a）「生きる意味――知里幸恵とキリスト教」（財）北海道文学館（編）『知里幸恵「アイヌ神謡集」への道』東京書籍、五二―六四頁
――（二〇〇三b）「知里幸恵　東京での一二九日」（財）北海道文学館（編）『知里幸恵「アイヌ神謡集」への道』東京書籍、付編四〇―五二頁
――（二〇〇四）「アイヌ民族と世界遺産」札幌アイヌ文化協会アシリチェップノミ実行委員会編『第二三回アシリチェップノミ』札幌アイヌ文化協会、一二―一九頁
――（二〇〇六a）「教育のための世界先住民族会議@アオテアロアに参加して」『先住民族の一〇年News』一二一号、一二―一三頁
――（二〇〇六b）「シレトコ世界自然遺産へのアイヌ民族の参画と研究者の役割――先住民族ガヴァナンスからみた世界遺産」『環境社会学研究』一二、四一―五六頁

——（二〇〇七）『自然のメッセージを聴く　静かな大地からの伝言』北海道新聞社
——、小川隆吉、石井ポンペ、清水裕二、テッサ・モーリス・スズキ、瀧澤正、榊原正文、早坂ユカ、早坂賀道、小川早苗（二〇〇七）『響きあうパレスチナとアイヌ・第二回　反植民地主義フォーラム in 北海道』「テッサ・モーリス・スズキ講演実行委員会」・パレスチナ連帯・札幌、一五五―二二四頁
——（二〇〇八ａ）「先住民族から見た自然と環境」『先住民族サミット・アイヌモシリ２００８』報告」BIOCity、四〇、一一六―一二二頁
——（二〇〇八ｂ）「アイヌ語地名の平等な併記に向けて――アイヌ語地名研究の目的と意義」『アイヌ語地名研究』一一号、一―一〇頁
——（二〇一二ａ）「日本における一九六〇―二〇一〇年の氷河地形研究――一研究者の回顧と展望」『地学雑誌』一二一、一八七―二一四頁
——（二〇一二ｂ）「エコツーリズム」杉浦芳夫（編著）『地域環境の地理学』朝倉書店、一五一―一六三頁
——（二〇一二ｃ）「世界自然遺産　エコツーリズムの発展と課題」吉岡斉（編）『新通史　日本の科学技術』第四巻、五二三―五四八頁
——（二〇一二ｄ）「東北アイヌ語地名と考古学」『アイヌ語地名研究』一五、一―一八頁
——（二〇一三ａ）『たたかう地理学』古今書院
——（二〇一三ｂ）「大地は誰のものか――自然と環境をめぐる日本のポリティックス」浅野敏久・中島弘二（編）『自然の社会地理』海青社、四一―六八頁
——（二〇一八）「松浦武四郎とアイヌ語地名」『地図中心』五五二号、一二―一五頁
——（二〇二二）「苦界《くがい》の正中《まんなか》からの跳躍――アナーバーにおける熊楠の萃点」『南方熊楠研究』一六号、三二一―五三頁
貝澤耕一（一九九九）「二風谷ダム事件によせて②　願い」萱野茂・田中宏（編）『二風谷裁判の記録』三省堂、二九―三三頁
貝澤正（一九九三）『アイヌわが人生』岩波書店
海部陽介（二〇二〇）『サピエンス日本上陸――三万年前の大航海』講談社
片山龍峯（一九九三）『日本語とアイヌ語』すずさわ書店

加藤博文（二〇〇九）「先住民考古学という視座――文化遺産・先住民族・考古学の課題」『北海道考古学』四五、三一―四三頁
――（二〇二一）「先住民考古学の成立背景と課題――アメリカ合衆国における事例考察」『アイヌ・先住民研究』第一号、一二一―一四三頁
萱野茂（一九八〇）『アイヌの碑』朝日新聞社（朝日文庫、一九九〇年）
萱野茂・田中宏（一九九九）（編）『二風谷裁判の記録』三省堂
川上恵（二〇二一）「よりよい未来を願って」石原真衣（編）『アイヌからみた北海道一五〇年』北海道大学出版会、三七―三八頁
菅浩伸（二〇〇四）「東アジアにおける最終氷期最盛期から完新世初期の海洋古環境」『OKAYAMA University Earth Science Reports』Vol. II, No. 1, pp. 23-31
菊池勇夫（二〇〇三）『蝦夷島と北方世界』吉川弘文館
菊池俊彦（一九九五）『北東アジア古代文化の研究』北大図書刊行会
北原モコットゥナシ（二〇一九）「大学を開く　アイヌ学／和人学をめざして」北大ACMプロジェクト（編）『北海道大学もう一つのキャンパスマップ』寿郎社、一八三―一九一頁
――（二〇二一a）「特集『歴史的トラウマから展望するアイヌ・先住民研究』序論――アイヌ／和人への手紙」『アイヌ・先住民研究』第一号、三―五頁
――（二〇二一b）「歴史的トラウマ概念のアイヌ研究への導入を探る」『アイヌ・先住民研究』第一号、七―三四頁
木田章義（二〇一五）「日本語起源論の整理」『日本語の起源と古代日本語』臨川書店、三―九三頁
鬼頭秀一（一九九八）「環境運動／環境理念研究における『よそ者』論の射程――諫早湾と奄美大島の『自然の権利』訴訟の事例を中心に」『環境社会学研究』四、四四―五八頁
木村英明（二〇〇一）「酷寒のシベリア　人類の移住と拡散」NHKスペシャル「日本人」プロジェクト（編）『マンモスハンター　シベリアからの旅立ち』日本放送協会、一四八―一六八頁
――（二〇二〇）『北の黒曜石の道――白滝遺跡群（改訂版）』新泉社
工藤正廣（二〇〇三）「ロシア語訳の覚え書き」（財）北海道文学館（編）『知里幸恵「アイヌ神謡集」への道』東京書籍、第五編、三七―三九頁

熊谷公男（二〇〇三）「古代蝦夷の文化」榎森進（編）『アイヌの歴史と文化1』創童舎、二二頁
栗田英幸（二〇〇八）『サンロケダム闘争史――なぜ大規模開発は失敗するのか？』『愛媛大学経済学研究叢書』一五
計良智子・計良光範・河野本道・田中美智子・成田得平・猫宮さえ子・花崎皋平・村山トキ・山田順三（一九九八）『新版 近代化の中のアイヌ差別の構造』明石書店（旧版は、一九八五年）
小泉保（二〇一三）『縄文語の発見』青土社
河野広道（一九五三）「アイヌの文様」『暮しの手帖』二一号、暮しの手帖社、八四―九二頁
河野本道（編著）（一九七八）『北海道前近代の文化史2』北海道出版企画センター、三七―六八頁
――（一九九六）『アイヌ史／概説――北海道島および同島周辺地域における古層文化の担い手たちとその後裔』北方新書、二八三―二八五頁
――（一九九九）『「アイヌ」――その再認識』北海道出版企画センター
国立歴史民俗博物館（編）（二〇〇九）『縄文はいつから!?　1万5千年前になにがおこったのか』歴史民俗博物館振興会
小坂博宣（二〇一五）『知里真志保――アイヌの言霊に導かれて』クルーズ
越田清和（二〇一〇）「COP10という偽善」『インパクション』一七七、八四―八六頁
児島恭子（二〇〇七）「アイヌ語地名の政治学」（初出・『歴史地名通信』月報、五〇号、平凡社）
――（二〇〇九）『エミシ・エゾからアイヌへ』吉川弘文館
小杉康（二〇〇一）「巨大記念物の謎を探る」野村崇・宇田川洋（編）『北海道の古代1　旧石器・縄文文化』北海道新聞社、一八二―二〇一頁
小林達夫（編著）（二〇〇五）『縄文ランドスケープ』アム・プロモーション
小宮孟（二〇二一）『イヌと縄文人――狩猟の相棒、神へのイケニエ』吉川弘文館
米家志乃布（二〇二一）『近世蝦夷地の地域情報』法政大学出版局
小山正人（二〇一一）『近代北海道とアイヌ民族――狩猟規制と土地問題』北大出版会
阪口豊（一九九三）「過去八〇〇〇年の気候変化と人間の歴史」『専修人文論集』五一、七九―一一三頁
斎藤成也（二〇一七）『日本人の源流』河出書房新社
《財団法人》北海道文学館（編）（二〇〇三）『知里幸恵「アイヌ神謡集」への道』東京書籍

榊原正文（一九九七）『データベース　アイヌ語地名　1 後志』北海道出版企画センター（このあと、「2 石狩Ⅰ」「3 石狩Ⅱ」「4 日高Ⅰ」「5 胆振中東部」などが二〇一一年にかけて出されている）
坂田美奈子（二〇一一）『アイヌ口承文学の認識論（エピステモロジー）』御茶の水書房
崎谷満（二〇〇八）『DNA・考古・言語の学際的研究が示す新・北海道史　アイヌ民族・アイヌ語の成立史』勉誠出版
佐々木利和（一九八八）「アイヌ語地名資料集成について」山田秀三監修・佐々木利和編『アイヌ語地名資料集成』草風館、四八九―五一一頁
佐々木昌雄（二〇〇八）『幻視する〈アイヌ〉』草風館
佐藤知己（二〇〇五）「アイヌ語地名研究と言語学」『アイヌ語地名研究』八号、一五三―一八〇頁
佐藤信行（一九七六）「東北地方の後北式文化」東北考古学会（編）『東北考古学の諸問題』東出版・安寧楽社、二六五―二九八頁
シドル、リチャード（一九九六）『アイヌ通史』マーク・ウィンチェスター訳、岩波書店、二〇二一年
篠田謙一（二〇〇七）『日本人になった祖先たち　DNAが解明するその多元的構造』NHK出版
――（二〇一九）『新版　日本人になった祖先たち　DNAが解明するその多元的構造』NHK出版
司馬遼太郎（一九九三）『オホーツク街道』朝日文庫、二〇〇九年
柴田武（一九九九）「日本語とアイヌ語のある国」『ことばと社会』一号、四―五頁
市民外交センター（二〇〇八）「先住民族の権利に関する国際連合宣言・仮訳暫定版」『先住民族の一〇年 News』一四七号別冊
新谷行（一九七九）『コタンに生きる人びと』三一書房
杉浦重信（二〇〇一）「北辺の縄文文化」野村崇・宇田川洋（編）『北海道の古代1　旧石器・縄文文化』北海道新聞社、二〇二―二二七頁
鈴木秀夫（一九七八）『森林の思考・砂漠の思考』NHKブックス
スチュアート、ヘンリ（一九九七）「先住民運動――その歴史、展開、現状と展望」『岩波文化人類学講座　第六巻　紛争と文化』岩波書店、二二九―二五七頁
ストロング、サラ（二〇〇三）「アメリカで考える銀のしずく――『聞いていると優しい美しい感じが致します。』」（お

よび英訳“Silver droplets falling,falling all around”）（財）北海道文学館（編）『知里幸恵「アイヌ神謡集」への道』東京書籍、第五編、三〇―三三頁
砂澤クラ（一九八三）『クスクップ オルシペ（私の一代の話）』北海道新聞社（らぷらん、二〇一二年）
スラヴィク、アレクサンダー（一九七八）『日本文化の古層』住谷一彦・ヨーゼフ・クライナー共訳、未來社、一九八四年
世界先住民族ネットワークAINU（二〇一〇）『WIN―AINU マウコピリカ通信』創刊号（No. 1／No. 2合併号）
――（二〇一一）『WIN―AINU マウコピリカ通信』（No. 3／No. 4合併号）
――（二〇一二）『WIN―AINU マウコピリカ通信』（No. 5／No. 6合併号）
瀬川拓郎（二〇〇五）『アイヌ・エコシステムの考古学』北海道出版企画センター
――（二〇〇七）『アイヌの歴史――海と宝のノマド』講談社選書メチエ
――（二〇一一 a）『アイヌの世界』講談社選書メチエ
――（二〇一一 b）「アイヌ史における新たなパースペクティブ」簑島栄紀（編）『アイヌ史を問いなおす 生態・交流・文化継承』勉誠出版、一四―三〇頁
――（二〇一五）『アイヌ学入門』講談社現代新書
――（二〇一六）『アイヌと縄文』ちくま新書
「先住民族サミット」アイヌモシㇼ2008事務局（二〇〇八）『「先住民族サミット」アイヌモシㇼ2008』
「先住民族サミット」アイヌモシㇼ2008事務局／世界先住民族ネットワークAINU事務局（二〇〇八）『「先住民族サミット」アイヌモシㇼ2008報告集』
苑原俊明（一九九八）「いわゆるアイヌ文化振興法について」『八千代国際大学国際研究論集』一〇（四）、九〇―一一五頁
高倉新一郎（一九四二）『アイヌ政策史』日本評論社（新版は、三一書房、一九七二年）
高倉新一郎・知里真志保・更科源蔵・河野広道（一九五〇）『北海道駅名の起源』北海道鉄道管理局――山田秀三監修・佐々木利和編『アイヌ語地名集成』草風館、一九八八年、二九七―四〇八頁
高倉純（二〇〇一）「石刃鏃文化」野村崇・宇田川洋（編）『北海道の古代1 旧石器・縄文文化』北海道新聞社、八六―八七頁

――（二〇一二）「縄文のはじまりと北東アジア」北の縄文文化を発信する会（編）『縄文人はどこから来たか？』インテリジェント・リンク、一〇六―一一九頁
高橋基（二〇〇一）『旭川』の地名起源」『アイヌ語地名研究』四号、八―五〇頁
――（二〇〇二）『旭川』の地名起源考――その（2）」『アイヌ語地名研究』五号、一四三―一六九頁
――（二〇〇三）『旭川』の地名起源考――その（3）」『アイヌ語地名研究』六号、一四五―一九〇頁
高山亮二（一九九三）『有島武郎の思想と文学――クロポトキンを中心に』明治書院、四八一―四八四頁
田中哲郎（二〇〇一）「函館空港遺跡の縄文早期大型集落――中野B遺跡」野村崇・宇田川洋（編）『北海道の古代1 旧石器・縄文文化』北海道新聞社、七六―八五頁
谷本晃之（二〇一一）「〝アイヌ史的近世〟をめぐって」簑島栄紀（編）『アイヌ史を問いなおす　生態・交流・文化継承』勉誠出版、四四―五六頁
多原香里（二〇〇六）『先住民族アイヌ』にんげん出版、二〇〇頁
田村すず子（一九九六）『アイヌ沙流方言語辞典』草風館
チカップ美恵子（一九九一）『風のめぐみ――アイヌ民族の文化と人権』御茶の水書房
知里真志保（一九五六a）『アイヌ語入門――とくに地名研究者のために』北海道出版企画センター
――（一九五六b）『地名アイヌ語小辞典』北海道出版企画センター
――（一九六〇）「上川郡アイヌ語地名解」『旭川市史　第四巻』旭川市（『知里真志保著作集』第三巻、平凡社、三一四―三三三頁）
――（一九七三―七六）『知里真志保著作集』全四巻＋別巻Ⅰ・Ⅱ、平凡社
――（一九七六）『分類アイヌ語辞典　植物編』（『知里真志保著作集・別巻Ⅰ』）平凡社、一―三九四頁（とくに八―一六頁、オオウバユリについては一九六―一九七頁）
知里幸惠（編訳）（一九二三）『アイヌ神謡集』郷土研究社（岩波文庫、一九七八年）
――（一九八四）『知里幸恵遺稿　銀のしずく』草風館
津島佑子（一九九九）「アイヌ叙事詩翻訳事情」『アニの夢　私のイノチ』講談社、二四二―二九三頁
――（二〇〇七）「越境の女性作家として」西成彦・崎山政毅（編）『異郷の死　知里幸恵、そのまわり』人文書院、一四九―一五八頁

――（二〇一二）「草がざわめいて　サン・ブリュー駅前広場から」『東京新聞』夕刊、一月一八日付（津島佑子『夢の歌から』インスクリプト、二〇一六年、六八―七一頁に再録）
――（二〇一六）『ジャッカ・ドフニ――海の記憶の物語』集英社
堤隆（二〇〇四）『氷河期を生き抜いた狩人　矢出川遺跡』新泉社
トゥアン、イー・フー（一九七四）『トポフリア』小野有五・阿部一訳、せりか書房（ちくま学芸文庫、二〇〇八年）
戸塚美波子（二〇〇三）「いのち紡いで」（財）北海道文学館（編）『知里幸恵「アイヌ神謡集」への道』東京書籍、一一一―一一七頁
――（二〇〇二）「真の歴史」石原真衣（編）『アイヌからみた北海道一五〇年』北海道大学出版会、五二頁
トラスク、ハウナニ＝ケイ（一九九三）『大地にしがみつけ　ハワイ先住民女性の訴え』松原好次訳、春風社、二〇〇二年（引用文は訳本の二四頁）
内藤暁子（一九九一）「マオリの復権運動についてタイヌイ、キンギタンガの事例から」『社会科学ジャーナル』三〇（一）一〇七―一三〇頁
ナウマン、ネリー（二〇〇〇）『生の緒――縄文時代の物質・精神文化』桧枝陽一郎訳、言叢社、二〇〇五年
中川裕（二〇〇三ａ）「『アイヌ神謡集』を謡う」知里森舎「知里幸恵ノート」刊行部（編）『付・「知里幸恵ノート」解説』四―一五頁
――（二〇〇三ｂ）「日本語とアイヌ語の史的関係」『日本語系統論の現在』三一巻、二〇九―二二〇頁
――（二〇一〇）「アイヌ語の向こうに広がる世界」編集グループＳＵＲＥ
中沢新一（二〇〇二）『カイエ・ソバージュⅡ　熊から王へ』講談社選書メチエ
中村和之（一九九九）「北の『倭寇的状況』とその拡大」入間田宣夫・小林真人・斎藤利男（編）『北の内海世界』山川出版社、一七八―一九八頁
――（二〇〇八）「アイヌの北方交易とアイヌ文化――銅雀台瓦硯の再発見をめぐって」加藤雄三・大西秀之・佐々木史郎（編）『東アジア内海世界の交流史』人文書院、六三―八二頁
中本ムツ子（二〇〇三）『「アイヌ神謡集」をうたう』片山言語文化研究所（発行）、草風館（ＣＤ三枚付き）
永田方正（一八九一）『北海道蝦夷語地名解』北海道聯合教育會
西成彦（二〇〇七）「バイリンガルな白日夢」西成彦・崎山政毅（編）『異郷の死　知里幸恵、そのまわり』人文書院、

四七―八一頁
西成彦・崎山政毅（編）（二〇〇七）『異郷の死　知里幸恵、そのまわり』人文書院
西川治（編）（二〇〇九）『アトラス　日本列島環境変化』朝倉書店
野上ふさ子（一九八七）『アイヌ語の贈り物――アイヌの自然観にふれる』新泉社
――（二〇一二）『アイヌ語は生きている――ことばの魂の復権』新泉社
畑宏明（二〇〇一）「旧石器文化」野村崇・宇田川洋（編）『北海道の古代1　旧石器・縄文文化』北海道新聞社、二四―五九頁
――（二〇〇四）「続縄文時代前半に見られるクマ形の彫像について」宇田川洋先生華甲記念論文集刊行実行委員会（編）『アイヌ文化の成立』北海道出版企画センター、三一―四〇頁
服部四郎（一九六九）「カラフト西岸北部地名の共時論的研究」佐々木弘太郎『樺太アイヌ語地名小辞典』みやま書房、一―五頁
バチェラー八重子（一九三一）『若きウタリに』竹柏会〈心の華叢書〉（岩波現代文庫、二〇〇三年）
鳩沢佐美夫（一九九五）『沙流川――鳩沢佐美夫遺稿』草風館（現在、『鳩沢佐美夫の仕事』全三巻が刊行中、藤田印刷エクセレントブックス、二〇二二年）
花崎皋平（二〇〇九）『風の吹きわける道を歩いて』七つ森書館
――（二〇二二）『生きる場の思想と詩の日々』藤田印刷エクセレントブックス
埴原和郎・藤本英夫・浅井亨・吉崎昌一・河野本道・乳井洋一（一九七二）『シンポジウム　アイヌ――その起源と文化形成』北大図書刊行会
林顕三（一九〇二）『北海誌料』冨山房
原田公久枝（二〇二二）「書評・花崎皋平『生きる場の思想と詩の日々』」『北海道新聞』二〇二二年五月二九日付朝刊
ハーレイ、J・B（一九八八）「地図と知識、そして権力」山田（米家）志乃布訳『風景の図像学』千田稔・内田忠賢監訳、地人書房、二〇〇一年、三九五―四四一頁
東村岳史（二〇〇六）『戦後期アイヌ民族――和人関係史序説　一九四〇年代後半から一九六〇年代後半まで』三元社

平原一良（二〇〇三）「編むということ――あとがきにかえて」（財）北海道文学館（編）『知里幸恵「アイヌ神謡集」への道』東京書籍、一六七―一六九頁
深山直子（二〇〇五）「マオリ社会の都市化と都市マオリ集団の形成」前川啓治・棚橋訓（編）『オセアニア講座世界の先住民族――ファースト・ピープルズの現在』明石書店、一三二―一四六頁
――（二〇一二）『現代マオリと「先住民の運動」』風響社
フーコー、ミシェル（一九六六）『言葉と物』渡辺一民・佐々木明訳、新潮社、一九七四年
藤本英夫（一九七三）『銀のしずく降る降る』新潮社
――（一九九一）『銀のしずく降るまわりに』草風館
――（二〇〇二）『知里幸恵　一七歳のウエペケレ』草風館
フロパーチェフ、G・A／ギリヤ、E・J／木村英明（二〇一〇）『氷河期の極北に挑むホモ・サピエンス　マンモスハンターたちの暮らしと技』木村英明・木村アヤ子訳、雄山閣、二〇一三年
平凡社（二〇〇四）『別冊太陽　先住民アイヌ民族』
ベルク、オギュスタン（一九八六）『風土の日本――自然と文化の通態』篠田勝英訳、筑摩書房、一九八八年
――（二〇〇〇）『風土学序説』中山元訳、筑摩書房、二〇〇〇年
保苅実（二〇〇四）『ラディカル・オーラル・ヒストリー　オーストラリア先住民アボリジニの歴史実践』お茶の水書房（岩波現代文庫、二〇一八年）
北海道大学開示文書研究会（編）（二〇一六）『アイヌの遺骨はコタンの土へ　北大に対する遺骨返還請求と先住権』緑風出版
北海道環境生活部（二〇〇一）『アイヌ語地名リスト』財団法人アイヌ文化振興・研究推進機構
北海道大学北方研究教育センター（編）（二〇一〇）『知里真志保　人と学問』北大出版会
北海道・根室町・北見市（二〇〇七）『世界遺産暫定一覧表記載資産候補に係る提案書 資産名称「北海道東部の窪みで残る大規模竪穴住居跡群」』
北海道のエコツーリズムを考える会（編）（二〇〇〇）『北海道ネイチャーツアーガイド』山と渓谷社
――（編）（二〇〇一）『北海道におけるエコツーリズム実践のためのガイドライン（二〇〇一バージョン）』（パンフレット・私家版）

北海道博物館（編）（二〇一九）『アイヌ語地名と北海道』北海道博物館
北大ACMプロジェクト（編）（二〇一九）『北海道大学もう一つのキャンパスマップ』寿郎社
堀淳一（一九九七）『一本道とネットワーク』作品社
堀尾青史（編）（一九九一）『宮沢賢治　年譜』筑摩書房
本田優子（一九九七）『二つの風の谷　アイヌコタンでの日々』筑摩書房
――（編）（二〇一〇）『伝承から探るアイヌの歴史』札幌大学付属総合研究所
ましこひでのり（一九九九）『地名の政治言語学』のための文献案内」『ことばと社会』一号、九四―一〇三頁
増田隆一（二〇〇五）「ヒグマの系統地理的歴史とブラキストン線」増田隆一・阿部永（編）『動物地理の自然史』北大図書刊行会、四五―五九頁
町田宗鳳（二〇〇〇）『縄文からアイヌへ　感覚的叡知の系譜』せりか書房
松浦武四郎（一八五九）『東西蝦夷山川地理取調図』山田秀三監修・佐々木利和編『アイヌ語地名集成』別冊、草風館、一九八八年
――（一八六〇）『近世蝦夷人物誌』（更科源蔵・吉田豊訳『アイヌ人物誌』平凡社、二〇〇二年）
――（一八六九）「蝦夷地道名国名郡名之儀申上候書」山田秀三監修・佐々木利和編『アイヌ語地名集成』草風館、一九八八年、九五―一二八頁
松藤和人（二〇一四）『日本列島人類史の起源――「旧石器の狩人」たちの挑戦と葛藤』雄山閣
松本克己（二〇一五）「私の日本語系統論――言語類型的地理論から遺伝子系統地理論へ」『日本語の起源と古代日本語』臨川書店、九五―一四二頁
松本建速（二〇〇六）『蝦夷の考古学』同成社、一八九頁
――（二〇一一）『蝦夷とは誰か』同成社、二七六頁
丸山隆司（二〇〇二）『〈アイヌ〉学の誕生　金田一と知里と』彩流社
簑島栄紀（二〇〇一）『古代国家と北方社会』吉川弘文館
――（編）（二〇一一）『アイヌ史を問いなおす　生態・交流・文化継承』勉誠出版（序文はその四―一三頁）
テッサ・モーリス・スズキ（二〇〇〇）『辺境から眺める　アイヌが経験する近代』みすず書房
テッサ・モーリス・スズキ、市川守弘、北大開示文書研究会（編）（二〇二〇）『アイヌの権利とは何か』かもがわ出

版
森竹竹市（一九三七）『若きアイヌの詩集　原始林』自費出版（『森竹竹市遺稿集　評論』森竹竹市研究会、二〇〇九年）
柳田國男（一九四二）『妹《いも》の力』創元社（『柳田國男全集11』筑摩書房、一九九八年）
山口昌男（一九七五）『文化と両義性』岩波書店（岩波現代文庫、二〇〇〇年）
山口昌男・小野有五（二〇〇三）「対話　コスモポリタンとしての幸恵、そしてアイヌ文化」（財）北海道文学館（編）『知里幸恵「アイヌ神謡集」への道』東京書籍、第三編、九九―一一六頁
山田伸一（二〇〇五）「アイヌ語地名の近現代史に関するノート」『北海道開拓記念館研究紀要』三三、一〇一―一二二頁
――（二〇一一）『近代北海道とアイヌ民族』北海道図書出版会
――（二〇二一）「開拓使による河川サケ漁の『テス網』と夜漁の禁止」『北海道博物館』六号、一八三（一八）―二〇〇（一）
山田孝子（二〇〇〇）『アイヌの世界観』講談社選書メチエ
山田秀三（一九七二）「アイヌ語種族考」『ぷやら新書』四八巻（『山田秀三著作集1』七三―一〇四頁に再録）
――（一九七四）「アイヌ語族の居住範囲」『北方の古代文化』（『山田秀三著作集1』一〇五―一三四頁に再録）
――（一九八六）『アイヌ語地名を歩く』北海道新聞社
山本多助（一九九三）『イタㇰカシカムイ（言葉の霊）――アイヌ語の世界』北海道大学図書刊行会
結城庄司（一九八〇）『アイヌ宣言』三一書房（『チャランケ――結城庄司遺稿』草風館、一九九七年）
結城幸司（二〇〇九）「ホロケウ・カムイ（オオカミ）のウチャシクマ（昔語り）――ポンペッに伝わるウチャシクマから」『婦人之友』一〇三（三）、一四八―一五二頁
由良勇（一九九〇）『アイヌ語地名と伝説の岩――カムイコタンからチュプペッまで』マルヨシ印刷
吉野正敏（二〇〇九）「四―一〇世紀における気候変動と人間活動」『地学雑誌』一一八、一二二一―一二三六頁
与那覇恵子（二〇一七）「年譜」井上隆史（編）『津島佑子の世界』水声社、二四五―二六五頁
ラポロアイヌネイション・北大開文書研究会（二〇二一）『サーモンピープル――アイヌのサケ捕獲回復をめざして』かりん舎

Adachi, N., Kakuda, T., Takahachi, R., Kanazawa-Kiriyama, H., and Shinoda, K. (2018) Ethnic derivation of the Ainu inferred from ancient mitochondorial DNA data. American Journal of Physical Anthropology, 165(1), pp. 139-148.

Butler, Roger & Hinch, Tom (2007) "Tourism and Indigenous Peoples: Issues and Implications." Elsevier.

Disko, Stefan & Tugendhat, Helen (eds.) "World Heritage Sites and Indigenous Peoples' Rights." IWGIA-Document 129, Copenhagen.

Gakubari, T., Nakagome, Sh., Rasmussen, S., Allentoft, M., Sato, T., Korneliussen, Th., Chuinneagain, B., Matsumae, H., Koganebuchi, K., Schmidt, R., Mizushima, S., Kondo, O., Shigehara, N., Yoneda, M., Kimura, R., Ishida, H., Masuyama, T., Yamda, Y., Tajima, A., Shibata, H., Toyoda, A., Tsurumoto, T., Wakabe, T., Shitara, H., Hanihara, T., Willerslev, E., Sikora, M and Oota, H. (2020) Ancient Jomon genome sequence analysis sheds light on migration patterns of early East Asian populations. Communications Biology, 3, (1).

Hirata, D., Mano, T., Abramov, A.V., Baryshnikov, G.F., Kosintsev, P.A., Voroviev, A.A., Raichev, E.G., Tsunoda, H., Kaneko, Y., Murata, K., Fukui, D.and Masuda, R. (2013) Molecular phytologeography of the brown bear (*Ursus arctos*) in northern Asia based on analyses of complete mitochondorial DNA sequences. Molecular Biology and Evolution, 30, pp. 1644-1652.

Hudson, Mark (2004) The perverse realities of change: world system incorporation and the Okhotsk culture of Hokkaido. Journal of Anthropological Archaeology, 23, pp. 290-308.

Iwasa Nanako & Kaori Arai (2020) Ainu Puri and Research: Seeking "Our Way" for the Future Well-Being of the Ainu People in Japan. Elizabeth Sumida Huaman and Nathan D. Martin (eds) "Indigenous Knowledge Systems and Research Methodologies—Local solutions and global opportunities" Canadian Scholars., pp. 312-331.

Janhunen, Juna (2018) Ainu ethnogenesis. abstract, MINJAL International Symposium, Tachikawa, Tokyo.

Kanzawa–Kiriyama, H., Jinam, T. A., Kawai, Y., Sato, T., Hosomichi, K., Tajima, A., Adachi, N., Matsumura, H., Kryukov, K., Saitou, N., and Shinoda, K. (2019) Late Jomon male and female genome sequences from the Funadomari site in Hokkaido, Japan. Anthropological Science, Vol. 127(2), pp. 83-108.

Lee, S. & Hasegawa, T. (2018) Evolution of the Ainu Language in Space and Time. PLOS ONE 8.

Ono, Yugo (1999) "Ainu Homelands: Natural History from Ice Age to Modern Times" Fitzhugh, W.W. & Dubreuil, Ch.O. (eds.) " Ainu — Spirit of a Northern People" Arctic Studies Center, National Museum of Smithsonian Institution, pp. 32-38.

—— , Shulmeister, J., Lehmkuhl, F., Asahi, K. and Aoki, T.(2004) Timings and causes of glacial advances across the PEP II transect (East -Asia to Antarctica) during the last glaciation cycle. Quaternary International, 118-119, pp. 55-68.

—— (2011) Kamuy Yukar et Upashikuma: Le monde de la litérature orale aïnoue, peuple autochtone du Japon, (avec Koji Yuki, chant; Shoji Fukumoto, tonkori; Yoshimichi Hayasaka, guitare et tonkori), Le Clézio "Rumure du Louvre Rumure du Monde" Le Musée du Louvure, Demaille, Auditorium du Louvre, pp. 6-7.

—— (2014) Shiretoko Natural Heritage Area and the Ainu People. Stefean Disko & Helen Tugendhat (eds.) "World Heritage Sites and Indigenous Peoples' Rights" IWGIA-Document 129, Copenhagen, pp. 269-286.

—— (2021) Paléoenvironnements des îles japonaises lors de la dernière période glaciaire. L'anthropologie, https://doi.org/10.1016/j.anthro.2021.102952.

Robbeets, M., Bouckaert, R., Conte, M., Savelyev, A., Li, T., An, D.-I., Shinoda, K., Cui, Y., Kawashima, T., Kim, G., Uchiyama, J., Dolińska, J., Oskolskaya, S., Yamano, K., Seguchi, N., Tomita, H., Takamiya, H., Kanazawa-Kiriyama, H., Oota, H., Ishida, H., Kimura, R., Sato, T., Kim, J.-H., Deng, B., Bjørn, R., Rhee, S., Ahn, K.-D., Gruntov, I., Mazo, O., Bentley, J., Fernandes, R., Robets, P., Bausch, I, Gilaizeau, L., Yoneda, M., Kugai, M., Bianco, R., Zhang, F., Himmel, M., Hudson, M., and Ning, C. (2021) Triangulation supports agricultural spread of the Transeurasian languages. Nature, 599, pp. 616-621.

Smith, Linda Tuhiwai (1999) "Decolonizing Methodologies." Zed Books Ltd.

Sunazawa Kayo (2014) As a child of Ainu, Mark Hudson, ann-elise lewallen and Mark Watson (eds.) " Beyond Ainu Studies." University of Hawai'i Press, Honolulu, pp. 92-98.

Taiepa, T., Lyver, Ph., Horsley, P., Davis, J., Brag, M., and Moller, H. (1997) "Co-management of New Zealand's conservation estate by Maori and Pakeha" Environmental Conservation, 24: pp. 236-250.

The IntCal20 Northern Hemisphere Radiocarbon Age Calibration Curve (0–55 cal kBP) Published online by Cambridge University Press: 12 August 2020.

Tsushima, Y. (eds.) "Tombent, tombent les gouttes d'argent: Chants du people aïnou" L'aube des peoples, Gallimard.

Uzawa Kanako (2014) Charanke, Mark Hudson, ann-elise lewallen and Mark Watson (eds.) " Beyond Ainu Studies." University of Hawai'i Press, Honolulu, pp. 86-91.

Vovin, Alexander (1993) "A reconstruction of proto-Ainu." Leiden: E.J.BRILL.

〔附〕資料

資料1　知里幸恵　東京での一二九日（小野有五編）

『知里幸恵遺稿　銀のしずく』（草風館）に収められた幸恵の日記（「思いのまま」）と手紙、および断片的に思いや言葉が書きつけられた「日誌帳」と細かな「金銭出納簿」（いずれも知里むつみ氏のご厚意による）にもとづき作成。「　」内は、幸恵の言葉の引用であるが、改行を省いた箇所、表記などを変えた箇所もある。（ママ）は原文のままを、（　）は編者の注を、□は判読不明文字を示す。受信・返信記録で原文に眞子となっているものをここでは真志保とした。道哉《ママ》もおそらく道雄であろうが、一部は別人かもしれない。

これらの資料すべてを使っても幸恵の行動が復元できない日は空白とした。むしろそれらの日々に、幸恵が何を思い、何を願ったかを考えてみたい。

5月

11（木）登別を発つ。室蘭から船で青森へ。

12（金）朝、青森港着。青森駅六時一五分発の東北本線で出発。

13（土）朝五時、上野駅着、人力車で本郷森川町一番地の金田一宅へ。

14（日）春彦と東大構内を散歩。三四郎池を見る。

15（月）電車通り（本郷通り）で買い物（文房具など）。マツからの手紙が登別の両親から転送されてくる。

16（火）金田一からアイヌ語文典を習う。午後九時、マツへ返信を書く。

17（水）両親へ朝八時半から午後一時半までかかって上京以来はじめての長文の手紙を書く。14―17日までにすでに三冊の読書。主婦の友と家庭雑誌も読んだ。寒い日。絵葉書、櫛二種など買う。銭湯へ。

18（木）午後、名寄の婚約者、村井へ手紙。

19（金）

20（土）金田一、幸恵からアイヌ語を習う。

21（日）岩見沢にいる弟、高央へ絵ハガキ。佐々木さんほか二名にも。松山さん、イチ伯母、初子伯母、道雄さん（従弟）に絵ハガキ。救世軍、杉原大尉に葉書。

22（月）

23（火）銭湯へ。

24（水）マツ、真志保、富子さんより手紙。マツから五円送金。

25（木）午前、村井さん一家へ絵葉書八枚出す。登別の両親から手紙。午後、北見のウナラベさん、旭川の国夫さんへ絵葉書。半衿買う。

26（金）マツ、真志保に手紙。札幌の道雄さんから手紙。

27（土）

28（日）巻紙封筒、筆墨など買う。

29（月）登別の両親へ手紙。ノート三冊買う。

30（火）朝からいい天気。名寄、村井から手紙。札幌の道雄さんに絵葉書。三時ごろから夫人とお菊さんと三人で赤門をくぐり、東大構内を通って、上野不忍池に行く。イチゴのソーダ水をストローで飲み、甘い蜜豆を食べる。売店で単衣地の柄物（一反二円五〇銭）などを買う。きれいなとき色の帯締を夫人に買ってもらう。上野の電車通りから松坂屋に行き、初めてエレベーターに乗る。帰りは大学病院のそばを通って赤門から帰る。「私はもうあれで沢山、何も見物しなくともいゝと思ひました。それよりも英語が楽しみです。」

31（水）五月の手紙を自分で集計：発信五通、絵葉書一九枚。葉書一枚。受信：手紙五通。

6月

1（木）最初の日記。昨日と同じ机に向かってペンを執る。朝、金田一から、宮本（中条）百合子の話を聞く。

2（金）昼までシュプネシリカを書く。ギリシャ神話読了。名寄へ手紙。

3（土）銭湯へ行く。単衣出来上がる。ウレン・ウナラベにエハガキ一。

4（日）夜、本郷教会へ。一二人の来訪者のみ。失望する。杉原大尉を懐かしむ。グリム童話を春彦に読んで聞かせる。

5(月)赤ちゃんの子守。英語を習う。旭川のマツ、真志保、富子さんから手紙。マツからは忘れてきた聖書が届けられる。

6(火)朝から聖書を読む。夫人から借りた「平民の福音」を読む。一時雨。「英語はだんだんむづかしくなって来た。」

7(水)マタイ伝の長い引用。朝、マツと真志保に手紙。登別温泉の滝本ハマさんへ。登別、初子伯母へ。登別の両親から手紙。夜、(あるいはこの前夜あたりか)金田一から政治談を聞く。

8(木)五時起床。朝、雨。一〇時まで、金田一のアイヌ語の相手。昼までに雨上がる。マタイ伝の長い引用続く。夕食後、金田一から「平民の福音」と宗教談を一一時すぎまで聞く。

9(金)偽善者(マタイ伝の短い引用)。夕方、夫人と散歩。両親に手紙。毎晩、英語を五課ずつ習っている。シュプネシリカの筆記をまだ続けていることなどを報告。旭川、布施シンチャンにエハガキ一枚。

10(土)三時から雨。姉さんのことを心配する。朝、札幌、道雄さんから手紙。返信。午後、札幌の道哉《ママ》さんへ。

11(日)朝九時に本郷基督教会へ。日曜学校に失望。大人集会、聖餐式。寺西牧師不在。聖学院教授平井先生の話。

　発音学の独学者来訪。暗記力の違いにがっかりする。金田一からフレイザーの「金枝篇」の話を聞く。頭の具合が少し変。胸の鼓動も少し急。居眠りをしてしまう。

　恐ろしい夢を見る。お菊さんとたわいのない話をする。夫人が外出から帰って、土産のきんつばをおいしく食べる。

　夕食後、(何という教会か知らないけれど教えられて)本郷中央教会へ行く。波多野伝四郎牧師「宗教的偉人」(マタイ一〇、七―一五)江原素六先生についての話(武士道と宗教)。「今夜は私は何を得たのか」。河野さんという女性に再会。ホワイトナーさんにベイビーができた話を聞いて

「何となしに嬉しかった。」「よく忘れずに知里さんと呼かけてくれたもの……。」

それから救世軍へ行く。終わりかけたころに着く。小隊長のザアカイの話。大尉夫人は元気がなさそう。またいらっしゃいと言った。星が二つ三つ。青白い月が低くかかる。「涼しすぎる程の風に吹かれながら家路を急いだ時は気持よかった。」

12（月）朝、木根ウナラベからの手紙。それへすぐ返信する。ポン先生（平岡先生）にはがき出す。平岡先生の思い出にひたる。赤ちゃんの子守。

夜は銭湯へ。

13（火）夫人から、白地単衣一枚いただく。赤ちゃんの子守。

東京に来て一ヵ月。「長い様でもあり短い様でもあった。

私は、あと一月を越す事が出来るかしら……」

思い煩うこと無かれ。しかし、「今、たゞ今、私の命が現世を去っても何の悔もなく目を瞑ることが出来るか！　おゝ私は……。」

14（水）マタイ伝六、一九、詩篇第一九篇からの引用。

赤ちゃんのおなかから葉っぱが出る。反省。昼過ぎ、夫人と市電で三越へ。お汁粉、ドーナツ、ソーダ水をご馳走になる。「文明世界は私たちから見ればまるで戦場の様な目まぐるしいものだと思った。」

夜、夫人の許しを得て本郷キリスト教会の祈《ママ》祷会へ。男は牧師を入れて七人、女は私と八人、女の子が二人。失望する。牧師が眠そう。白髪まじりの梅原先生や、谷先生の奥さんに似た人が話したが。それでも「教会へ行く事が私には大きな楽《ママ》なのだ。」お菊さんが自分の感化で良くなったと夫人に言われ、かえって自分の臆病さ、偽善者ぶりに悩む。

金田一から、きのうアイヌの宗教について講演した話をきく。アイヌの神はアイヌに似て、欲が無く、頼まれればいやとは言えない、という。それを聞いて、「何だか涙ぐましい気分に」なる。お菊さんと銭湯へ行ったかえり、盲目のあんまに出会う。

15（木）日記なし。マツから破れ葉書一枚。それに返信。

16（金）妙な夢ばかり見続ける。朝から「蒸暑いやうな重苦しさ」、「だいぶ動悸がする。」体調が悪いのであろう。赤ちゃんも発熱。札幌、道雄さんから葉書。朝からザーッという雨。梅雨に入ったらしい。

17（土）マタイ伝の引用。両親に手紙。

18（日）本郷中央会堂へ行く。波多野牧師「能力の宗教」コリント一：二六、一―一六。「萩原（明）副牧師の祈祷がなんともいわれず良かった。」夜は救世軍へ。親の務めという話を聞く。

19（月）赤ちゃんが発熱。夫人は痛切に神を求める。救世軍の「ときの声」をお目にかける。ブース大将の悲哀の教訓を。金田一はそれを夫人に読んできかせ、またさらにマタイ伝六章二五節からおしまいまで、イエスの教訓を読み聞かせる。明日のことを思い煩うな、という教えである。札幌、道哉《ママ》さんへ返信。

20（火）ふるさとの誰からもハガキ一枚も来ない。なんだか寂しい。

21（水）登別の父母から便り。深い親の愛を感じる。朝、金田一からお金をもらったことで、感謝すると同時に悪い、という気持ちになる。マツに「ときのこえ」を一部送る。

22（木）午前：S子（名寄にいる婚約者、村井）からの長い手紙と二円のお金。村井の愛は純粋で、自分の愛はにごっている、と思う。「おゝ御免なさい。私はあなたの為に生きます。」登別の両親へ手紙。

午後：マツ、真志保からと、富子さんから手紙。さらにマツから葉書。

バチェラーが救世軍に対して悪感情をもっていると知らされ、憤慨する。「救世軍！　私は救世軍が好きだ。形式ばっかりの宗教よりもだんだんだんだん内容充実となる様に進んで行く。何故、聖公会だの救世軍だの何だのかんだのとわかれわかれになってるのだろうか。仏教だのキリスト教だのって……。」

マデアルさんが肋膜であると知らされる。

「何故アイヌは、知識と健康を併《あわせ》得る事が出来ないであろうか。」

「知識を得よう、知識を得ようと砕身粉骨に近い努力、先ず自分の最善を尽くした私は、とうとう健康を失ってしまった。しかも、それほど望んだ知識なるものも、望みの四半分も得る事が出来なかった。何故、私があまりに自然に逆らったからか。さうかもしれない、さうでせう。自然にさからふ、それは大きな罪であらう。」

23（金）ロマ書、三、一二―一九の引用。偽善への告発。

マデアルさんへ葉書。

春彦の綿入れ羽織を縫う仕事をもらって喜ぶ。仕事がないのにお金をもらうことへのこだわりから救われる。ということはほとんど仕事らしい仕事をしていないのだ。それには健康状態のこともあったであろう。

「たゞぶらぶらと日を消すよりも、あとからあとから仕事が出て来て暇ををしんで働く人は全く幸福なのだ。健康!! またしても私は健康について愚痴を云はうとしている。」

24（土）ロマ書、五、三―五を引用。患難にも欣喜をなせり。蓋《けだし》、患難は忍耐を生じ、忍耐は練達を生じ、練達は希望を生じ、希望ははじを来らせざるを知る。

こんどは春彦が発熱。金田一が看病しているのを見て、自分は父親としみじみ話しをしたことがないことに気づく。夜、金田一が父親の自分への深い愛について話す。金田一の話とあわせ、ここから、両親の愛、親不孝な自分への糾弾が続く。

このままいつ死ぬかもしれない自分をひたすら許してほしい、25日の朝になってから書く。

25（日）夫人と本郷中央教会へ。夫人も教会に行ってくれたことを喜ぶ。

波多野牧師「神の子」という話し。（教会の記録にはこの日の記載がぬけている）

神を見ること。「愛を感ずる時、そこに神の姿が見えるではないか。然うだ！ 然うだ!!」

日中は非常な暑さ。夕立。札幌、道雄さんから来信。

26（月）札幌、道雄さんへ返信。

夫人に手ぬぐい地一反をいただく。もらってばかりで申し訳ないと思うが「たゞ嬉しかった。ありがたかった。」

春彦と一緒に遊ぶ約束をしたのに、お菊さんと話しをしていてそれが果たせず、春彦が機嫌悪く寝てしまったことへの深い反省。「自分の言ふ事を知らぬ顔されるほど気もちの悪い事は無い――さうした経験をあまるほど持ちながら――私は何といふひどい罪の人であらう。」

午後（?）マツ、真志保へ手紙。（夜?）マツへ絵葉書。

27（火）大方は雨。金田一にもらった五円の五分の一を貯金。救世軍への寄付五〇銭。「ときのこえ」一〇銭。名寄へ手紙。旭川、原先生に往復（ハガキ?）。

28（水）救世軍、杉原大尉から、旭川の部落を去るとの手紙をもらい失望する。マツから葉書。知里真志保に手紙と『童話』6月号ほか一冊を送る。その前（いつかは不明）に、このなかの西条八十「つくしんぼ」を春彦に読んで聞かせた。

敷生の伊悦、登別のトキさん、初枝、あさゐへそれぞれ絵ハガキ。兄嫁と不和なため、ひとりで北海道に渡った松山さんから、姉妹の契りを結びたいという手紙。わざわざ孤独の生活を選ぶ、骨のある人だと感心する。自分にはそういうことはできそうにない。「あゝ私が今こゝへ来てゐるのは何の為?」夜は銭湯へ。

29（木）直三郎が肺病になったことを、昨夜、聞いて胸が塞がれる。直三郎に見舞い五〇銭為替で送る。十勝、伏根さん、旭川、熊田（?）トシさんに。

朝、金田一とアイヌ民族のおかれている現状について話す。金田一は、本当にわが子をよくしよう、よくしようとあせってかえってわが手で殺してしまう、という比喩で語る。魚をとってバケツに入れる、生悧巧な魚はあせって飛び出て死んでしまう。おとなしいのは終わりまでじっとして池に入れられるときを待つ。「さふいふお話を承って成程と感じた。運命に逆らはう、自然の力に抵抗しようと思ふのは罪ぢゃないか。」

「何故神は我々に苦しみをあたへ給ふのか。試練！　試練!!」

「私たちアイヌも今は試練の時代にあるのだ。神の定めたまふた、それは最も正しい道を私たちは通過しつゝあるのだ。捷路などしなくともよい。なまじっか自分の力をたのんで捷路などすれば、真っさかさまに谷底へ落っこちたりしなければならぬ。あゝ、何といふ大きな試練ぞ！」

娼家に売られ、客から病気をうつされたやす子さんがついに死んだという知らせに、心の平静を失ってしまう。

「だからアイヌは見るもの、目の前のものがすべて呪はしい状態にあるのだよ」という金田一の言葉。

「アイヌウタラ、アウタリウタラ！　私たちは今大きな試練をうけつゝあるのだ。あせっちゃ駄目。ぢーっと唇をかみしめて自分の足元をたしかにし、一歩一歩重荷を負ふて進んでゆく……私の生活はこれからはじまる。」

「人を呪っちゃ駄目。人を呪ふのは神を呪ふ所以なのだ。神の定めたまふたすべての事、神のあたへたまふすべての事は、私たちは事毎に感謝してうけいれなければならないのだ。そしてそれは、ほんとうに感謝すべき最も大きなものなのだ。」

金田一の弟が来る、赤ちゃんの子守で外に出る。母らしい気分で赤ちゃんをあやしていると、「子どもが欲しい。またしてもこの望みが出てくるのだ。」

30（金）「朝霧」という記述のみ。旭川、救世軍の杉浦大尉へ。杉山薫さんへ。

7月

1（土）夕方、夫人と本郷中央会堂へ。「ああ無情」の映画を見る。親子の愛に涙を抑えることが出来ない。両親から手紙届く。原先生からもハガキ。

2（日）春彦が井戸に落ちる。なんとか助かりほっとする。「神の力、親の愛、私はしみじみ感ずる。」金田一は夜遅く、春彦のほしがっていたハーモニカを買ってくる。

3（月）夜、医者へいって春彦の傷口を見る。「これだけの傷で生命を得たことはほんとうに奇跡でなければならぬ。」原先生にハガキ。マツ、真志保から手紙。『婦人世界』五〇銭。

4（火）「大雨」。夫人は気疲れで臥せる。「神様、何卒奥様を恵ませ給へ。」わずか二行の記述。両親に手紙。春彦が井戸へ落ちた事件を詳しく報告。

金田一が服部内務部長へまた、高吉の土地問題のことで手紙を書いてくれていることを報告。二信で、土地問題のことを心配する。

5（水）一日、春彦の相手をして楽しく過ごす。わずか一行の記述。昨日、両親に書いた手紙を投函。

道雄さんから手紙。便箋、雑記帳を買う。

6（木）梅雨明け。「カラリと晴れて照りつける強烈な日の光にからだは焼かれるやう。」夕方、岡村千秋来訪。『女学世界』に何か書くよう言われ、とまどう。マツに『婦人世界』を送る。

7（金）北見のウナラベがツレプ　イルプ（おおうばゆりの根でつくったおだんご）を小包で送ってくれる。すぐに礼状を書く。春彦も金田一も喜んで食べる。「先生はやはり先生、おえらいことだと思った。」

道雄さんへ。午後、樺太の伊藤先生へ長い手紙。十勝、伏根さんから。

8（土）岡村千秋再訪。庭で写真を撮る。

夜、銭湯の帰りに雨にあって走る。一息にかけたので苦しかったが、たいしたこともなく、体が丈夫になったと喜ぶ。金田一に余市の中里さんの話をきき、「嬉しいのか悲しいのか涙が出た。」「さふいふ人がゐるならば、まだアイヌの運命は尽きないだらう。」

9（日）変な夢を見る。

本郷中央教会へ。萩原副牧師の話。（教会の記録は欠けている）エフェソの信徒への手紙、五、一―八（幸恵の日記では一―一二と誤記されている）。

「何だか少しわかった様な気がした。」

第一次大戦のとき、フランスのために重傷を負った兵士が元帥に感謝のキスをされて国家への自分の愛が報いられたと喜んだ話。「人の為、世のために己をすてゝ、あらゆる悪戦苦闘を続けて、ふくれあがり、はれあがり、きれぎれに身はならうとも、感謝し、喜んでそれを甘受する……それがクリスチャンの生涯だといふ。キリストにならふ所以だといふ。その愛に酬るあついキッスは何？」

10（月）林さんのよっちゃんが遊びにくる。夫人からその人の家庭のことをきかされる。「涙ぐましい話。」

11（火）マツ、真志保からの手紙。「松山さんの話、大尉の話、八重さんの話、すべてにお母様式を遺憾なく発揮してるのが面白く、またかなしい気がする。」

かつて幸恵をかわいがってくれた葭原キクさんも亡くなったことを知らされる。「またしても何故アイヌはかうして少しよい人をみな失ってしまふのかと泣きたくなる。」

12（水）晴、終日涼。夫人に来春までいてほしいと頼まれる。「勿体ないこと。」

岡村千秋が、「私が東京へ出て、黙ってゐれば其の儘アイヌであることを知られずに済むものを、アイヌだと名乗って『女学世界』などに寄稿すれば、世間の人に見さげられるやうで、私がそれを好まぬかもしれぬ」といふ懸念を持っていると聞き、逆に憤慨する。「私はアイヌだ。何処までもアイヌだ。何処にシサムのやうなところがある?! たとへ、自分でシサムですと口で言ひ得るにしても、私は依然アイヌではないか。つまらない、そんな口先でばかりシサムになったって何になる。シサムになれば何だ。アイヌだから、それで人間ではないといふ事もない。同じ人ではないか。私はアイヌであったことを喜ぶ。私がもしかシサムであったら、もっと湿ひの無い人間であったかも知れない。アイヌだの、他の哀れな人々だのの存在をすら知らない人であったかも知れない。

しかし私は涙を知ってゐる。神の試練の鞭を、愛の鞭を受けてゐる。それは感謝すべき事である。

アイヌなるが故に世に見下げられる。それでもよい。自分のウタリが見下げられるのに、私ひとりぽつりと見あげられたって、それが何になる。多くのウタリとともに見さげられた方が嬉しいことなのだ。それに私は見上げられるべき何物をも持たぬ。平々凡々、あるひはそれ以下の人間ではないか。アイヌなるが故に見さげられる、それはちっともいとふべきことではない。ただ、私のつたない故に、アイヌ全体がかうだと見さげられることは、私にとって忍びない苦痛なのだ。おゝ、愛する同胞よ、愛するアイヌよ!!!」

13（木）「私が東京といふ土地に第一歩を運んだのは2月前の今日であった。」

ただ一行の記述。マツ、真志保へ手紙。十勝、伏根さんへ。

14（金）直次郎さんがとうとう亡くなったという知らせを受ける。二行のみ。

十勝、伏根さん、登別の両親から手紙。

15（土）記述なし。

16（日）本郷中央教会で波多野牧師の「信仰の種類」という説教を聞く。（教会の記録には欠けている）

「ちっともわからなかった。」

朝、救世軍、荒川大尉、熊田トシさんからハガキ。マツから手紙。札幌、道雄《マヽ》さんからも。

午後、金田一の弟が来訪、お国言葉丸出しの太い声でしゃべっている。「かげで聞いてゐると、まるでアイヌの男の話声の様だ。」

マツに手紙。

救世軍、荒川さんからハガキ。

17（月）金田一の弟が帰る。夫人は彼を嫌いらしく、「案じた通り奥様の御気分が勝れぬ。」両親へ手紙。「ときのこえ」も送る。春彦が怪我から回復したこと、御伽噺や絵本を読んでやっていることを報告。風呂は家でわかすようになり、毎日、沐浴できるのでよく眠れること。金田一の弟さんたちは「何の方も何の方もやっぱり先生に似て感情の温い方の様に見受けました。」

渋沢敬三の結婚、柳田国男の洋行によって『アイヌ神謡集』の出版が遅れていることを報告。

「此の頃、夜飛行機が飛ぶので随分賑かです。花火も楽しみの一つ。」

「それに大学には樹木が沢山ありますから、鳥の影さえ見られます。夕方、赤ちゃんを抱っこして大学の銀杏の木の下のベンチに腰をかけてゐると、何だかペナイサキペナイかヲカチペにいた時のことが思出されます。」本郷の救世軍少尉にもハガキ。

18（火）宮下長二といふ青年が来る。「あんまり真面目な人に見えなかった。」「研究するんぢゃなくて、たゞ好奇心からアイヌの歴史をきゝ、生活状態を見、心理状態を観察しやうといふのだ。なんだか私は侮辱をさへ感ずる。しかしいくらものずきでもよく訪ねてくれたと感謝する。」

19（水）「仕事がなくて困ってしまふ。」「一日お天気。」

わずか三行の記述。

20（木）記述なし。

21（金）「賜はことなれども、霊は同じ。」一行の引用のみ。マツから手紙。夜、マツへ手紙。

22（土）婚約者、村井へ6月27日に出した手紙の返事が届く。

「鉛筆の走書で書いてあることも、私の聞きたいと思ふことは何も書いてゐない。そして浮ッ調子なやうにもとれる。然し、やはり何処かに愛のひらめきが見えるのは嬉しい事である。」

23（日）「晴、九〇度（摂氏三二・二度）の暑さ。」本郷中央教会へ。萩原副牧師の説教「我生るに非ず、キリスト我にありて生るなり。」（教会の記録は欠）を聞く。波多野牧師にもはじめて挨拶する。「随分いい方だ。」

金田一からお小遣いにと五円もらう。「嬉しくて堪らない。けれど何もしないで……といふ気持がまた浮ぶ。たゞ感謝すればいゝのに……。」

夜、来客があって、その前で金田一夫妻から誉めそやされる。「悪く言われるのはいやだけれども、よくもないことをほめられる事程困ることはない。」マツに『婦人世界』を送る。登別のナミには「ときのこえ」を送る。

24（月）「晴」「朝から随分暑い。」金田一の採集した樺太の古いピカピカ光ったニマポを見せてもらい、「私は涙が出た。」また日高から金田一のもとにユカラを演じにきていた最大の語り部ワカルパアチャポが死んだことを知らされ涙にくれる。「あいぬは滅びるか。神様、何卒……。いゝえ、聖旨のまゝに為させ給へ。」

孤児院の女の子が物売りにくる。「まだ一二か一のをさない娘。何といふ、惨めな此のありさまであらう。涙ぐましい気持ちがする。人生の悲惨はこの孤の少女の額にあらはに見ることが出来る。」

25（火）午後から金田一に連れられて上野の万国博覧会へ。

「目がまはりさうなところ。」「帰って来て心に残り刻まれてあるのは、南洋土人の歌劇、南洋土人の子供のかはゆかった事。」「くたびれてくたびれて物言ふ事さへ億劫になってしまった。」

26（水）「くたびれた割りに今朝は早く目を覚ました。」とあわただしく門を叩く人がいて、つい先だって訪ねてきたみいちゃんが鉄道自殺したと知らされる。神経衰弱であったという。「子をもつ人の如何に苦労の多いかをつくづく思ふ。」夜は春彦も赤ちゃんも夫人も寝つきがよくなく、「何だか私の方が神経衰弱かも知れぬ。」

27（木）「先生も奥様もがっかりしていらっしゃる。みいちゃんみいちゃん、一日みいちゃんが頭を離れない。」わずか一行の記述。

28（金）日記に日付だけ書いて以下、記述なし。

29（土）登別、両親から手紙。手帳の字が、この日から力ない字になる。

30（日）

31（月）マツから手紙。

8月

1（火）両親に夜一一時一五分までかかって長い手紙。幸恵が手紙を書いたのは七月二四日以来九日ぶりのこと。

七月に多くのアイヌの知人が死んだこと、みいちゃんの自殺のこと。博覧会のことを報告。金田一が『聖典集』を夏休み中にまとめるとのことで、「その御相談相手で毎日アイヌ語の講釈見たい《ママ》なことをしています。」

「時々夕立の来ることがありますが、それはそれは気持ちのいゝもので、一日の暑さがすっかり拭いさられてすっかり生きかへった様な気持になります。」

「英語は毎晩かゝさず教はってゐます。ねむくなるので此の頃は一課づゝです。」

2（水）マツ、名寄に手紙。マツにのみ心臓の悪いことを告げる。両親あての手紙ともども投函。夜、名寄へ。夫人から三〇銭。

3（木）

8月初め、病気がち。

4（金）道哉《ママ》さん、北見、ウナラベ、名寄、ウレンウナラペ、名寄、神□さん、宮田□子、宮田ちせ子さんへ絵葉書。

5（土）

6（日）

7（月）

8（火）マツから手紙。登別の両親へ手紙。高央、真志保、操へ。

9（水）マツから。

10（木）

11（金）中央会堂から。ノート二五銭。

12（土）

13（日）

14（月）

15（火）

16（水）登別の両親から。登別、旭川、名寄へ。

17（木）二日付の幸恵の手紙をみて心配したマツが一三日に金田一と幸恵あてに投函した手紙が届く。

18（金）マツへハガキ。札幌、道雄さんから。

19（土）

20（日）
21（月）札幌、道哉《ママ》さんへ。夫人から一円。これ以降、手紙の発信・受信記録、金銭出納簿への記載もなくなる。
22（火）通じがなくなり、お腹が張る。
23（水）
24（木）
25（金）
26（土）
27（日）夫人の煮てくれたジャガイモを食べてさらに胃が痛くなる。
28（月）両親からの手紙を病床で読む。明け方から苦しみ始め、食事もとれずに病臥。「背中一ぱい錐で揉まれる様な痛みを感じて、縦になっても横になっても仰向けになっても腹這ひになっても立ってもすはってもゐられないで息もつけない様な苦しみをしました。」
29（火）回復。金田一は大学病院の坂口博士に聞きに出かけたが不在。
30（水）朝五時ころ、今度は心臓があばれて息が出来なくなる。
31（木）

9月

1（金）
2（土）
3（日）
4（月）両親へ長い手紙。八月以来の病気のことを始めて詳しく書く。二五日に帰郷する旨を知らせる。
5（火）
6（水）
7（木）金田一と中学で同級の九州帝国大学教授小野寺博士の診断を座敷で受ける。心臓僧帽弁狭さく症。結婚不可の診断。
8（金）
9（土）
10（日）
11（月）

12（火）
13（水）渋沢敬三、『アイヌ神謡集』のタイプ原稿をもってくる。校正開始。名寄へ結婚不可の診断が下ったことを告げる手紙を書く。
14（木）両親へ最後の長い手紙。帰郷を一〇月一〇日に延期。『カムイユカラ』が直にできることを知らせる。結婚不可の診断が下ったこと。

「自分には不可能と信じつゝ、それでもさうなんですから……。充分にそれを覚悟してゐながら、それでも最後の宣告を受けたときは苦しうございました。」

「私はほんとうに懺悔します。そして、其の涙のうちから神の大きな愛をみとめました。そして、私にしか出来ないある大きな使命をあたへられてる事を痛切に感じました。それは、愛する同胞が過去幾千年の間に残しつたへた、文芸を書残すことです。この仕事は私にとってもっともふさはしい尊い事業であるのですから。過去二〇年間の病苦、罪業に対する悔悟の苦悩、それらすべての物は、神が私にあたへ給ふた愛の鞭であったのでせう。それらのすべての経験が、私をして、きたへられ、洗練されたものにし、また、自己の使命はまったく一つしかないと云うことを自覚せしめたのですから……」

「おひざもとへかへります。一生を登別でくらしたいと存じます。たゞ一本のペンを資本に新事業をはじめようとしているのです。」

15（金）終日校正？
16（土）終日校正？
17（日）終日校正？
18（月）校正をすべて終えて、夕食後に急変。午後八時三〇分帰天。

知里幸恵略年譜

一九〇三（明治36）6月8日（戸籍上の日付け／1月15日説もある）、ヌプルペッ（登別）の知里高吉、ナミの長女として出生。両親の意思で幼児洗礼を受ける。

一九〇七（明治40）弟、高央《たかなか》出生。幸恵は幼時、登別

オカシベツにあった母方の祖母、モナシノウクの家でよく過ごす。

一九〇九（明治42）弟、真志保《ましほ》出生。幸恵は旭川チカプニ（近文）の日本聖公会で布教活動をする伯母、金成マツに預けられる。祖母、モナシノウクとの三人暮らし。

一九一〇（明治43）上川第三尋常小学校に入学。9月、近文に上川第五尋常小学校（のちに豊栄尋常小学校と改称）が開校、移籍する。11月、「近文休養館」（近文日曜学校）開館式。マツはアイヌの女性たちに裁縫、読書などを教える。12月、幸恵は日曜学校のクリスマス会で讃美歌を歌う。

一九一六（大正5）尋常小学校卒業。北海道府立旭川高等女学校を受験し、不合格となる。旭川師団がはばをきかす町で、アイヌのしかもヤソの女性が入学することを好ましくないとして、不合格にされたらしい。上川第三尋常高等学校に入学。

一九一七（大正6）旭川区立女子職業学校に一一〇人中四番で合格。

一九一八（大正7）8月、アイヌ語・アイヌ文学研究の金田一京助がジョン・バチェラーの紹介で近文を訪問、幸恵宅に一泊（近文の一夜）。金田一は幸恵の語学の才能を見抜く。幸恵は金田一によって、祖母たちから聞く口承文芸の価値を知る。二学期以降は病気（持病の心臓病）で休みがちとなる。

一九一九（大正8）女子職業学校を卒業。気管支カタルを病む。金田一は病気の幸恵にノートを送り、ユカラなどのローマ字筆記を勧める。9月、豊栄尋常小学校の開校一〇周年記念式典で卒業生を代表して祝辞を読む。11月頃、独自の表記法で神謡などの筆記を始める。年末、初めて書いた神謡原稿を金田一に送る。

一九二一（大正10）冬、小学校長の佐々木長佐衛門にカムイユカラの対訳原稿を渡す。4月、「アイヌ伝説集」其の二、三を金田一に送る。弟の真志保が加わり四人暮らしとなる。マツのもとにローマ字を習いにきていたアイヌの青年、名寄出身の村井曾太郎と親しくなる。

一九二二（大正11）3月、村井曾太郎と結婚を約すが、母ナミは結婚に反対する。神謡などの草稿を「ノート」に書く。5月、上京し、本郷の金田一宅に仮寓。8月、心臓病に倒れ、9月18日、『アイヌ神謡集』の校正をすべて終えた晩に心臓麻痺で急逝。享年一九歳。東京、雑司が谷墓地に葬られる。東京滞在中の幸恵については別項「知里幸恵　東京での一二九日」を参照。

一九二三（大正12）8月10日、炉辺叢書の一巻として『アイヌ神謡集』刊行（郷土研究社）。

一九七三（昭和48）幸恵についての初めての本格的な評伝、藤本英夫氏による『銀のしずく降る降る』（新潮選書）刊行。その一部が中学校教科書などに引用されたこともあって、忘れられていた幸恵についての再評価のきっかけとなる。

一九七五（昭和50）9月、幸恵の墓、登別の知里家墓所（マツの墓の隣）に改葬。

一九七八（昭和53）8月、岩波文庫版『アイヌ神謡集』刊行。

一九九〇（平成2）6月8日、旭川の北門中学校校庭（マツの伝道所があった場所）に「銀のしずく」文学碑設立。以後、毎年この日に生誕祭が開かれる。

一九九九（平成11）9月18日の幸恵命日の墓参始まる。

二〇〇〇（平成12）9月、登別で「知里幸恵の世界・展」開催。全国から延べ八〇〇人が参加。

二〇〇二（平成14）8月、北海道立文学館で特別企画展「大自然に抱擁されて…～知里幸恵『アイヌ神謡集』の世界へ～」開催。炉辺叢書『アイヌ神謡集』復刻（知里真志保を語る会）、「知里幸恵ノート」復刻（知里森舎）、藤本英夫氏による幸恵評伝の改訂版『知里幸恵　十七歳のウエペケレ』（草風館）刊行。

二〇〇三（平成15）知里幸恵生誕百年。全国巡回展「知里幸恵……自由の天地をもとめて」徳島、金沢、東京で開催。9月、『知里幸恵「アイヌ神謡集」への道』刊行（同書刊行委員会）。登別で生誕百年記念フォーラム「知里幸恵の一〇〇年　銀の滴ふる里へ」開催。

（注）藤本英夫氏の著作、および生誕一〇〇年記念巡回展ちらしをもとに作成。

資料2　立命館大学国際平和ミュージアムでの特別展フライヤー（下は裏面）

資料3　ル・クレジオさん講演会のフライヤー

資料4　ル・クレジオさん講演会での配布資料に載せた文章

Ailleurs au monde 世界の　ほかの場所で
――ル・クレジオさん　と　アイヌモシリ――

小野有五
（北大・地球環境科学研究院：北大アイヌ先住民研究センター）

一九九九年、今からちょうど一〇年前に、「世界のほかの場所で」というエッセイのなかで、ル・クレジオさんは、こう書いている。

「他《ほか》なるものは遠くにあるのではない。海のかなたや、過去にあるのではない。それはすぐそばにある。タコの眼の中に、犬の鼻に、滑らかな樹皮に、砂漠の砂に、うねる海に、夢見る猫のかすかなおののきのなかに、それはある。

パナマの森に棲むエンベラ族のインディオを、現代の都会の凍てついた孤独のなかに住まう人間と分かつもの、それは、内在的価値ではない――人殺しや強姦魔の数、悪人や偽善者の数にかけては、どちらの側も遜色《そんしょく》がないであろうから、両者を区別するのは服装や習慣ではない。可憐さや儀礼でも、食生活や身体装飾でもない。

それはむしろ、一方が見失ってしまったけれども、他方が保持しているものである。

たとえば母なる大地を裸足で歩き、祖父母の骨に寄り添うように熱い灰に身を横たえることがそうだ。夢と神話を結び付けることがそうだ。歴史を血肉化し、記憶の油を身体に塗布することがそうだ。

近代の逆説とは、われわれに世界を取り戻させながら、同時にそれを遠ざける点にある。知識は、写真入りのルポルタージュや社会学的調査は、われわれを確実に解放してくれるはずであった。ところが、われわれは知性とは無縁になり、絶対的信仰や霊媒者の神がかりも経験しえなくなった。われわれが何にもまして苦痛や死を恐れるので、今日、アフリカやラテン・アメリカや東洋で子供たちが犠牲になっている残忍非道な犯罪を前にしても、目を閉ざしてしまう。血を忌み嫌い、たとえ服装に関するものでも、差異というものに恐怖を覚える。われわれは合理性の名のもとに自分の境界内に閉じこもり、他者の相貌をもつ新たな悪魔を編み出したのである。寛容さを発揮するときでさえ、独断的になってしまっている。自分と同じように考えたり、祈ったり、判断したりしない人々には戦いを挑もうと身構えている。そのくせ、貧しい国々が追いやられている隷従《れいじゅう》状態についても、境界内に閉じこもることについても、老人たちが見捨てられて、死が隠ぺいされている事態についても、なんら異議を唱えない。

ときに、外部の声、たとえば、アイヌのユカラや、いにしえのタヒチの神話や、スーフィー教徒の涙を通して、何かがわれわれに届くことがある。ランボーの詩のなかに、スウィフトの物語のなかや、カビリアの歌謡のなかに生まれ続ける何かがあり、あるいは、ナット・キング・コールやマヘリア・ジャクソンの不思議な声を通して、われわれの奥深くまでその振動を伝えてくるものがある。……」

二〇〇九年一二月二日

（中地義和氏による翻訳『現代詩手帖特集版 ル・クレジオ』より抜粋）

『カムイユカラ』にル・クレジオさんが出会ったのは、一九九一年、メキシコでのことだった。ル・クレジオさんが、当時、ガリマール社から刊行しようとしていた「民族のあけぼの」という叢書《そうしょ》は、「人類の目覚めを人類自身に証言するような、その全体が諸起源の文学となるようなテキストを出版すること」を目的としていた。日本からは何を選ぶべきか、という問いかけに、ちょうど作家会議でメキシコに来た津島さんは迷うことなく知里幸恵の『カムイユカラ』を、と答え、ル・クレジオさんもまた、迷うことなくそれを受け入れたのである。そのときから始まった『カムイユカラ』の仏語訳については津島さんが語ってくださることになっている。

ル・クレジオさんがそのような叢書を企画したのは、一九七〇年から七四年にかけてのパナマのインディオとの共同生活に始まる先住民族との深いつながりによるものであった。このあとに資料としてつけた、鈴木雅生氏によるル・クレジオさんの略年譜・書誌のなかで、先住民族に関わる部分を太い線で囲ってみると、パナマでの体験は八〇年代にはさらにメキシコで引き継がれ、ポレペチャ族の神話・習俗を記した古文書『ミチョアカン報告書』の仏訳（一九八四）という偉業に結実することがわかる。

九〇年代以降のル・クレジオさんは、モーリシャス諸島、アフリカ、ブルターニュという、彼の一族にとっての三つのふるさとを行き来しながら、それらの土地を植民地化したフランスやイギリス、そして近現代を相対化する小説群を次々に生みだしてきた。これらすべての場所が、先住民族の土地であり、そこでのル・クレジオさんの立ち位置は、一貫して先住民族の側にある。そこには、大英帝国から派遣された医師としてアフリカで長く過ごしながら、生涯を通じて反植民地主義を貫いた父親からの影響もあるだろう。だが、もちろん、それだけではない。

二〇〇六年、初めて札幌を訪れたル・クレジオさんがいちばん求めたのは、アイヌの人たちとじかに会い、話を聴くことだった。白老では、大須賀るえ子さんの店先でカムイユカラの謡いに耳を傾け、登別では、雪をかきわけて、知里幸恵さんのお墓参りをしてくださった。「知里幸恵」と刻まれた墓碑を見つめながら、幸恵さんの名前のなかには「心」という字が入っているんですね、とつぶやかれたのが忘れられない。すごい人だと思った。

二風谷では、寒い部屋でこたつにあたりながら、アシリ・レラ（山道康子）さんのお話を聞いていた。アイヌだけでなく、さまざまな若者たちが生き生きと動きまわっている、そのような共同体へのル・クレジオさんの関心は、パナマでの先住民族との共同生活の体験からくるものであろう。たんなる価値判断を超えて、そこには常に、中心ではなく周縁に生きる人々、マイノリティの側に立ち続ける人のまなざしが感じられた。

ノーベル賞をもらっても、別に何も変わらない。ただ自分が追い求めるものを追い求め続けるだけというル・クレジオさん。知里幸恵記念館をつくろうという運動にも共感して、再び北海道まで来てくださったル・クレジオさん。アイヌ・モシリもまた、彼にとっては東京やパリではない、「世界の　ほかの場所」のひとつなのである。

資料5　ルーヴルでの結城幸司さんほかのパフォーマンスの解説資料（Ono, 2011）

Music for Marcel Duchamp, écrit par John Cage en 1947 pour accompagner un film de Hans Richter, sera joué au contraire au bord de l'obscurité – à la limite de ce que peut supporter le pianiste, Jean-Luc Fafchamps. Plus encore que dans les autres pièces ou suites pour piano préparé, *Music for Marcel Duchamp* touche à l'essence du projet cagien, qui n'avait rien d'une provocation, ni d'une violence faite à l'instrument. Légèrement assourdi par des languettes de vinyle, filtré de ses résonances scintillantes, le piano préparé se présente ici comme un instrument *atténué,* d'une familière étrangeté, et qui se souvient de sa condition matérielle : bois, métal et feutre.

Jean-Luc Plouvier pour l'Ensemble Ictus

Ictus est un ensemble bruxellois de musique contemporaine, subventionné par la Communauté Flamande, hébergé depuis 1994 dans les locaux de la compagnie de danse Rosas. L'ensemble construit chaque année une saison au Kaaitheater de Bruxelles, en partenariat avec le Palais des Beaux-Arts de Bruxelles. Il est également en résidence à l'Opéra de Lille.

Jean-Luc Fafchamps est pianiste, compositeur et professeur d'analyse musicale au Conservatoire Royal de Mons. Il joue avec Ictus depuis les débuts de l'ensemble. Fafchamps a consacré plusieurs disques à la musique de Morton Feldman (sur le label Sub Rosa).
Miquel Bernat est né en Espagne et réside à Porto. Il joue avec Ictus depuis les débuts de l'ensemble. Il s'est spécialisé en musique contemporaine, et de nombreux compositeurs lui ont dédié des œuvres solistes et des concertos. Au Portugal, il a fondé l'ensemble de percussion *Drumming,* ensemble résident de « Porto 2001, capitale culturelle » qui développe depuis lors une intense activité.

4.
Kamuy Yukar et *Upashikma* : *Le monde de la littérature orale aïnoue, peuple autochtone du Japon*

Concert dans la galerie Daru
Avec : Koji Yuki, chant
Shoji Fukumoto, tonkori
Yoshimichi Hayasaka, guitare et tonkori

C'est en 1991 que Jean-Marie G. Le Clézio a découvert *Kamuy Yukar* de Chiri Yukie, une jeune fille aïnoue qui a traduit et transcrit pour la première fois la littérature orale de sa communauté en 1923. Pour représenter le Japon dans sa collection « L'aube des peuples » dédiée aux textes fondateurs des civilisations, Jean-Marie G. Le Clézio a choisi *Kamuy Yukar* qui a été traduit en français par Tsushima Yuko et ses étudiants à Paris et publié par Gallimard en 1996.

Les Aïnous sont le peuple autochtone du Japon. Installés autrefois dans les régions du Nord du Japon, de Sakhalin et du Kamchatka, ils vivent aujourd'hui à Hokkaido. Pour les Aïnous, le dieu (Kamuy) existe partout dans la nature. Presque tous les animaux, les plantes, la montagne, la rivière, l'eau et le feu sont des dieux. *Kamuy Yukar* est un chant de dieu qui raconte l'histoire de la relation entre les dieux (Kamuy) et les êtres humains (« Aïnou » en langue aïnoue). « Le Chant de la Chouette » est le plus connu de tous les *Kamuy Yukar* de Chiri Yuike. Comme il est très long (615 lignes), n'est présentée dans cette soirée que la première partie. Dans *Kamuy Yukar,* la personnalité qui raconte le chant est le dieu ou la déesse lui-même (ou elle-même), mais son identité est cachée jusqu'à la fin du chant. Yukar est chanté par le conteur (ou conteuse), et le nom du Kamuy qui chante le Yukar n'est annoncé au public qu'à la fin. C'est la structure spéciale du *Kamuy Yukar.*

L'un des interprètes, **Yuki Koji,** raconte *Horkeukamuy Upashikma.* Upashikma est l'autre genre de la littérature orale aïnoue. Le conteur (ou conteuse) ici n'est pas un dieu mais un être humain. Cet Upashikma provient originellement de la région Est de Hokkaido où Yuki Koji est né. Cependant, il l'a transformé un peu et le raconte comme l'histoire d'un petit village à Sapporo où il vit actuellement. Il ajoute une nouvelle partie finale qui explique au public le changement de l'environnement de Hokkaido avec l'arrivée des japonais en 1869 et la colonisation qui détruisit complètement la nature de l'« Ainu moshir » (la terre des hommes) et la société du peuple aïnou. C'est un aspect important qui caractérise la littérature orale : l'héritage n'est pas

la simple répétition. À chaque fois qu'on raconte une histoire, on la change et on crée une histoire nouvelle.

Le conte de *Horkeukamuy Upashikma*
Il y a longtemps, Samaikur Kamuy (le dieu de la culture aïnoue), dirigeant douze Horkeukamuy (dieux du loup) enseignait diverses cultures au peuple aïnou : comment créer le feu, comment chasser l'ours et le cerf, et comment attraper le saumon. Les Aïnous, suivant les leçons données par Samaikur Kamuy, vivaient heureux. De nombreuses années plus tard, un hiver très rude s'abattit sur le village aïnou. Il n'y avait plus rien à manger, et les villageois risquaient de mourir de faim. À ce moment-là, ils entendirent les cris de Horkeukamuy : « Ooooooh », « Ooooooh ». Ils avaient peur, mais ils virent que Horkeukamuy portait un cerf et le disposait aux abords du village. Un autre cri, « Ooooooh », « Ooooooh », et un cerf fut ajouté, un autre « Ooooooh », « Ooooooh », et un autre cerf encore. Le matin suivant, les villageois trouvèrent un tas de cerfs empilés. Les Aïnous ont été sauvés par les cadeaux de Horkeukamuy. Mais, maintenant il n'y a plus de Horkeukamuy à Hokkaido. Tous les loups ont été tués par la chasse et par le poison introduit par les Japonais et les Américains. Cependant, dans la nuit froide de l'hiver, peut-être entendez-vous le cri de Horkeukamuy si vous ouvrez vos Oreilles et votre Cœur…

Yugo Ono, professeur émérite, Université de Hokkaido, membre exécutif du réseau World Indigenous Peoples Network-AINU

Peintures aïnu de Koji Yuki © D.R.

資料6　「シレトコ先住民族エコツーリズム研究会」の設立の趣旨

シレトコは世界遺産にも推薦されるほどの世界的に貴重な自然の宝庫です。さまざまな施策により生態系が守られてきたと同時に、それよりはるか以前から連綿と続く人と自然との程よい関係が今のシレトコの姿を残してきたと言っても過言ではありません。そういった、有史以前からの、シレトコの自然と共存した生活様式や世界観・自然観、儀式・因習をさまざまなかたちで現代に語り継いできたのが、北海道の先住民族であるアイヌ民族です。そのアイヌ民族は明治時代以来の同化政策によって、先祖から受け継いできた本来の文化を否定され失ってきました。

しかし、これから世界遺産となるシレトコを私たちが胸を張って世界に紹介するためには、たんに自然だけでなくアイヌ民族の持っていた自然との多様な関わりを、アイヌ民族自らが主体となって知らせていくことが必要であると考えます。

一方で、アイヌ文化とは決して過去のものではありません。先祖から受け継いできた文化も重要ですが、それを二一世紀のアイヌの人々がさまざまなかたちで「発信」していくことが現代のアイヌ文化だと思います。「自然と共生してきたアイヌ民族の知恵に学ぶ」といったステレオタイプな見方を押しつけるのではなく、今を生きるアイヌの人々の多様な文化のありようを知ってもらうことが重要です。アイヌ自身が主体となったエコツーリズムは、そうした新しい文化発信の手段となりうるのではないでしょうか。

人は人と出会いに旅に出ます。自然との出会いも感動的ですが、やはり人は、新しい土地で新しい人と出会うことに喜びを見出し、またその土地に帰ってきたいと願うのです。シレトコが世界中の人々にとってそのような土地になるには、シレトコの、そして北海道の先住民族であるアイヌの人々との心からの交流が欠かせません。

先住民族の関わらない世界遺産は、ほんとうの世界遺産とは言えないでしょう。この地を訪れる誰もが、アイヌの人々や文化をふれあえるようなシレトコを目指したいと思います。

つきましては、現代のアイヌの人々が作り出す生き生きとしたアイヌ文化を、シレトコを通じて世界の人々に知ってもらうために、「シレトコ先住民族エコツーリズム研究会」を設立し、さまざまな文化発信を考え、実践していきたいと思います。

二〇〇五年四月二五日

代表　梅澤征雄

I．名称

シレトコ先住民族エコツーリズム研究会

略称：SIPETRU「シペル」＝アイヌ語で「主な・川・道」の意

Shiretoko Indigenous Peoples' Eco-Tourism Research Union

II．目的

シレトコでアイヌ民族が主体となったエコツーリズムを実践し、シレトコの先住民族文化のエコツアーガイド・システムの確立を目的とする。

III．主な活動

(1) シレトコでの先住民族ツーリズムを実現するための調査研究

(2) シレトコの自然・先住民族文化を生かしたガイドプログラムの開発

(3) シレトコでの先住民族ガイドの養成・雇用支援

(4) シレトコの自然環境を持続的に保全するエコツーリズムの推進

(5) その他、上記に関連する諸活動

資料7　十勝アイヌ共有財産の歴史

〔　〕内は、井上勝生教授の講演中に小野がメモしたもの

一八七五（明治8）場所請負証人　杉浦嘉七、漁場を返上。十勝アイヌと和人、十勝漁業組合を結成。

このころ、鮭の収量、平年で二〇〇〇石〔＝六〇〇〇束、一束で鮭二〇本、一石で約二〇〇〇両？〕

一八八〇（明治13）十勝「開放」（和人に開かれる）十勝アイヌの共有金（五万三八一九円余と病院など）
〔現在では数億円になるとのこと〕

一八八二（明治15）十勝鹿、大雪、乱獲のため絶滅の被害

一八八三（明治16）帯広アイヌの漁場、禁漁

一八八四（明治17）アイヌ「授産」開始（農業民になることを強制）。鮭の不漁（二年間続く）
〔高倉新一郎は「不漁」を強調した。不漁のため、漁場を和人に貸付けたというが、不漁は二年間のみであった〕

一八八五（明治18）伏古アイヌ開墾事務所の設置

一八八六（明治19）鮭豊漁。北海道が設置され、三縣一局の廃止。〔今の北海道庁の始まり〕
北海道土地払下げ規則公布〔これが和人の大地主を生む根拠となり、乱開発が始まる〕
道庁官吏（理事官、橋口文蔵*）十勝アイヌ共有金を管理〔*薩摩の下級武士、寺田屋事件で斬られた橋口傳蔵の甥。明9アメリカへ留学、マサチューセッツ農科大学へ。クラークとの関係。明14開拓使理事官〕

一八八八（明治21）アイヌ共有金、北海道製麻会社と札幌製糖会社の株に。株の名義、橋口文蔵（共有金の六割五分が株券）橋口、札幌農学校校長（第三代）を兼任。このころ鮭の収量、七〇〇〇石以上。

〔北海道薩摩閥の当時の筆頭は、北海道炭鉱汽船株式会社を興し、道庁理事官ともなった堀基《もとい》。彼の甥、堀

宗一《むねいち》は、ドイツへ留学中で、ハレ大学で新渡戸稲造と一緒だったが、呼び戻されて、札幌製糖会社の社長となる。ドイツの最新式製糖機械を輸入するが、生産量に見合わず高級過ぎた。道産の甜菜糖の品質も悪いことがわかっていた。乱脈経営〕

一八八九（明治22）函館商人　江《え》政敏　十勝アイヌ漁場を一手借り請け。〔典型的な政商。函館から労働者を連れてくる。十勝では、アイヌだけでなく当地にいた和人も反発〕

一八九〇（明治23）札幌製糖会社竣工、会社経営危機、社長　堀宗一交代　新社長伊藤祐之、株券偽造事件

〔典型的な御用会社、杜撰な経営で、最初から危機に。堀　基・宗一の責任重大〕

一八九一（明治24）十勝アイヌ、アイヌ全戸総会を開く。〔三一二戸〕（アイヌの共有金回収運動はじまる）

橋口文蔵、非職（佐藤昌介、札幌農学校長心得に就く）〔非職＝論旨辞職のこと。道庁第二部長・農学校長をともに辞す。帝国第二議会で、多数を占める民党から薩摩閥高官による製糖会社不始末が追及されたため。浪人となった橋口は、明27、日清戦争が起きると参加、その後、台湾へ行き、県知事となる〕

一八九二（明治25）十勝アイヌ、共有漁場、取り戻しを請求

一八九三（明治26）「古民財産管理規約」できる、理事官白仁《しらに》武が調停に。〔アイヌが共有財産をチェックできる仕組みを確保した。白仁は現地に赴き、アイヌ民族の運動も知りながら、それを無視して「保護法」を提案〕

一八九五（明治28）アイヌ民族、帝国議会へ陳情（共有金、全道教育金、十勝、対雁、沙流共有金など）

〔日高沙流アイヌ、サンロッテーが上京、帝国議会へ沙流だけでなく、特に十勝共有金問題を訴える〕

札幌製糖会社、操業停止。〔これについて北海道知事の「弁明書」が出される。のちに高倉新一郎は、この「弁明書」を引用し、共有金問題の責任をぼかして『アイヌ政策史』を執筆する。〕

一八九九（明治32）帝国議会、「アイヌ保護法」制定

（起案と政府説明、白仁武）〔白仁によるアイヌ無視〕

一九〇一（明治34）札幌製糖会社倒産〔お雇い外人か

ら甜菜糖度不足を指摘されていた。乱脈経営〕

新渡戸稲造、台湾総督府民生部殖産課長「糖業意見書」を提出。

一九〇二（明治35）北海道長官、十勝アイヌ共有財産を指定（アイヌ海産干場、北海道製麻会社株券など指定）

〔アイヌの漁場も入っていたが、いずれ売却されてしまう〕

一九〇四（明治37）旧札幌製糖会社ドイツ製機械、台湾塩水製糖会社へ移送〔ここに新渡戸が絡んでいるか？　札幌農学校の卒業生3名が、台湾に赴く。クラークが赴任後、僅か半年で帰国したのは、北海道で彼が製糖事業をやるつもりだったのが、札幌製糖会社の失敗で、断念したからかもしれない〕

資料8　アイヌ民族史跡保存会が北大遺跡保存庭園に立てた看板に書かれていた「古代アイヌ竪穴住居跡地盛衰史」

此処に訪れられる市民の皆さん、千年余の樹々がそびえて、さながら太古の名残を思わせるこの遺跡庭園の竪穴住居跡地は、誰あろう四千年前以降の古代アイヌの遺跡であり、北海道の先住民であります私たちアイヌ民族の文化の源流を成した、聖なる痕跡地であります。多くの方々に知られざる、この古代アイヌ遺跡が北大構内に突如降って沸いたのではなく、日本史以前から原始の星霜を重ねたこのたたずまいのなかにデーンとあったのであります。

アイヌ古代遺跡と超文明都市との対峙は正に現実でありますが、正しく伝えられない北海道の歴史の中での市民の方々にとって、目の当たりのこの古代アイヌ遺跡は意外性との対峙でありましょうが、僅か百数余年前までは北海道がまだ蝦夷（アイヌ）地と称され、このアイヌ遺跡はかつての蝦夷地が明治政府によって、北海道に変えられた歴史的経緯の象徴でもあります。然して、この遺跡の存在は、この広い北海道に於いて幾千万年にわたったアイヌ原住の事実を裏打ちする証でもありまして、アスファルトに囲まれた都市喧騒をよそに、アイヌの太古から誰はばかろう超然と祖先の霊気をはらませて眠り続け、いま忽然と蘇った古代アイヌ遺跡はしたたかであります。この広い、かつての蝦夷地の幾山河を誰はばかろう自由に跋渉した古代アイヌの幻影が漂うこの遺跡を前に、私たち同胞はそのいにしえに感慨深く、祖先への郷愁がひしひしと迫り、祖先が眠るこの大地を抱きしめたく、遠くから、チタタプ・カル・フマス（料理・作る・音＝鮭の頭のタタキ料理を作るまな板の音が夕闇にこだまする、の意）に託された往時の賑わいが聞こえるのであります。

かつてのアイヌ民族は大自然の寵児でありました。緑滴る蝦夷地の幾山河の季節が運ぶ恵みに、アイヌ狩猟採集社会が支えられました。然して、くだんのようにアイヌにとって、大自然は神であり、天地万物に精霊を感じ、畏怖と畏敬の念にたいする自然観を私たちに伝えたアイヌ祖先たちは、なんと謙虚な人たちであったのでしょうか……。

かつて蝦夷地の幾千万年、悠久の流れを持った、今の中央区を水源地としたシャクシコトニ川があり、北大構内を南北に縦断しておりました。北大の設置と都市化により埋め立てられたシャクシコトニ川は、アイヌ遺跡形成の主役であり、この川の文化を我が身をもって支えたもうひと方の主役は、律儀深く遠路帰ってくるサケやマスであった事は言わずもがなでありました。

然して、往時のシャクシコトニ川を挟んで、このように露出された百余数の竪穴住居の遺構は、誰あろう古代石狩アイヌのポロコタン（大きい村落）の痕跡であり、誇り高きアイヌ民族の末裔を自負する私たち同胞は、遠い祖先の霊をはらむ聖なるこの遺跡の丘を、石狩アイヌの聖域として未来永劫にわたって保存する決意のもとに集い、遅ればせながら粛然とイナウを捧げるものであります。

祖先の幻影を秘めるこの遺跡の丘から仰ぐ蒼天は特別である。

空に名前なんかは無いけれど、この空は祖先たちが幾千年、夜と昼を重ねた空なのだ。深まった秋空に浮かぶあの雲も、古代から続いて雨や雪を運んできた。いま、私たちの頬を優しくなぜたそよ風も、きっと古代アイヌの頬をかすめてきたのかも……。

おー、名も知れぬ古代アイヌの幻影たちよ、惰眠は空ダ（体）に障ります。飽くなき逆境に逆らって生きる私たち同胞へのメッセンジャーとして、この遺跡の丘の上に永遠に在れ。

一九九一年一一月一〇日

アイヌ民族史跡保存会

貝沢勝幸
伊藤　稔

小野注：文中の「チタタプ・カル・フマス」は現在の表記法では「チタタㇷ゚・カラフマㇲ」となる。

資料9　テッサさんを迎えてのアイヌエコツアーの資料集の表紙

アイヌ・エコツアー
「テッサさんと サッポロでアイヌの歴史を歩む」
2006. 6. 25（日）　雨天決行
集合　9:30　北大正門前
解散　15:30　江別市営墓地
ガイド：小川隆吉さん
定員　40人　参加費：1500円
（解散後、希望者は車で白石にある小川さん宅（JR白石駅から徒歩15分）に行き、17時半ごろまでテッサさんと交流します。
サポート：小野有五・瀧澤　正・許斐慶子・アイヌアートプロジェクトほか
申し込み：FAX:　011-706-4866　メール：yugo@ees.hokudai.ac.jp
締切　：6月16日（人数に余裕あるときは24日のテッサさん講演会でも受付け）
主催：SIPETRU（シレトコ先住民族エコツーリズム研究会）

資料10　「先住民族サミット　アイヌモシㇼ2008」プログラム冊子から

「先住民族サミット」アイヌモシㇼ2008へようこそ

結城幸司
（先住民族サミット実行委員会事務局長）

このたびは　先住民族サミット2008に多大なる協力をしていただき　ありがとうございます
皆さんより　沢山のご支援をいただき　無事に開催できる運びとなりました
本当に　心より感謝の意を込めて　お礼を申し上げます

私たちは、草の根で集まり話し合いの日々を重ね
自ら行動する事を理念にここまでやってきました
その先々での皆さんのご支援　あたたかい言葉に支えられ
成り立ってきたと確信しております

やっとこの時代に入り　先住権の確立に政府側も重い腰を上げるようで
悔し涙にくれた先人の想いが　現代アイヌの祈りが
形になってゆくのかもしれません

このサミットや先住権の問題も今が到達点ではなく
やっと重い扉が開いたのだと　私は思っています
これからが　本当の時代の幕開けで　より多くの話し合いが必要となるでしょう

環境を叫ばれる昨今　情報社会の中のエコロジー
キャッチフレーズ的エコロジーがこの時代に氾濫しています
しかし　今本当に私たち一人一人が　実際に自然の姿に思いを持ってゆかないと
子供たちの時代に　私たちよりも厳しい環境を繋げて

行く事となります
その子供たちが自然に対する思いの教育に先住民族の大地から感じ取った物語が
とても大切な教えとなって繋がってゆくと私は感じています

その気付きの時代の扉も　先住民族の復権が大きな力の一部となり現代の人間の努力とともに開放されてゆくと　私は信じています。

共にある　時代の幕開けです
共に進む　未来のためのスタートです

違いがあるから　成り立つ時代が来たのです

私たち　実行委員会は　このサミットにそんな願いを込めて　開催して行きたいと考えています。

世界各国、日本中から集まってくれた仲間へ

秋辺日出男
（先住民族サミット共同代表）

二〇〇八年七月、アイヌモシリ、トーヤ湖で開催されるG８サミットは、我々アイヌが住んできた土地で初めて行なわれる。今回、G８サミットに参加する各国、首脳、議長国である日本政府へ、全世界の先住民族からの声を届けるために、我々アイヌは集まりました。

二〇〇七年九月国連において「先住民族に関する国際連合宣言」が一四三カ国の賛成を受けて採択されました。先住民族を擁する各国は、この事実を重く受け止めなければならないと思います。

日本政府は、国連での採択には賛成票を投じたにも関わらず、「日本国内には、先住民族に相当する民族は存在しない」という態度をとり続けてきました。

しかし、その後、アイヌ民族最大の組織である北海道ウタリ協会の努力もあって、アイヌ民族の先住権の確立を目指す超党派の議員連盟がつくられ、それがきっかけ

になって、二〇〇八年六月六日、国会で、「日本国政府はアイヌ民族を先住民族として認めよ」という全会一致の決議がされるという歴史的な出来事がありました。我々が準備してきたこの「先住民族サミット」も、こうした劇的な変化をもたらすうえでの大きな力になったと思っています。

しかし、国会での決議はなされたものの、今後、日本国政府が実際の法整備やその政策の施行をどこまで本気で行なおうとしているのかは、今の時点ではきわめて不透明な状況にあると言わざるを得ません。我々アイヌは、今後も、政府がアイヌを先住民族と認め、これまでのアイヌ民族への一方的な権利の侵害を謝罪し、先住民族としての権利回復を速やかに行っていくかどうかを、注意深く見守り、権利回復に向けて積極的に関わっていかなければならないと思います。

先進国であるわが国において、先住民族としてのアイヌの権利回復は当然のことであり、早急に実現されるべきものです。アイヌ民族が、先住権に基づいた権利をいかに獲得していくかは、アイヌ同胞はもちろん、諸外国の先住民族への影響も当然大きいと思います。我々が権利回復を促進することは、同時に、先住民族を擁する各国政府への大きなプレッシャーになるでしょう。

また、権利の回復は、なにも先住民族だけに限ったものではありません。先住民族の権利回復はそのまま、人類の諸問題解決に直結しているのです。G8サミットの大きなテーマである、環境、開発、貧困、教育、エンパワーメントなど、すべての問題は、先住民族の権利回復と大きく関わる問題といえます。なぜなら、今日の地球環境の悪化や、開発途上国での貧困問題は、G8に代表されるような先進国が、世界の先住民族の当然の権利を長いこと踏みにじってきた結果として生じているとも言えるからです。私たちが今回、開催する「先住民族サミット」アイヌモシリ2008では、特にこの点を強調したいと思います。

そして、先住民族を擁する国々は、「先住民族の権利に関する国際連合宣言」にうたわれた内容を速やかに実現するべきであること(第四二条)を、先住民族サミットに集まった世界の先住民族とともに、全世界に向けて発信しましょう!!

アイヌの長老からのメッセージ

遠山サキ

わしは、この八十歳の年寄りになって、このアイヌに生まれて差別されながら死んでいくのかなと思ったら、本当に空に向いてうわーっと叫びたい位の気持ちで一杯です。

くやしくて、情けない思いをして歯を食いしばって暮らしてきたんだ!! 「どうしてアイヌという人間がいるんですか?」って言われてきた。差別。差別がどれほど人を傷つけるか。

アイヌは今でも何もいえないで、まるでゴミのように扱われて暮らせば、それでよいのか!

この日本の国の政府が一番良くない。日本政府がアイヌを先住民族として認めてくれるならば、すべてが変わる。これからの若い人たちに、どうか、どうかこの年寄りの願いです、闘って生き抜いて欲しい。

打ち勝つためには、若い人たちもアイヌはアイヌなんだから、和人になったつもりしないで、アイヌはアイヌのやり方で頑張ってほしい。日本政府もこの日本にちゃんと、アイヌという先住民族がいるんだという事を認めて欲しい。

宇梶静江

明治時代から、私たちは法律によってすべてを失った。
失ってしまったものは、自分達の権利だけではない、
自然そのものを失ってしまった。
そして失ったものを取り戻す術もないまま、いつの日か、
いつの日か、そう思い続け、人間と自然の荒廃の過程を
見続けた

けれども、どこかでこんな日が来ることを信じて来た多くの世代と共に、それぞれの生命のエネルギーを合わせ、
先住民族サミットを立ち上げる

そのことは、私にとって、荒廃の道を辿って来た自然を取り戻すことそのものだ。次の世代と共にサミットを開催すること、次の世代の自然を取り戻していくこと、そして自分がその試みに関われることを、ふかく感謝したい

北海道洞爺湖G8サミットに向けて

ロサリーナ・トゥユク
（マヤ・カクチケル）

永遠のマヤの聖なる地、トウモロコシの地、母なる大地と、生命、山々、空気、水、動物、聖なる火、私たちを取り巻くすべてを尊重し愛する人々の地より、私たちにわずかに残された、けれどもまだ救うことのできるものを救うために、私の一粒のトウモロコシを差し出し、私のビジョンをお話しするためにやってきました。

物事を指導し、決定し、政治的、経済的な責任を持つ人々の良心に呼びかけます。人間の生活と環境の間の尊重のために、それを救い、これまでの政策を矯正するために私たちの訴えに耳を傾けてください。

もし環境の破壊や不均衡、貧富の格差拡大を食い止めたいならば、それがG8諸国やその他の先進国による化学製品や有害な廃棄物、新自由主義政策、植民地主義的、人種差別的、階級差別的な政策によって引き起こされていることを認め、母なる大地・地球の温暖化、食物危機、価値の危機、石油危機、水資源の危機、川や空気の汚染、その他すべての資源の汚染などについてまず反省しなければならないことは、私たち先住民族の良心から見れば明白です。

母なる大地の収奪をやめ、国同士の戦争を戒め止めること、あらゆる武器の研究・製造を止めること、爆弾や原子爆弾を作らないこと、化学兵器や有害物質の工場を閉鎖することが必要です。G8諸国は、科学の進歩、新自由主義政策、技術と化学は環境に死をもたらしていることの責任を認めなければなりません。人類がかつて経験したことがないほどのホロコーストに直面し、何百万人もの人々が餓死し、動物や植物、山、生態、生きとし生けるものすべてが豊かな土地、空気も水も次の世代に残すことなく死んでいかなければならないのです。

世界中の先住民族は、これ以上の侵略を拒否し、先住民族の地域での先進国による貧困国のための「開発」に抵抗します。私たちの土地、領土を騙して侵略し、そこにある人間や自然、すべての生命を意味するものを破壊しているのです。ここにあらためて、私たちは声を上げ、私たちすべてに影響する破壊を阻止するために呼びかけます。

土地とその資源を尊重することを呼びかけます。世界の平和を呼びかけます。そして、私たちはこの世界の一部であり、通過していくだけの存在であることを忘れずに、人間と自然、生命の力の間の調和を達成することを呼びかけます。

先住民族の土地と領土、民族自決、それぞれの文化の宇宙観への尊重を要求します。環境の悪化と生命の破壊は世界の大国の行為によるもので、そして私たち先住民族の領土に関わるこれ以上のメガ・プロジェクトや鉱山開発、調査という名目の開発などを、私たちの同意無しに行うべきではありません。私たちの承諾なしに押し付けられる開発を拒否します。私たち民族にはコミュニティの組織があり主張する場があります。(国連)先住民族の権利宣言にうたわれている先住民族の権利とアイデンティティへの尊重を要求します。

マヤ女性として、そして先住民族の権利を守る闘いに身を投じる市民として、アイヌ民族が法的にも先住民族として認められるように、日本政府に先住民族の権利に関するＩＬＯ一六九号条約を批准することを要請します。

アイヌ民族は先住民族の血を持ち、現実にはずっと存在してきたし、これからも存在し続けるのです。彼らは偉大なる世界の一部であり、他の先住民族と同様に、尊重され、公共政策に含まれ、私たちの土地と領土が保障されるために、そして私たちの集団としての思考が人類への大きな貢献であると認められるために闘っているのです。

私たちにはまだ命を救う道が残っています。私たち先住民族はこれ以上の破壊を望みません。私たちの祖先がここに戻り、私たちの殉教者がこの道を照らしてくれますように。

母なる大地に、そして水に、空気に、火に、これだけの被害をもたらしたことの赦しを請います。その行為により、あるいは破壊を食い止めるために何もしなかったことで。今しなければ、もう間に合わないのです。世界の大国は自然と調和した新しい道を探さなければならないのです。

ありがとうございます。

〔Rosalina Tuguc〕

ウコチャランケ3「若者の育成・言語・リーダーシップ」

アメリカ先住民族プエブロの視点、部族のリーダーとしての観点

ポール・トサ
（ヘメス・プエブロ元知事）

アメリカ先住民族、ヘメス・プエブロの一員という伝統的な世界の中で、私は物語と共に暮らしています。プエブロインディアンの語り部の精神というのは、その民族にとって不可欠な存在です。語り部とは魔術師であり、芸術家であり、創造者でもあります。そして何よりもまず、語り部とは神聖な人物であり、物語の伝承は神聖な仕事なのです。

二〇年以上もの間、私はアメリカ先住民族プエブロの口承を伝えていく者として、またそれを学ぶ者として、自分の人生をずっと過ごしてきました。幸いなことに私の師は祖父でした。祖父はその世代の中でこれらの物語を次の世代へと伝えていく責任を担っていた人物です。私は祖父と羊の番をしたり、生活と宗教両方のためにトウモロコシを植えたりしながら、伝統的な踊りや歌やプエブロの詩文を書くことに参加することで物語を学んできました。これらの踊りも歌も詩もすべて、人類と自然の神聖な関係という人類が考えなければならない事柄の中でも最も重要なことのひとつに繋がっています。この神聖な関係というのは、ごく小さなことからとても大きなことにまで渡っています。たとえばトウモロコシの花粉やトウモロコシから作る供物は、私達の祈りを精霊のもとへ、創造者のもとへと届けてくれる「息」なのです。私達アメリカ先住民族の世界では、この関係は人間が自分達の最もよい考えを形成する為に、なくてはならない決定的なものです。この物語があることで、私達は深く神秘的で驚きに満ちた賛美である人間の精神をはっきりと確認するのです。

私達プエブロの世界では、地形そのものが物語に満ちています。現在のヘメスの村ワラトワは約四〇平方マイル（二〇平方キロメートル）から成る先祖代々の聖地に囲まれています。これらの聖地はそれぞれが、ヘメスの人々の歴史を伝える物語を思い出させるものとなっています。

それはつまり、私達の先祖はいつも私達と共にあり、今を生きる世代の語り部たちの声を通して、私達に彼らの物語を教えてくれるということなのです。

物語と現代の語り手および聞き手の間にある関係というのは複雑になっています。たとえば、物語が何か動物についてのものであるならば、その物語自体は骨であるということになります。しかしその骨は *zii*、私達の言葉での「腱」や「靭帯」によって肉付けされなければなりません。その「腱」や「靭帯」とはすなわち、物語を想像の中で生かす繋がりにあたります。そしてそこにいるあなた――親や教師、博物学者、あるいは語り部――は、肌と毛皮、そして物語や教訓に命を与える想像力や魔法や神秘の感触、つまり動きを与えるのです。

私は自分の人生で果たすべきことの中で一番大事な役目は、プエブロに伝わる物語を若い世代へと伝え、共有していくことだと考えています。子どもたちに彼らの文化的遺産を伝えていくことよりも素晴らしいことがあるでしょうか？　次世代とプエブロの歴史を共有し、物語を伝えていくことを通して、私は新たに自分の「精神」を表現し、若者たちが彼らの伝統の神聖な面をいつでも守る方法が与えられている、という「確信」をより確かなものにしたいのです。

アメリカ先住民族は独特のアイデンティティーを持っています。それらは何千年もの時間をかけて手にしてきたものであり、そのアイデンティティーこそが先住民族の持つもっとも貴重なものなのです。先住民族にとって本質的なものであり、失われてはならないものなのです。

今日、アメリカ先住民族の子どもたちに対する一番の脅威は「神聖さの喪失」です。一五四一年、ヨーロッパによる斡旋の時代から、インディアンの伝統的な価値観は着実に侵食されてきました。インディアンが苦しんできたもっとも大きな剥奪とは、インディアンの生活の中で神聖とされるものへの意識を失ったことです。私は若者たちが彼らにとってもっとも重要である伝統要素を失っていくのを目の当たりにしてきました。多くの場合、彼らは自分たちの母語を流暢に話すことができません。彼らの精神的存在を常に定義してきた象徴や紋章、表象の力や意味をもはや知らない者が大勢います。そう、つまり、彼らは「神聖さの喪失」に苦しんでいるのです。

私達プエブロのリーダーや年長者、歴史家そして語り部たちは、この脅威に立ち向かい、プエブロインディアンの世界の中心である、古の宗教観を守ろうとしているのです。

Ta-bah-nom-pah
ありがとうございました。

〔Paul Tosa〕

資料11　基調講演　ヴィクトリア・タウリ・コープス

先住民族の権利の回復に関する国際連合宣言を実現するための課題

ヴィクトリア・タウリ・コープス

（イゴロット・フィリピン：国連・先住民族問題に関する常設フォーラム議長）

まず最初に、国連の先住民族問題に関する常設フォーラムを代表し、そしてまた、アジアの先住民女性ネットワーク、そしてわたしの団体も代表いたしまして、このような形でこのアイヌモシリにおける先住民族サミットにお招きいただいたことに、心より御礼申しあげたいと思います。（拍手）

また、アイヌ民族の先祖伝来の地に、こうして私共がお招きいただいたことにお礼を申しあげ、そして、今回、日本政府がアイヌ民族を先住民族として正式に認めたということに対しまして、お祝いを申しあげたいと思います。これは、世界中の人々が私達と一緒に祝っていることと考えています。（拍手）

そしてまた、この歴史的会議が開かれるうえで、国連の先住民族問題に関する常設フォーラムがいくばくかの貢献をしたのではないかと、私は自負しております。と申しますのも、昨年、常設フォーラムにおきまして、アイヌ民族の代表者の方が、来年、北海道においてG8サミット会議が開かれるということをおっしゃいました。その時に私はすぐに、それではアイヌの方々でそのG8のサミットに提言ができるような、先住民の会議を組織したらいかがでしょう、こういうことは今まで無かったことですからとても大切なことではないでしょうかというふうに、ご提案をいたしました。そして、その結果、今日を迎えたわけです。この開催にあたって、実行委員会の方々が本当に奔走されました、その多大なご努力にお礼を申しあげたいと思います。

皆様ご存じのとおり、G8サミットといいますのは世界でも最も力を持った豊かな国々の集まりであります。

ということは、彼らが決定するその内容というものは私達の日常に大変大きな影響を持つわけです。そのために、このように私達が集って、そしてG8に対してどのような提言ができるかということを話し合うということは、本当に火急の重要性を持っているわけです。

そして、G8のリーダー達は世界で大変強大な力を持ついろいろな組織、例えば、世界銀行、国際通貨基金、そして世界貿易機構、その他に対しても大変大きな影響力を持つわけです。そういった会議に対して私達が提言するということは、本当に重要だと思います。そして、今日のお話でございますが、まずは、この一〇年間に国際社会におけます私たち先住民族の団体が、どのような成功を勝ち取って来たかということについてお話ししたいと思います。その最たるものは、昨年の先住民族の権利に関する国際連合宣言でありました。そして、これを勝ち取った私達は、今後、それをどのような使いかたで、例えばG8サミットの決定で影響を与えることができるか、どのような提言ができるかということをお話しし、最後に私の提案も申しあげたいと思っております。

この先住民族の権利に関する国際連合宣言というもの

は、私達が過去二二年間を費やして勝ち取ったものであります。大変歴史的な、世界の先住民にとって、とても重要な宣言であります。特に、自国ではとても正義を望めない、保障を望めないといった先住民族にとって、本当に大きな意味を持つものであります。しかも、勝ち取る上では、四つの強大な国々の反対にあったわけです。つまり、アメリカ合衆国、カナダ、オーストラリア、ニュージーランドの強固な反対にもかかわらず勝ち取ったわけですけれども、今やこれを手にした私達は、これをどのように使って、今後、更なる正義を手に入れていくかということを考える責任を持っていると考えます。

この先住民族の権利に関する国際連合宣言を勝ち取る前には、世界中で色々な人々がそんなことはとても無理であろうと懐疑的な考えを持っておりました。つまり、今、世界をおおっておりますグローバリゼーションのもとにあって、色々な経済活動が自由化され、規制緩和され、そして、先住民の先祖伝来の土地における資源、その他の搾取というものがどんどん進んでいる中で、そのような先住民族の権利に関する国際連合宣言を取り付けるということは無理であろうという話しもかなり聞かれましたた。

そういった市場経済のなかにあって、私達がこの権利宣言を勝ち取ったということは、ひとえに私達が連帯してそれに向けて闘ったからに他ありません。

国連の先住民族問題に関する常設フォーラムの議長を、現在、私は務めているわけですけれども、この常設フォーラムの任務といいますのは、国連の経済社会理事会のメンバー国に対して、先住民族に関することについていろいろアドバイスをするということ、そしてまた、先住民族に関わるいろいろな国連のプログラムや、基金の使途に関してアドバイスをするということであります。

そして、今回の先住民族の権利に関する国際連合宣言の中の第四二条にありますのが、この常設フォーラムというのがこの宣言をこれから実行していくうえで、責任を持ってアドバイスをするということであります。

現在、国連ではこの宣言を実施に移すという上で任務を負っている組織が二つありまして、それはこの国連先住民族問題に関する常設フォーラムと、もう一つは国連の人権委員会のもとに最近作られました専門家機構というものがあるわけです。現在、この二つがあります。

そしてまた、国連の宣言を実現するためにこの他に二つの機関があります。

一つは、世界の先住民族の人権が守られているかどうかということを観察し、報告する「先住民族の人権と基本的自由の状況に関する特別報告者」という制度です。これは私たち先住民族が、いろいろなロビーイングを重ねて勝ち取った組織です。

二つ目は、第二期の「世界先住民族の一〇年」というものであります。これが二〇一五年まで続きます。この二つの仕組みというものが、国連宣言を実行していく上で大きな助けになると考えております。それでは、このような今までに私達が勝ち取ったことを踏まえて、それをこれからどのように使っていくかということにお話を移したいと思います。

それに先だちまして、今回の北海道におけるG8サミットにおいて、一体、どういった問題が討議されるのであろうかということを見てみましょう。それによって、私達がどのような提言を出して、影響を与えることができるかということが考えられるからであります。

G8サミットにおいてどのようなテーマが話しあわれ

るのかということでありますが、まず、急速な原油価格の高騰による世界経済の立て直し、また、金融市場をどのように安定化させるか、そして環境問題、気候変動にどのように対処していくか、二〇〇九年のコペンハーゲンでのCOP10会議を前にどのような枠組みでこのことを進めていくか、そしてまた世界的な食料危機、アフリカの問題、そして紛争の解決と平和構築、こういったことがテーマになると思いますけれども、大変興味深いことにこのような問題は全部G8の国々こそが招いた問題であり、これは彼らのせいだということであります（拍手）。

このG8の国々が今まで推奨してきたやり方というのは、例えば植民地主義、帝国主義的なやり方、科学の進め方、そして新自由主義、こういったものを通して出てきた問題そのものなのですけれども、それなのに彼らが今回出してきたものを読みますと、このような問題を解決しようとする上で、やはり従来どおりの百年一日が如きの今までのやりかたを推し進めようとしている彼らの態度が明らかであります。これが、大変大きな問題だと私は考えるのであります。

彼らが従来推し進めて来た経済モデルというのは、「自然は無尽蔵である」という大前提にのっとっております。つまり、「自然は人間が利用するためにそこにあるのであり、そのためには自然をコントロールし自然を好きなように使っていいのだ」という考え方であります。

しかしながら現在の気候変動の問題、その他を見てみましても、これこそは「自然は無尽蔵では無い」ということの何よりの証しではありませんか。そんななかで彼らが推し進めてきた製造、製造、製造、そして原油は無尽蔵にあるからどんどん掘り出せばいい、そして作ったものを全部人々が消費すればいいという一辺倒のやり方に、自然は、大気汚染などの警鐘を鳴らして教えているわけです。つまり、これこそは彼らが推し進めて来た経済発展一辺倒のやり方というのが間違いであることの、何よりの証拠なのです。

この経済成長、これは近代に入りましてから過去二〇〇年の間、ずっと続いてきたものであります。ある統計によりますと、一九〇〇年から二〇〇〇年の一〇〇年間で、世界の富は一八倍になったということであります。二〇〇六年における世界の富というものは、アメリカドルに換算いたしまして六六兆ドルということであります。しかし、同時にこの一〇〇年間で世界の汚染、地球の汚染というものは本当に深刻になり、また、貧富の差もかつてないひろがりをみせております。世界の人口の四〇%にあたります二五億人の人々が、一日にたった二ドルで生活をしているというこの状況、これは決して許されるべきものではありません。このような経済成長を遂げても、このような貧富の差がある限り、それはなんの意味もなさないわけです。

国連の二〇〇六年の報告によりますと、世界で最も豊かな五〇〇人の個人が所有している富というものは、世界の貧困層の四億一六〇〇万人の所有している富と同じであるということです。

また、東京にあります国連大学の調査によりますと、世界で最も豊かな二%の大人が世界の財産の五〇%を所有しているという統計があります。

そして、世界で最も貧困な下から五〇%の人々が所有している財産の合計が、世界の財産のわずか一%にあたるという報告であります。このような状況が許されるわけがありません。つまり、このような一握りの富裕層のみが楽をするというシステム、そして彼らは世界の貧困にあえぐ人々に対しては、我関せずという態度を取り続けるというこのような状況を変えるために、私達は本当に大々的な変化を起こすべく行動をするという任務が課せられていると、私は感じます。

気候変動についてお話ししたいと思います。G8の国々というものは、世界でも最も汚染を出している国々です。二酸化炭素の六〇%あるいは温室効果ガスの六〇%は、このG8の八カ国から排出されているわけです。彼らの人口を全部合わせても、世界人口の二〇%にしかあたらないのに、そうなのです。産業革命以来、このような国々は本当に急速な経済成長を遂げ、そしてこのような汚染も出してきたわけなのです。それなのに今に至って温室効果ガスを削減するために、その責務を自分たちが負うのではなく、他の国々、しかももっと貧しい国々、貧しい人々、先住民族たちにまでその責務を押し付けようとしてきているわけです。

先住民族というものは往々にして、大変小さなスケールの経済活動で自らを養ってきました。自給自足、そして、先祖伝来の生き方という中では、私達は、自然は無尽蔵にある、いつまでも使っていいものだとは考えてはおりませんので、おのずから有害物質は出さない、汚染は出さないという生き方、カーボン・ニュートラルな暮らし方(1)をしてきているわけです。それなのに、現在、先住民族にまでこの温室効果ガスの排出を少なくするうえでの責任を負わせようとしているのが彼らの態度であります。これは本当に明確な不正義であると私は考えております。

小野先生が編集されました資料集を皆さんご覧いただけますと、そこに私が書きました気候変動に関する報告書の文書(2)がご覧いただけます。その中で、気候変動、また気候変動緩和政策(3)というものが先住民族に及ぼす色々な悪影響というものを述べております。その中には、それまでずっと住んでいた土地を追われるといった、環境問題における難民化した先住民族の問題、そしてまた、今までには無かった伝染病が蔓延して、伝染病を媒介する生物、水のせいで新しく伝染病に苦しむことになった先住民族の例、また、永久凍土が解けだすことによって、特に北極圏において伝統的な生活が難しくなっている先住民族、そしてその他に、氷河が解けることによって海面上昇が起こり困っている先住民族、また洪水その他に悩む沿岸部の先住民族の話し、その他いろいろ書いておりますけれども、ここで最も困った問題といいますのは、現在の気候変動の解決策として、このG8のような豊かな国々が出している解決策が内包する問題点であります。そしてそれが、先住民族にどのような悪影響を及ぼすかという問題点であります。

その最たるものがバイオ燃料の栽培であります。バイオ燃料としてトウモロコシ、サトウキビ、大豆などが栽培されるようになり、これが即ち現在の世界の食料危機を引き起こす引き金となっております。そしてこのようなバイオ燃料を耕作し、その燃料を誰が「地球環境に優しい」ということで使うのかといいますと、豊かな国の豊かな人々が使うわけです。例えば新たに開発された自動車一台をエタノールというバイオ燃料でタンクを満タンにする場合、それに必要なトウモロコシの量というのは、一人の人間が一年間で消費するトウモロコシの量に匹敵するわけです。

このように、先進国が自分たちの都合だけで政策を進める結果、先住民族が単一耕作を余儀なくされるというような事態が起こっており、本当に大きな問題となっているのです。

その他に彼らが提案している解決策といたしまして、再生可能なエネルギーの使用というものがいろいろと出ております。例えば、大型の水力発電のためのダムがまた造られるようになっており、そして、原子力発電でさえ、これがクリーンなエネルギーであると謳われるようになってきております。

この結果、先住民族に何が起こるかといいますと、彼らが自分の土地を追われるというようなことが起こると同時に、また、ウラニウムの採掘、石炭の採掘ということがこれから起ころうとしているわけです。

つまり原油はもうこれ以上新しいものは見つけられそうになく、今後は埋蔵量はどんどん減る一方です。そのために今、原油価格がこのとおり高騰しているわけなのですが、その代わり石炭に戻ろうという動きがあります。そのために新しいテクノロジーを開拓して、炭素吸収源を作り炭素を分離して、それを海底に埋めてしまおうというテクノロジーも取りざたされておりますけれども、果たしてこのような新しいテクノロジーを生み出すだけで、今までの生活を続けていき、この地球を破壊しないでいられるということが可能でありましょうか。私は、世界の人々の暮らし方そのものが変わらなければ、解決できないと強く考えております。

今まで未だ発掘されていない地下資源の多くが、先住民族の土地の下に埋まっています。それは取りも直さず、先住民族が自分たちの土地を守るうえで、そういった鉱山業に反対してきて土地を守ってきたからであります。原油、天然ガス、そういったものの採掘に反対を唱えてきたからです。それなのにこういった強大な国々は、先住民族の土地の下に眠っている、世界の最後の鉱物資源というものに触手を伸ばしてきているわけです。

その他にG8諸国が提案しているものについて、少し触れたいと思います。その一つが、森林伐採による二酸化炭素の排出量が世界の温室効果ガスの二五％を占めているということから出た提案で、例えば熱帯雨林、亜熱帯雨林を持つ国々は、それらの森が伐採されないということであれば二酸化炭素の排出量が抑えられるということで、その分、そういった国々に対して現金を払おうという動きがあります。これは、「森林保全による二酸化炭素の排出削減」と呼ばれているのですけれども、例えばこれに則りまして、ノルウェーが六億ユーロを熱帯・亜熱帯雨林を持っている国々に払おうという案を持っております。

しかし、私の考えではそういったことはたとえいい面があったとしても、そのままでは受け入れられないと思います。つまり、国連の先住民族に関する常設フォーラムが提案しておりますことは、そういった提案を推し進める上で、まず先住民族の権利に関する国際連合宣言を枠組みとするべきであり、先住民族自身がそういったことになる前に事前の相談を受け、そしてしっかりとした情報を得た上で決定する、これが何よりも大切なことだと考えるわけです。問題となっている熱帯・亜熱帯林を使って生活しているのは先住民族なのですから。

それでは、私達はこれからどのような道に進むべきでありましょうか。

まず、先住民族の権利に関する国際連合宣言、これを実行に移すということは、当然のことであります。これが国連で採択されました時に、カナダ政府は、これが国連で通ったからといって、今後これが国際慣例法になっては困るということを発表しました。自分たちはそれに反対していた国であったわけですね。しかしながら彼らにとっては残念なことに、先住民族の権利に関する国際連合宣言はいろいろな事例を通しまして、国際慣例法になりつつあります。

例えば、ベリーズの最高裁が先住民族マヤにとって有利な判決を出す上で、その根拠といたしましたのが、この国連の権利宣言でありました。それは昨年の一〇月のことでした。

そして、翌月の一一月には、ボリビア政府が、この国連先住民族の権利宣言を、彼らの国内法として全面的に使用することを決定いたしました。(拍手)

最近、南米のスリナム共和国における最高裁の判決におきましても、この先住民族の権利に関する国際連合宣言がその根拠となり判決が成されております。

そういったわけで、色々な国がカナダ政府にはお気の毒ではありますが、色々な国が様々な形で先住民族の権利を尊重するうえで、先住民族の権利に関する国際連合宣言を大幅に使っているわけです。

それではG8サミットに対して、私達は何を提案できるかということにお話を移したいと思います。

まず、G8各国は先住民族の権利に関する国際連合宣言を、実行に移す義務があることを強調したいと思います。もちろん、反対した国々もありましたけれども、自分たちが反対したからといって、国連の総会で可決されたこの宣言を無視することはできません。彼らは、これを遵守する義務があるわけです。

そしてまた、気候変動に関する第七回常設委員会で決まったこと、そのこともこれから守られるべく私達は提言するべきだと思います。先ほどお話ししました、森林伐採をしないその分を現金で支払うという考え方、これはまずは、先住民族の権利に関する国際連合宣言を枠組みとして、そして全て考えられるべきであると強く強調したいと思います。

そして三つ目、今の世界の食料危機に関することでありますけれども、これに対処する上で大変重要なのは、先住民族のライフスタイルを尊重する、先住民族の生計の立て方を尊重するということであります。

そして、先住民族の森、牧畜地帯、あるいは海、また沿岸といった先住民族が生活するうえで大変重要なものを尊重してもらうということであります。これは取りも直さず、世界そのものを救う上で大変有効であると私は考えるのです。

と申しますのは、世界の人々が必要とする食料を実際に作っている、それに成功している人々というのは、零細農家、零細農業をやっている人々であるという統計があるからです。

つまり、大量に農薬などを使うアグリビジネスのような大型農業は、必ずしも成功していないわけです。先住民族が代々やってきたような自給自足をする農業こそが、人々が実際に必要とする食料を確保してきたわけです。ですからこういったことを考えますと、現在、バイオ燃料のために世界の先住民族が単一耕作（モノカルチャー）のほうに引っ張られていくという状況、そしてまた、ウラニウムその他の採掘といった状況、こういったことを考えるうえで、先住民族自身の自決権というものを尊重するということ、そしてそのために必要な情報を必ず手に入れることができる状況を作るということが、火急の任務であると考えます。

今まで私が参加して来ました会議、最近もフィリピンでありましたアジア先住民族会議（ＡＩＰＰ）、その他で話し合われたことなどを、今日、この場でお伝えして参りました。どちらにいたしましても、国際的な人権法、環境保護法、そして先住民族の権利に関する国際連合宣言を充分に尊重した上でことが運ばれるべきであるということを私達は提言し、またそれを見守っていくという任務があると考えております。

ご清聴ありがとうございました。（盛大な拍手）

注

（1）石油など化石燃料の大量消費をせず、二酸化炭素の吸収量と排出量が差し引きゼロになるような暮らし方。

（2）二〇〇八年三月、国連の先住民族問題常設フォーラムが国連の経済社会理事会に提出した「気候変動、生物。文化多様性と暮らし——先住民族としての責任役割と新たな課題」という報告書。原文は先住民族常設フォーラムのホームページで読める。

（3）二酸化炭素の排出を減らすために、主に先進国が提案している、植林やバイオ燃料の栽培を進めるような政策。

資料12　「先住民族サミット」開幕を報道する『北海道新聞』の記事（二〇〇八年七月二日朝刊）

第3種郵便物認可　　北海

権利や尊厳の回復に向け、各国から平取に集まった先住民族たち

G8前にサミット開幕

届け 先住民族の声

権利回復へ連帯誓う

【平取】先進国は自然を守り、生きてきた先住民族に今こそ目を向けよ！―。一日、日高管内平取町で開幕した先住民族サミット。アイヌ民族と世界十一カ国から集まった先住民族たちは、北海道洞爺湖サミットに集うG8首脳に向け、力強い声を上げた。国連総会で採択された「先住民族の権利に関する国連宣言」の追い風が吹くものの、権利回復は道半ば。自然環境が議題となるサミットを前に、復権へ連帯を誓い合った。

（報道本部　渡辺玲男、札幌圏部　村田亮）

「アイヌの人々の手で歴史的な会議が開かれたことに感謝したい。世界で最も力を持つG8に『先住民族を無視できない』と分からせることが重要だ」

海外から集まった先住民族二十二人を含め約三百五十人の聴衆で埋まった平取町中央公民館。国連先住民族問題に関する常設フォーラム議長を務めるヴィクトリア・タウリ・コープスさんが壇上から力強く呼びかける度に、大きな拍手がわき起こった。

アイヌ民族有志やボランティアを中心に、草の根で準備を進めてきた先住民族サミット。「本当に開催できるか不安だった」と関係者は打ち明けるが、土地や資源など幅広い権利を認めた昨年九月の国連宣言採択を受け、G8サミット直前に会合を開いたことで、直前に海外から自費参加を申し出る先住民族も現れた。

初日はコープスさんをはじめ、アイヌ民族や海外の先住民族の参加者十八人がそれぞれスピーチ。伝統的な歌を披露したり、「大地からアイヌのエネルギーを受けよう」と呼び掛け、来場者全員がひざまずいて地面に手を当てる場面もあり、終始熱気に包まれた。

同サミットは四日まで議論し、先住民族の権利回復や環境問題についての提言を取りまとめ、サミットに集うG8首脳への提出を目指す。「子供や孫が、すばらしい環境で生きていけるよう、大胆な提言をしてほしい」。道ウタリ協会の沢井アク国際部長は訴えた。

ただ、G8のうち三カ国は国連決議に反対票を投じるなど、先住民族の権利回復は容易ではない。日本政府も同日、アイヌ民族の権利問題を議論する有識者懇談会のメンバーを発表したが、政府がどこまで権利問題に向き合うのか不透明だ。

「国連宣言は民族を融合するための灯台の光。ともに飢餓や地球温暖化など、破滅への進路を防ぐ努力をしていこう」。初日、出席者からの発言で最も多かったのは、世界にちらばる先住民族間の団結を訴える声だった。その言葉を実践するかのように、夜の交流会では民族楽器の演奏を披露したりしながらボランティアと共に遅くまで語り合った。

同サミット事務局長を務める結城幸司さんは言った。「サミットは到達点ではない。共に進む未来のためのスタートだ」

各国対応に変化の兆し

「先住民族の権利に関する国連宣言」は先住民族の権利や尊厳の回復を求める内容で、昨年九月に国連総会で採択された。採択にはカナダ、オーストラリア、米国、ニュージーランドの四カ国が反対したが、各国の対応に変化の兆しが現れている。

中米のベリーズなどでは、同宣言が裁判で先住民族にとって有利な判決が下される根拠となった。反対した四カ国もすでに独自の先住民族政策に取り組んでおり、カナダやオーストラリアでは今年、首相が自国の過去の先住民族政策について謝罪している。

日本は賛成票を投じ、六月に国会が先住民族決議を行ったことを受け、政府も先住民族であることを公式に認めた。ただ「先住民族の国際的な定義が明確でない」などを理由に、アイヌ民族が同宣言が認める権利の対象となるかどうかは明確にしていない。

資料13　「先住民族サミット」アイヌモシㇼ2008から日本政府への提言
「先住民族サミット」アイヌモシㇼ2008二風谷宣言

「先住民族サミット」アイヌモシㇼ2008から日本政府への提言

北海道・洞爺湖サミットに参加した各国の首脳に、国際連合の「先住民族問題に関する常設フォーラム」のヴィクトリア・タウリ・コープス議長とともに、先住民族からの提言を行うため、このアイヌモシㇼ(北海道)に集まった我々、世界各地の先住民族の代表は、「アイヌ民族は日本の先住民族である」という、衆議院、参議院、すべての議員の賛成決議を受け、日本政府が、アイヌ民族を正式に先住民族と認めたことを高く評価する。

アイヌ民族を先住民族と認めた日本政府は、二〇〇七年九月一三日に、自らが国際連合で賛成票を投じた「先住民族の権利に関する国際連合宣言」の内容を速やかに実施するために、アイヌ政策のあらゆる立法化や、行政レベルでの対応を検討すべきであることから、まず過去のアイヌ政策を反省し、明確な言葉で公の場で謝罪する事から始めなければならない。

現在、日本政府が設置しようとしている「アイヌ政策のあり方に関する有識者懇談会」のメンバー八名のなかに、アイヌ民族の委員が一名しか入っていないことは、「先住民族の権利に関する国際連合宣言」を日本政府が認めたにも関わらず、それを無視するものであり、認めることはできない。したがって、「アイヌ政策のあり方に関する有識者懇談会」の構成や運営においては、アイヌ民族と日本政府との対等な関係が保障されるべきであることから、その数についても、少なくとも半数以上がアイヌ民族から選ばれ、委員の選定についてもアイヌ民族の意見が尊重されるべきである。

日本政府は、「先住民族の権利に関する国際連合宣言」に明示されている、先住民族の権利、とりわけ、自己決定権、言語権、自然資源利用権など、アイヌ民族が本来もっていたすべての権利の速やかな回復を図るべきである。

アイヌ民族だけでなく、日本のすべての国民、とりわけ、将来を背負う若者たちのためには、幼児期からの教育がもっとも重要である。アイヌ語を公用語とし、義務教育でも学べる言語とすること、アイヌ民族の視点で歴史教科書を作成することなど、日本政府は若者の教育を重視した施策を早急に実施すべきである。

アイヌ民族は、北海道だけでなく、本州、サハリン（旧樺太）、クリール諸島（旧千島）、カムチャツカなど、広大な地域で生活していた先住民族である。この事実にもとづき、日本政府は、いわゆる「北方領土」の返還交渉にアイヌ民族を主権者として加えるべきである。

さらに日本はウチナンチュウ（沖縄）の人々、在日韓国人などを含む、様々な人々からなる多民族国家であり、日本政府は多民族で多文化主義の国家という考え方を基本とする社会を構築することを明確に示すべきである。

「先住民族サミット アイヌモシㇼ2008」

参加先住民族一同　二〇〇八年七月四日決議

「先住民族サミット」アイヌモシㇼ2008 二風谷宣言

序文

イランカラプテ——アイヌ語で「あなたの心にそっと触れさせていただきます」というご挨拶を申し上げます。

我々、日本および世界の先住民族は、二〇〇八年のG8サミットに先立って開催される「先住民族サミット」アイヌモシㇼ二〇〇八に参加するため、二〇〇八年七月一日から四日にかけて、古来アイヌの土地であるこのアイヌモシㇼ（北海道として知られているところ）に集いました。「先住民族サミット」アイヌモシㇼ2008に参加した先住民族は、アイヌモシㇼ（北海道）、ウチナンチュ（沖縄）、日本、台湾、バングラディシュ、フィリピン、ハワイ、グアム、オーストラリア、アオテアロア（ニュージーランド）、アメリカ、カナダ、メキシコ、グアテマラ、ニカラグア、ノルウェーなど一二カ国二四民族に及び、平取、二風谷、札幌での参加者は計六〇〇人以上になりました。

我々先住民族は、世界における自らの位置づけ、とりわけ自然と人間との相互関係についての根本的な価値観や考え方を共有しており、それによって一体となっています。このサミットのテーマはアイヌ語で「幸運」や「幸せになろう」という意味の「マウコピㇼカ」で、これは幸せとは何かを定義する先住民族の価値観や概念を前面に出し、我々がこのサミットや集まった人々に接する際の誠実な気持ちを表しています。

G8サミットに合わせて我々先住民族が集まり、G8が話し合う問題について考え、それがどのように先住民族に関係してくるかを検討するのは今回が初めてのこころみです。このサミットはアイヌモシㇼ実行委員会を通してアイヌの人々が実現したもので、我々は実行委員会の努力に感謝し、祝意を表明します。

我々の知恵と知識を統合したことにより、G8に届けるべき重要なメッセージについて合意に至りました。アイヌや互いの民族の現状や将来への抱負を、より深く知ることができました。今回の集いはまた、二〇〇七年九月一三日の先住民族の権利に関する国際連合宣言の採択を祝う目的もあります。これは歴史的な出来事であり、地域から地球規模での先住民族の運動がひとつになって達成されたものです。

我々は、二〇〇八年六月六日に参議院と衆議院によって採択され、同じく二〇〇八年六月六日に内閣官房長官によって受諾された「アイヌ民族を先住民族と認めることを求める決議」を歓迎します。アイヌ民族の何世紀にもわたる苦闘の末の勝利を、アイヌ民族とともに讃えます。

G8への我々先住民族からの提言

我々の価値観は、互いへの敬意、母なる地球への敬意、そして私達の家族、共同体であり、我々が繋がる全ての生命体への敬意に基づいている。我々の宇宙観と哲学、伝統的な暮らし、持続可能な消費手段、生き方は、持続可能な世界に繋がる最も効果的な道筋であると考える。

悲しくも、極度に商業化、個別化された消費・個人主義的な世界の中で、我々の価値観は本来それらに取って代わるものとして、先住民族のためだけではなく、その他全ての人類のための指針となりうるにも関わらず、主流から排除されている。

従って、我々はG8に以下の二二項目を実行するように求める。

1. 先住民族の権利に関する国際連合宣言を効果的に実行し、先住民族に影響する政府開発援助、投資、政策、そして計画には、この宣言を主要な枠組みとして利用すること。

2. カナダ、アメリカ合衆国、そしてロシア政府は、それぞれの国の先住民族が、先住民族の権利に関する国際連合宣言を採択するよう各国政府に要求していることを尊重すること。そして、ニュージーランド、オーストラリア両政府が同様に採択するよう圧力をかけること。

3. 国連による「気候変動枠組条約」(UNFCCC)の全ての過程に先住民族の効果的な参加を確保し、促進すること。そして地域的な気候変動影響緩和と適応策についての先住民族の作業部会を設立すること。

4. 気候変動の緩和対策が先住民族とその共同体に及ぼす悪影響について、先住民族との共同査定と評価を行い、この問題に取り組む為の行動をとること。

5. 再生可能なエネルギー資源の一部としての巨大水力発電ダムを排除し、またそれらへの資金提供を停止すること。原子力エネルギーをクリーン・エネルギーとしてとらえる提案を拒絶すること。

6. 我々先住民族共同体における、小規模、地方で管理がなされる太陽熱、風力、水力と潮力を用いた再生可能なエネルギー計画の発展を、技術的そして財政的援助を通じて推進、協力すること。

7. 島嶼諸国や海抜の低い沿岸地域の水没、永久凍土層の融解による土地の浸食と破壊、強力な台風とハリケーンや干ばつによる砂漠化など、気候変動の影響のために自分達の国を強制的に去らなくてはいけない先住民族の移住を可能にするため移民法を改正すること。

8. 森林や水域の持続可能な管理と利用、そして生物多様性の維持を確保するための我々の生物的資源の保全など、先住民族が世界に提供している環境のサービス(安全な大気、安全な水、肥沃な土壌など)への対価として、企業、政府が財政上や他の手段を通じて、我々に補償するよう求めるキャンペーンのために財政的な支援を提供すること。

9. 我々の食物に対する権利、我々の伝統的な暮らしの実践の権利、そして自己決定による発展の権利を保護し、尊重し、確保すること。これは以下のことを意味する。

・我々の食料資源として輪作、放牧、狩猟、採集、そして罠による狩猟、高地での農耕、海洋、沿岸地域での暮らし、手工芸品の発展などの伝統的な暮らしと生業用資源を我々が管理し、アクセスを保証することを確保すること。

・我々先住民族共同体への多額の助成金による安価な農産物のダンピング輸出を停止すること。

・我々の土地におけるバイオ燃料の生産拡大にたいして、我々の自由で事前の十分な情報を得た上での同意がない限りでは、猶予期間を設けること。

・食料価格への投機を厳しく抑制すること。

・食料カルテルとシンジケートによる食料の買い占めを犯罪とすること。

10．我々先住民族共同体での科学物質集約的な工業型農業の促進を止めること。そして、我々の土地での遺伝子組み換え種の頒布を止めること。禁止されている有害な化学物質と農薬、殺虫剤の先住民族共同体、特に開発途上国での、現在続いている利用と輸出を禁止し、処罰すること。

11．先住民族共同体における、先住民族の自由で事前の十分な情報を得た上での同意を得ずして、鉱物、石油、ガス、石炭等を採掘することに関与している多国籍企業の参入促進を停止すること。我々の領土における環境破壊に関与し、我々の人権を迫害し続けるG８諸国からの企業は、正義に照らして処断され、彼らが環境汚染しもしくは損害を与えた共同体への補償責任を要求されるべきである。

12．先住民族共同体における軍事化、超法規的殺害に反対する先住民族の運動を支援し、先住民族活動家のテロリスト扱いを速やかに止めること。破壊的な開発プロジェクトや政策に対するわれわれ先住民族の正当な抵抗を抑制する目的での国家安全保障法や対テロリスト法の適用を止めることを求める。

13．国家による我々の権利侵害に対する異義申し立てを、国際連合の条約機関や、米州人権裁判所（Inter-American Court of Human Rights）、アフリカ民族人権委員会（the African Commission on Peoples and Human Rights）、ヨーロッパ人権委員会（European Commission on Human Rights）といった地域人権委員会や人権裁判所へ訴える活動に対し、技術的、財政的支援を通じて支援すること。

14．「アセアン人権憲章」（ＡＳＥＡＮ（Association of South East Asian Nations）Charter on Human Rights）に「先住民族の権利に関する国連宣言」を盛り込むことを支持し、これが新設されたアセアン人権委員会の不可分の一部となることを確保すること。

15．我々先住民族共同体においてさらなる文化センターや博物館設立へ支援を提供すること。多文化教育、二言語教育、先住民族の伝統的な口承教授法ならびに学びと知識獲得に関するローカルな方式を尊重することを通じて学習ならびに教育方法を利用すること。先住民族言語を教授する言語コース利用を促進する教育機関やプログラムの設立に支援を提供すること。

16．先住民族の精神文化と先住民性の実践、伝承、そして維持という我々の人権と世代間への責任を認識し、伝統言語や慣習、儀式や儀式を通じて未来の世代へ神聖なるものを残しそれらの継続を保証するための先住民族の聖地の保護を実行すること。

17．バイオテクノロジー企業、文化産業、国家、個人としての科学者や研究者による、先住民族の伝統的な知識、文化的表現（先住民族のデザイン、美術、工芸品、歌、音楽を含む）、人間の遺伝子資源を含む生物遺伝子資源等の盗用と略奪行為を差し止めること。

18．先住民族の集団的な伝統的知識や文化表現を尊重し保護するため、世界貿易機構（ＷＴＯ）の「知的所有権の貿易関連の側面に関する協定」（Trade Related Aspects of Intellectual Property Rights Agreement（ＴＲＩＰＳ））や、世界知的所有権機関（ＷＩＰＯ）の「実体特許法」を含む国家の知的財産権に関する法律および知的所有権制度を改正すること。

19．核拡散ならびに劣化ウラン弾の兵器としての使用を差し止めること。先住民族の土地において、放射性廃棄物の投棄ならびに他の有害廃棄物の投棄を差し止めること。

20．先住民族女性として、先住民族女性、マイノリティ女性ならびに全ての女性に対する差別や暴力を廃絶するために、我々はＧ８各国に対し、「女性差別撤廃条約」(Convention on the Elimination of All Forms of Discrimination against Women)の実施を強く支持することを求める。

21. 先住民族の土地からアメリカ合衆国の軍事基地を撤去させ、先住民族女性に対するレイプの容疑をかけられた軍人を裁くことを求める。また、先住民族の青年に向けての軍隊への強制的徴兵や募集を差し止めること。

22. 日本政府がアイヌ民族と協力して「先住民族の権利に関する国連宣言」を国内法として遂行し、実施することを強く奨励する。さらにアイヌ民族を先住民族として認知した決議を敷衍し明確化するため、具体的な活動や政策改正を行うこと。我々はまた、この決議をさらに履行する目的で設立された有識者懇談会の委員八名の中にアイヌ民族が一名しか含まれていないことに抗議する。我々は日本政府に対し、この有識者懇談会のアイヌ委員の数を増加するよう求める。

先住民族自身への提言

我々はまた、先住民族として「先住民族の権利に関する国連宣言」を実施し、先住民族間ならびに他の支援団体やNGOとの連帯の強化について議論を行い以下の点を確認した。

1. 将来に向けてG8サミットと連動して先住民族サミットを開催する任務を継続するために先住民族によるネットワークを設立する。カナダ先住民族に対しては二〇一〇年カナダで開催のG8サミットに向けて、先住民族サミットの開催を実現する組織づくりを促す。我々はまた、イタリアにおいて先住民族の権利回復に取り組む諸団体に対して、二〇〇九年イタリアで開催のG8サミットと連動した先住民族サミットの開催を試みるよう促す。

2. 世界中の先住民族として我々は、「先住民族の権利に関する宣言」を自ら実施する責任を担い、本宣言がローカル、国内、地域、国際的レベルで効果的に実施される方法について議論すべく、国家、国連システム、他の政府間機関とともに、建設的な対話を持つことを確保する。

3．「先住民族の権利に関する国連宣言」が上記の各主体によって実施されることを監視し確保するメカニズムとして、国連の先住民族問題常設フォーラム、先住民族の権利に関する専門家メカニズム、先住民族の権利と基本的自由の状況に関する特別報告者を利用する。

4．「先住民族の権利に関する国連宣言」の広範な普及を行うため、マルチメディアの活用、先住民族が理解できる言語への本宣言の翻訳、その要点を簡単に伝えることができる汎用版の作成などを行う。

5．「先住民族の権利に関する国連宣言」が幼児教育から高等教育までの学校に於ける教育カリキュラムの一部として取り入れられよう働きかける。

6．世界から先住民族の言語を消滅するのを止めるため、マオリやその他の民族の経験を活かし、先住民族が自分の言語を流暢に話せる方法を学ぶ場所である「言語の巣学校」を設立し、模範とする。

7．先住民族のための教育や勉強会を推進し、先住民族が「先住民族の権利に関する国連宣言」の概要をより深く理解し、また国家が「先住民族の権利に関する国連宣言」を履行しない場合に懸念を申し立てる国連、地域の人権機構と、裁判所などの既存の文書やメカニズムについて学ぶ事ができるようにする。

8．先住民族問題を聴聞し取り組むとともに、国内法および国際法のもとで、先住民族問題が十分に扱われていない事項を審理する為の国際法廷を設置する。

9．先住民族が自ら決めた開発のビジョンに沿って伝統的な暮らしや美術、手工芸品、その他の開発の形態を確立し強化しようとするイニシアティブを支援するため、先住民族グリーン基金を設立する。

10．先住民族が所有し運営する文化センターを、国および自治体の管轄内に設置することにより、文化史を実践し、享受する基本的権利、および文化的遺産を自ら守り、享受する先住民族の権利を支持する。

11．土地をめぐる裁判での先住民族の闘争および森林や伝統的な土地を先住民族の所有と管理の元に取り戻すための先住民族の闘争を支援する。

「先住民族の権利に関する国連宣言」の履行は、先住民族のみならずその他の人々や地球にとっても良いことである。先住民族が地球に、そして親族——人間だけではなく植物、動物、その他の全ての生き物――に持続可能に配慮するやり方を続けられれば、これは全体への恩恵となる。我々が民族の言語を話し、この多様な文化を持ち続けられたなら、世界の文化遺産はより豊かになるであろう。我々の多様な経済的、文化的、精神的、社会的、政治的システムが支配システムと共存できれば、我々の子供に、そして次世代の子供に、さらに多様で希望に満ちた未来を残すことが可能である。

著者紹介

小野有五（おの・ゆうご）

1948 年東京生まれ。

北海道大学名誉教授。東京教育大学理学研究科博士課程修了（理学博士）。

専門は自然地理学、第四紀学。『自然をみつける物語』（全 4 巻：岩波書店）で第 44 回産経児童出版文化賞（1996）、地形学的研究による北海道での自然保護活動に対して第 1 回沼田眞賞（日本自然保護協会 ､2001）、『たたかう地理学』（古今書院）の刊行およびこれまでの研究に対して日本地理学会賞、人文地理学会賞、日本第四紀学会賞を受賞（2014）。

本年、国際地理学連合より「顕著な地理学的実践」賞 2022（IGU Distinguished Geographical Practice Award 2022）を受賞。

「行動する市民科学者の会・北海道」事務局長として、原発や核ゴミの地層処分への反対運動を続けている。

「新《あたら》しいアイヌ学《がく》」のすすめ　――知里幸恵《ちりゆきえ》の夢《ゆめ》をもとめて

2022年 8 月30日　初版第 1 刷発行©

著　者　小　野　有　五

発行者　藤　原　良　雄

発行所　株式会社　藤　原　書　店

〒 162–0041　東京都新宿区早稲田鶴巻町 523

電　話　03（5272）0301

ＦＡＸ　03（5272）0450

振　替 00160 - 4 - 17013

info@fujiwara-shoten.co.jp

印刷・製本　中央精版印刷

Printed in Japan
ISBN978–4–86578–357–5

陸中心史観から海洋史観への「歴史観革命」！

増補新版
海から見た歴史
〔ブローデル『地中海』を読む〕

川勝平太編

網野善彦／石井米雄／鈴木董／二宮宏之／浜下武志／家島彦一／山内昌之／I・ウォーラーステイン

二十世紀歴史学の金字塔『地中海』への最高の手引き！　第一級の歴史家が一堂に会し、海洋ネットワークが形成した世界史のダイナミズムを徹底的に論じた、刺激的な熱論の全記録。『地中海』とは何か」「海洋アジアと近代世界システム」他を大幅増補！

四六上製　三六八頁　三三〇〇円
（一九九六年三月／二〇二〇年一〇月刊）
◇978-4-86578-289-9

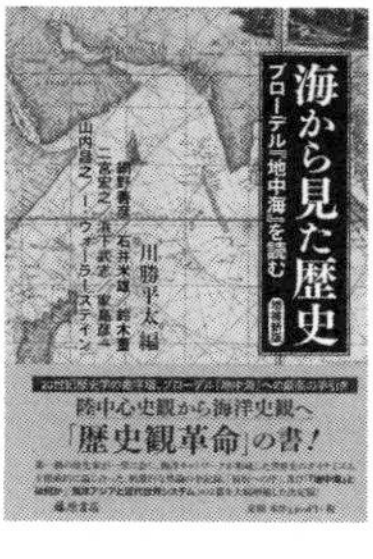

五十人の識者による多面的読解

『地中海』を読む

I・ウォーラーステイン、P・ブルデュー、網野善彦、川勝平太、川田順造、榊原英資、山内昌之ほか

各分野の第一線でいま活躍する五十人の多彩な執筆陣が、二十世紀最高の歴史書『地中海』の魅力を余すところなく浮き彫りにする。アカデミズムにとどまらず、各界の「現場」で新時代を切り開くための知恵に満ちた、『地中海』の全体像が見渡せる待望の一書。

A5並製　二四〇頁　二八〇〇円
（一九九九年一二月刊）
◇978-4-89434-159-3

世界初の『地中海』案内

ブローデル『地中海』入門

浜名優美

現実を見ぬく確かな眼を与えてくれる最高の書『地中海』をやさしく解説。引用を随所に示し解説を加え、大著の読解を道案内。全巻完訳を果した訳者でこそ書きえた『地中海』入門書の決定版。〈付録〉『地中海』関連書誌、初版・第二版目次対照表ほか。

四六上製　三〇四頁　二八〇〇円
（二〇〇〇年一月刊）
◇978-4-89434-162-3

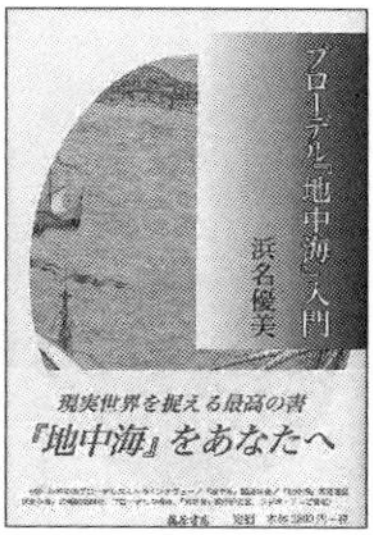

史上最高の歴史家、初の本格的伝記

ブローデル伝

P・デックス
浜名優美訳

歴史学を革命し人文社会科学の総合をなしとげた史上初の著作『地中海』の著者の、知られざる人生の全貌を初めて活写する待望の決定版伝記。

［付］決定版ブローデル年表、ブローデル夫人の寄稿、著作一覧、人名・書名索引

A5上製　七二〇頁　八八〇〇円
（二〇〇三年二月刊）
◇978-4-89434-322-1

BRAUDEL　Pierre DAIX

新しい総合科学を創造

脱＝社会科学

（一九世紀パラダイムの限界）

I・ウォーラーステイン
本多健吉・高橋章監訳

十九世紀社会科学の創造者マルクスと、二十世紀最高の歴史家ブローデルを総合。新しい、真の総合科学の再構築に向けて、ラディカルに問題提起する話題の野心作。（来日セミナー）収録（川勝平太・佐伯啓思他）。

Ａ５上製　四四八頁　**五七〇〇円**
（一九九三年九月刊）
◇978-4-938661-78-6

UNTHINKING SOCIAL SCIENCE
Immanuel WALLERSTEIN

世界システム論を超える

新しい学

（21世紀の脱＝社会科学）

I・ウォーラーステイン
山下範久訳

一九九〇年代の一連の著作で、近代世界システムの終焉を宣告し、それを踏まえた知の構造の徹底批判を行なってきた著者が、人文学／社会科学の分裂を超え、新たな「学」の追究を訴える渾身の書。

Ａ５上製　四六四頁　**四八〇〇円**
（二〇〇一年三月刊）
◇978-4-89434-223-1

THE END OF THE WORLD AS WE KNOW IT
Immanuel WALLERSTEIN

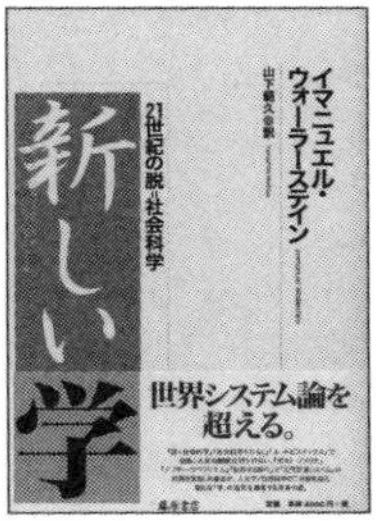

提唱者自身による平明な解説書

入門・世界システム分析

I・ウォーラーステイン
山下範久訳

自然科学／人文科学、保守／リベラル／急進主義など、我々が前提する認識枠組みをその成立から問い直し、新たな知を開拓してきた「世界システム論」。その誕生から、分析ツール、そして可能性を、初めて総体として描く。**〈用語解説〉**と**〈ブックガイド〉**を収録。

四六上製　二六四頁　**二五〇〇円**
（二〇〇六年一〇月刊）
◇978-4-89434-538-6

WORLD-SYSTEMS ANALYSIS
Immanuel WALLERSTEIN

「西洋中心主義」徹底批判

リオリエント

（アジア時代のグローバル・エコノミー）

A・G・フランク
山下範久訳

ウォーラーステイン「近代世界システム」の西洋中心主義を徹底批判し、アジア中心の単一の世界システムの存在を提唱。世界史が同時代的に共有した「近世」像と、そこに展開された世界経済のダイナミズムを明らかにし、全世界で大反響を呼んだ画期作の完訳。

Ａ５上製　六四八頁　**五八〇〇円**
（二〇〇〇年五月刊）
◇978-4-89434-179-1

ReORIENT
Andre Gunder FRANK